生物产业高等教育系列教材（丛书主编：韦革宏）
科学出版社“十四五”普通高等教育本科规划教材
福建省“十四五”普通高等教育本科规划教材

基因工程

（第二版）

何水林　主编

科学出版社
北京

内 容 简 介

本教材分 9 章，包括与基因工程有关的基本概念，开展基因工程的各种工具酶和载体，主要技术及其原理，目的基因的获得，DNA 重组的操作，目的基因的表达策略，基因工程在植物、动物和微生物领域的应用，基因工程及其产品安全性管理等内容。本教材实现了基础性、前沿性、系统性和实用性的统一，内容简练，章节编排逻辑性强，主线分明，层次清晰。此外，为了方便开展教学，本教材还配套教学课件供授课教师参考。

本教材可作为农学、医学和生物工程等专业的本科生教材或研究生的参考书。

图书在版编目（CIP）数据

基因工程 / 何水林主编. —2 版. —北京：科学出版社，2024.6
科学出版社“十四五”普通高等教育本科规划教材
ISBN 978-7-03-078661-6

Ⅰ. ①基… Ⅱ. ①何… Ⅲ. ①基因工程－高等学校－教材 Ⅳ. ①Q78

中国国家版本馆 CIP 数据核字（2024）第 111302 号

责任编辑：王玉时 马程迪 / 责任校对：严 娜
责任印制：赵 博 / 封面设计：图阅盛世

科 学 出 版 社 出版
北京东黄城根北街 16 号
邮政编码：100717
http:// www.sciencep.com
三河市骏杰印刷有限公司印刷
科学出版社发行 各地新华书店经销
*
2008 年 5 月第 一 版 开本：787×1092 1/16
2024 年 6 月第 二 版 印张：14 3/4
2025 年12月第二十四次印刷 字数：393 000

定价：59.80 元

（如有印装质量问题，我社负责调换）

《基因工程》（第二版）编写委员会

主　编　何水林（福建农林大学）

副主编　邱爱连（福建农林大学）

　　　　　刘志钦（福建农林大学）

　　　　　王桂华（黑龙江八一农垦大学）

　　　　　黄丽华（湖南农业大学）

编　委（以姓氏汉语拼音排序）

　　　　　艾育芳（福建农林大学）

　　　　　陈观水（福建农林大学）

　　　　　程　伟（安徽师范大学）

　　　　　何水林（福建农林大学）

　　　　　黄丽华（湖南农业大学）

　　　　　黄天培（福建农林大学）

　　　　　黄雪盈（福建农林大学）

　　　　　刘志钦（福建农林大学）

　　　　　马　慧（沈阳农业大学）

　　　　　马洪丽（福建农林大学）

　　　　　牟少亮（福建农林大学）

　　　　　潘大仁（福建农林大学）

　　　　　邱爱连（福建农林大学）

　　　　　施碧红（福建师范大学）

　　　　　王桂华（黑龙江八一农垦大学）

　　　　　张　涛（陕西理工大学）

第二版前言

基因工程从诞生起就显示出巨大的应用潜力，并受到人们的高度关注。党的十八大以来，党中央高度重视农业，提出加快发展现代农业，增强农业综合生产能力，确保国家粮食安全和重要农产品有效供给的重大国策；特别是党的二十大以来，党中央提出加快建设农业强国和推进生态文明建设。习近平总书记指出，要加快推进生物科技创新和产业化应用，推进生物安全领域科技自立自强，打造国家生物安全战略科技力量。在此背景下，基因工程展示出前所未有的广阔应用前景，因此对其教学提出了更高的要求。

科学出版社 2008 年出版的《基因工程》一书已经用于教学 16 个年头，其间，基因工程及其应用突飞猛进，基因工程的新概念、新方法、新技术和新的成功范例不断出现，其巨大的应用潜力也不断显现。各个高校在基因工程课程的教学过程中，涌现出了不少新成果。显然，2008 年版的教材内容略显陈旧，难以反映这些新进展，有必要与时俱进，及时吸收新的内容。因此，本教材的再版就非常必要，而且十分紧迫。

由于原有教材编写委员会人员变化较大，又有一批新的教师加入基因工程的教学工作，新版教材在对原有的编写委员会进行少量必要调整的基础上，补充了一批从事基因工程研究和教学的青年教师，仍由何水林担任主编。

因与蛋白质工程的部分内容重叠，新版教材删除了 2008 年版教材第八章有关蛋白质的表达和分离等内容，但仍沿袭了其基本框架，突出了四个方面的特色：一是基础性，本教材强调基本概念、基本原理和基本方法，注意与分子生物学、生物化学、遗传学和蛋白质工程等其他课程的边界，内容相对简练，重点突出；二是前沿性，本教材的概念、原理、技术和应用等内容吸收了最新进展，时代感强；三是系统性，本教材通篇体现了系统思想，章节按照内容的逻辑关系编排，主线分明，纲举目张，力求符合学生认知的规律；四是实用性，本教材编写力求简练，适用于 30～40 学时的教学，满足大多数农林高校“基因工程”课程的教学需要，既便于教师取舍，也便于学生进行科学探索时参考。

特别令人高兴的是，《基因工程》再版之际，教育部启动了战略性新兴领域“十四五”高等教育教材体系建设计划，而且本教材又十分荣幸地入选该体系，得到了生物产业教材建设团队负责单位西北农林科技大学及负责人韦革宏教授的支持和指导，得到了教材编写人员所属各高校的支持，特别是得到了福建农林大学教务处、农学院和生命科学学院等单位的人力支持，在此表示衷心感谢。由于基因工程发展速度太快，涉及的新技术、新方法不断涌现，加之我们的水平有限，难免有挂一漏万之嫌，敬请广大读者批评指正。

何水林

2024 年 1 月 20 日

《基因工程》（第二版）教学课件申请单

凡使用本书作为授课教材的高校主讲教师，可通过以下两种方式之一获赠教学课件一份。

1. 关注微信公众号“科学 EDU”申请教学课件

扫上方二维码关注公众号→“教学服务”→“课件申请”

2. 填写以下表格后扫描或拍照发送至联系人邮箱

<table>
<tr><td>姓名：</td><td>职称：</td><td>职务：</td></tr>
<tr><td>手机：</td><td>邮箱：</td><td>学校及院系：</td></tr>
<tr><td colspan="2">本门课程名称：</td><td>本门课程每年选课人数：</td></tr>
<tr><td colspan="3">您对本书的评价及修改建议：</td></tr>
</table>

联系人：王玉时 编辑　　电话：010-64034871　　邮箱：wangyushi@mail.sciencep.com

目　　录

第二版前言

第一章　绪论 ······ 1

第一节　基因工程的内容与应用 ······ 1

第二节　基因工程的发展历程、理论基础和技术支撑 ······ 7

第三节　学习基因工程的意义和方法 ······ 11

思考题 ······ 12

第二章　基因工程的酶学基础 ······ 13

第一节　限制性内切核酸酶 ······ 13

第二节　DNA 连接酶 ······ 21

第三节　DNA 聚合酶和反转录酶 ······ 25

第四节　DNA 修饰酶 ······ 29

第五节　外切核酸酶 ······ 32

第六节　单链内切核酸酶 ······ 33

第七节　RNA 酶 ······ 35

思考题 ······ 36

第三章　载体 ······ 38

第一节　克隆载体 ······ 38

第二节　表达载体 ······ 51

第三节　特殊用途载体 ······ 61

思考题 ······ 67

第四章　基因工程的主要技术及其原理 ······ 68

第一节　DNA 和 RNA 的提取和纯化 ······ 68

第二节　凝胶电泳 ······ 72

第三节　生物大分子杂交 ······ 76

第四节　聚合酶链反应技术 ······ 80

第五节　DNA 序列分析 ······ 87

第六节　基因定点突变 …… 90
第七节　蛋白质与蛋白质互作分析 …… 92
第八节　DNA 与蛋白质互作分析 …… 96
思考题 …… 99

第五章　目的基因的获得 …… 101

第一节　PCR 扩增获得目的基因或 cDNA …… 101
第二节　基因组文库的构建与基因分离 …… 107
第三节　cDNA 文库的构建与筛选 …… 118
第四节　根据基因差异表达获得目的基因 …… 126
第五节　基因的化学合成 …… 130
思考题 …… 131

第六章　DNA 重组的操作 …… 132

第一节　DNA 的体外重组 …… 132
第二节　重组体导入受体细胞的原理与技术 …… 142
第三节　重组子的筛选与鉴定 …… 152
思考题 …… 156

第七章　目的基因的表达策略 …… 158

第一节　强化目的基因的表达 …… 158
第二节　降低或关闭目的基因的表达 …… 174
第三节　基因编辑 …… 176
思考题 …… 180

第八章　基因工程的应用 …… 181

第一节　植物基因工程的技术流程和应用 …… 181
第二节　动物基因工程的技术流程和应用 …… 193
第三节　微生物基因工程的技术流程和应用 …… 198
思考题 …… 203

第九章　基因工程及其产品安全性管理 …… 205

第一节　基因工程的安全性问题 …… 205
第二节　基因工程的安全性评价 …… 211
第三节　基因工程安全管理 …… 215
思考题 …… 220

主要参考文献 …… 222

第一章 绪 论

基因工程是20世纪70年代在分子遗传学、细胞生物学等学科取得重要进展的基础上发展起来的，可按照人们意愿改造和设计生物品种的新技术。相对于传统的动植物遗传改良，基因工程虽问世不久，但已充分显示出旺盛的生命力和蓬勃的发展势头，将对自然界和人类社会生活产生广泛而深刻的影响。

本章思维导图

第一节 基因工程的内容与应用

一、基因工程的概念

基因工程是通过DNA重组和遗传转化，使目标生物发生特定基因的添加、删除或修饰，从而使其表达及功能发生改变，进而使目标生物获得新的遗传性状的操作。基因工程的目标是实现转基因生物性状的定向改良，技术上包括基因或DNA的体外重组、转基因、重组子筛选与扩繁等多个环节，目的性和技术性都很强，需要严密的实验设计。

在进化过程中，不同物种之间遗传物质的交换和重组是促进物种进化以更好地适应环境的重要动力。例如，植物叶绿体可能起源于古老的蓝藻；长穗偃麦草中的抗赤霉病基因*Fhb7*是由内生真菌香柱菌属（*Epichloë*）的基因水平转移而来。在传统的作物遗传改良中，人类通过选择随机突变或有性杂交使作物不同基因型之间进行遗传分离和重组，通过系统选择而选育出优良的作物品种。相对于有性杂交，基因工程具有以下几个重要特征：①打破物种的界限，实现跨物种的基因转移，而传统的有性杂交育种由于物种之间的生殖隔离只能在同一个物种内开展；②通过转基因，在特定位置插入、敲除或替换DNA，或在DNA序列不变的情况下控制基因的表达方式等，实现目标生物的定向改良，而传统的有性杂交由于基因的连锁，其杂交后代的性状难以预测，难以实现物种的定向遗传改良；③由于可以跨物种实现基因转移，实现目标生物的定向遗传改良，基因工程相对于常规的遗传改良在目标生物遗传改良上具有更高的效率和更大的应用潜力。

在不太严格的情况下，有时又把基因工程称为基因操作、基因克隆或遗传工程，但严格来说它们的意义是有差别的。基因操作泛指对基因进行酶切、连接、克隆等分子生物学操作，是基因工程的技术基础；基因克隆是指对基因进行分离和扩繁等操作过程，其目的在于获得大量的基因拷贝，它在技术上主要包括载体构建和大肠杆菌遗传转化、重组子筛选和扩繁等环节，很多时候并不涉及动物、植物等的转化及性状的遗传改良，显然与基因工程不完全一致；广义的遗传工程是指所有能改变生物体遗传性状的技术，包括常规的有性杂交育种、染色体工程、细胞工程及基因工程等。转基因则与基因工程较为相近，是指利用载体对目的基因进行遗传转化并整合到目标生物的基因组中，从而对目标生物进行遗传修饰。经过基因工程改造的生物称为遗传修饰生物体（genetically modified organism，GMO）。

根据基因来源的不同，转基因可分为同源转基因和异源转基因。同源转基因的英文为“cisgenesis”或者“intragenesis”，它们都是指目的基因来自同一物种或性相容（sexually compatible）个体上的转基因。两者的区别在于 cisgenesis 是利用来源于同一物种或性相容生物上的完整基因和它们的调节元件，而 intragenesis 则是采用体外重组产生的新基因组合。cisgenesis 和 intragenesis 都是指只能用来自物种本身或密切相关的能够进行有性杂交的物种的遗传物质（基因）转化，而且应该不含诸如选择标记基因和载体骨架序列之类的外来序列。异源转基因的英文为“transgenesis”，即跨物种转基因。基因编辑（gene editing）是指使用各种作用于特定位点的核酸酶（SSN），即锌指核酸酶（ZFN）、转录激活因子样效应物核酸酶（TALEN）和 CRISPR/Cas9 系统（CRISPR 即成簇的规则间隔的短回文重复，Cas9 即一种能降解 DNA 分子的核酸酶）对基因进行敲除或敲入，从而使目标生物获得新的遗传性状。其中 CRISPR/Cas9 系统可一次性对多个基因进行敲除或敲入，使人们能够以前所未有的简便性、准确性和精确性对农作物基因组进行修饰。

二、基因工程的技术流程

基因工程的技术流程包括以下几个基本环节。

1. 目的基因或 DNA 片段克隆　从特定的生物基因组或 cDNA 中通过各种方法分离和扩繁获得足够量的目的基因 DNA 片段、cDNA 序列中的开放阅读框或部分片段。

2. 载体的准备　选择合适的载体，并对载体 DNA 进行克隆，制备足够量的达到一定纯度的载体 DNA。

3. 目的基因或 DNA 片段与载体的连接　选择适当的克隆策略，将目的基因克隆到载体的多克隆位点或启动子和终止子之间，实现 DNA 重组。

4. 重组 DNA 转化/转染　通过各种方法，将重组 DNA 转化/转染进入大肠杆菌细胞、酵母细胞、植物外植体或动物细胞。

5. 重组体的筛选与鉴定　利用载体上提供的选择标记基因进行抗性筛选，获得转基因大肠杆菌或酵母等抗性细胞系，或通过植株再生、胚移植等手段获得转基因抗性植株或转基因动物。并对所获得的转化细胞、抗性植株或转基因动物进行分子鉴定。

6. 重组体的大量培养，外源基因表达效应分析与开发应用　将经筛选和鉴定出来的转基因大肠杆菌、酵母转化细胞进行大量培养，对外源基因的表达蛋白进行分离与纯化并进行后续结构与功能的研究；对于转基因植株进行自交纯化获得转基因株系；分析外源基因表达及其对植物和动物性状的影响（图 1-1）。

三、基因工程的基本条件

从技术流程来看，基因工程包括 4 个基本条件，它们分别是目的基因、载体、工具酶和受体细胞。

（一）目的基因

目的基因是开展基因工程的目标和物质基础，生物性状在很大程度上是由遗传控制的，而遗传结构和功能的基本单位是基因。因此，基因的选择是成功开展基因工程改良目标生物的重要基础。根据基因工程的目标，确定基因工程的技术策略和选择特定的基因，一旦获得控制某一性状的基因，就可以应用该基因对生物性状实施定向遗传改良。这里的“基因”可分为结构基因和调节基因，对于基因编辑来说，也可以是某一基因的特定元件或特定碱基。对特定的生物性状遗传改良而言，需要选择控制该性状形成的关键结构基因或调节基因。研究表明，调节基因可控制多种不同的结构基因或代谢途径，对生物性状遗传改良的效果比结构基因更为显著。近几十年来，人类在有价值基因资源挖掘、分离、鉴定和应用上不遗余力，继拟南芥和水稻等模式生物的基因组计划以后，各种非模式生物的基因组测序和重测序，生物性状形成的功能基因组学和生物性状与全基因组关联分析（genome-wide association study，GWAS）等研究蓬勃开展。随着人们对各种目标性状形成及各种目标性状之间交互作用机制的认识日益加深，可以更有效地开展基因工程中的目的基因选择。

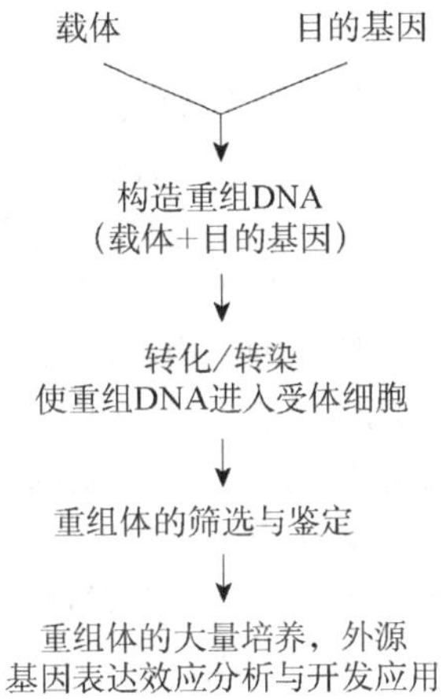

图 1-1 基因工程流程图

（二）载体

外源基因往往不能自行复制，难以越过细胞膜进入细胞，需要特殊的运载工具将其引入受体细胞才能进行克隆、保存或表达，这种运载工具就是载体。根据其来源可分为质粒克隆载体、噬菌体载体、Cosmid 载体、人工染色体载体等；根据用途可分为克隆载体和表达载体，还有 RNA 干扰和基因编辑等各种特殊用途的载体。新载体的研制和开发是推动基因工程研究和应用不断向前发展的重要研究内容。

根据基因工程的目标，人们设计了不同的载体，有用于导入外源基因的超表达载体，用于目标生物特定基因敲除或干扰的载体，对特定目的基因进行编辑的载体等可供选择。

（三）工具酶

以 DNA 重组技术为核心的基因工程的诞生和发展是以各种核酸酶的发现和应用为基础的，特别是限制性内切核酸酶和 DNA 连接酶的发现和应用，才真正使 DNA 分子的体外切割与连接成为可能。此外，DNA 聚合酶、反转录酶、外切核酸酶及末端脱氧核苷酸转移酶、T4 多核苷酸激酶、碱性磷酸酶等核酸修饰酶的发现和使用，为分子克隆和转基因技术策略的制订和实施提供了十分便利的工具。新工具酶的研究和开发是促进基因工程技术进步的重要基础领域之一。

为了使基因操作日益简便化，人们开发了新的工具酶。例如，Invitrogen 公司开发的 Gateway 克隆技术以 BP/LR 克隆酶为基础，通过 BP 克隆酶和 LR 克隆酶反应，可实现目的基因到入门载体再到多个目标载体的自动转移，省去了酶切、片段回收、连接等烦琐的操作步骤，也避免了基于限制性内切核酸酶的传统克隆技术的各种限制因素。

（四）受体细胞

受体细胞是能摄取外源重组 DNA 并使其稳定维持和表达，或有待于实施遗传改良的生物的细胞。

原核生物如大肠杆菌、真核生物如酵母等的细胞具有增殖快、生命周期短、基因组简单、便于培养和基因操作等诸多优点，普遍被用作基因克隆、融合蛋白表达、基因文库或cDNA文库构建的宿主菌，或者用来建立生产目标产物的生物反应器。由于大肠杆菌等原核细胞不具备对真核基因表达产物的糖基化等加工机制，一般采用酵母细胞表达真核生物蛋白质。

植物细胞也被用来转化外源DNA，利用特定的载体系统［如转移DNA（transfer DNA，T-DNA）等］可将外源DNA整合进入植物基因组。转化的植物细胞在合适的培养条件下可再生成完整的植株，外源基因在转基因植株及其后代株系中能够表达并稳定遗传。一般用植物细胞、愈伤组织、组织、器官或原生质体作为转基因的外植体，但真正接受外源基因的还是具体的细胞，这些转化的细胞在合适的选择压力下克隆或再生成完整的植株，而非转化细胞则被杀死。基因工程在植物遗传改良上的应用已取得较大的进展，大豆、棉花、水稻、玉米、番茄等重要农作物已获得大量的转基因植株、株系或品系，棉花、大豆、玉米和木瓜等作物的部分转基因品系甚至已在部分国家推广应用。

动物细胞也已被用作基因工程的受体细胞，但由于体细胞不易再分化成个体，所以一般以受精卵为受体，通过显微注射和胚胎移植相结合获得转基因动物；或以干细胞为受体，利用电击等方法将外源基因转入干细胞，再通过囊胚注射获得转基因动物；或以体细胞为受体，将外源基因转入体细胞，并将体细胞核移植到去核的卵母细胞，通过重构胚体外培养最终获得转基因动物。转基因鼠、鱼、鸡、牛等已获得成功。此外，以动物体细胞作为基因工程受体，也已获得转基因细胞系，这些细胞系可用作基础研究的材料，或用作生物反应器生产基因工程药物。

人的体细胞同样也可作为基因工程受体，转基因细胞系用于病理研究。近年来还以异常生长的人体细胞作为受体，通过转基因使其恢复正常生长状态（基因治疗）。

四、基因工程的技术策略

（一）强化基因的表达，改善生物性状

生物特定的性状往往受到多个生物学过程的调节，若其中有关键限速步骤，该性状受到特定基因或若干基因表达水平的调节，则强化该基因或这些基因的表达可改善性状，一般有以下策略。

1. 增加目标性状有关的代谢途径中限速酶基因的拷贝数　提高表达的酶的含量，改善特定代谢途径的限速步骤以提高目标产物的含量，实现目标性状的改良。

2. 使用强启动子驱动目的基因　使目的基因转录合成更多的mRNA，并翻译出更多的关键酶分子，进而提高目标产物的合成量。

3. 提高目标途径激活因子的表达　生物性状的形成往往涉及众多基因的表达及相应的多条代谢途径，这些基因的表达又受其上游少数重要转录因子或信号传递途径中的重要分子开关的控制。通过增强这些激活因子的表达来提高其所触发相关基因的表达，最终实现生物性状的改良。

（二）关闭特定基因的表达，改善生物性状

1. 编辑或干扰目标代谢途径抑制因子基因　这种策略是去除代谢途径中具有反馈抑制作用的某些因子或这些因子作用的DNA靶位点（如操纵子），从而解除其对代谢途径的反馈

抑制，提高目标代谢流。

2. *阻断与目标途径相竞争的代谢途径*　细胞内各相关途径的偶联是代谢网络存在的形式，任何目标途径必定与多个相关途径共享同一底物分子和能量形式。因此，在不影响细胞基本生理状态的前提下，通过对关键基因的编辑和干扰等手段阻断或降低竞争途径的代谢流，使更多的底物和能量进入目标途径，无疑对目标途径产物产量的提高是有益的。

3. *基因治疗*　将正常的基因转入患者的细胞中取代病变基因，从而表达所缺乏的产物，或者通过关闭或降低异常表达的基因等途径，达到治疗某些遗传病的目的。

（三）基因的异源表达赋予生物新的功能

1. *具有特定功能的蛋白质编码基因的异源表达，使转基因生物能合成目的蛋白*　大部分的生物反应器都是这种类型，如利用酵母工程菌、转基因植物或转基因动物合成人胰岛素，或者将苏云金芽孢杆菌的杀虫蛋白转入棉花、水稻等作物中，提高转基因作物的抗虫水平等。

2. *利用已有的途径构建新的代谢支路*　例如，将白藜芦醇合成酶基因转入番茄、烟草、胡萝卜等作物中，可利用该酶将存在于上述植物中的苯丙烷途径的底物转化为芪类次生代谢物，提高转基因植物的抗病水平。

3. *转移特定途径多个酶的编码基因，使转基因生物获得合成新的目标产物的能力*　例如，ζ-胡萝卜素脱饱和酶、八氢番茄红素脱饱和酶和番茄红素 β-环化酶是合成维生素 A 前体 β-胡萝卜素所必需的关键酶，德国、瑞士、英国等科学家通过农杆菌介导法成功地将相关外源基因整合到水稻基因组中，培育出胚乳中富含 β-胡萝卜素（1.6μg/g）的转基因水稻品种。我国中山大学生物工程研究中心应用多基因转化策略，获得了几十个含有 3～10 个外源基因的多基因表达载体，并应用农杆菌介导法或基因枪法，通过单转化或共转化，获得了几千个转有多个外源抗病抗虫基因的水稻株系。

五、基因工程的作用与影响

基因工程的诞生，标志着人类打破历经数十亿年所形成的自然界固有的秩序，可跨物种进行基因交流，从源头上对生命进行控制或修饰，使人类从认识生命、探索生命奥秘的必然王国进入改造生命的自由王国。基因工程对自然界和人类社会生活的影响之广、之深，是目前其他技术所无法比拟的。

（一）基因工程为人类解决当今所面临的人口、粮食、资源和环境问题带来了曙光

20 世纪经济的飞速发展在取得辉煌成果的同时，也带来了严峻的人口、粮食、资源和环境问题，其最突出的表现是人口增加、耕地减少、资源破坏和环境污染，危及人类的可持续发展。如何进一步在日益减少的资源上提高单位面积产出，提高资源的利用率并保护资源，修复环境，是摆在人类面前亟待解决的突出问题。基因工程在提高农业生物产量、改善品质、增强抗性的遗传改良，在环境保护、医药生产和资源的高效利用及资源的替代等方面的应用效果已经初步显现。

1. *基因工程提高作物的产量潜力*　20 世纪中叶以来，基于种内杂交的遗传物质交换和重组的常规育种使水稻、小麦和玉米等作物的产量潜力达到了很高的水平。但是，目前作物单

产已经达到一个平台期，常规育种要进一步提高作物产量潜力已力不从心。基因工程为进一步提高作物产量潜力提供了可能，最近有研究表明，异戊烯基转移酶基因（*IPT*）、水稻氮高效利用基因（*OsNLP4*）-亚硝酸还原酶基因（*OsNiR*）、小麦色氨酸转氨酶基因（*TaTAR2.1*）、玉米MADS-box 转录因子基因（*zmm28*）等表达增强可提高水稻和小麦等作物的产量。此外，人们还尝试在 C_3 作物水稻中表达玉米中控制 C_4 途径的碳酸酐酶、磷酸烯醇丙酮酸（PEP）羧化酶、NADP-苹果酸脱氢酶、丙酮酸磷酸二激酶和 NADP-苹果酸酶等，以提高水稻的光合作用潜力和产量。据研究，1996～2015 年，转基因技术使作物单产提高了约 22%，总产量提高了约 68%。

2. 基因工程提高农产品质量　随着生活水平的提高，人们对农产品质量的要求也越来越高，在剖析农产品质量形成机制、找到关键调节基因或合成通路的基础上，通过强化特定基因的表达，或通过合成途径有关酶的编码基因的基因工程，可提高相关成分从而提高农产品质量。例如，前已述及，通过在水稻中表达 β-胡萝卜素所必需的关键酶基因，可有效提高稻米中 β-胡萝卜素的含量；通过转基因可改变油料作物脂肪酸的构成，提高不饱和脂肪酸的比例以增强其保健功能，或延长其储存时间；通过基因工程还可以提高作物籽粒蛋白质中赖氨酸（Lys）、色氨酸（Trp）和甲硫氨酸（Met）等必需氨基酸的比例以提高蛋白质的质量；通过增强细胞壁转化酶（cell-wall invertase）基因的表达可提高玉米籽粒的产量，以及淀粉、蛋白质和必需氨基酸等营养物质的含量；在玉米叶片上特异性表达大肠杆菌中的 3′-磷酸腺苷-5′-磷酰硫酸还原酶基因可提高玉米籽粒中的甲硫氨酸含量。

3. 基因工程提高资源利用效率　在资源日益短缺的情况下，现代农业对化肥和水资源的过度消耗已成为危及世界可持续发展的重要隐患，如何在不减少产量的同时提高作物对资源的使用效率，减少资源消耗是人类面临的重要挑战。事实上，在各种作物中都存在适应氮、磷、钾和水等各种资源短缺的机制，通过基因工程提高作物对营养元素的转运效率、释放储存的养分、提高矿质养料的代谢效率等可强化这些机制以提高作物对各种资源的利用效率。

4. 基因工程提高农业生物对生物和非生物逆境的抗性　农业生物特别是作物生长发育过程中经常遭受病虫害等生物和高温、低温、干旱等非生物逆境胁迫，使其生长发育和产量形成受到影响而导致减产，对世界粮食安全构成威胁。基因工程在提高作物病虫等生物逆境及高温、低温和干旱等非生物逆境抗性的遗传改良中已经表现出较好的效果。例如，来自苏云金芽孢杆菌（*Bacillus thuringiensis*）的 *cry* 基因及其各种突变体在棉花、马铃薯、水稻、油菜和玉米等作物中表达能显著提高其抗虫水平；病毒外壳蛋白基因的表达可显著提高作物对病毒病害的抗性；通过提高应答非生物逆境的信号联结、调节蛋白、抗氧化系统等可显著提高作物对非生物逆境的抗性。例如，来自细菌的低温诱导蛋白基因在作物中的表达可显著提高它们对低温等非生物逆境的抗性等。

5. 基因工程在环境保护中的作用　以石油消耗驱动的现代工业和现代农业带来了严重的环境污染，危及人类社会的生存和发展，基因工程也为消除环境污染，实施环境保护开辟了新的途径。例如，可通过抗病和抗虫基因工程提高作物的抗病和抗虫水平，减少农药施用达到减少农药残留的目的；通过植物螯合素、谷胱甘肽合成酶、γ-谷氨酰半胱氨酸合成酶等编码基因的超表达可提高植物对土壤中重金属的富集以消除或减轻土壤重金属污染；通过细胞色素 P450 基因的超表达，植物可有效吸附和降解甲醛、苯和氯仿等有害气体，以消除空气污染；谷胱甘肽 *S*-转移酶基因超表达植物可降解对氯乙酰苯胺除草剂；番茄中的碱性过氧化物酶基因超表达可增强其对酚类物质的植物修复；基因工程可创建工程菌，使其含有多种能降解水体或土壤中污染物的基因，如表达植物螯合素和甲基对硫磷水解酶融合蛋白的工程菌，可同时使镉、毒死蜱（chlorpyrifos）和γ-六氯环己烷解毒。

（二）基因工程将对生态环境带来深远的影响

当人类看到基因工程给人类带来希望的同时，也对基因工程及其产品环境效应感到担忧。例如，抗除草剂作物生产中大量施用草甘膦除草导致的环境污染，抗病转基因或抗虫转基因作物的推广应用对病原菌和害虫种群及生态系统有什么影响？转基因生物对地球的生物多样性到底意味着什么？转基因生物释放到环境是否会出现基因向其近缘野生种漂移而导致“超级杂草”“超级细菌”等的出现？转基因农产品对人类健康有什么影响？由于基因工程发展时间较短，目前断然评价似乎还为时尚早，对此人类应采取审慎、科学的态度，加强安全性问题及对策的研究，建立基因工程产品的安全管理机制，促进基因工程的健康发展。

（三）基因工程将对人类生活和文化、观念产生深刻的影响

基因工程利用微生物、植物或动物作为受体，通过基因的转移和表达，将农业生产、医药生产、环境治理等方面有机地统一起来，模糊了传统的工业、农业、医药、环境保护等行业的界限，将使人类的生产活动产生深刻变革；基因工程是生物学发展的产物，又反过来促进人类对生命起源规律、生命世界奥秘的探索；基因工程在药品生产、基因治疗及克隆动物等方面的应用，不仅影响到人类的身体健康水平，还会影响人类世界观的形成和人类文化发展。

第二节 基因工程的发展历程、理论基础和技术支撑

一、基因工程的发展历程

基因工程是分子生物学、分子遗传学理论及现代基因操作技术发展的必然结果，人类对未知世界探索的热情及对基因工程的巨大需求又为基因工程的迅猛发展注入了强大的动力。基因工程的发展大约经历了理论和技术准备、诞生及在生物界的应用推广、快速发展等几个阶段。

（一）基因工程诞生前的理论和技术准备阶段

1. 理论上的准备　1860～1870年，孟德尔（G. Mendel）根据豌豆杂交实验提出了遗传因子的概念及孟德尔遗传定律；1909年，丹麦科学家约翰逊（W. L. Johannsen）首次提出“gene”名词；1910年，摩尔根（L. Morgan）的实验结果第一次将代表某一性状的基因同染色体联系起来；1944年，艾弗里（O. T. Avery）、麦克劳德（C. M. Macleod）、麦卡蒂（M. McCarty）的细菌转化实验证实了遗传物质就是DNA，明确了遗传的物质基础。

1953年，沃森（J. Watson）和克里克（F. Crick）提出了DNA双螺旋模型；紧接着梅塞森（M. Meselson）和斯塔尔（F. W. Stahl）在1958年证实了DNA的复制涉及双螺旋分子两条互补链的分离过程，提出DNA半保留复制，回答了基因复制和传递的问题。

1958年，克里克（F. Crick）在综合分析了20世纪50年代末期有关遗传信息流向的各种研究资料的基础上，提出了描述DNA、RNA和蛋白质三者关系的“中心法则”。

1961年，莫诺（J. Monod）和雅各布（F. Jacob）提出了乳糖操纵子学说，使人们在认识

生命基本现象的实质方面有了基因调控的思想。1966年，尼伦伯格（M. W. Nirenberg）和霍拉纳（H. G. Khorena）等破译了全部的遗传密码，进一步阐明了遗传信息的流向和表达问题。

遗传物质DNA的确定、DNA双螺旋模型的提出与半保留复制机制的揭示及中心法则的提出，为基因工程的诞生奠定了理论基础。

2. 技术上的积累　基因工程的诞生还取决于基因操作技术上的突破。1972年，美国旧金山的伯耶（H. W. Boyer）实验室首先发现了*Eco*RⅠ限制性内切核酸酶，其能够识别DNA上的特异性位点并进行切割。1967年，世界上有5个实验室几乎同时发现了DNA连接酶，这种连接酶参与DNA裂口的修复，在一定的条件下还能连接DNA分子的自由末端。1970年，霍拉纳实验室发现了T4连接酶具有更高的连接活性。

20世纪70年代，微生物遗传学的研究成果使人们注意到病毒、噬菌体和质粒等不同的小分子量复制子可以作为DNA片段或基因的载体，科恩（S. N. Cohen）在1972年构建了具有实用价值的质粒克隆载体。

1970年，曼德尔（M. Mandel）和海伽（A. Higa）发现，大肠杆菌经氯化钙的适当处理后，便能吸收λ噬菌体的DNA。1972年，科恩等报道，经氯化钙处理的大肠杆菌细胞同样也能摄取质粒DNA，从而建立了大肠杆菌转化体系。

限制性内切核酸酶、连接酶的发现，以及载体的应用与大肠杆菌转化体系的建立，为基因工程的诞生奠定了重要的技术基础。

（二）基因工程的诞生及在生物界的应用推广阶段

1973年，科恩等获得了抗四环素和新霉素的重组菌落，标志着以DNA重组技术为核心的基因工程的诞生。随后重组DNA技术迅速应用到动物和植物。1974年，首次实现了异源真核基因在大肠杆菌中的表达。1981年，成功获得第一个转基因小鼠。1983年，第一个转基因植物——转基因烟草获得成功。1991～1992年，转基因玉米和小麦获得成功。以后，其他微生物、动物和植物基因工程技术体系相继建立。

（三）基因工程的快速发展阶段

基因工程诞生以来，随着生命科学和技术的进步，以及人们对转基因安全的日益关注，在基因工程的相关技术、应用和管理等领域不断取得新的进展。

1. 基因工程技术的进步

（1）外源基因植入方式的进步　转基因最早采取的是依赖于T-DNA载体的随机插入法，外源基因随机插入并整合到基因组中，具有插入位置效应。20世纪80年代建立起来的利用同源重组的方式进行基因敲除的技术由于重组效率较低而未能得以广泛应用，此后研发出了基因编辑技术，其中CRISPR/Cas9具有较强的功能，它可对染色体DNA双链进行切割，进而诱发DNA损伤修复，在靶位点引入特定的基因或使已有的基因发生特定的突变。利用该技术可以更加方便地对目标生物的基因组进行特异性的基因编辑，从而获得需要的性状。基因编辑技术在水稻等多种作物的遗传改良中已经得到初步的应用，涉及产量、品质、抗除草剂、抗病虫等性状的遗传改良。

（2）转基因方法的进步　在各种生物的遗传转化方法和再生方面也取得了长足的进步，提高了转化效率。以植物为例，研发出了基于组织培养植株再生的及不依赖于组织培养的一系列遗传转化方法。由于有些植物再生十分困难，基于组织培养植株再生的遗传转化方法仅限于水稻、小麦、玉米、烟草等作物，该方法的基因型依赖性强且周期较长；不依赖于组织培养的遗传转化有依赖于花粉管通道的遗传转化方法，最早应用于拟南芥遗传转化，载有外源基因的转化载体先转入农杆菌中，再通过花序浸泡的方法进行遗传转化，在该方法基础上进行改造，将载体与纳米材料进行混合并浸泡花序，也在一些植物遗传转化中获得成功。还有些基于组织培养植物再生的遗传转化很困难，如辣椒和茄子及柑橘等，利用其种子萌发幼苗生长点创伤结合农杆菌侵染，在植株上进行脱分化和再分化及抗生素等筛选，可长出遗传转化的新芽，再通过芽的扦插生根长出完整的植株。以上方法的进步，大大拓展了可进行遗传转化的物种范围。最近，科学家通过农杆菌体外注射成株或者侵染外植体离体再生的方法过表达影响植物再生发育相关的基因，包括 plethora（*plt5*）、wound induced dedifferentiation 1（*wind1*）、enhanced shoot regeneration（*esr1*）、wushel（*wus*）和 *wus-p2a-bbm* 在内的 5 个拟南芥再生发育相关基因，成功地在金鱼草、番茄、小白菜等多个物种上获得了稳定的转基因植株，这种高效的转基因手段对于基因编辑和其他植物技术在现代农业的运用上具有重要的运用价值和意义。

（3）外源基因表达方式的改进　目的基因表达的时间、空间（器官和组织）和强度对基因工程改造的生物性状有显著的影响。最初的基因工程多使用 *CaMV 35S*［花椰菜花叶病毒（CaMV）的 35S 启动子］、*Ubiqintin*（玉米泛素启动子）等组成型强启动子，随着研究的深入，人们开发了诱导型、组织特异性或发育阶段特异性表达启动子、各种增强子、提高基因表达效率的核基质结合区、可实现选择标记基因内删除的 Cre-loxP 系统等，使外源基因表达效率提高，方式改善，安全性提高。

（4）遗传改良策略上的进步　随着越来越多模式生物和非模式生物基因组测序的相继完成，基于全基因组关联分析（GWAS）和分离群体分组测序分析（bulked segregant analysis combined sequencing，BSA-seq）等基因定位方法的建立和使用，为控制特定性状基因的定位提供了便捷的手段。这些手段与功能基因组学、代谢组学、表型组学相结合，使人类能从更高层次和更大范围认识生物性状形成的分子机制，使生物性状的基因工程改良策略更趋于合理，可供选择的重要基因将越来越多。对基因的利用也从最初基因克隆和表达发展到在基因水平上对蛋白质的结构进行修饰和改造的第二代基因工程，再发展到以利用重组技术对生物细胞固有代谢途径进行改造设计为主要内容的第三代基因工程，为更多性状的基因工程有效改良提供了可能。

2. *人类对基因工程的发展越来越关注*　转基因生物的安全性问题受到了社会公众和研发单位的重视，很多国家都建立了较为成熟的基因工程安全管理制度。我国也建立了高度科学、严格的农业转基因生物安全性评价与管理体系。经政府批准进口或商业化种植的每一个转基因植物品种或产品都须通过严格的农业转基因生物的食品安全性与环境安全性评价。

3. *基因工程生物由实验室走向应用*　自 1994 年首例转基因植物产品——耐储存番茄进入市场以来，至 2005 年全球 21 个国家转基因植物推广应用总面积达到 9000 万公顷，再到 2018 年的 191 700 万公顷，2018 年的转基因作物种植面积是 2005 年的 21.3 倍。目前，大面积推广应用的转基因植物主要是抗虫、抗除草剂品种；为了满足人们生活质量提高的需求，科学家正在培育抗旱耐盐、改良品质、增加营养、医疗保健及生物能源用的转基因作（植）物，不仅可使消费者直接得益，还将为解决与广大消费者日常生活紧密相关的全球性水资源短缺和能源危机做出重大贡献。此外，基因工程药物、转基因动物及基因治疗等也有迅猛发展。自从 20 世纪 70 年代末开始研究人胰岛素基因等在大肠杆菌中表达以来，基因工程药物研究进展迅速，至今美国、日本等国已有多种此类药物批准上市。另有一大批基因工程药物处于不同的临床试验阶段。研制的药物主要有干扰素类、生长素类、白细胞介素类、胰岛素和肝炎疫苗等。

基因工程药物的投产，改变了这些药物从动物或人体器官提取或人工合成的生产途径，为患者提供大量低价的同类药物，将成为制药业重点开发的领域，并带来巨大的经济效益和社会效益。

利用基因治疗的手段在治疗免疫性疾病、黑色素瘤和血友病等方面已有一些成功的例子。但基因治疗仍处于探索阶段，有待深入研究。目前正在迅速发展的基因定位整合技术有望成为一种有效的基因治疗方法。

动物基因工程不仅应用于动物性状遗传改良，也是开发动物乳腺生物反应器生产重要药物的可行途径。同时，转基因动物也成为剖析人类重要疾病成因及其治疗药物开发的有效手段。

短短几十年，基因工程显示出巨大的活力，迅速向经济和社会的很多领域渗透和扩散，推动社会生产力的迅速发展。基因工程的丰厚利润回报和激烈竞争促进了国家和企业向该领域的投资，未来基因工程将会以越来越快的速度发展。

二、基因工程的理论基础和技术支撑

基因工程是一门理论性和技术性均很强的课程。基因操作涉及生物化学、分子生物学、分子遗传学、微生物学、细胞生物学等学科的基本理论和基本技术，而基因工程的应用则又与植物遗传育种、动物遗传育种、生物制药等应用领域密切相关。

（一）基因工程的理论基础

生物化学：DNA 和蛋白质的组成、性质，限制性内切核酸酶、连接酶、聚合酶、修饰酶的性质和功能等，是 DNA 和蛋白质提取、分离与检测及对 DNA 进行酶学操作的理论基础。

分子生物学：DNA 的双螺旋结构、DNA 的复制、遗传密码和中心法则等，是对基因进行操作的理论基础。

分子遗传学：质粒、噬菌体的转化与转染原理，基因的表达调控原理，基因的启动子、增强子、操纵子、终止子等调控元件的作用原理，修饰构建蛋白质生物合成的 SD（Shine-Dalgarno）序列、密码子、mRNA 非编码区等的作用原理等，与基因工程中合理技术策略的制订和外源基因有效表达密切相关。

微生物学：病毒、大肠杆菌和酵母等微生物的生物学原理，质粒、噬菌体 DNA 的结构、功能、转化或转染等与基因工程宿主菌的开发与应用密切相关。

细胞生物学：细胞的结构与功能、染色体的结构与功能、细胞的全能性等是基因工程中外源基因在细胞内的定位表达、人工染色体载体的开发与应用及转基因生物再生的理论基础。

生理学：包括动物生理学、植物生理学和微生物生理学。基因工程对生物性状的改良是通过对具体生理过程的修饰或调节实现的，如植物的水分生理、光合生理、激素代谢、营养生理、抗性生理等，对特定性状的基因工程改良而言，需要首先锚定特定的生理过程，对该生理过程要有比较详细的了解。

遗传育种学：对于动植物遗传改良而言，基因工程需要根据动植物遗传育种应用的需要来确定其目标，基因工程的产物也要通过常规的动植物育种技术加以充分应用，现在一般认为，基因工程需与常规育种相结合来实现新品种的选育。因此，基因工程也需要有遗传育种学的指导。

此外，由于生物性状的形成是一个复杂的系统学问题，基因工程涉及多环节、多技术，是一个复杂的系统工程。要制订合理的基因工程技术路线，也需要系统学理论作指导，如限制因素作用律、综合作用律、基因对性状影响的层次性等。

（二）基因工程的技术支撑系统

开展基因工程研究，只有学习和掌握好基因工程有关基本仪器的操作技术和基本实验技能，才能综合应用基因工程研究的各项技术，有效地完成基因工程的研究任务。

1. *基本仪器*　基因工程实验的基本仪器设备有移液器、电子天平、离心机、pH 计、凝胶成像分析仪、聚合酶链反应（PCR）仪、超净工作台等。

2. *基因工程主要技术*　基因工程是多种技术的综合应用，这些技术包括 DNA 或 RNA 的分离和检测技术，凝胶电泳分析技术，分子杂交技术，DNA 的酶切、连接与细菌转化与转染技术，PCR 技术，DNA 序列分析技术，核苷酸合成技术，基因定点突变技术，DNA 与蛋白质互作分析技术，蛋白质与蛋白质互作分析技术，细胞（外植体）培养与再生技术等。

第三节　学习基因工程的意义和方法

一、学习基因工程的意义

基因工程是生物技术和生物工程专业的重要骨干课程，学好基因工程具有十分重要的意义，主要表现在以下几个方面。

（一）有利于正确对待和应用基因工程造福于人类

学习和掌握基因工程原理和方法，可强化人类改造自然的能力。在农业方面，基因工程可应用于植物抗虫、抗病、抗除草剂、抗逆等抗性遗传改良及产量和品质性状的遗传改良，从而提高农业生产的产量、质量和效益；在医药方面，基因工程可用于重要药品生产，从而大大降低药物的成本，基因工程还可用于基因治疗，解除人类疾病，提高健康水平；基因工程不仅可用于环境污染治理和环境污染生物修复，还可以提高资源的利用效率和对资源实施有效保护。但是，如果处理不好，基因工程也可能带来环境隐患，不少人对基因工程的安全性心存疑虑。学习和研究基因工程，可引导并促进对基因工程的正确开发利用。

（二）有利于促进生物学研究的发展

基因工程是在分子生物学、分子遗传学、微生物学、细胞工程等学科发展和研究成果的基础上诞生的，反过来也可促进现代生物学的发展。生物界是通过长期进化发展而来的，相对于 20 世纪的物理、化学等学科的巨大成就，人类对生命活动规律的认识还相当有限。学习和研究基因工程，可通过基因工程的手段，应用反向遗传学的研究方法阐明生物生命发生的现象与规律，揭示重要基因的功能及重要性状形成的分子机制。通过对分子进化工程的研究，模拟自然中生物进化历程，更进一步丰富和完善生物进化的理论，促进生物学研究的全面发展。

（三）有利于帮助树立辩证唯物主义世界观

通过基因操作，可显著改变生物性状，特别是基于基因工程的分子进化工程，可创造出自然界中原本不存在的蛋白质等，这些均是唯物主义世界观无可辩驳的证据。要通过基因工程实现生物性状有效的遗传改良，还需要从生物性状的原因与结果、整体与局部、微观与宏观、结构与功能的辩证关系中去把握、选择基因，在基因工程的研究结果中也可充分体现出上述辩证关系。因此，学习和研究基因工程有利于培养和树立辩证唯物主义世界观。

二、学习基因工程的方法

（一）掌握好基因工程相关基础理论和技术是学好基因工程的重要前提

以 DNA 重组为核心技术的基因工程是在分子生物学、分子遗传学、微生物学、细胞工程等成果的基础上诞生的。因此，要学习和掌握基因工程的基本原理和技术体系，首先必须了解和掌握相关基础课程理论和技术；要将基因工程成功地应用到植物、动物等的遗传改良，必须了解植物学、植物生理生化、植物遗传育种、动物学、动物生理生化、动物遗传育种等相关的知识，并应用上述相关的知识来指导基因工程工作。

（二）理论联系实际是学习和研究基因工程课程的重要方法

一方面，基因工程涉及复杂而系统的理论，掌握扎实的理论基础是学习和研究基因工程的重要前提。另一方面，基因工程又要通过具体的技术环节来完成，技术性和实践性很强。只有通过不断实践，才能更好地掌握有关理论和概念，掌握好基因工程的具体技术。对于初学者来说，首先要注意学习和掌握有关技术的基本原理和仪器设备的规范操作技术，培养规范的操作技能，特别是移液器的规范使用和各种缓冲液、培养基的配制等有关的基本技能。只有掌握好技术原理和基本技能，才能综合应用这些技能去完成具体的研究任务。

（三）培养和树立辩证的思维和系统的方法论是学好基因工程的重要保证

应用基因工程实现生物性状的遗传改良，涉及基因的选择、技术路线的制订和实施，面对的都是系统问题，充满着局部与整体、微观与宏观对立统一的辩证关系。只有应用辩证的思维和系统的分析方法，才能客观地分析代谢环节、生理过程、发育阶段等在性状决定中的作用，才能找到决定性状或对目标性状的形成构成限制因子的重要基因，才能制订出动态优化、高效的技术方案。

思 考 题

1. 名词解释：基因工程；基因操作；遗传修饰生物体；转基因；同源转基因；异源转基因；遗传工程；基因克隆。
2. 什么是基因工程？它包括哪些环节？
3. 基因工程与基因操作、基因克隆、遗传工程等概念有什么异同？
4. 基因工程的基本条件有哪些？它们各自在基因工程中起着什么作用？
5. 基因工程的技术策略有哪些？
6. 基因工程对工农业生产及人类社会生活有哪些方面的影响？
7. 基因工程的发展经历了哪些阶段？
8. 基因工程的理论基础有哪些？包括哪些主要技术？
9. 为什么要学习基因工程？你认为如何才能学好基因工程？

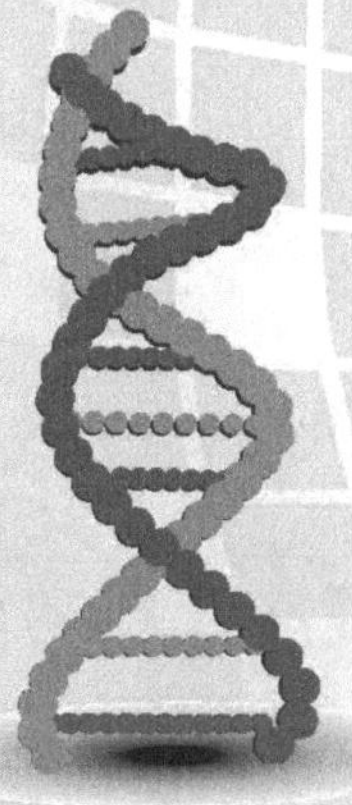

第二章　基因工程的酶学基础

DNA 重组技术的建立和发展是以各种工具酶的发现和应用为基础的，特别是限制性内切核酸酶和 DNA 连接酶的发现和应用，使 DNA 分子的体外切割与连接真正成为可能。本章主要介绍限制性内切核酸酶、DNA 连接酶及其他基因工程研究中的工具酶类型及其应用。

本章思维导图

第一节　限制性内切核酸酶

一、限制修饰系统

限制性内切核酸酶（restriction endonuclease）简称限制性内切酶，是一类能够识别双链 DNA 分子中的某种特定核苷酸序列，并切割 DNA 双链结构的内切核酸酶，缩写为 REase 或 ENase。它们一般从微生物中分离和纯化得到，现在许多限制性内切核酸酶都是基因克隆产品。

限制修饰系统最早由科学家于 20 世纪 60 年代在研究噬菌体的宿主范围时发现。从不同的大肠杆菌（*Escherichia coli*）菌株（如 K 菌株和 B 菌株）上分离的 λ 噬菌体（分别称为 λK 和 λB）能高频感染它们各自的大肠杆菌宿主细胞（K 菌株和 B 菌株），但当用 λK 噬菌体感染大肠杆菌 B 菌株，形成噬菌斑的效率就很低，其效价比在 K 菌株上生长的 λK 噬菌体要低几个数量级，也就是说 λK 噬菌体受到了 B 菌株的限制。一旦 λK 噬菌体在 B 菌株中感染成功，由 B 菌株繁殖出的噬菌体后代便能像 λB 噬菌体一样高频感染 B 菌株，说明感染成功的 λK 噬菌体受到了修饰（图 2-1）。无论是限制还是修饰，都是由宿主控制的，这种现象称为宿主控制的限制和修饰作用（host controlled restriction and modification）。其中的限制实际上就是宿主限制性内切核酸酶对外源 DNA 的降解，维护宿主自身的遗传稳定，而修饰则主要是对自身遗传物质的保护。

各种细菌都能合成一种或几种能够切割双链 DNA 的内切核酸酶，以此来限制外源 DNA 的入侵，但这种酶不会破坏细胞自身的 DNA。几乎所有的限制性内切酶都能和识别相同 DNA 甲基化位点的甲基转移酶［methyltransferase（MTase），或称甲基化酶（methylase）］共同作用，一起构成限制修饰（R-M）系统。宿主细胞 DNA 的限制性内切核酸酶识别位点被甲基化酶修饰而受到保护，限制性内切酶对被修饰过的 DNA 不起作用，从而使自身 DNA 免受限制性内切酶的降解。

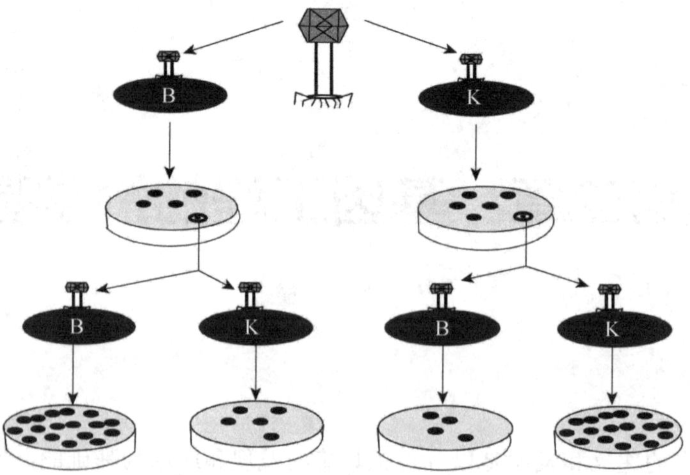

图 2-1　大肠杆菌宿主控制的限制修饰系统（Streips and Yasbin，2002）

B 和 K 分别代表大肠杆菌 B 菌株和 K 菌株

二、限制性内切核酸酶的类型

已经鉴定出的限制性内切核酸酶可分为 4 种不同类型，即Ⅰ型（type Ⅰ）、Ⅱ型（type Ⅱ）、Ⅲ型（type Ⅲ）和Ⅳ型（type Ⅳ）。这些类型的限制性内切核酸酶的主要特性列于表 2-1。

表 2-1　Ⅰ型、Ⅱ型和Ⅲ型限制性内切核酸酶的主要特性（改自吴乃虎，2001）

特性	Ⅰ型	Ⅱ型	Ⅲ型
限制和修饰活性	双功能酶	内切核酸酶和甲基转移酶分开	双功能酶
酶蛋白分子组成	3 种不同亚基	单一亚基	两种不同亚基
限制作用所需辅助因子	ATP、Mg^{2+}、*S*-腺苷甲硫氨酸	Mg^{2+}	ATP、Mg^{2+}、*S*-腺苷甲硫氨酸
特异性识别位点	非对称序列	回文对称结构	非对称序列
切割位点	距识别序列约 1kb 处随机切割	识别序列上	距识别序列 24～26bp 处
序列特异性切割	否	是	是
甲基化作用位点	宿主特异性位点	宿主特异性位点	宿主特异性位点
识别未甲基化序列并切割	能	能	能
分子克隆中应用	无	广泛	很少

Ⅰ型酶：能识别专一的核苷酸序列，并在识别位点附近的一些核苷酸上切割 DNA 分子双链，但它切割核苷酸序列是随机的，无专一性。这类限制性酶在基因工程中用处不大，如 *Eco*B、*Eco*K 等。

Ⅱ型酶：能识别专一的核苷酸序列，并在识别序列的固定位置上切割双链 DNA 分子。这类限制性内切核酸酶由于识别和切割核苷酸序列的专一性，是 DNA 重组技术中最常用的工具酶，如 *Eco*RⅠ、*Bam*HⅠ、*Mse*Ⅰ、*Pst*Ⅰ等，且已发现的Ⅱ型酶数量远远大于其他类型的限制性内切核酸酶。

Ⅲ型酶：有专一的识别序列，但不是对称的回文顺序，在识别序列旁边一定数目碱基对（识别序列碱基数目的 1～2 倍）的位置上切割双链。但这几个碱基对不是特异性的。因此，切割后产生的 DNA 片段具有各种单链末端，因而在基因克隆中很少使用，如 *Eco*PⅠ等。

Ⅳ型酶：Ⅳ型酶是新鉴定出的一类限制性内切酶，它只切割碱基已被甲基化、羟甲基化或葡糖-羟甲基化（glucosyl-hydroxymethylated）的 DNA 序列，除 *Eco*KMcrBC 限制性内切酶外，都还尚未确定。*Eco*KMcrBC 识别两个位点相距 40～3000bp 的双核苷酸序列 RmC［即一个嘌呤碱基接一个甲基化的胞嘧啶（m^4C 或 m^5C）］，切割发生在距一个识别位点约 30bp 处，目前尚无应用。

数据库 REBASE（http://rebase.neb.com/）有已知的所有限制性内切酶的完整信息，包括识别序列、甲基化敏感性、商业信息和参考文献等，数据库每日更新。

三、限制性内切核酸酶的命名

限制性内切核酸酶的命名，普遍采用的是 Smith 和 Nathans（1973）提议的命名系统。2003 年，来自美国、英国、日本和我国等 10 多个国家和地区的科学家，进一步对限制性内切核酸酶的分类、命名和书写格式等做了详细的补充和规定（Roberts et al.，2003），其要点如下所示。

1）由宿主微生物属名的第一个字母（大写，斜体）和种名的前两个字母（小写，斜体）构成酶的基本名称。例如，大肠杆菌（*Escherichia coli*）用 *Eco* 表示，流感嗜血杆菌（*Haemophilus influenzae*）用 *Hin* 表示；若该微生物有不同的变种或品系，再加上该变种或品系的第一个字母（正体），如 *Hin*dⅢ中 d。

2）如果某一种宿主菌株具有几个不同的限制修饰系统，则以正体罗马数字表示。例如，流感嗜血杆菌 Rd 菌株的几个限制修饰系统分别表示为 *Hin*dⅠ、*Hin*dⅡ、*Hin*dⅢ。

3）所有的限制性内切核酸酶，除了以上规定外，前面还应带有系统的名称，如限制性内切核酸酶 R. *Hin*dⅢ。同样，修饰酶则在它的系统名称之前加上甲基转移酶（M）的名称，如甲基转移酶 M. *Hin*dⅢ。在上下文已经十分清楚且只涉及限制性内切核酸酶的情况下，R.可被省去。

四、Ⅱ型限制性内切核酸酶的基本特性

Ⅱ型限制性内切核酸酶只有一种多肽，以同源二聚体的形式存在。由于其识别和切割 DNA 分子序列具有严格的特异性，因而是基因工程中广泛使用的工具酶，被誉为基因克隆的“分子剪刀”（molecular scissors）。

（一）识别序列的特异性

大多数Ⅱ型限制性内切核酸酶的识别序列长度为 4～6bp，具有双重旋转对称结构的回文序列（palindromic sequence），如 *Eco*RⅠ的识别序列为

5′-GAATTC-3′

3′-CTTAAG-5′

对称轴位于第三和第四位碱基之间，识别序列正读与反读都一样。如果识别序列长度为 5bp，其对称轴为中间的一对碱基，如 *Mae*Ⅲ的识别序列为

5′-GTNAC-3′

3′-CANTG-5′

其中，N 为任意碱基。有少数限制性内切核酸酶识别序列长度在 6bp 以上，称为稀有切割限制

性内切核酸酶，如 *Not* Ⅰ，识别序列长度为 8bp（GCGGCCGC）。

在有些Ⅱ型限制性内切核酸酶的识别序列中，某一位或二位碱基并非严格专一，但这种不专一性并不影响限制性内切核酸酶和甲基转移酶的作用位点，只是增加了酶在 DNA 分子上的识别与作用频率。例如，*Hind*Ⅱ可识别 4 种核苷酸序列：

5′-GTYRAC-3′

其中，Y 表示嘧啶碱基 C 或 T，R 表示嘌呤碱基 A 或 G。表 2-2 中列出了部分Ⅱ型限制性内切核酸酶的识别序列（又称为靶位点）。

表 2-2　部分Ⅱ型限制性内切核酸酶的识别序列

酶	识别序列	碱基数	末端	酶	识别序列	碱基数	末端
*Acc*Ⅲ	T/CCGGA	6	5′黏性	*Xho* Ⅰ	C/TCGAG	6	5′黏性
*Bam*H Ⅰ	G/GATCC	6	5′黏性	*Xma* Ⅰ	C/CCGGG	6	5′黏性
Bcl Ⅱ	T/GATCA	6	5′黏性	*Xpa* Ⅰ	C/TCGAG	6	5′黏性
Bgl Ⅱ	A/GATCT	6	5′黏性	*Apa* Ⅰ	GGGCC/C	6	3′黏性
Bss Ⅱ	G/CGCGC	6	5′黏性	*Hae* Ⅱ	RGCGC/Y	6	3′黏性
*Bst*N Ⅰ	CC/WGG	5	5′黏性	*Hha* Ⅰ	GCG/C	4	3′黏性
*Eco*R Ⅰ	G/AATTC	6	5′黏性	*Kpn* Ⅰ	GGTAC/C	6	3′黏性
*Eco*R Ⅱ	/CCWGG	5	5′黏性	*Pac* Ⅰ	TTAAT/TAA	8	3′黏性
*Hind*Ⅲ	A/AGCTT	6	5′黏性	*Pst* Ⅰ	CTGCA/G	6	3′黏性
Hpa	C/CGG	4	5′黏性	*Sac* Ⅰ	GAGCT/C	6	3′黏性
Mbo Ⅰ	/GATC	4	5′黏性	*Sph* Ⅰ	GCATG/C	6	3′黏性
Msp Ⅰ	C/CGG	4	5′黏性	*Sst* Ⅰ	GAGCCT/C	6	3′黏性
Not Ⅰ	GC/GGCCGC	8	5′黏性	*Acc* Ⅱ	CG/CG	4	平
Sal Ⅰ	G/TCGAC	6	5′黏性	*Alu* Ⅰ	AG/CT	4	平
*Sau*3A Ⅰ	/GATC	4	5′黏性	*Bal* Ⅰ	TGG/CCA	6	平
Spe Ⅰ	A/CTAGT	6	5′黏性	*Eco*R Ⅴ	GAT/ATC	6	平
Taq Ⅰ	T/CGA	4	5′黏性	*Hae* Ⅲ	GG/CC	4	平
Xba Ⅰ	T/CTAGA	6	5′黏性	*Sma* Ⅰ	CCC/GGG	6	平

注：R=A 或 G，Y=C 或 T，W=A 或 T。/表示切割位点

在同一种 DNA 分子中，识别序列短的出现概率大，识别序列长的出现概率小。如果 DNA 分子的 G+C 含量为 50%，而且 4 种碱基的分布是随机的，有 *n* 个核苷酸的识别序列的出现概率为（1/4）^{n}。例如，*Sau*3A 的识别序列为 4 个核苷酸 GATC，则间隔 256（4^4）个核苷酸就应有一次机会出现这个识别序列；*Not* Ⅰ 的识别序列是 8 个核苷酸 GCGGCCGC，则间隔 65 536（4^8）个核苷酸才有一次机会出现这个识别序列。但实际上未必所有的限制性内切核酸酶识别序列的出现概率都符合这样的规律。因为 DNA 分子是遗传信息的载体，碱基排列并不完全随机，而且许多生物富含 AT 或 GC，如哺乳动物的核基因组含有 40%的 GC，而且其 CG 双核苷酸频率只有其预计值的 1/5。在大部分富含 AT 的细菌基因组中，CCG 和 CGG 是最罕见的 3 核苷酸，而 CTAG 在富含 GC 的细菌基因组中是最罕见的 4 核苷酸。因此，具有 6bp 识别序列的不同限制性内切核酸酶产生的片段，其平均大小可能与预计值 4096bp 会有很大差异（表 2-3）。

表 2-3　不同来源的 DNA 用不同限制性内切核酸酶消化产生的平均片段大小　（单位：bp）

限制性内切酶	识别序列	拟南芥	线虫	果蝇	大肠杆菌	人类
Apa Ⅱ	CCTAGG	25 000	40 000	6 000	15 000	2 000
Avr Ⅱ	CCTAGG	15 000	20 000	20 000	150 000	8 000
*Bam*H Ⅰ	CGATCC	6 000	9 000	4 000	5 000	5 000
Dra Ⅰ	TTTAAA	2 000	1 000	1 000	2 000	2 000
Spe Ⅰ	ACTAGT	8 000	8 000	9 000	60 000	10 000

（二）切割位点的特异性

1. DNA 分子酶切片段的末端　大多数Ⅱ型限制性内切核酸酶在识别序列（靶序列）处特异性地切割双链 DNA 分子，水解磷酸二酯键，产生 3′端羟基、5′端磷酸基团的 DNA 片段。依所用限制性内切核酸酶的不同，酶切后产生的片段末端有黏性末端和平端等形式。

（1）黏性末端（sticky end）　黏性末端是指 DNA 分子在限制性内切核酸酶的作用下形成的具有互补碱基的单链延伸形成的末端结构，它们能够通过碱基互补配对重新连接起来。基因工程中利用具有相同黏性末端的两个 DNA 片段进行 DNA 连接重组是一项非常普遍而重要的工作（图 2-2）。

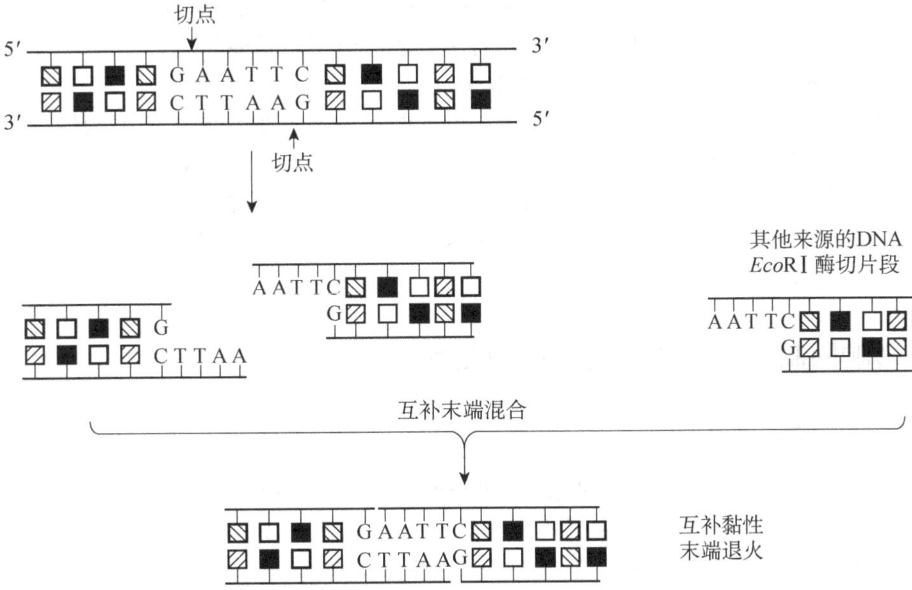

图 2-2　*Eco*RⅠ产生的黏性末端及与其他来源互补黏性末端的退火连接

限制性内切核酸酶在具有回文结构的识别序列双侧进行切割，即会产生两种形式的黏性末端：①若于对称轴的 5′端切割，可产生 5′端突出的黏性末端，如 *Eco*RⅠ；②若于对称轴的 3′端切割，则产生 3′端突出的黏性末端，如 *Pst* Ⅰ（图 2-3）。

（2）平端（blunt end）　若限制性内切核酸酶在识别序列的对称轴上切割，形成的片段末端为平端，如 *Sma* Ⅰ（图 2-3）。

2. 同切点酶（isoschizomer）　同切点酶又称为同裂酶，是一类来源于不同的微生物，能识别相同靶序列的限制性内切核酸酶。把首次发现的酶叫作原型酶（prototype），而以

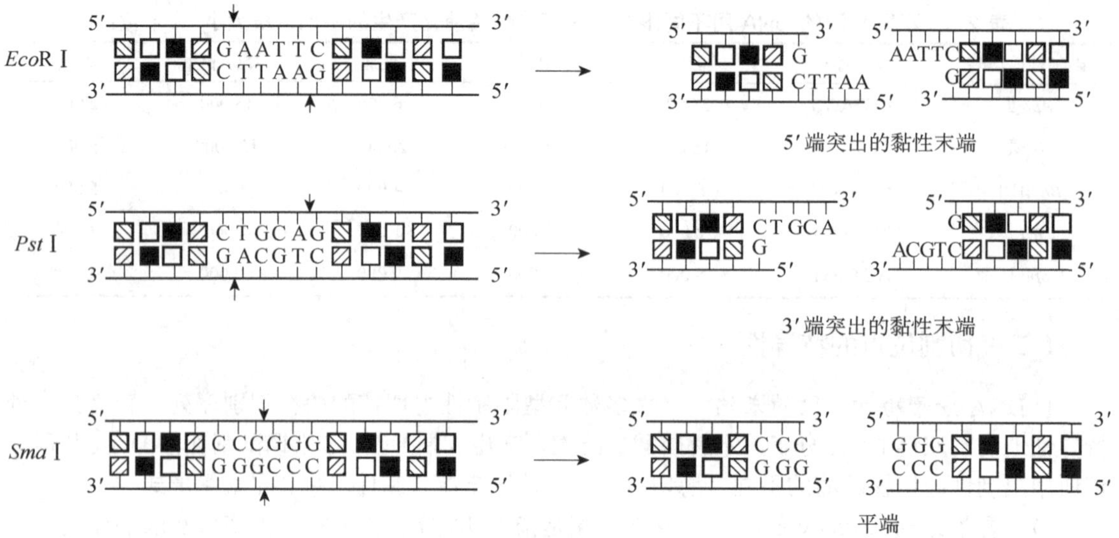

图 2-3　DNA 分子限制性内切核酸酶酶切片段的末端

后发现的与原型酶识别序列相同的酶叫作原型酶的同切点酶或同裂酶。其中识别序列相同而切割位点与原型酶不同的酶叫作异裂酶（neoschizomer）。例如，*Aat* Ⅱ（GACGT/C）与 *Zra* Ⅰ（GAC/GTC）识别序列相同，但切割位点不同，它们互为异裂酶；而 *Hpa* Ⅱ（C/CGG）与 *Msp* Ⅰ（C/CGG）识别序列和切割位点均相同，称为同切点酶，但不是异裂酶。

3. 同尾酶（isocaudarner）　有一类限制性内切核酸酶，它们来源各异，识别的靶序列也各不相同，但切割后能产生相同的黏性末端，称为同尾酶。例如，常用的限制性内切核酸酶 *Bam*H Ⅰ（G/GATCC）、*Bcl* Ⅰ（T/GATCA）、*Bgl* Ⅱ（A/GATCT）、*Sau*3A Ⅰ（/GATC）和 *Xho* Ⅱ（R/GATCY）就是一组同尾酶，它们切割 DNA 之后都形成由 GATC 4 个核苷酸组成的黏性末端。由同尾酶所产生的 DNA 片段，能够通过其黏性末端之间的互补作用而彼此连接起来，因此在基因克隆实验中很有用处。

五、影响限制性内切核酸酶活性的因素

（一）酶的纯度

高质量的限制性内切核酸酶应是通过全面提纯的，不存在其他内切核酸酶或外切核酸酶的污染，在长时间酶解时不出现识别序列特异性的下降，酶解的 DNA 片段连接后能重新被识别和切割等。如果存在外切核酸酶的污染，就会消化掉黏性末端的突出部分，从而阻止和降低其后续重组产物的形成。例如，存在碱性磷酸酶污染，就会除去 DNA 片段末端的磷酸残基，阻止 DNA 分子的连接。

（二）DNA 样品的纯度

用限制性内切核酸酶消化 DNA 的反应速率，在很大程度上取决于所用 DNA 样品的纯度。在采用不同的方法制备 DNA 样品过程中，会使样品残留有氯仿、苯酚、乙醇、乙二胺四乙酸（EDTA）、SDS、盐离子等物质，以及未去除完全的蛋白质或多糖，这些物质都可能影响限制性内切核酸酶的酶切反应活性。所以，高纯度的 DNA 样品对酶解反应是必需的。当条件受到限制，且必须在 DNA 纯度不高的情况下进行切割，可采取适当增加酶的用量、扩大反应

体系体积、延长反应时间和添加阳离子亚精胺（polycation spermidine）等措施。

（三）DNA的甲基化程度

原核生物细胞内存在限制修饰系统，其中甲基转移酶对DNA起修饰作用，从而使自身DNA不受体内限制性内切核酸酶的切割。因此，甲基化作用直接影响限制性内切核酸酶的活性。

大肠杆菌许多菌株的细胞内具有两种核苷酸专一的甲基化酶，即*dam* MTase和*dcm* MTase。*dam* MTase催化GATC序列中的腺嘌呤N6位置上的甲基化；*dcm* MTase催化CCAGG或CCTGG序列中的胞嘧啶C5位置上的甲基化。为了克服甲基转移酶的影响，在基因克隆中使用甲基化酶缺失的菌株来制备质粒DNA。

在基因组研究中，常利用一些同裂酶对甲基化敏感性不同的特性，研究细胞DNA位点专一性甲基化的程度和分布。例如，*Hpa* Ⅱ和*Msp* Ⅰ均可识别CCGG，当该序列中的胞嘧啶残基被甲基化后，*Hpa* Ⅱ不能识别和切割，但*Msp* Ⅰ还能识别并切割甲基化后的该序列，对二者切割后的片段进行序列比对，即可判断基因组DNA甲基化分布情况。

（四）酶切反应的温度

消化DNA分子时，不同的限制性内切核酸酶具有不同的最适反应温度。对于大多数限制性内切核酸酶，最适反应温度为37℃，但也有例外。例如，*Sma* Ⅰ的最适反应温度是25℃，*Apa* Ⅰ是30℃，*Bcl* Ⅰ是50℃，*Mae* Ⅲ是55℃，*Taq* Ⅰ是65℃。酶切反应时低于或高于最适温度，都会影响酶的活性，甚至使酶失活。

（五）DNA分子的构型与序列

底物DNA分子的构型会对限制性内切核酸酶的活性产生明显影响。例如，对超螺旋质粒DNA或病毒DNA分子酶切时，所需要的酶量比对线性DNA分子酶切时所需要的酶量要高许多。有些限制性内切核酸酶对同一DNA分子上不同位置的识别序列、切割效率具有位点偏爱性，如*Eco*R Ⅰ对λ DNA分子的5个靶位点的切割速率不一样，其中在DNA左侧的位点比中间位点的切割速率快10倍。此外，识别序列的侧翼序列也会影响到酶切效率。大多数限制性内切核酸酶对只含识别序列的寡核苷酸是不具催化活性的，如仅含GAATTC的寡核苷酸不会被*Eco*R Ⅰ切割，只有在GAATTC寡核苷酸两侧各延长一个或几个核苷酸后，才能被*Eco*R Ⅰ有效切割。

（六）反应缓冲液

限制性内切核酸酶的反应缓冲液中包含有以下几种成分：氯化镁或乙酸镁、氯化钠或乙酸钾、二硫苏糖醇（DTT）或β-巯基乙醇、Tris-HCl或Tris-HAc。多数酶切反应所需pH为7.0～7.6。缓冲液中β-巯基乙醇或DTT可防止酶的氧化。有些酶反应体系中需要牛血清白蛋白（BSA），以防止酶在低浓度蛋白质溶液中变性，使用终浓度为100μg/mL。市售酶中都配有10倍的浓缩缓冲液，使用时只需加反应体系的1/10即可。

（七）酶的星号活性（star activity）

限制性内切核酸酶识别和切割特异性位点是在特定的条件下测定的。当条件改变时，许多酶的识别位点会改变，导致识别与切割序列出现非特异性，这种现象称为星号活性。例如，*Eco*RⅠ在 pH＞8、盐离子浓度＜50mmol/L 和甘油浓度＞5%的情况下，其识别序列由 GAATTC 改变为 NAATTN（其中 N=A、T、G 或 C），使特异性明显降低，以 *Eco*RⅠ*表示这种活性。因此，在使用过程中，为达到限制性内切核酸酶的最佳反应速度和切割专一性，应尽量遵循生产商推荐的反应条件，避免在星号活性条件下进行反应。

六、限制性内切核酸酶对 DNA 的消化作用

用 X 射线晶体学技术研究限制性内切酶与靶 DNA 识别序列的结合模式，结果表明Ⅱ型限制性内切酶是以同型二聚体的形式与 DNA 发生作用的。例如，*Eco*RⅠ是以同型二聚体上的 6 个氨基酸（其中每个亚基各占一个 Glu 残基和 2 个 Arg 残基）同识别序列上的嘌呤残基之间形成 12 个氢键的形式，结合到靶 DNA 识别序列上并对链进行切割的。

（一）DNA 分子的双酶切消化

在分子克隆实验中，有时需要双酶切法，即用两种不同的限制性内切核酸酶切割同一种 DNA 分子，从而使产生的 DNA 分子片段带有两个不同的末端。如果载体分子也用同样的两种酶酶切，这样就可以把外源 DNA 酶切片段定向地插入载体分子中。

用于双酶切消化 DNA 样品的两种限制性内切核酸酶可以先后分别在不同的反应体系中进行。先用需要较低盐离子浓度缓冲液的酶进行切割，然后调节缓冲液的盐离子浓度，再加入需要较高盐离子浓度缓冲液的酶进行反应。如果两种酶的最适反应温度不同，则应先用最适反应温度较低的酶进行切割，升温后再加入第二种酶进行切割。若两种限制性内切核酸酶的反应体系相差很大，则可在第一种酶切反应后，电泳回收需要的 DNA 片段，再在适合第二种酶的反应体系进行切割。如果双酶切的两种酶在某种缓冲液中均具较高的催化活性，则双酶切反应可以同时在同一反应体系中进行。

（二）DNA 分子的完全酶切和不完全酶切

如果 DNA 分子的 G＋C 含量为 50%，而且 4 种碱基的分布是随机的，用 4bp 识别序列长度的限制性内切核酸酶对 DNA 样品进行完全酶切（complete digestion），终产物就为 256bp 的 DNA 分子片段（若 4 个碱基含量相等且完全随机排列）。类似地，6 碱基识别序列的完全酶切片段应为 4096bp DNA 分子片段。但底物 DNA 分子纯度低、识别序列甲基化、酶用量不足、反应缓冲液和反应温度不适、反应时间不足等都会导致酶切不完全。不完全酶切（partial digestion）是指选用的限制性内切核酸酶对其在 DNA 分子上的全部识别序列进行不完全的切割（图 2-4）。虽然不完全酶切会影响获得需要的 DNA 片段的得率，但是根据 DNA 重组设计的需要，特异性地创造不完全酶切的条件，可以获得需要的 DNA 片段。例如，在构建真核生物大片段插入基因组文库时，用多切点酶对基因组 DNA 进行随机的不完全酶切，电泳回收适宜长度的 DNA 分子，得到一系列相互重叠的片段，插入大容量载体。构建的文库可用于基因组物理图谱的构建、DNA 序列分析、染色体步移法分离目的基因等。在实验中，通常通过缩短酶切消化的反应时间或降低反应温度以约束酶的活性，达到不完全酶切的目的。

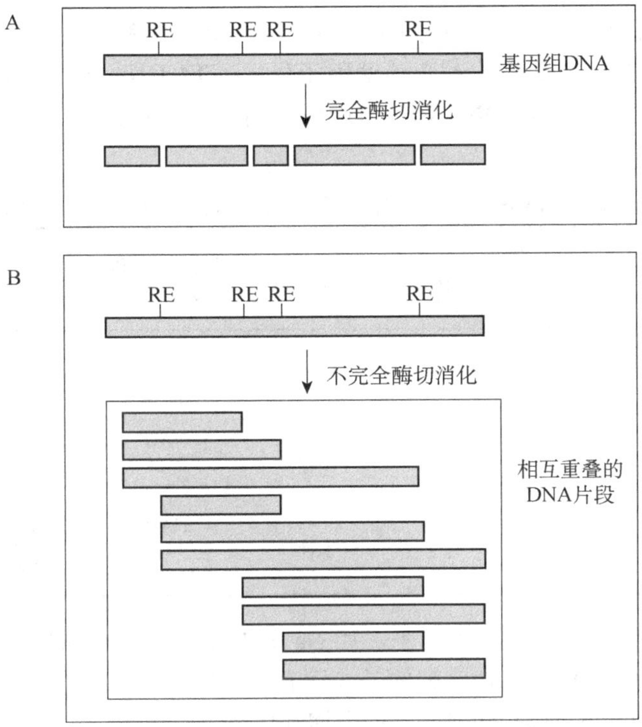

图 2-4　DNA 分子的完全酶切（A）和不完全酶切（B）

RE 为限制性内切核酸酶

第二节　DNA 连接酶

一、DNA 连接酶的发现

DNA 连接酶（DNA ligase）是能催化双链 DNA 片段靠在一起的 3′-OH 端与 5′-P 端之间通过形成磷酸二酯键，使两末端连接的一种核酸酶。DNA 连接酶是在 1967 年由世界各地科学家在几个不同实验室同时发现的。目前发现和利用的 DNA 连接酶主要来源于 T4 噬菌体、大肠杆菌及耐热细菌中。DNA 连接酶的发现与应用，对于 DNA 重组技术的建立与发展具有十分重要的意义，它是 DNA 操作研究中的“分子黏合剂”（molecular glue）。

DNA 连接酶是生物体内重要的酶，其所催化的反应在 DNA 的复制和修复过程中起重要作用。DNA 连接酶依据反应时所需能量辅助因子的不同分为两类：一类是依赖 ATP 的 DNA 连接酶；另一类是依赖 NAD^+的 DNA 连接酶。依据其来源可分为三类：T4 噬菌体 DNA 连接酶（简称 T4 DNA 连接酶）、大肠杆菌 DNA 连接酶和热稳定 DNA 连接酶。

二、DNA 连接酶的特点

（一）T4 DNA 连接酶

T4 DNA 连接酶是由 487 个氨基酸组成的多肽单体，分子质量约为 60kDa，由 T4 噬菌体基因 30 编码。该基因已被克隆，市售的 T4 DNA 连接酶一般都是从过量表达该酶的大肠杆菌中纯化的。该酶的催化过程需要 ATP 辅助因子供能。T4 DNA 连接酶可连接 DNA-DNA、DNA-RNA、RNA-RNA 和双链 DNA 黏性末端或平端（表 2-4）。所以 T4 DNA 连接酶是基因工程中广泛使用的连接酶。

表 2-4　DNA 连接酶的部分性质（萨姆布鲁克和拉塞尔，2016）

连接酶	底物				辅助因子和激活因子	温度	巯基试剂
	黏性末端	平端	DNA-RNA 杂合体	RNA-RNA 杂合体			
T4 DNA 连接酶	可行	可行	可行	可行	ATP Mg^{2+} （10mmol/L）	黏性末端：4℃ 平端：10～25℃ 补平缺口：37℃	需 DTT
大肠杆菌 DNA 连接酶	可行	可行	不行	不行	NAD^+ Mg^{2+} （1～3mmol/L）	黏性末端：10～15℃ 补平缺口：37℃	不需要
热稳定 DNA 连接酶	可行	不行	不行	不行	NAD^+ Mg^{2+} （10mmol/L）	黏性末端：24～37℃ 补平缺口：65～72℃	需要

高浓度（＞100mmol/L）单价阳离子，如 Na^+和 K^+，可对 T4 DNA 连接酶的活性产生抑制。抑制的程度随底物 DNA 末端序列的差异而有所不同。但在聚合剂存在的条件下，如有 10%聚乙二醇（PEG）、单价阳离子时，反而会增强连接酶的活性。

（二）大肠杆菌 DNA 连接酶

大肠杆菌 DNA 连接酶是一条分子质量为 75kDa 的多肽链，由 *lig* 基因编码。该基因已被克隆入 λ 噬菌体用于酶的规模化生产。该酶对胰蛋白酶敏感，可被其水解。水解后形成的小片段仍具有部分活性，但不能继续将 AMP 转移到 DNA 上促进磷酸二酯键的形成。连接反应需要 NAD^+作为能源辅助因子。

以前大肠杆菌 DNA 连接酶被认为不能进行平端的双链 DNA 连接。近来的实验表明，该酶具有连接平端的能力，但效率较低。在反应体系中加入 10%～15% PEG 和高浓度 K^+，平端的连接效率可提高 10 倍。该酶在分子克隆实验中不常用。

与 T4 DNA 连接酶有所不同，大肠杆菌 DNA 连接酶不能有效地将 RNA-DNA 连接，因此该酶无法用于在 cDNA 第二条链替换合成中所产生的紧密相连的 RNA-DNA 片段间的连接（表 2-4）。

（三）热稳定 DNA 连接酶

热稳定 DNA 连接酶的基因已从数种耐热菌中获得了克隆和序列测定，并在大肠杆菌中实现了高水平表达。热稳定 DNA 连接酶都以 NAD^+为辅助因子，并优先作用于双链 DNA 的缺口。热稳定 DNA 连接酶可在多次热循环后依然保持活性，因此被广泛用于检测哺乳类 DNA 突变的连接酶链反应（ligase chain reaction，LCR）中。

DNA 连接酶催化的连接反应特点是：①连接反应需要在一条 DNA 链的 3′端具有一个游离的羟基，而另一条 DNA 链的 5′端具有一个磷酸基团的情况下，才能发挥其连接 DNA 分子的功能，而在末端带有 5′-OH 和 3′-OH、5′-OH 和 3′-P、5′-P 和 3′-二脱氧核苷基团的两个 DNA 片段之间均不起连接作用；②连接反应中需要 ATP 或 NAD^+和 Mg^{2+}为辅助因子和激活因子；

③DNA 连接酶不能够连接两条单链的 DNA 分子或环化的单链 DNA 分子，被连接的 DNA 链必须是双螺旋的一部分；④DNA 连接酶只封闭双螺旋 DNA 骨架上的缺口（nick），即在双链 DNA 的某一条链上两个相邻核苷酸之间失去一个磷酸二酯键所出现的单链断裂，而不能封闭双链 DNA 的某一条链上失去一个或数个核苷酸所形成的裂口（gap）。

三、DNA 连接酶的作用机制

DNA 连接酶是利用 ATP 或 NAD^+提供的能量催化 DNA 双链间的缺口形成磷酸二酯键，连接反应的机制已被详细研究（图 2-5）。

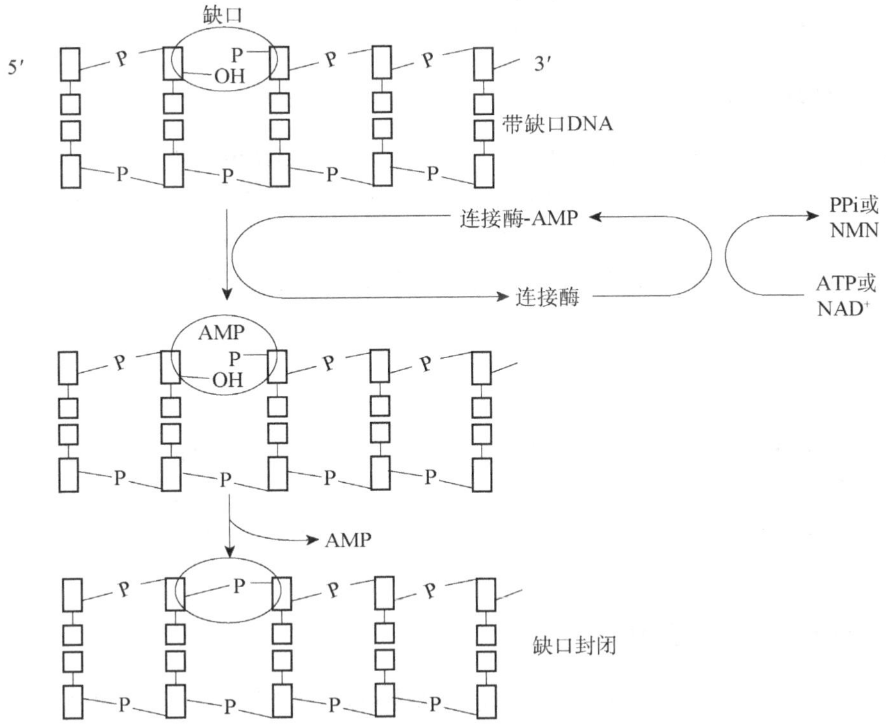

图 2-5　T4 DNA 连接酶作用机制

在连接反应中，首先 ATP（有些连接酶是 NAD^+）与 DNA 连接酶反应，与 DNA 连接酶生成一种共价结合的连接酶-AMP 复合物。其中，AMP 通过一种磷酸酰胺键同 DNA 连接酶赖氨酸残基的 ε-氨基相连，同时释放出焦磷酸（PPi）或烟酰胺单核苷酸（NMN）。AMP 激活 DNA 一条链的 5′端磷酸基团并转移到磷酸基团上，形成 DNA-AMP 复合物。最后，3′-OH 对激活的磷原子进行亲核攻击，形成磷酸二酯键，同时释放出 AMP。在形成连接酶-AMP 复合物时，焦磷酸水解和释放提供的能量驱动连接反应，因此在以 ATP 作为能源的连接酶中，一个磷酸二酯键的形成消耗掉两个高能磷酸键。

四、影响连接反应的因素

在进行 DNA 分子重组操作中，有许多因素会影响到 DNA 片段的连接，包括反应温度、连接酶浓度、ATP 浓度、DNA 片段末端结构、反应时间、不同 DNA 片段末端的相对浓度、离子浓度等。

（一）反应温度

反应温度是影响连接效率的主要因素。连接酶的最适反应温度是 37℃，但是在这个温度下，黏性末端之间退火形成的氢键结合是不稳定的。例如，*Eco*RⅠ产生的黏性末端只通过 4 个 A-T 碱基对结合，它在高温下不足以抵抗热的破坏作用。因此，连接黏性末端的最适温度，应考虑酶作用和末端结合，一般认为 4～15℃比较合适。

与黏性末端的连接反应相比，平端连接反应受温度的影响较小。因为平端连接不需要考虑两个末端的退火问题，所以连接反应的最适温度为 10～20℃，一般可在室温下进行。但温度过高（＞30℃）会导致 T4 DNA 连接酶的不稳定。

（二）连接酶浓度

T4 DNA 连接酶的活性一般采用 Weiss 单位来衡量。Weiss 单位规定，37℃下 20min 内可使 1nmol/L ^{32}P 在有机焦磷酸与 ATP 之间产生交换的酶量为 1 个活性单位。在平端 DNA 分子的连接反应中，最适的反应酶量是 1～2 个单位；而对于具黏性末端 DNA 片段间的连接，在同样的条件下，酶浓度仅为 0.1 个单位时，便能得到最佳的连接效率。连接反应所需时间，若在 16℃时，大约需 4h，在 4℃时，则需反应过夜。

（三）ATP 浓度

T4 DNA 连接酶需要 ATP 作为连接反应的辅助因子，其浓度对酶的影响很大。其反应终浓度为 10μmol/L～1mmol/L，一般情况下 ATP 最适的终浓度为 0.5mmol/L。当 ATP 浓度上升至 5.0mmol/L 时，将影响酶对平端的连接；当 ATP 浓度为 7.5mmol/L 时，对黏性末端及平端的连接均有抑制作用。

（四）DNA 片段末端结构

由于连接反应涉及不同的 DNA 分子（分子间连接），因此连接反应对 DNA 分子的末端浓度十分敏感。在反应体系中，有载体分子和要插入载体的 DNA 片段，由于 DNA 末端之间的相互竞争，可形成不同构型的 DNA 分子（图 2-6）。

在一定浓度下，小分子 DNA 片段进行分子内连接，有利于形成环化分子。因为 DNA 分子的一个末端找到同一分子的另一个末端的概率要高于找到不同 DNA 分子末端的概率。对于长度一定的 DNA 分子，其浓度降低有利于分子环化。如果 DNA 浓度增加，则在分子内连接反应发生以前，某一个 DNA 分子的末端碰到另一个 DNA 分子末端的可能性也有所增大。因此，较高浓度的 DNA 有利于分子间的连接，形成线性二聚体或多聚体分子。

对于两个以上 DNA 分子的连接，如载体 DNA 与外源插入片段，要使它们连接形成重组体，不仅要考虑反应体系中 DNA 末端的总浓度，还要考虑载体与插入片段末端浓度的比例。原则上，应该保证一个 DNA 分子的末端具有较高的概率与另一个 DNA 分子连接，减少同一个分子两个末端之间的自身连接，以达到重组的目的。

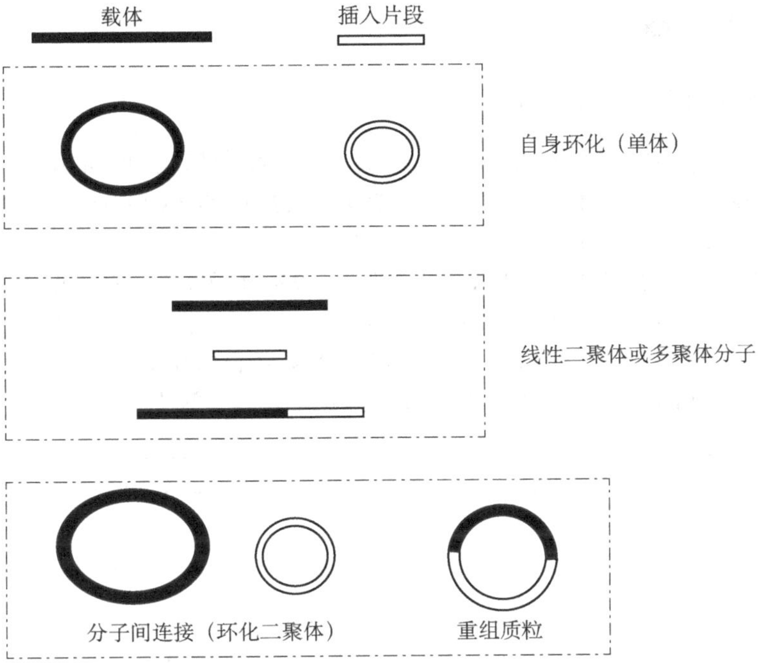

图 2-6 分子间的不同连接产物

第三节 DNA 聚合酶和反转录酶

DNA 聚合酶（DNA polymerase）的作用是在引物和模板的存在下，把脱氧核糖单核苷酸连续地加到双链 DNA 分子引物链的 3′-OH 端，催化核苷酸的聚合作用。分子克隆中常用的 DNA 聚合酶有两类：①依赖于 DNA 的 DNA 聚合酶，包括大肠杆菌 DNA 聚合酶 I（全酶）、大肠杆菌 DNA 聚合酶 I 大片段（Klenow 片段）、T4 和 T7 噬菌体编码的 DNA 聚合酶、经修饰的 T7 DNA 聚合酶（测序酶）及耐热 DNA 聚合酶等；②依赖于 RNA 的 DNA 聚合酶——反转录酶。DNA 聚合酶的部分性质见表 2-5。

表 2-5 DNA 聚合酶的部分性质

酶	3′→5′外切酶活性	5′→3′外切酶活性	聚合酶速率	持续合成能力
大肠杆菌 DNA 聚合酶 I	低	存在	中等	低
Klenow 片段	低	无	中等	低
T4 DNA 聚合酶	高	无	中等	低
天然 T7 DNA 聚合酶	高	无	快	高
化学修饰的 T7 DNA 聚合酶	低	无	快	高
遗传修饰的 T7 DNA 聚合酶	无	无	快	高
Taq DNA 聚合酶	无	存在	快	高
反转录酶	无	无	慢	中等

一、DNA 聚合酶

（一）大肠杆菌 DNA 聚合酶 I

从大肠杆菌中分离纯化得到 3 种类型的 DNA 聚合酶，即 DNA 聚合酶 I （DNA polymerase I，DNA Pol I）、DNA 聚合酶Ⅱ（DNA PolⅡ）、DNA 聚合酶Ⅲ（DNA PolⅢ），其中 DNA 聚合酶 I 在分子克隆中最为常用。

DNA 聚合酶 I 是科恩伯格（A. Kornberg）等于 1956 年首次在大肠杆菌中发现的，故也称为 Kornberg 酶。它是由大肠杆菌 *polA* 基因编码的单一多肽，含 1000 个氨基酸残基，分子质量约为 109kDa。该酶具有 3 种活性：①5′→3′ DNA 聚合酶活性；②3′→5′外切酶活性；③5′→3′外切酶活性（图 2-7）。因此，也把大肠杆菌 DNA 聚合酶 I 叫作 DNA 聚合酶 I 全酶。

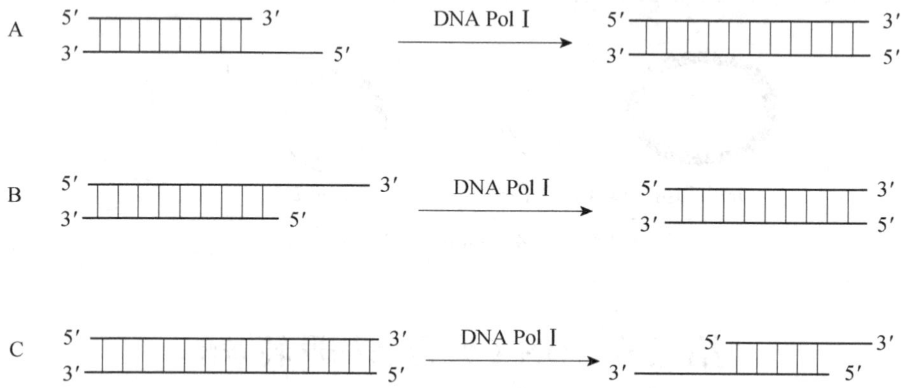

图 2-7 大肠杆菌 DNA 聚合酶 I 活性

A. 5′→3′ DNA 聚合酶活性；B. 3′→5′外切酶活性；C. 5′→3′外切酶活性

1. 5′→3′ DNA 聚合酶活性　大肠杆菌 DNA 聚合酶 I 的 5′→3′ DNA 聚合酶活性是以 DNA 为模板，利用体系中的 4 种脱氧核苷三磷酸（dNTP），催化单核苷酸分子加到引物的 3′-OH 端，沿 5′→3′合成与模板互补的另一条 DNA 链，聚合作用需要 Mg^{2+}存在。模板 DNA 可以是单链或双链 DNA 分子，双链 DNA 只有在其一条链上有一个或数个断裂时才可以作为有效模板。

2. 3′→5′外切酶活性　大肠杆菌 DNA 聚合酶 I 的 3′→5′外切酶活性是沿 3′→5′方向识别和切除不配对的 DNA 生长链末端的核苷酸，这种外切酶活性在体内 DNA 复制时主要起校对作用。当 DNA 复制中掺入的核苷酸与模板不互补而游离时就会被其 3′→5′外切酶切除，以便重新在这个位置上聚合对应的核苷酸。这种校对功能保证了 DNA 复制的真实性，从而降低了突变率。

3. 5′→3′外切酶活性　大肠杆菌 DNA 聚合酶 I 的 5′→3′外切酶活性是从 5′端降解双链 DNA 分子。它也可以降解 DNA: RNA 杂合体中的 RNA 分子，即具有 RNA 酶 H 的活性。这种酶外切活性的特点是：待切除的核酸分子必须具有 5′端游离磷酸基团；核苷酸分子被切除前位于已配对的 DNA 双螺旋区段上；被切除的可以是脱氧核苷酸，也可以是非脱氧核苷酸。

分子克隆中，大肠杆菌 DNA 聚合酶 I 的一个重要用途是用于切口平移法制备核酸杂交探针。在 Mg^{2+}存在时，用低浓度的 DNA 酶 I （DNase I ）处理双链 DNA，使之随机产生单链断裂。然后利用 DNA 聚合酶 I 的 5′→3′外切酶活性从断裂处的 5′端除去一个核苷酸，而其聚合酶活性则将一个单核苷酸添加到断裂处的3′端。由于大肠杆菌DNA聚合酶Ⅰ不能使断裂处的5′-P和3′-OH形成磷酸二酯键重新连接，所以随着反应的进行，5′端核苷酸不断被去除，而3′端核苷酸同时掺入，导致断裂形成的切口沿着DNA链合成的方向移动，这种现象称为切口平移（nick translation）。如果在反应体系中加入带标记的核苷酸，那么这些标记的核苷酸将取代原来的核苷酸残基，产生带标记的DNA分子，用作DNA分子杂交探针（图2-8）。此外，大肠杆菌DNA聚合酶Ⅰ还可用于cDNA第二链的置换合成、3′凹端DNA分子的末端标记等。

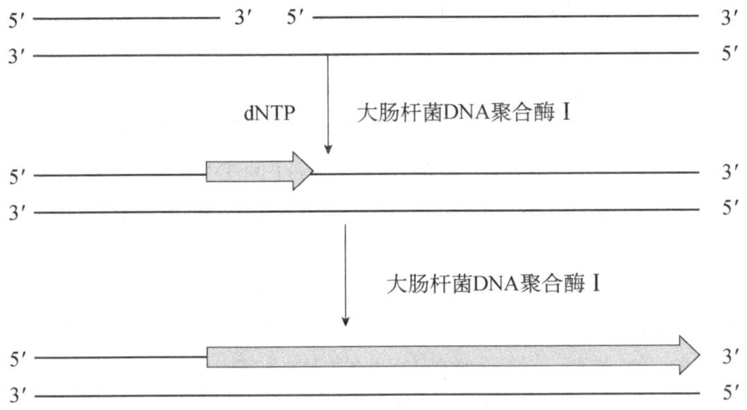

图2-8　切口平移法示意图（萨姆布鲁克和拉塞尔，2016）

（二）Klenow片段

大肠杆菌DNA聚合酶Ⅰ的3种不同活性功能是由该酶的3个结构域分别行使的。羧基端结构域（543～928位残基，约46kDa）具有5′→3′ DNA聚合酶活性；中间结构域（326～542位残基，约22kDa）具有3′→5′外切酶活性；氨基端结构域（1～325位残基）具有5′→3′外切酶活性。由于大肠杆菌DNA聚合酶Ⅰ的5′→3′外切酶活性在使用时常引起一些麻烦，它可以降解结合在DNA模板上的引物的5′端，而且可从作为连接底物的DNA片段末端除去5′-P。DNA聚合酶Ⅰ用枯草芽孢杆菌蛋白酶处理后，该酶被降解成两个片段，较大的片段包括326～928残基，称为大肠杆菌DNA聚合酶Ⅰ大片段或Klenow片段。Klenow片段具有DNA聚合酶Ⅰ的5′→3′聚合酶活性和3′→5′外切酶活性，而位于全酶较小氨基端结构域（1～325位残基）中的5′→3′外切酶活性已被除去。

分子克隆中Klenow片段的主要用途有：①补平经限制性内切核酸酶消化DNA所形成的3′凹端，包括带裂口的双链DNA的修复；②用^{32}P dNTP将带3′凹端补平，标记DNA分子3′端；③在cDNA克隆中，用于cDNA第二链的合成；④用于双脱氧链终止法进行DNA序列分析；⑤在单链模板上延伸寡核苷酸引物，以合成杂交探针和进行体外突变。

（三）T4 DNA聚合酶

T4 DNA聚合酶来源于T4噬菌体感染的大肠杆菌，分子质量为114kDa，由单一肽链组成。与Klenow片段相似，T4 DNA聚合酶具有5′→3′ DNA聚合酶活性和3′→5′外切酶活性，缺少5′→3′外切酶活性。但其3′→5′外切酶活性比Klenow片段要高200倍。T4 DNA聚合酶不能从单链DNA模板上替换引物，在体外诱变反应中，其诱变效率要比Klenow片段酶高约 1 倍。

在分子克隆中，T4 DNA 聚合酶的主要作用有：①补平或标记 DNA 分子经限制性内切核酸酶消化后产生的 3′凹端；②对带有 3′突出末端或平端的 DNA 片段进行标记，制备特异性探针；③利用 T4 DNA 聚合酶强的 3′→5′外切酶活性，将双链 DNA 的末端转化为平端。

（四）T7 DNA 聚合酶

T7 DNA 聚合酶来源于 T7 噬菌体感染的大肠杆菌，是由 T7 噬菌体基因 5 编码的蛋白质和来自宿主大肠杆菌基因编码的硫氧还蛋白紧密结合构成的复合体。该酶是所有已知 DNA 聚合酶中持续结合能力最强的一个，所催化合成的 DNA 平均长度要比其他 DNA 聚合酶催化合成的 DNA 平均长度大得多，可达到上千个核苷酸，原因在于来源于大肠杆菌的蛋白复合体与模板结合紧密，防止合成的链早期与模板解离。T7 DNA 聚合酶具有很强的 3′→5′外切酶活性（由 T7 噬菌体基因 5 所编码），其外切活性约为大肠杆菌 DNA 聚合酶 I Klenow 片段的 1000 倍。在分子克隆中，T7 噬菌体 DNA 聚合酶主要用于催化大分子模板（如 M13 噬菌体）的引物延伸反应，它可以在同一引物模板上有效地合成数千个核苷酸且不受二级结构的影响。T7 DNA 聚合酶也可用于 DNA 的末端标记和体外诱变中第二链的合成。

通过化学修饰或基因工程方法对 T7 DNA 聚合酶进行改造，去除了该酶的 3′→5′外切酶活性，但保留其 DNA 聚合酶活性。经修饰改造的 T7 DNA 聚合酶持续合成能力很强，因此是双脱氧链终止法对长片段 DNA 进行测序的理想用酶，现在已经以测序酶（sequenase）作为商品名投放市场，现在 United States Biochemical 公司的测序酶（2.0 版）已完全去除外切核酸酶活性。

（五）*Taq* DNA 聚合酶

Taq DNA 聚合酶是一种耐热的依赖 DNA 的 DNA 聚合酶，最早于 1976 年首次从水生嗜热菌（*Thermus aquaticus*）中分离得到。由于 *Taq* DNA 聚合酶具有耐高温的特性，赛奇（R. Saiki）等于 1988 年将该酶成功地用于 PCR，从而极大地促进了 DNA 离体扩增技术的飞速发展。

Taq 基因全长 2496bp，编码 832 个氨基酸，分子质量约为 94kDa。该基因已被克隆，并在大肠杆菌中高效表达。*Taq* DNA 聚合酶催化合成 DNA 的最适反应温度为 75～80℃，在此温度下，每个酶分子每秒钟可延伸约 150 个核苷酸，酶活性半衰期在 95℃时为 40min、92.5℃时为 130min。反应需要 Mg^{2+}，当 $MgCl_2$ 浓度为 2.0mmol/L 时，该酶的催化活性最高。

Taq DNA 聚合酶除具有 5′→3′ DNA 聚合酶活性外，还有 5′→3′外切酶活性，但没有 3′→5′外切酶活性，因而无 3′→5′方向的校正功能。体外使用的 *Taq* DNA 聚合酶在典型的一次 PCR 中，核苷酸错误掺入的概率大约是 1/20 000。这对于大批量的 PCR 产物分析而言，并不会构成什么严重的问题，因为具同样错误掺入核苷酸的 DNA 分子，仅占全部合成的 DNA 分子群体的极小部分。然而，如果 PCR 扩增的 DNA 片段是用于分子克隆，那么核苷酸的错误掺入则是值得重视的事件。现在已经从几种不同的喜温微生物中分离得到具有 3′→5′外切酶校对活性的热稳定 DNA 聚合酶，从而大大提高了扩增 DNA 的准确度。例如，从嗜热古菌（*Pyrococcus furiosus*）分离的 *Pfu* DNA 聚合酶，从 *Pyrococcus woesei* 中分离到的 *Pwo* DNA 聚合酶等都具有高的保真度。

另外，普通 *Taq* DNA 聚合酶在聚合链末端不依赖模板多聚合出一个腺苷酸，其机制不明。人们根据这种性质，设计出了一种线型克隆载体——T 载体，其 5′端有一个突出的 T，正好与 PCR 产物 3′端突出的 A 互补，这样就可方便地将 PCR 产物直接连接到载体上。

二、反转录酶

反转录酶（reverse transcriptase）是依赖于 RNA 的 DNA 聚合酶，或称为 RNA 指导的 DNA 聚合酶，是分子克隆中最重要的核酸酶之一。反转录酶普遍存在于含 RNA 的反转录病毒（retrovirus）中，它以 RNA 为模板，催化合成互补的 DNA（complementary DNA，cDNA）单链，进而合成 DNA 的第二条链。目前市售的反转录酶主要有两个来源：一类是禽源的，来源于禽类成髓细胞瘤病毒（avian myeloblastosis virus，AMV）；另一类是鼠源的，来源于 Moloney 鼠白血病病毒（Moloney murine leukemia virus，Mo-MLV）。两个来源的反转录酶基因均被克隆，并在大肠杆菌中表达。

禽源反转录酶由分子质量分别为 64kDa 和 96kDa 的两条多肽链组成，具有聚合酶活性及很强的 RNase H 活性。鼠源反转录酶则是分子质量为 71kDa 的单链多肽，它具有聚合酶活性及很弱的 RNase H 活性。禽源反转录酶在 42℃（鸡的正常体温）时能有效发挥作用。而鼠源反转录酶在 42℃时就会迅速失活。与鼠源反转录酶相比，禽源反转录酶能更有效地将复杂的 mRNA 反转录成 cDNA。禽源反转录酶在 pH 8.3 时活性高，而鼠源反转录酶在 pH 7.6 时更有利于发生作用。当反应的 pH 仅偏离最适 pH 0.2 时，这两种酶催化合成的 cDNA 长度就将明显降低。

在分子克隆中，反转录酶主要用于：①以 mRNA 为模板合成其互补 DNA（cDNA），用于构建 cDNA 文库和基因克隆；②对具 5′端突出的 DNA 片段的 3′端进行补平和标记，制备杂交探针；③代替大肠杆菌 DNA 聚合酶 I Klenow 片段或测序酶，用于 DNA 序列分析。

第四节　DNA 修饰酶

一、末端脱氧核苷酸转移酶

末端脱氧核苷酸转移酶（terminal deoxynucleotidyl transferase，TdT）简称末端转移酶，一般是从小牛胸腺中提取的一种碱性蛋白，分子质量为 34kDa。在末端转移酶催化下将脱氧核苷酸添加到 DNA 分子的 3′-OH 端，伴随无机磷酸的释放。与 DNA 聚合酶不同，催化作用不需要模板，而且可以非特异性地利用反应体系中 4 种脱氧核苷酸的任何一种作为它的前体物，当反应混合物中只有一种脱氧核苷酸时，可形成仅有一种核苷酸组成的 3′端尾巴，这种反应叫作同聚物加尾（homopolymeric tailing）。反应需要有二价阳离子参与，如果以 dATP 或 dGTP 为同聚物加尾反应的底物，则 Mg^{2+}为首选的阳离子，若以 dTTP 或 dCTP 为同聚物加尾反应的底物，反应必须有 Co^{2+}存在。

末端转移酶主要有以下三点用途。

1）用于克隆 DNA 片段。在体外建立重组 DNA 分子时，利用同聚物加尾法给线性载体和要插入的外源 DNA 片段 3′端加上互补的同聚尾（如同聚尾 C 和 G），通过同聚尾退火，互补连接，把外源 DNA 片段克隆到载体中。在构建 cDNA 文库时，这种加尾方法是将 cDNA 插入载体中的一种常用方法。

2）用于 DNA 3′端标记。例如，用底物为具 ^{32}P 的 dNTP、ddNTP 对 DNA 3′端进行放射性同位素标记。也可用带荧光染料等非放射性物质的核苷酸在末端转移酶的催化作用下，给DNA 3′端掺入非放射性标记。

3）按照模板合成多聚核糖核苷同聚物。

二、T4 多核苷酸激酶

T4 多核苷酸激酶（T4 polynucleotide kinase）最初是从被 T4 噬菌体感染的大肠杆菌中分离得到的，也叫 T4 噬菌体多核苷酸激酶，由 T4 噬菌体 *pseT* 基因编码。该基因已被克隆到大肠杆菌，用基因工程方法实现了规模化生产。

T4 多核苷酸激酶催化 ATP 的 γ-磷酸基转移到 DNA 或 RNA 的 5′-OH 端，使已脱磷酸化的5′端重新磷酸化。这种作用不受底物分子链长短的限制，即使单核苷酸也同样适用。该酶常用于以下两种反应：正向反应和交换反应。

1. *正向反应*（forward reaction） 正向反应即催化 5′-OH 端的磷酸化，这是 T4 多核苷酸激酶最主要的功能。反应需要 Mg^{2+}，pH 6.5～8.5，可以加入 DTT 提高酶的活性。

T4 多核苷酸激酶催化 5′突出末端磷酸化的速度比催化平端或 5′凹端磷酸化的速度要快得多，而对双链 DNA 切口或裂口处进行磷酸化的效率比单链末端的磷酸化效率低。但是，只要有足够的酶和 ATP 存在，平端、5′凹端和双链 DNA 的切（裂）口都能得到磷酸化（图 2-9A）。

2. *交换反应*（exchange reaction） 当过量 ADP 存在时，DNA 分子的 5′磷酸转移给ADP，然后脱磷酸化的 DNA 分子再从带有 γ-^{32}P 的 ATP 中获得 γ-^{32}P 基团，重新磷酸化 DNA分子就获得了 ^{32}P 同位素标记。反应需要 Mg^{2+}，pH 6.2～6.6，效率低于正向反应。反应的底物是带有 5′磷酸末端的单链或双链的 DNA 或 RNA，其中含 5′磷酸末端的单链 DNA 得到标记的效率最高（图 2-9B）。

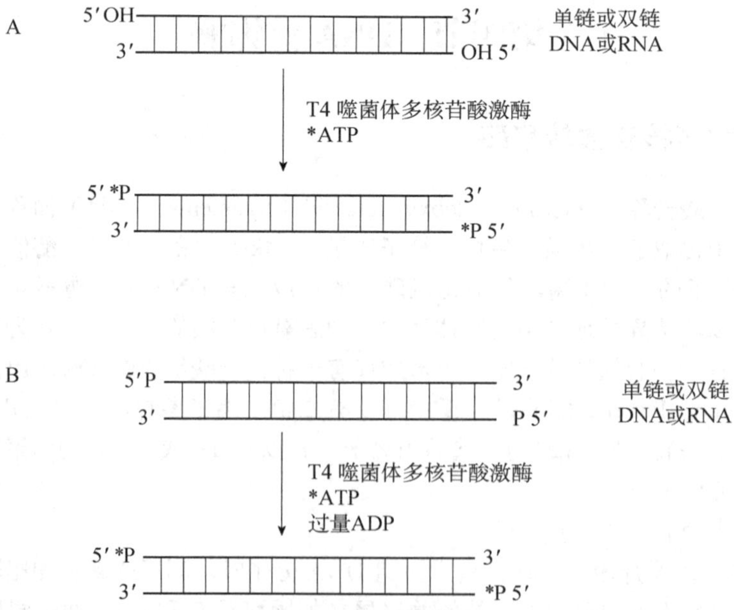

图 2-9 T4 噬菌体多核苷酸激酶的正向反应活性（A）和交换反应活性（B）

*代表放射性同位素标记

分子克隆中，T4 多核苷酸激酶主要用于：①标记 DNA 或 RNA 的 5′端，天然核酸的 5′端为磷酸基团，而不是羟基，所以在进行5′端标记之前，必须先用碱性磷酸酶处理，使其发生脱磷酸化作用而暴露出5′-OH，然后再进行5′端磷酸化标记反应；②在DNA分子连接时，对缺乏5′-P的DNA片段或人工合成接头进行磷酸化处理。T4多核苷酸激酶还可用于寡核苷酸探针的末端标记。

三、碱性磷酸酶

碱性磷酸酶能够催化核酸分子脱掉5′-P，从而使DNA（或RNA）片段的5′-P端转换成5′-OH端。有两种来源的碱性磷酸酶，一种来源于大肠杆菌，叫作细菌碱性磷酸酶（bacterial alkaline phosphatase，BAP）；另一种来源于小牛肠，叫作小牛肠碱性磷酸酶（calf intestinal alkaline phosphatase，CIP）。

细菌碱性磷酸酶（BAP）和小牛肠碱性磷酸酶（CIP）在性质上有所差别。CIP具有明显的优点，在70℃下10min就可以完全灭活，而BAP却是耐热性酶，要终止它的作用，去除极微量的BAP活性，就需要用酚/氯仿多次抽提，远不如用加热法就可以使CIP完全灭活来得方便经济。而且CIP的比活性要比BAP的高出10～20倍，因此，在分子克隆中CIP更为常用。

小牛肠碱性磷酸酶（CIP）是一种含Zn^{2+}的金属糖蛋白，分子质量约为140kDa，由两个各514个氨基酸残基的亚基组成。商品碱性磷酸酶一般悬浮在硫酸铵溶液中，4℃保存。由于铵根离子会影响后续反应中T4多核苷酸激酶和DNA连接酶的活性，因此在DNA脱磷酸基团后，要经过Sephadex G-50柱层析去除铵根离子。

碱性磷酸酶在基因工程中主要有以下两个方面的用途。

1. *DNA分子片段5′端的去磷酸化，防止自身连接*　在DNA分子体外重组过程中，如果载体与插入DNA分子用同一种限制性内切核酸酶消化，具有相同的黏性末端，那么在连接形成重组DNA分子时，就会有多种连接产物形成（图2-6），包括载体自身环化导致载体的空载。为了防止线性化的载体分子发生自我连接，在连接反应之前，先用碱性磷酸酶处理载体分子，除去线性载体DNA片段的两端5′-P。去磷酸化的载体DNA分子两个黏性末端虽然仍可以发生退火互补，但却失去了连接能力，不能被连接酶封闭缺口，形成共价环化结构。这种分子是不稳定的，在连接部位容易重新解链形成开环的线性分子，这就为载体接受外源DNA片段提供了条件。但是，如果载体与要插入的外源DNA分子退火，由于外源DNA片段带有5′-P，能在连接酶作用下在连接部位形成磷酸二酯键，产生在每一条链上各有一个缺口的“重组子”，这种分子足以阻止发生重新解链作用，其上的缺口可以在转化后，在宿主细胞内得到修复（图2-10）。

2. *在5′端标记之前，去除DNA或RNA分子的5′-P*　用碱性磷酸酶对DNA或RNA分子的5′端进行去磷酸化处理，形成5′-OH端，随后在^{32}P-ATP和T4多核苷酸激酶的作用下，使5′端重新磷酸化并带上放射性的标记。标记的DNA可应用于Maxam-Gilbert（马克萨姆-吉尔伯特）法测序、RNA序列分析及特异性DNA或RNA片段的图谱构建。

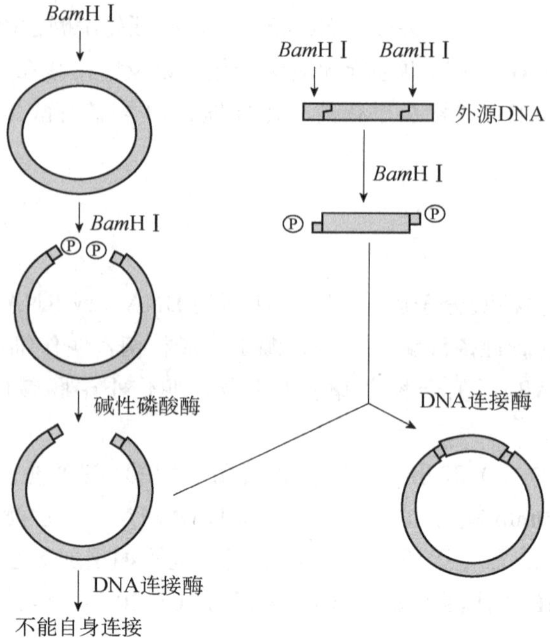

图 2-10 载体分子的去磷酸化与外源 DNA 的连接（Weaver，2002）

第五节 外切核酸酶

外切核酸酶（exonuclease）是一类从多核苷酸链的末端开始逐个降解核苷酸的酶。按照酶对底物二级结构的专一性，可将其分为：①作用于单链的外切核酸酶，如大肠杆菌外切核酸酶Ⅰ和大肠杆菌外切核酸酶Ⅶ；②作用于双链的外切核酸酶，如大肠杆菌外切核酸酶Ⅲ、λ 噬菌体外切核酸酶和 T7 噬菌体基因 6 外切核酸酶等（表 2-6）。

表 2-6 常用的几种外切核酸酶的基本特性

酶	作用底物	切割位点	切割产物
大肠杆菌外切核酸酶Ⅰ	单链 DNA	5′-OH 端	5′-单核苷酸
大肠杆菌外切核酸酶Ⅶ	单链 DNA	3′-OH 端，5′-P 端	2～25 寡核苷酸片段
大肠杆菌外切核酸酶Ⅲ	双链 DNA	3′-OH 端	5′-单核苷酸
λ 噬菌体外切核酸酶	双链 DNA	5′-P 端	5′-单核苷酸
T7 噬菌体基因 6 外切核酸酶	双链 DNA	5′-P 端	5′-单核苷酸

一、单链外切核酸酶：大肠杆菌外切核酸酶Ⅶ

大肠杆菌外切核酸酶Ⅶ（exoⅦ）由两个多肽亚基组成（分子质量为 10.5kDa 和 54kDa），分别由大肠杆菌的 *xseA* 和 *xseB* 两个基因编码，酶活性不受二价阳离子的影响，反应中不需要 Mg^{2+}。

exoⅦ的活性是单链特异性的，能够水解变性的 DNA、双链 DNA 的末端突出部分及被替换的单链区。该酶能从单链 DNA 的 3′端和 5′端同时消化 DNA，产生短的 2～25bp 寡核苷酸片段，由于它的消化产物为寡核苷酸而不是单核苷酸，因而不能用来产生平端的双链DNA。它在体外也可以切除由紫外线照射DNA所形成的嘧啶二聚体。

exoⅦ在分子克隆中主要用于：①从PCR产物中去掉引物；②用于测定基因组DNA中内含子和外显子的位置；③回收按dA-dT加尾法插入质粒克隆载体上的cDNA片段。

二、双链外切核酸酶

（一）大肠杆菌外切核酸酶Ⅲ

大肠杆菌外切核酸酶Ⅲ（exoⅢ）是单一多肽，由大肠杆菌*xthA*基因编码，分子质量为28kDa。该酶能特异性地催化双链DNA从3′-OH端开始水解，释放5′核苷单磷酸。作用底物可以是平端、3′凹端或有缺口的DNA，但不能降解单链DNA和3′端突出的双链DNA。反应需要Mg^{2+}或Mn^{2+}。此外，exoⅢ还有3种酶活性：①对无嘌呤位点或无嘧啶位点的特异性内切酶活性，无嘌呤和无嘧啶位点是指在双链DNA分子中，各自的嘌呤或嘧啶碱基已经从糖-磷酸骨架上被切除掉；②RNase H活性，可降解DNA: RNA杂交分子中的RNA；③3′磷酸酶活性，对于带有3′磷酸末端的单链或双链DNA，可去磷酸化使之变为3′-OH，但不切割核酸内部的磷酸二酯键。

exoⅢ的外切酶活性是非持续性的，因而是用于在双链DNA中产生均匀单链区的理想工具酶。外切核酸酶Ⅲ在分子克隆中应用：①利用其3′→5′外切酶活性使双链DNA分子产生单链区，然后与Klenow片段配合使用，制备链特异性的放射性探针；②经过该酶外切修饰的DNA，可作为双脱氧测序法的反应底物，即制备单链DNA模板；③构建单向缺失（unidirectional deletion），因为exoⅢ是双链特异性的，同5′隐蔽末端相比，它优先降解具3′隐蔽末端的双链DNA分子，这种特性可用来构建一组从克隆DNA某一特定部位开始的单向缺失，因而不必先测定DNA的限制图，就可直接进行序列分析。

（二）λ噬菌体外切核酸酶（λ exo）和T7噬菌体基因6外切核酸酶

λ噬菌体外切核酸酶是从感染了λ噬菌体的大肠杆菌细胞中分离得到的。它能催化双链DNA分子自5′端的依次水解，释放5′单核苷酸，但它不能降解5′-OH端。

λ exo的用途有两个方面：①将双链DNA转变成单链DNA，供双脱氧测序法进行DNA序列分析用；②从双链DNA分子中移去5′突出末端，以便用末端转移酶进行加尾。

T7噬菌体基因6外切核酸酶是大肠杆菌T7噬菌体基因6编码的产物。同λ exo一样，这种外切核酸酶同样可以催化双链DNA自5′端逐步降解释放出5′单核苷酸分子，但该酶还可以从5′-OH和5′-P两个末端移去核苷酸。T7噬菌体基因6外切核酸酶在分子克隆中的用途同λ exo，不过由于它的活性要比λ exo低，因此主要用于自5′端开始的有控制的匀速降解。

第六节　单链内切核酸酶

一、S1核酸酶

S1核酸酶来源于米曲霉菌（*Aspergillus oryzae*），是一种含锌的蛋白质，分子质量为32kDa，相对耐热，由基因 *nucO* 编码，该基因已被克隆。

S1 核酸酶是一种高度单链特异性的内切核酸酶，催化反应需要 Zn^{2+}和酸性条件，最佳 pH 为 4.0～4.5（图 2-11）。在高离子强度（0.1～0.4mol/L NaCl）、pH 4.2 和 1mmol/L Zn^{2+}存在的条件下，S1 核酸酶可以高特异性地降解单链 DNA 和 RNA，包括双链分子中的单链区域（如发夹结构），反应产物为 5′单核苷酸。调节 S1 核酸酶的用量，可以切割双链 DNA 的单链缺刻，但它不能识别单个碱基对的错配。当 S1 核酸酶用量过大时，伴有双链核酸的降解，但该酶降解单链 DNA 的速度是降解双链 DNA 的 75 000 倍。

由于具有以上特性，S1 核酸酶可用于切掉 DNA 片段的单链突出末端以产生平端、在双链 cDNA 合成时切除发夹环结构等。而且，在以 S1 核酸酶作图法（S1 nuclease mapping）测定杂交核酸分子（DNA: DNA 或 DNA: RNA）的杂交程度、RNA 分子定位、确定真核基因中内含子的位置、内含子与外显子剪切位点的定位、转录起始位点与终止位点的过程中，S1 核酸酶都是十分有效的工具。

S1 核酸酶的活性可被 PO_4^{3+}、5′核苷、核苷三磷酸、枸橼酸盐和 EDTA 抑制，然而，其在低浓度变性剂（如 SDS、尿素甲酰胺）存在的条件下稳定。

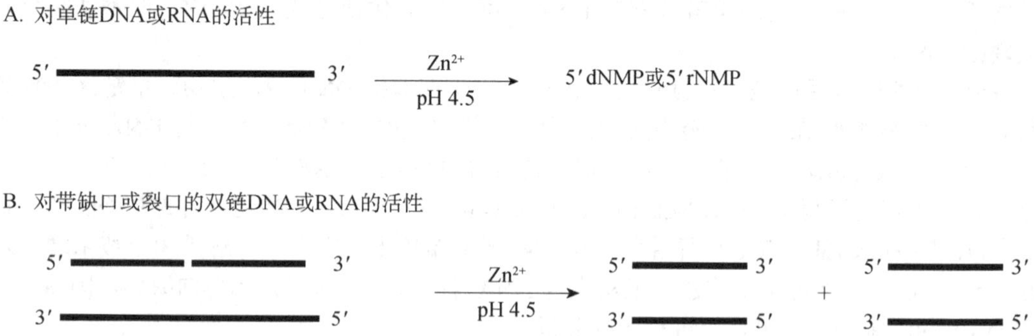

图 2-11　S1 核酸酶的活性

二、Bal 31 核酸酶

Bal 31 核酸酶是从交替单胞菌（*Alteromonas espejiana*）BAL 31 中分离纯化而来的。Bal 31 对单链 DNA 具有特异的内切酶活性，可从 3′-OH 端迅速降解 DNA。对于线性双链 DNA 分子，它表现为 3′→5′外切酶活性和 5′→3′外切酶活性，可有控制地从 3′端和 5′端逐个水解除去单核苷酸，产生缩短了的 DNA 分子（图 2-12）。但在使用时应注意，Bal 31 的 3′外切酶活性约为它的单链特异性内切酶活性的 20 倍。当底物是双链环形的 DNA 分子时，Bal 31 通过单链特异性核酸内切酶活性对单链缺口或瞬时单链区（transient single stranded region）进行降解，将超螺旋的 DNA 切割成开环结构，进而成为线性双链 DNA 分子。除此之外，Bal 31 核酸酶还可起到核糖核酸酶的作用，催化核糖体和 tRNA 的降解，但它不具有双链特异的外切酶活性。

Bal 31 核酸酶降解 DNA 需要 Ca^{2+}的存在，在反应的不同阶段加入螯合剂 EGTA（乙二醇双 β-氨基乙醚四乙酸）可终止反应。由于 Bal 31 核酸酶从末端降解 DNA 比较均匀，因此 Bal 31 核酸酶可用于确定 DNA 片段的限制性内切核酸酶图谱（restriction endonuclease map）。使用 Bal 31 核酸酶降解待测 DNA，在不同反应时间取出反应物，用 EGTA 溶液中止反应。然后，各样品用相应限制性内切核酸酶消化后，可看到酶切片段按一定的顺序消失。利用一端含载体

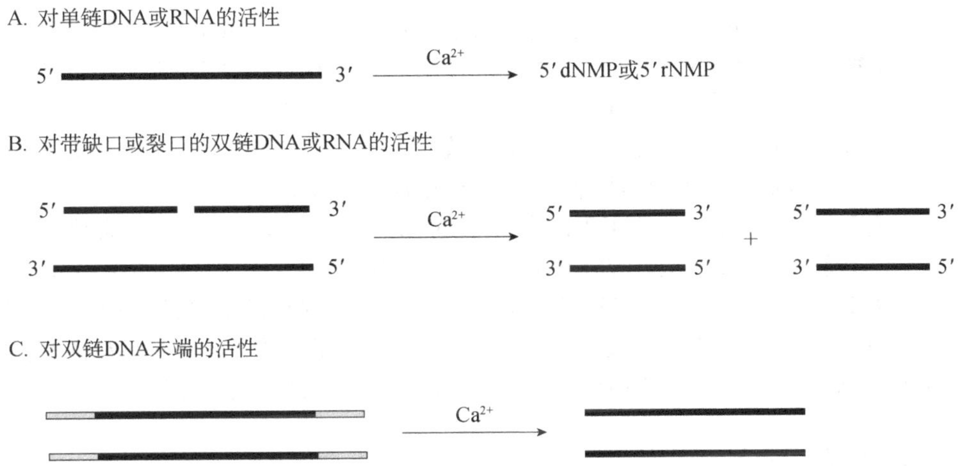

图 2-12 Bal 31 核酸酶的活性

序列（其限制性内切核酸酶图谱已知）而另一端序列不明的 DNA，有可能区分两个末端并推断出未知序列中限制性酶切位点的排列顺序。

Bal 31 核酸酶还可用于在克隆前通过可控方式去除双链 DNA 末端上不需要的序列。处理后的 DNA 末端，可用 T4 噬菌体 DNA 聚合酶、大肠杆菌 DNA 聚合酶 I 或 Klenow 片段补平，再加入合成接头，插入适当载体。用此方法，还可以在 DNA 上生成一系列终点确定的缺失突变体。此外，Bal 31 也用于确定 DNA 分子的二级结构。

三、脱氧核糖核酸酶 I

脱氧核糖核酸酶 I 简称 DNA 酶 I（DNase I），是来源于牛胰脏的糖蛋白。它是一种需要二价阳离子的内切核酸酶，能从嘧啶核苷酸 5′磷酸基团处随机降解单链或双链 DNA，生成具有 5′磷酸末端的寡核苷酸。当有 Mg^{2+}存在时，能在双链 DNA 上随机独立地产生切口；而在 Mn^{2+}存在时，则在双链 DNA 的大致同一位置上切割，产生平端 DNA 片段。

在分子克隆中，DNA 酶 I 主要用于：①与大肠杆菌 DNA 聚合酶 I 联合参与切口平移法标记 DNA 分子；②在 Mn^{2+}存在下，随机裂解双链 DNA 分子，构建大片段插入的基因组文库；③用于 DNase I 足迹法（DNase I footprint）分析 DNA 结合蛋白在 DNA 上的精确结合位点；④使用无 RNase 的 DNase I（RNase free DNase I）去除转录产物中的模板 DNA。

第七节 RNA 酶

一、核糖核酸酶 A

核糖核酸酶 A 又称为 RNA 酶 A（RNase A），是从牛胰脏中分离纯化得到的一种内切核酸酶，它可以特异性地攻击 RNA 上嘧啶残基的 3′端，切割胞嘧啶（或尿嘧啶）与相邻核苷酸形成的磷酸二酯键，反应终产物是嘧啶 3′磷酸和末端带嘧啶 3′磷酸的寡核苷酸。在无辅助因子及二价阳离子存在时，RNase A 的活性可以被来源于人类胎盘的特异性酶抑制剂 RNasin 或氧钒核糖核苷复合物所抑制。

RNase A 的反应条件极宽，且极难失活。在低盐浓度（0～100mmol/L NaCl）下，RNase A 切割单链或双链 RNA，也能切割 DNA: RNA 杂合体中的 RNA，但在 NaCl 浓度为 300mmol/L 或更高时，RNase A 特异性地切割单链 RNA。去除反应液中的 RNase A，通常需要蛋白酶 K 处理、酚/氯仿反复抽提和乙醇沉淀。在 DNA 制备中用于降解 RNA 分子的 RNase A，一定要使用无 DNA 酶的 RNase A，以免痕量的 DNA 酶影响制备 DNA 的质量。

在分子克隆中，RNase A 主要用于：①去除 DNA: RNA 或 RNA: RNA 杂合体中未杂合的 RNA 区域；②降解 DNA 制备物中的 RNA 分子；③确定 DNA（或 RNA）中单碱基突变的位置，在此方法中，RNA: DNA 或 RNA: RNA 杂合体上的单碱基错配可被 RNase A 识别并切割，通过凝胶电泳分析切割产物的大小，即可确定错配碱基的位置；④在核糖核酸酶保护分析（RNase protection assay）中，与 RNase T1 联合使用，对 RNA 进行定量分析和作图。

二、核糖核酸酶 H

核糖核酸酶 H（RNase H）催化 DNA: RNA 杂合链中的 RNA 部分的内切降解作用，它能特异地降解 DNA: RNA 杂合链中的 RNA 部分，产生不同长度的具有 3′-OH 和 5′-P 端的寡核苷酸，它不能降解单链或双链的 DNA（或 RNA）。RNase H 最早是从小牛胸腺组织中发现的，现已知它广泛分布于各种哺乳动物组织、酵母、原核生物和病毒颗粒中。该酶的编码基因已被克隆并在大肠杆菌中表达。

在分子克隆中，RNase H 主要用于与大肠杆菌 DNA 聚合酶 Ⅰ 和 DNA 连接酶一起参与 cDNA 克隆中 cDNA 的第二条互补链的合成。RNase H 也用于通过反义寡聚 DNA 与 RNA 产生局部的 RNA: DNA 双链体，诱发特异性的 RNA 降解，从而有效地对特定基因的表达进行调控。

三、核糖核酸酶 T1

核糖核酸酶 T1（RNase T1）是从米曲霉（*Aspergillus oryzae*）中分离纯化的一种核糖核酸内切酶。RNase T1 特异性地作用于鸟嘌呤 3′-P，切割在鸟嘌呤的 3′-P 和相邻核苷酸的 5′-OH 之间的磷酸二酯键，其反应的终产物为 3′鸟苷酸和末端带 3′鸟苷酸的寡核苷酸片段。RNase T1 活性及催化反应条件与 RNase A 的相似。分子克隆中常与 RNase A 联合使用，在核糖核酸酶保护实验中对 RNA 进行定量和作图；也可以用于除去 DNA: RNA 杂合体中未杂交的 RNA 区域。

思考题

1. 名词解释：核酸酶；限制性内切核酸酶；限制修饰系统；黏性末端；平端；同切点酶；同尾酶；酶的星号活性；DNA 连接酶；DNA 聚合酶；5′→3′ DNA 聚合酶活性；3′→5′外切酶活性；5′→3′外切酶活性；*Taq* DNA 聚合酶；反转录酶；末端脱氧核苷酸转移酶；碱性磷酸酶；T4 多核苷酸激酶；外切核酸酶；S1 核酸酶；脱氧核糖核酸酶 Ⅰ；核糖核酸酶 A。
2. Ⅱ型限制性内切核酸酶的基本特性有哪些？
3. 什么是黏性末端、平端、同尾酶和同裂酶？
4. DNA 连接酶的作用特点有哪些？这些特点有何使用价值？
5. 大肠杆菌 DNA 聚合酶 Ⅰ 有哪些不同的酶活力特性？各有何利用价值？

6. Klenow 片段和大肠杆菌 DNA 聚合酶 I 有何异同？
7. 为什么说反转录酶是一种特殊的 DNA 聚合酶？其主要用途是什么？
8. 举例说明在基因工程中修饰性工具酶具有的重要用途。
9. 基因工程工具酶的联合使用目前主要有哪些？

第三章 载 体

本章思维导图

单个基因（或 DNA 片段）不能自我复制，需要借助特殊的工具才能进入细胞并进行复制或表达。这种能携带外源基因（或 DNA 片段）进入细胞复制、整合或表达的工具就称为载体（vector）。目的基因能够有效转入受体细胞，并在其中维持和高效表达，在很大程度上取决于所采用的载体。因此，载体的改进和新载体的构建是基因工程研究中十分重要的内容。按功能可将载体分为克隆载体、表达载体及其他特殊用途载体等类型。

第一节 克隆载体

用于携带 DNA 片段进入宿主细胞进行复制或保存的载体必须满足以下基本条件：①具有对宿主细胞的可转移性，能携带外源基因进入宿主细胞；②能在宿主细胞中自主复制，并实现外源基因的增殖；③具有由许多单一限制性内切核酸酶识别位点组成的多克隆位点（multiple cloning site，MCS），可供外源基因插入；④具有合适的选择性标记，用于含有重组质粒的宿主细胞的筛选。克隆载体目前主要有质粒克隆载体（plasmid cloning vector）、噬菌体载体（phage vector）、Cosmid 载体及人工染色体（artificial chromosome）载体等。

一、质粒克隆载体

质粒是存在于多种宿主细胞中、独立于染色体的可自主复制的闭合环状双链 DNA 分子。质粒的长度为 1～200kb，多数在 10kb 左右。作为一种遗传因子，质粒并不是宿主细胞生命活动所必需的，但它带有特殊的基因，可赋予宿主细胞抗生素抗性、产生抗生素、降解复杂有机化合物等抵御外界环境不利因素的能力。

（一）质粒的基本性质

1. 复制　质粒 DNA 携带有自己的复制起始位点（*Ori*）及与此相关的顺式作用元件（*cis*-acting element）。它们使质粒独立于宿主细胞的染色体外自主复制并保持其固有的遗传信息及相对稳定的拷贝数。

不同质粒在宿主细胞内的拷贝数可以是不同的（表 3-1），根据其数量可将质粒复制方式分为严谨型和松散型。严谨型质粒在细胞中的拷贝数较少，为 1 至数个；松散型质粒拷贝数较多，一般为 10 个以上，甚至多达数百个。一般而言，小质粒多为松散型的，大质粒多为严谨型的，但它们无严格的界限。某种质粒属于严谨型质粒还是松散型质粒，与宿主也有关系。一般来说，松散型质粒有利于提取等操作，是基因工程中常用的质粒。

表 3-1 质粒克隆载体及其拷贝数

质粒	复制子来源	拷贝数/个
pBR322 及其衍生质粒	pMB1	15～20
pUC 系列质粒及其衍生质粒	突变的 pMB1	500～700
pACYC 及其衍生质粒	p15A	10～12
pSC101 及其衍生质粒	pSC101	5
ColE1	ColE1	15～20

2. *质粒的不相容性* 两种质粒在同一宿主细胞中不能共存的现象称为质粒的不相容性（incompatibility），相反则称为相容性。亲缘关系密切的不同质粒一般属于不相容性质粒。例如，野生型质粒及其衍生的重组质粒往往属于不相容性质粒。这些质粒利用同一复制系统，具有相同的复制子，如果被导入同一细胞中，由于不同质粒的拷贝数不同，它们在复制及随后分配到子细胞的过程中彼此竞争，在单细胞中的拷贝数也会有差异，拷贝多的复制更快。结果在细菌繁殖几代之后，细菌的子细胞中绝大多数都只含有占优势的质粒，因而这两种质粒中一般只能有一种长期稳定地留在细胞中。

3. *质粒的转移性* 部分质粒含有 *tra* 基因，指令宿主细胞产生菌毛、合成细胞表面物质，促使宿主细胞与受体细胞接合，使质粒从一个细胞转移到另一个细胞中，这种类型的质粒称为接合质粒（conjugative plasmid）。一般来说，接合质粒的分子量比较大，拷贝数比较少，并且宿主广，比较不安全。

不含 *tra* 基因的质粒则不具备转移性，它们的分子量小，拷贝数多，不会自动转移，比较安全。用于构建克隆载体的质粒一般是非接合质粒（ColE1 等）。

部分质粒虽不含 *tra* 基因，但含有 *bom* 位点（*OriT* 位点），当宿主细胞内同时存在含有 *mob* 基因的辅助质粒（help plasmid）时，*mob* 基因的产物可打开非接合质粒的 *OriT* 位点，借助接合质粒 *tra* 基因的产物，使非接合质粒被动迁移到受体细胞中，这种现象称为迁移作用（mobilization）。

（二）质粒克隆载体的构建

天然质粒往往存在这样或那样的缺陷，不适合直接用作克隆载体，需要进行人工改造，这些改造主要有以下几个方面。

1. *选择合适的复制起始位点* 为了使构建的质粒克隆载体能在受体细胞中进行有效复制，且获得足够数量的拷贝数，需要改变复制起始位点，一般选择组装松散型质粒复制起始位点。

2. *加入合适的选择标记基因* 为了便于重组子筛选，需要在质粒克隆载体上加入合适的选择标记基因。主要有抗生素抗性基因和 β-半乳糖苷酶基因（*lacZ*）。多克隆位点如果位于抗生素抗性基因内，则重组子的筛选主要通过抗性基因插入失活筛选进行。常用的抗生素抗性基因有氨苄青霉素抗性基因（ampicillin resistance gene，Amp^r）、四环素抗性基因（tetracycline resistance gene，Tet^r）、氯霉素抗性基因（chloramphenicol resistance gene，Cm^r）、卡那霉素抗性基因（kanamycin resistance gene，Kan^r）和新霉素抗性基因（neomycin resistance gene，Neo^r）等。而多克隆位点如果位于半乳糖苷酶基因 *lacZα* 内，则可以根据 α 互补作用筛选重组子。当含有完整 *lacZα* 片段的载体转化特定的受体细胞（只含 *lacZβ* 片段）后，在 IPTG（异丙基硫代-β-

D-半乳糖苷）诱导下可以表达形成完整的 β-半乳糖苷酶，当培养基中同时含有显色底物 X-gal（5-溴-4-氯-3-吲哚-β-D-吡喃半乳糖苷）时则会形成蓝色的菌落，而如果在多克隆位点处插入了外源基因便无法形成完整的半乳糖苷酶，则形成的菌落为白色。据此可以方便地挑选出重组子。

3. 增加或减少合适的酶切位点　质粒克隆载体利用限制性内切核酸酶识别位点作为外源 DNA 片段插入的克隆位点，这种位点必须是单一酶切位点，而且种类越多越便于多种类型末端的 DNA 插入。可通过消除天然质粒中部分重复的限制性内切核酸酶识别位点使之成为单一酶切位点，也可以增加新的单一限制性内切核酸酶位点，现在更多的是在特定的部位（如在筛选标记基因上）组装一个含有多种单一限制性内切核酸酶识别序列的多克隆位点。

4. 缩短长度　质粒转化受体细胞的效率同质粒 DNA 分子大小相关，小分子量质粒转化效率较高。可通过切去质粒上不必要的片段，缩短质粒自身的长度，加大其外源 DNA 片段的装载量，提高转化宿主细胞的效率。

（三）常用的质粒克隆载体

载体的改进和创新是基因工程发展的重要内容和标志，已有 pSC101、ColE1、pBR322、pUC18 和 pUC19 等载体被构建并应用，总的趋势是载体越来越小、容量越来越大、工作效率越来越高及使用越来越方便。

1. pBR322 质粒克隆载体　pBR322 质粒克隆载体由 ColE1 质粒衍生的 pMB1 作为出发质粒构建而成。复制起始位点来自 pMB1，拷贝数为 15～20 个，其长度为 4361bp，具有四环素抗性基因（Tet^r）和氨苄青霉素抗性基因（Amp^r）。含有 24 种限制性内切核酸酶的单一识别位点。其中，Tet^r 含有 *Bam*HⅠ和 *Sal*Ⅰ等限制性内切核酸酶识别位点，Amp^r 含有 *Pst*Ⅰ等限制性内切酶识别位点，在上述位点插入外源 DNA 片段都会导致抗性基因失活（图 3-1）。

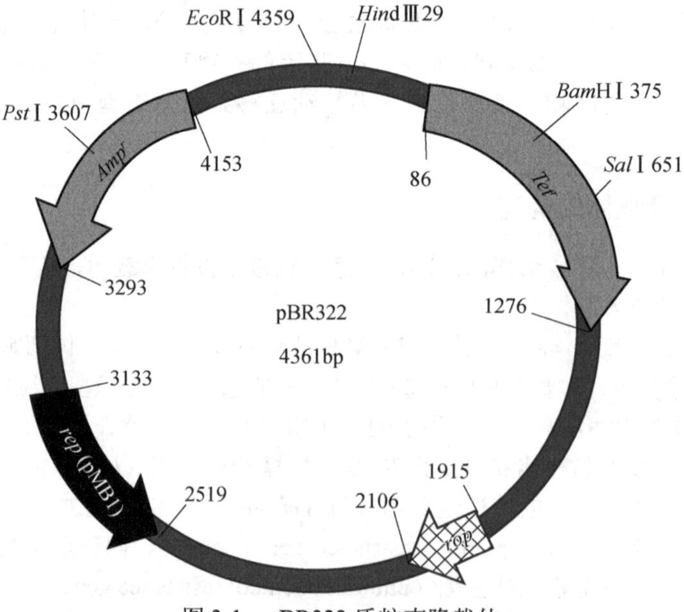

图 3-1　pBR322 质粒克隆载体

2. pUC18 和 pUC19 质粒克隆载体　pUC18 和 pUC19 均由 pBR322 改造而来，结构组成紧凑，几乎不含多余的 DNA 片段，大小只有 2686bp。这两个质粒结构几乎一样，只是多克隆位点的排列方向相反，可满足同一双酶切消化的 DNA 片段以两种不同的方向分别克隆在这两种载体上。它们的复制起始位点为突变的 pMB1，缺乏控制拷贝数的 *rop* 基因，其拷贝数多达 500～700 个。

pUC18 和 pUC19 只保留了 pBR322 的选择标记基因 *Amp*^{r}（序列已改变，无限制性内切核酸酶识别位点）。但 pUC 系列载体加装了一段来自 M13mp18/19 的 β-半乳糖苷酶基因片段 *lacZα*，且在 *lacZα* 基因内含有一个多克隆位点，可在添加 Amp、IPTG 和 X-gal 的平板上通过蓝白斑一步完成重组子的筛选与鉴定。

与 pBR322 相比，pUC18 和 pUC19 具有以下优点。

1）质粒拷贝数多达 500～700 个。

2）在固体培养基中添加 Amp、X-gal 和 IPTG，重组子的鉴定可一步完成，节约了时间。

3）其多克隆位点方便不同黏性末端 DNA 片段的插入载体，而不必连接接头（linker）。

4）多克隆位点与 M13mp 系列的载体是相同的，因此插入 pUC 系列的 DNA 片段可以直接转入 M13mp 系列载体，可进行 DNA 测序和体外定点突变。

3. TA 质粒克隆载体　耐热聚合酶可在 PCR 产物的 3′端加上一个非配对的脱氧腺嘌呤核苷（A）。根据这一特点研制出线性 TA 质粒克隆载体，其 5′端各带有一个不配对的脱氧胸腺嘧啶（T）核苷酸，可用于 PCR 产物的直接克隆。

TA 质粒克隆载体可在一般质粒克隆载体的基础上构建而成，可先采用限制性内切核酸酶酶切使质粒克隆载体线性化，再通过 Klenow 片段将酶切的线性载体末端补平，或者利用产生平端的限制性内切核酸酶酶切产生平端，最后将线性化平端的质粒载体加 T 反应即可。

目前有很多公司推出了 TA 质粒克隆载体。图 3-2 为 TaKaRa 公司的 pMD18-T 载体。

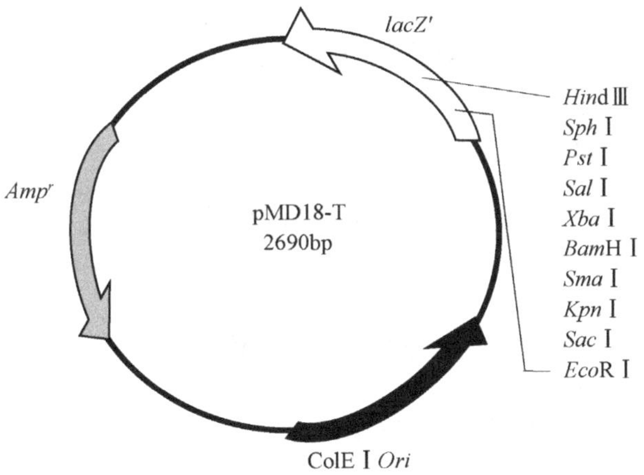

图 3-2　pMD18-T 载体

二、噬菌体载体

基因克隆另一类重要的载体就是病毒载体。病毒主要由 DNA（或 RNA）和外壳蛋白组成（图 3-3）。通过感染，病毒颗粒可进入宿主细胞，在宿主细胞内进行 DNA（或 RNA）的复制和外壳蛋白的合成，实现病毒颗粒的增殖。根据病毒与宿主的关系，可以把病毒分为温和性病毒和烈性病毒。温和性病毒感染宿主细胞后，其 DNA 与宿主染色体整合，一起复制和传代，无感染其他细胞的能力，带有这种病毒的宿主细胞称为溶原性细胞，但是溶原性细胞在一定的诱导因子作用下，其中的病毒DNA可脱离染色体DNA重新包装成病毒颗粒，释放到宿主细胞外，再去感染其他细胞；烈性病毒感染宿主细胞后，其DNA不插入染色体DNA，经过一定时间的潜伏期再大量增殖新的病毒颗粒，使宿主细胞破裂，释放出来的病毒颗粒又感染其他细胞，这个过程称为溶菌性增殖途径。

温和性病毒不会导致宿主细胞死亡，而且溶原性细胞可以传代，是构建病毒克隆载体的良好材料。其中，噬菌体载体在大片段DNA克隆和文库构建上已经得到广泛的应用。

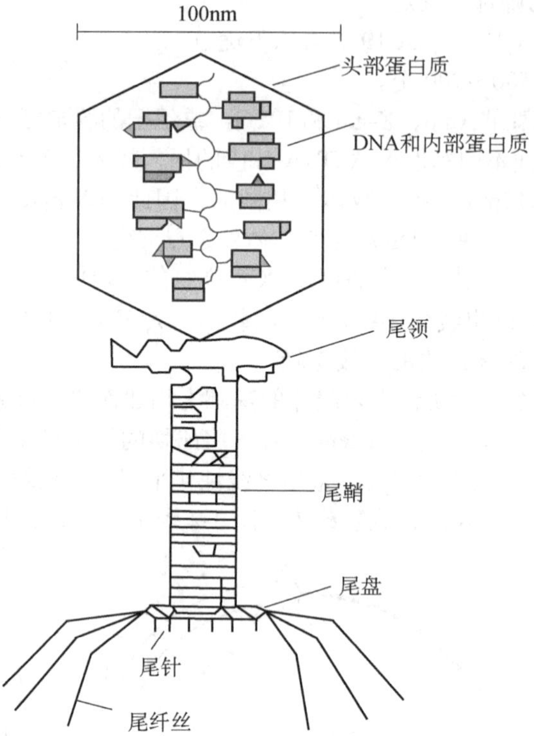

图3-3 病毒结构示意图

（一）λ噬菌体载体

λ噬菌体属温和性噬菌体，也是最早使用的噬菌体载体，它的全基因组中有1/3为可取代区，是构建病毒载体的好材料。

1. λ噬菌体（λ phage）的性质　λ噬菌体是感染大肠杆菌的病毒，由λDNA和外壳蛋白组成。λDNA是长度为48 502bp的双链DNA分子，在噬菌体颗粒内λDNA呈线性，其两端的5′端各带有12个碱基的互补单链（5′-GGGCGGCGACCT-3′），称为*cos*（cohesive end site）位点。*cos*位点既是包装蛋白识别并切割的位点，又是宿主细胞内形成环状λDNA的黏性末端，其中一端靠近*A*基因，另一端靠近*R*基因。λ噬菌体有溶菌和溶原两条生长途径，含有50个以上基因，功能相近的聚集成簇，并一起启动或关闭，而非单独起作用，这是λDNA表达的重要特点。所有编码外壳蛋白的基因都聚集在线性λDNA的左端1/3处；右端是负责裂解宿主细胞、DNA自主复制及调控的基因。控制λDNA在宿主染色体中整合或删除的基因则位于分子中央，*J*基因到*N*基因之间的区域，属于非必需区，也称为可替代区，它约占整个λ噬菌体基因组的1/3。如果用外源DNA片段替代这个非必需区，不会影响噬菌体颗粒的形成，正是这一

特性构成了 λ 噬菌体作为外源基因克隆载体的基础。*P* 基因到 *Q* 基因缺失也不影响噬菌体。λ 噬菌体 DNA 有丰富的限制性内切核酸酶的识别位点，但有很多限制性内切酶同时有多个重复位点，不利于后期的操作，必须加以改造（图 3-4）。

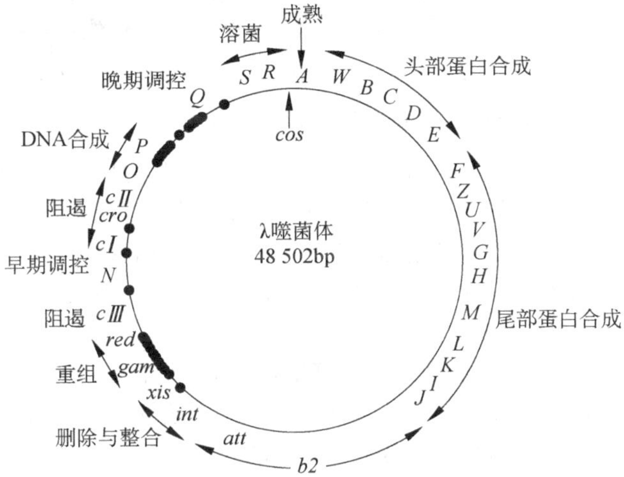

图 3-4 λ 噬菌体载体

2. λDNA 载体的构建 野生型 λDNA 通过噬菌体感染高效进入宿主细胞，噬菌体外壳蛋白对 λDNA 的包装只跟 *cos* 位点及 DNA 大小等特性有关，决定了 λDNA 是一个非常优越的载体，然而其自身也存在诸多缺陷，必须经过改造才能成为理想的载体，主要有以下几个方面。

（1）去除非必需区，缩短长度，提高外源 DNA 片段的有效装载量 λ 噬菌体的感染能力与包装在衣壳内的 DNA 长度有关。通常，野生型 λDNA 长度为 48.5kb，具有很强的感染力。而当 DNA 长度为野生型 λDNA 长度的 75%或 105%时，λ 噬菌体虽然能够包装成具有感染性的颗粒，但感染效率明显降低。若 DNA 长度短于野生型 λDNA 长度的 75%或超出 105%，则不能包装形成具有感染性的噬菌体颗粒。因此，野生型 λDNA 太长，必须删除其非必需区，以增加承载外源 DNA 片段的容量。通常，在不影响 λ 噬菌体在宿主细胞内复制、裂解及包装的情况下，λDNA 缩短得越短，承载外源 DNA 片段的长度就越长。

（2）建立外源 DNA 的克隆位点或替换位点 野生型 λDNA 上有许多重复的酶切位点，在非必需区内的重复酶切位点可以在缩短改造时进行处理，但是在必需区内的多余酶切位点则需要通过修饰或突变等办法加以封闭。另外，还可以在外源 DNA 片段的插入位点引入多酶切位点。例如，λDNA 共有 5 个 *Eco*RⅠ 限制性酶切位点，可把 λDNA 切割成 6 个片段，以 A、B、C、D、E 和 F 表示（图 3-5），各个片段的长度分别为 21.8kb、4.8kb、5.5kb、7.5kb、6.0kb 和 2.9kb，其中片段 B 对 λ 噬菌体的生长是非必需的，片段 C 的缺失会阻断 λ 噬菌体的溶原性生长途径。因此，用 *Eco*RⅠ 切割 λDNA，切去片段 C 而保留片段 B 及其两侧的 *Eco*RⅠ 识别序列。用点突变或甲基化酶处理使片段 E 两侧处于必需区内的 *Eco*RⅠ 识别序列失效，并使片段 E 内不影响溶菌生长途径的 *min5* 序列（2.6kb）缺失。

（3）在 λDNA 的非必需区内插入选择标记基因 在构建 λ 噬菌体载体时，最好在非必需区内插入新的选择标记基因，便于重组克隆的筛选，主要筛选法有 *c*Ⅰ 基因失活、spi^+筛选及利用 *lacZα* 基因筛选等。

1）*c*Ⅰ 基因失活。*c*Ⅰ 基因是 λ 噬菌体的抑制基因，全面抑制并阻断基因的表达。*c*Ⅰ 基因的表达可促使 λ 噬菌体进入溶原状态，而 *c*Ⅰ 基因的活性降低则使 λ 噬菌体进入裂解循环。在高频溶原化（high frequency of lysogenization，*hfl*）突变的大肠杆菌中，*c*Ⅰ 基因表达产物增加，

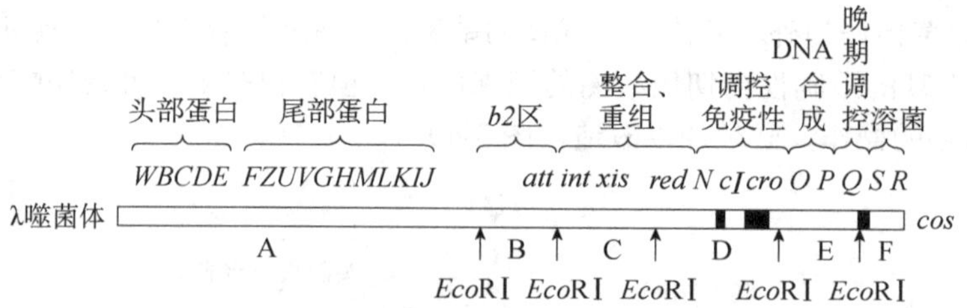

图 3-5　λ 噬菌体载体的构建之酶切位点改造

可以使其高频进入溶原状态，形成混浊的噬菌斑。如果外源 DNA 片段插入 *cⅠ* 基因内，变成 $cⅠ^-$，则将使 *hfl* 突变的大肠杆菌高频进入裂解生长状态，形成透明噬菌斑。

2）spi^-筛选。野生型 λ 噬菌体不能在 P2 噬菌体溶原性细胞内生长（spi^+），即 P2 干扰敏感性。这是受 λ 噬菌体 *red* 和 *gam* 基因产物控制的。因此，*red* 和 *gam* 基因被外源 DNA 取代后，获得的 spi^-表型就能够在 P2 噬菌体溶原性细胞内生长，这成为 *red* 和 *gam* 基因替换型载体的正选择标记。但这种标记的局限是只能用 P2 噬菌体溶原性细胞作为受体菌。

3）利用 *lacZα* 基因筛选。在载体中插入（或替换）一段 β-半乳糖苷酶基因片段（*lacZα*），在添加 IPTG/X-gal 平板上通过蓝白斑筛选重组 λDNA。

（4）建立重组λDNA 分子的体外包装系统　在体外重组的λDNA 分子，必须经过体外包装成噬菌粒后才能有效地感染受体细胞，因此 λ 噬菌体载体还必须有相应的体外包装系统。建立体外包装系统的关键是建立两份突变但互补的包装蛋白，一般是通过筛选获得 *D* 基因和 *E* 基因缺失的 λ 噬菌体突变株 D^-和 E^-。当两个突变株分别感染受体细胞时，两者均能复制 λDNA 分子，但由于分别缺少了 D 蛋白和 E 蛋白，两者都不能把复制合成的 λDNA 包装成噬菌粒，当这两个受体菌细胞合成的蛋白质混合后，则 D 蛋白和 E 蛋白互补，能有效地包装 λDNA 分子。因此，上述突变株的受体菌经诱导培养后制备用于包装的全部蛋白质，便是 λDNA 的体外包装系统。

3. 代表性λ噬菌体载体　λ 噬菌体载体有插入型载体（insertion vector）和置换型载体（replacement vector）两种类型。

（1）插入型载体　插入型载体主要有 λgt10、λgt11 和 λZAP 载体等。其中，λgt10 载体大小为 43.34kp，与 λDNA 相比，缺失了含有溶原整合 *att* 位点的片段 *b527*，*N* 基因至 *cⅡ*基因的区域被 ψ434 噬菌体的免疫片段 imm^{434} 所替代，imm^{434} 片段中的 *cⅠ* 基因有一个 *Eco*RⅠ 位点供外源 DNA 插入，外源 DNA 片段的插入可使 λgt10 变为 $cⅠ^-$，可以用 *hflA150* 突变的宿主菌筛选重组体，$cⅠ^-$形成透明噬菌斑，而 $cⅠ^+$则是溶原状态，产生混浊噬菌斑。该载体主要用作 cDNA 文库的构建，允许插入的片段大小为 0～6kb。λgt11 插入了乳糖操纵子的启动子及 *lacZα* 片段，可提供对重组子的蓝白斑筛选。λZAP 则将噬菌粒（phagemid）pBluescript SK 的全序列插入噬菌体，含有外源 cDNA 的阳性克隆可通过体内自动删除转换成质粒重组子的形式（图 3-6）。

（2）置换型载体　这类载体由左臂（含有与包装蛋白有关的基因）、右臂（含有与裂解生长有关的基因）及左右臂之间的一段填充片段（替换了 λDNA 溶原循环有关的基因）所组成（图 3-7）。在克隆外源 DNA 片段时，填充片段被外源 DNA 片段置换，所克隆的 DNA 片段较大，因此这类载体主要用来构建基因组文库。

主要有 λEMBL3 和 λEMBL4 载体。长度均为 42.3kb，它们克隆的外源 DNA 片段为 9～23kb。填充片段的两端带有对称的多克隆位点，两个载体的多克隆位点排列位置相反。其中，

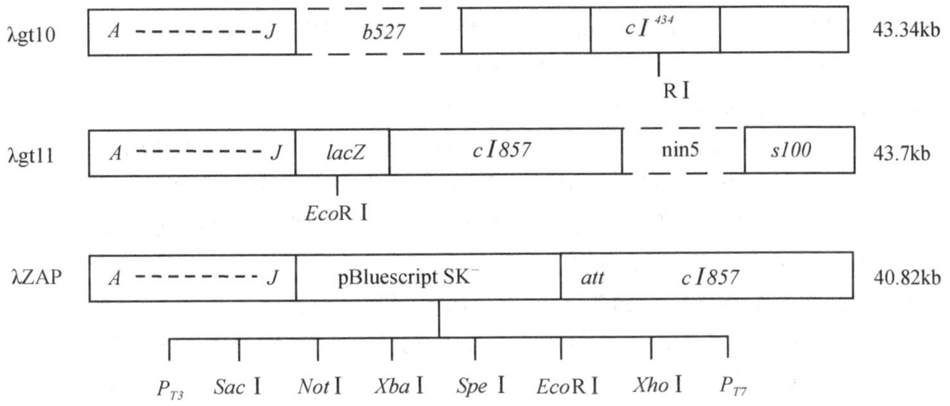

图 3-6　几种插入型λ噬菌体载体

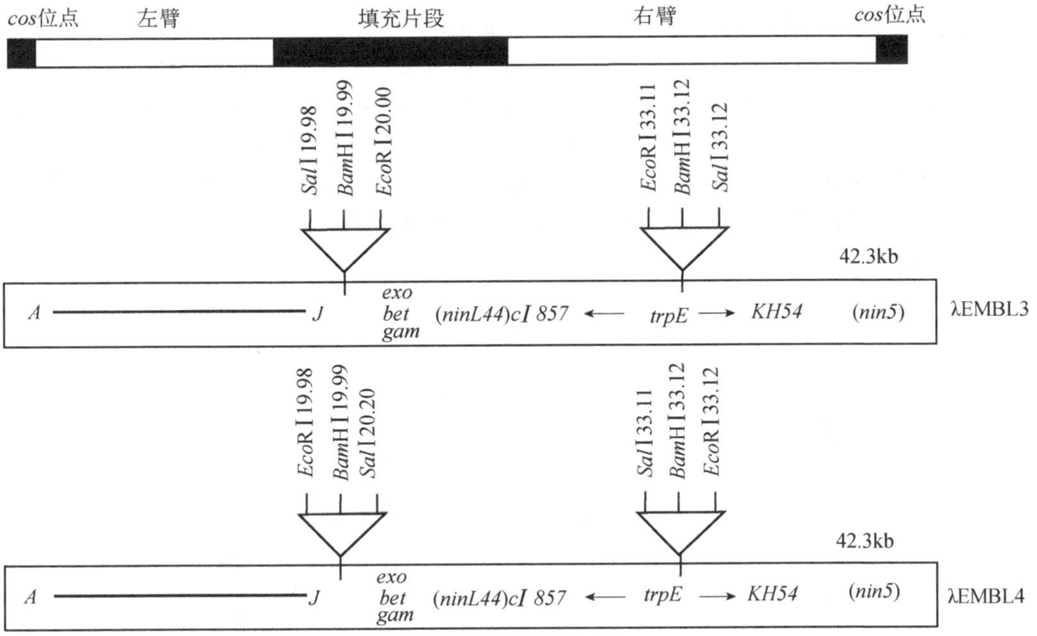

图 3-7　置换型载体

*Bam*HⅠ位点适合克隆用 *Sau*3AⅠ部分消化的外源 DNA 片段。当外源 DNA 替换填充片段后，重组体变成 *red*⁻*gam*⁻，同时载体上还含有 *chi* 位点，可用 P2 噬菌体的溶原性大肠杆菌进行 *spi*⁻筛选重组体。在得到阳性克隆后，可用 *Sal*Ⅰ（或 *Eco*RⅠ）将外源片段从重组载体上切割下来。

（二）M13 噬菌体载体

基因工程中常需要单链 DNA 用于测序、制备探针或实施有效的定点突变，应用 M13 噬菌体载体可获得单链 DNA。

1. M13 噬菌体的特性　M13 噬菌体是一种丝状噬菌体，内含有一个环状单链 DNA 分子（“+”链 DNA），长 6407bp，其中含有 1 个长度为 517bp 的基因间隔区（IS）（5489～6005bp），该区域含有复制起始位点，部分核苷酸即使发生突变、缺失或插入外源 DNA 片段，也不会影响 M13 DNA 的复制，是实施改造、构建人工载体的重点区域。

M13 噬菌体感染雄性大肠杆菌后，其“+”链 DNA 进入细胞内，指导复制“−”链 DNA，并与之互补形成 M13 复制型 DNA（replicative form DNA，RF-DNA）。RF-DNA 按一般环状双链 DNA 进行 θ 型复制。同时，以“+”链 DNA 为信息链转译出一系列与包装相关的蛋白质。当细胞内的 RF-DNA 达到 100～200 个拷贝时，细胞内产生并积累了足够的单链 DNA 结合蛋白表现抑制翻译的活性，并与新合成的“+”链 DNA 结合，阻止其转化成 RF-DNA。此时，DNA 的合成几乎只产生子代“+”链 DNA，新合成的“+”链 DNA 立即被细胞内的壳蛋白包装成新的噬菌体颗粒，并且不断被挤出宿主细胞。被感染的细胞一个世代可释放大约 1000 个子代噬菌体颗粒，而不导致宿主细胞的溶菌生长。

M13 DNA 在宿主细胞中以双链形式存在，宿主细胞释放到细胞外的 M13 噬菌体颗粒中却以“+”链 DNA 的形式存在。因此通过梯度离心分别获得双链 RF-DNA 和单链 DNA。而且，不管是双链 RF-DNA 还是单链 DNA，均可转染大肠杆菌受体细胞。所以，M13 噬菌体载体可以直接转染宿主，而不需要烦琐的体外包装。

2. M13 噬菌体载体构建　虽然野生型 M13 DNA 可直接转染宿主细胞，兼具可用于单链克隆和双链克隆的便于操作的优点，但还缺少选择标记和克隆位点。要开发成为载体还需要进行以下改造：在基因间隔区内插入选择标记基因，在选择标记基因区组装合适的多克隆位点衔接物（adaptor）。具体做法是利用 RF-DNA 基因间隔区内的 *Bsu* I 酶切位点，插入 *lacZα* 选择标记基因，再在 *lacZα* 区插入多克隆位点衔接物。为了获得外源 DNA 片段两条链的单链，需要构建成对的 M13 克隆载体，在它们的 *lacZα* 区插入一对多克隆位点衔接物，这对衔接物上具有相同的一系列克隆位点，但克隆位点的排列相反。例如，M13mp8、M13mp9、M13mp10、M13mp11、M13mp18 和 M13mp19（图 3-8）。

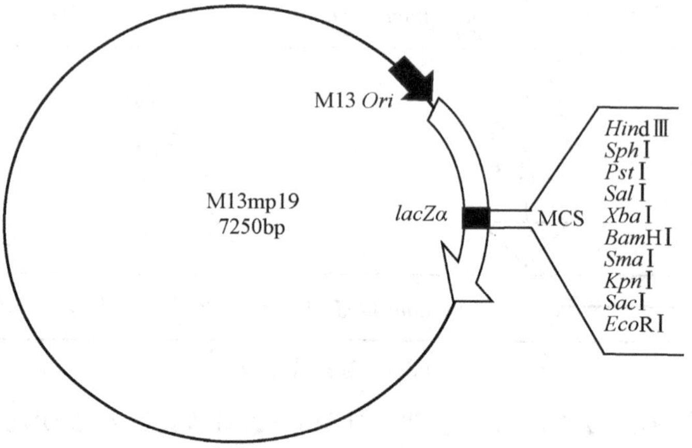

图 3-8　M13mp19 载体

三、噬菌体-质粒杂合载体

（一）Cosmid 载体

噬菌体载体具有较大的外源 DNA 片段容量，且感染效率高，但不便于从宿主细胞中提取纯化等操作；质粒克隆载体虽可以转化宿主细胞并自动进行复制和维持，但外源 DNA 片段的容量有限。而 Cosmid 载体就是对噬菌体载体和质粒克隆载体取长补短构建成的兼具两者优点的一类载体，增大了外源 DNA 片段容量，提高了转化效率且简化了提取纯化操作。

1. 结构特征　Cosmid 载体由质粒和含有 *cos* 位点的 λDNA 片段所组成，大小一般在 5～7kb，包括质粒的复制起始位点、抗性基因、多克隆位点和 λDNA 的 *cos* 位点，既可以转化大肠杆菌并按质粒复制的方式进行复制，又可以承载 40kb 左右的外源 DNA 片段。Cosmid 载体带有质粒克隆载体的所有基本元件，可以像质粒一样在宿主细胞中进行复制、提取及酶切等操作。同时由于该载体带有噬菌体的包装序列 *cos* 位点，在体外可以用包装蛋白包装成具有高效感染活性的病毒颗粒。Cosmid 载体承载的外源 DNA 可达 40kb 左右，不带外源 DNA 的载体会因为包装下限而不能被包装，具有很强的选择性。Cosmid 载体经常被用于构建基因组文库。

2. 使用程序　使用 Cosmid 载体的程序与 λ 噬菌体载体有所不同，线性重组 λDNA 两端必须各有一个 *cos* 末端，而 Cosmid 载体只有一个 *cos* 位点。因此，使用时首先须对 Cosmid 载体进行适当处理，构成具有两个 *cos* 位点的二联体线性 DNA 分子。当外源 DNA 重组进入二联体线性 DNA 分子，而且两个 *cos* 位点之间的核苷酸序列足够长且与包装蛋白混合时，则两个 *cos* 位点可被包装蛋白中的 A 蛋白所切割。切割后的两个 *cos* 末端及它们之间的外源 DNA 片段就会被包装到 λ 噬菌体颗粒中。这些噬菌体颗粒感染大肠杆菌时，线状的重组 DNA 就像 λ 噬菌体 DNA 一样被注入细胞，在细胞内通过 *cos* 位点环化并像质粒一样自主复制并使宿主获得抗性，最后获得的是大肠杆菌菌落，而不是噬菌斑。

（二）噬菌粒载体

1. M13 噬菌粒载体　M13 噬菌体载体虽然可以方便地制备带有外源 DNA 片段的单链 DNA，但是最大只能克隆 1500bp 的 DNA 片段，这在很大程度上限制了载体的使用。M13 噬菌粒载体就是在综合质粒克隆载体和 M13 噬菌体载体优点的基础上建立起来的，含有 ColE1 复制起始位点、抗生素抗性选择标记和丝状体噬菌体 DNA 间隔区（含有噬菌体 DNA 复制起始、终止及噬菌体颗粒形态发生所必需的全部顺式作用元件）。M13 噬菌粒载体既可以作为常规的质粒克隆载体使用，也可以作为载体用于克隆外源 DNA 片段获得单链。

2. pUC118 和 pUC119　它们是成对的、功能比较完善的噬菌粒载体，大小为 3162bp，它们分别在 pUC18 和 pUC19 质粒克隆载体的基础上插入 M13 噬菌体载体的基因间隔区构建而成。当含有这些质粒的细胞被适当的丝状噬菌体感染时，可以合成质粒 DNA 的其中一条链，并包装在子代噬菌体颗粒中。pUC118 和 pUC119 的唯一差异是多克隆位点的排列相反（图 3-9 和图 3-10）。

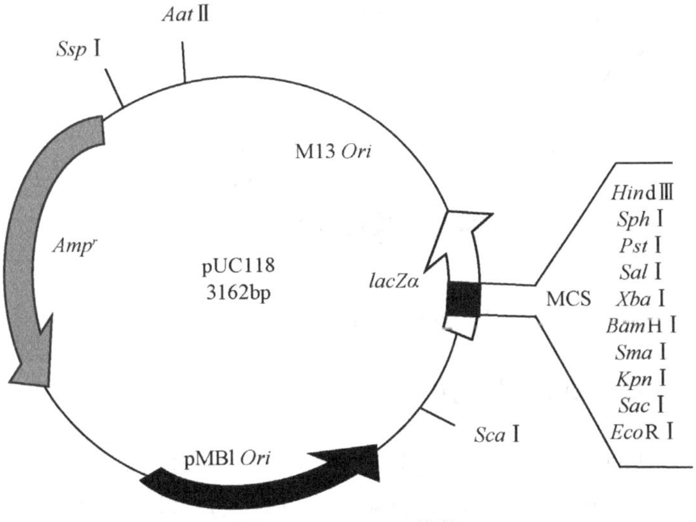

图 3-9　pUC118 载体

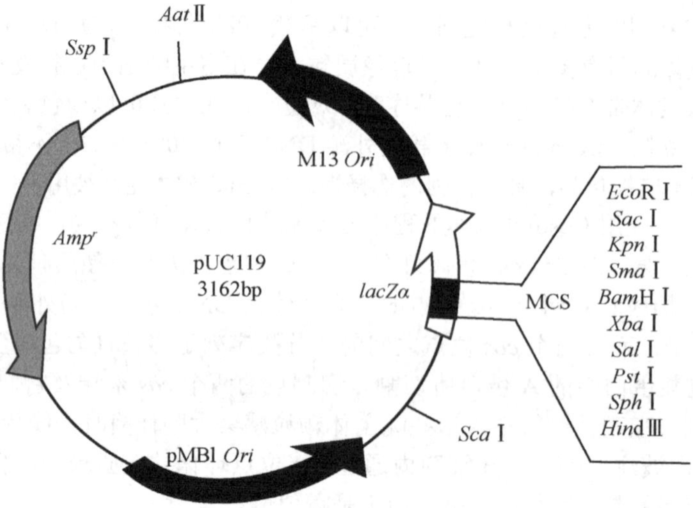

图 3-10　pUC119 载体

3. pBluescript Ⅱ KS（±）　其是一种多功能的噬菌体-质粒杂合载体，它除了含有质粒克隆载体的 α 互补、多克隆位点等基本要素外，还具有噬菌体启动子和 f1 噬菌体（与 M13 噬菌体等同）DNA 的复制与包装信号等多种元件或功能。pBluescript Ⅱ KS（±）一般由 4 个噬菌粒组成一套系统，其差别在于多克隆位点的方向相反或单链噬菌体的复制起始方向相反（图 3-11）。

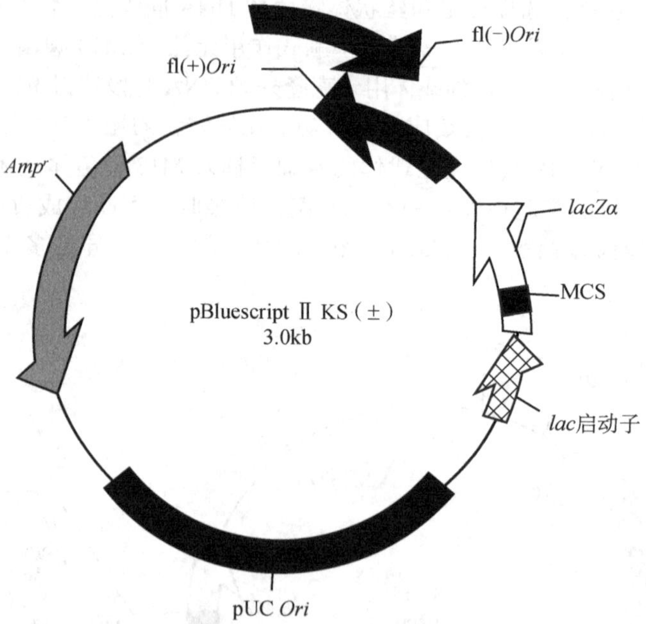

图 3-11　pBluescript Ⅱ KS（±）载体

四、人工染色体载体及其应用

染色体具有复制功能，利用染色体的复制元件来驱动外源 DNA 复制的载体称为人工染色体载体（artificial chromosome vector），其装载外源 DNA 的容量比质粒、噬菌体和噬菌体-质粒杂合载体等有很大的拓展，甚至可以跟染色体的大小相媲美。

人工染色体载体拷贝数少，制备困难，通常采取“穿梭载体”的策略来解决。这类载体含有质粒克隆载体所必备的第一受体（大肠杆菌）质粒复制起始位点，还含有第二受体（如酵母）端粒（telomere，TEL）、自主复制序列（autonomously replicating sequence，ARS）、着丝粒（centromere，CEN）及合适的选择标记。这样的克隆载体在大肠杆菌内可以按质粒复制形式进行高拷贝复制，载体在体外与目的 DNA 重组后转化到第二受体细胞，按照染色体复制的形式进行复制和传递。筛选第一受体的克隆子一般采用抗生素抗性选择标记；筛选第二受体的克隆子常用与受体互补的营养缺陷型。

常用的人工染色体有酵母人工染色体（yeast artificial chromosome，YAC）和细菌人工染色体（bacterial artificial chromosome，BAC）等。

（一）酵母人工染色体

1. 酵母人工染色体的复制元件和标记基因　将酵母染色体 DNA 的端粒、自主复制序列、着丝粒和必要的选择标记基因克隆到大肠杆菌质粒 pBR322 中，构建成 YAC 克隆载体。此载体的 *Sup4*（酪氨酸+RNA 赭石突变抑制）基因上，组装了供外源 DNA 片段克隆的位点，既保证载体在大肠杆菌中高拷贝复制，又可满足重组 DNA 在酵母中自主复制、染色体在子代细胞间的分离及保持染色体稳定的需要。

YAC 载体的选择标记采用营养缺陷型基因，如色氨酸、亮氨酸和组氨酸合成缺陷型基因（*Trp1*、*Leu2* 和 *His3*）、尿嘧啶合成缺陷型基因（*Ura3*），以及赭石突变抑制基因（*Sup4*）。常用的 YAC 载体有 3 种，即 pYAC3 载体、pYAC4 载体和 pYAC5 载体，主要区别在于 *Sup4* 基因上的克隆位点不同，分别是 *Sna*B Ⅰ、*Eco*RⅠ和 *Not* Ⅰ。图 3-12 是 pYAC4 载体结构示意图。

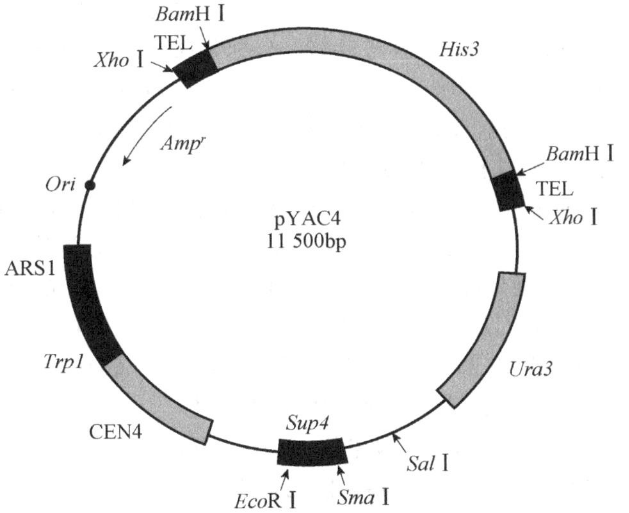

图 3-12　pYAC4 载体结构示意图

2. YAC 载体的应用　YAC 载体主要用来构建基因组文库，特别是用来构建高等真核生物的基因组文库，大多数 YAC 文库中克隆子能容纳的外源 DNA 长度可达 250～400kb。

图 3-13 是 pYAC4 载体的使用流程图。先用 *Bam*HⅠ将其切割成线状，形成了一个微型酵母染色体，再利用 *Eco*RⅠ或 *Sma*Ⅰ酶切 *Sup4* 基因内部的位点形成染色体的两条臂，与外源大片段 DNA 连接后形成一个大型的酵母人工染色体，转移到酵母后可以像染色体一样复制，并

随着细胞分裂到子细胞中去，达到克隆大片段的目的。外源片段的插入导致 *Sup4* 基因插入失活，从而使重组菌形成红色菌落；而载体自连转化到酵母细胞后所形成的菌落为白色。

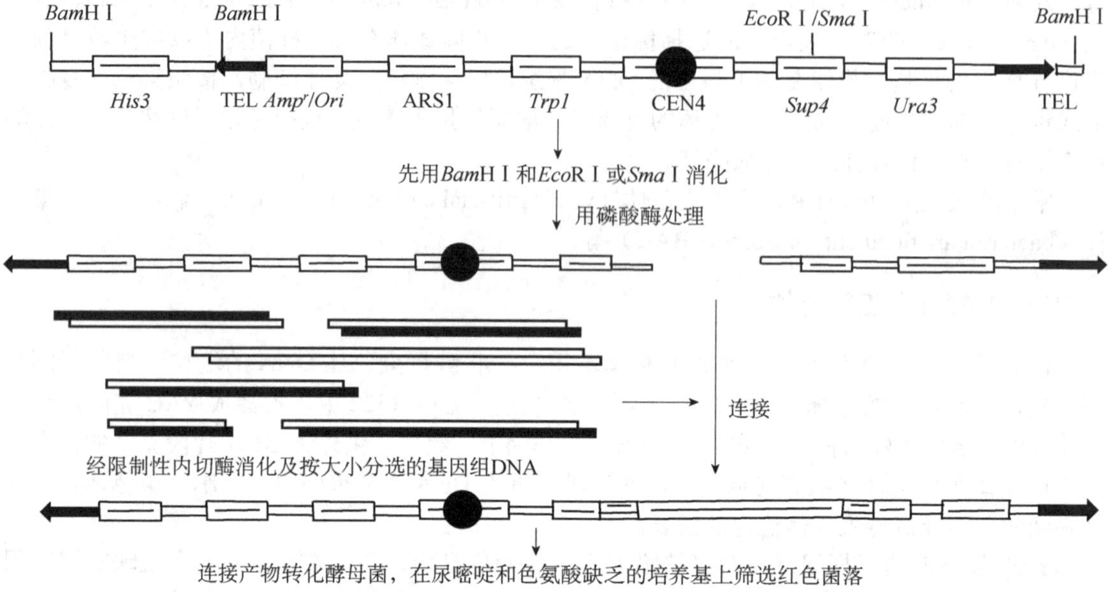

图 3-13　pYAC4 载体的使用流程图（孙明，2006）

（二）细菌人工染色体

BAC 是基于大肠杆菌的 F 因子构建的高通量低拷贝质粒克隆载体。大肠杆菌的 F 因子是一个约 100kb 的质粒，它编码 60 多种参与复制、分配和接合过程的蛋白质。虽然 F 因子通常以双链闭环 DNA（1～2 个拷贝/细胞）存在，但它可在大肠杆菌染色体中至少 30 个位点处进行随机整合。携带 F 因子的细胞，或以游离状态或以整合状态表达 3 根发样状的 F 菌毛。F 菌毛为供体与受体细胞之间产生性接触所必需的。

空载时长度为 7.4kb 环状 DNA，携带有 1 个氯霉素抗性基因。BAC 的复制单元来自大肠杆菌 F 质粒，包括严谨型复制子 *OriS*，1 个促进 DNA 复制的由 ATP 驱动的解旋酶基因（*repE*），以及 3 个确保低拷贝质粒精确分配至子代细胞的基因座（*parA*、*parB* 和 *parC*）。BAC 载体可通过 α 互补的原理筛选含有插入片段的重组子，设计了用于回收克隆 DNA 的 *Not* I 酶切位点和用于克隆 DNA 测序的 *SP6* 和 *T7* 启动子（T7 噬菌体启动子）。重组子通过 *Not* I 消化后，可以得到完整的插入片段。图 3-14 是常用的 pBeloBAC11 载体。

大多数 BAC 文库中克隆的 DNA 片段平均大小为 120kb，而个别的 BAC 重组子中含有的 DNA 片段最大可达 300kb。BAC 载体的容载能力没有 YAC 载体大，但是 BAC 载体具有更多优点：①以大肠杆菌为宿主，转化率高，构建 BAC 载体文库比 YAC 载体文库更容易；②BAC 载体以环型超螺旋状态存在，从大肠杆菌中提取质粒较方便，而从酵母中分离 DNA 较困难；③BAC 载体的复制子来自 F 因子，可稳定遗传，嵌合及重组现象少；④可以通过菌落原位杂交来筛选目的基因，方便快捷；⑤BAC 载体在克隆位点的两侧具有 *T7* 和 *SP6* 启动子，可以用于转录获得 RNA 探针或直接用于插入片段的末端测序。

基于上述优越性，BAC 载体成为大片段基因组文库的主要载体，成为基因组测序及基因组遗传图谱和物理图谱构建的主要工具。

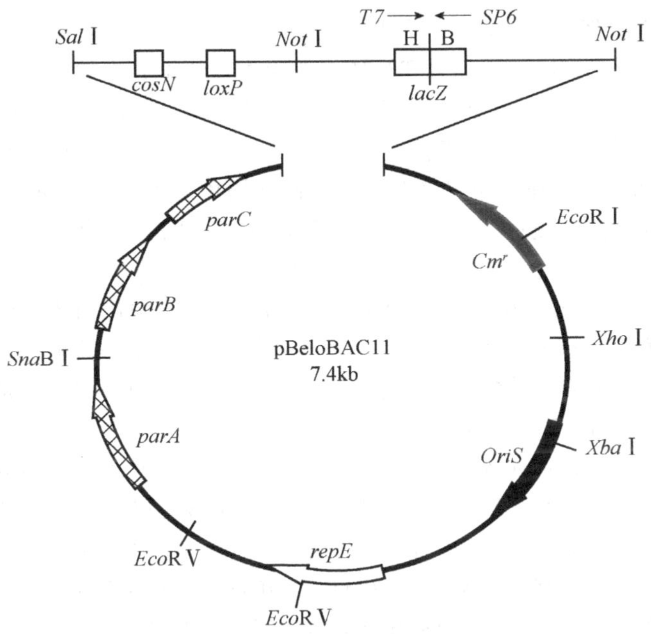

图 3-14 pBeloBAC11 载体

第二节 表 达 载 体

表达载体是可携带 DNA 片段进入宿主细胞进行复制并转录、翻译的载体，一般在克隆载体基础上增加了基因表达的调控元件。外源基因表达产生的蛋白质（或融合蛋白）可用于生产或科研，或使目标生物的性状发生改变并稳定遗传。表达载体的类型很多，可分为质粒表达载体、病毒表达载体、大片段表达载体等类型。每种类型中的不同载体又有其不同的适用宿主。

一、质粒表达载体

质粒表达载体是在以质粒为基本骨架的克隆载体基础上加上启动子、终止子和核糖体结合位点等表达元件而构建成的。

（一）原核表达载体

1. 原核表达载体的表达元件

（1）表达元件　　主要包括启动子、终止子和核糖体结合位点。

1）启动子。启动子的强弱是影响表达量的决定因素之一，原核表达载体启动子主要有 *lac*、*Trp*、*Tac*、*T7* 和 *LPL* 启动子。乳糖操纵子中 *lac* 启动子的转录可通过分解代谢物激活蛋白质（catabolite activator protein，CAP）和环腺苷酸（cAMP）来激活，又被调节基因产生的阻遏蛋白与操纵基因结合所阻止。乳糖类似物 IPTG 可与阻遏蛋白结合解除阻碍，因此，可用 IPTG 来调控 *lac* 启动子的表达。色氨酸启动子 *Trp* 的阻遏蛋白须与色氨酸结合才有活性。因此，当存在色氨酸时，启动子关闭；缺乏色氨酸时，启动子开始转录。*Tac* 是由 *lac* 和 *Trp* 构建的杂合启动子，受IPTG的诱导，启动能力比*lac*和*Trp*强。*T7*启动子具有高度特异性，只有T7 RNA聚合酶才能使其启动，而且T7 RNA聚合酶比大肠杆菌聚合酶活性高得多，可用来高效表达基因。但是*T7*启动子的作用要求宿主菌中必须有T7 RNA聚合酶。*LPL*是λ噬菌体的早期左向启动子，活性比*Trp*高11倍，且受温度调控，在低温（35℃）时启动子受到阻碍蛋白cIts857的作用而关闭，在高温时（45℃）阻碍作用可被解除，促使启动子转录。

2）终止子。在构建表达载体时，为了稳定载体系统，防止克隆的外源基因表达干扰载体的稳定性，一般在多克隆位点的下游插入一段终止子。

3）核糖体结合位点。转录出的mRNA必须借助宿主细胞的蛋白质合成系统翻译出目的蛋白。细胞中的核糖体必须在mRNA上找到有效核糖体结合位点及其中的SD序列，从而启动邻近的翻译起始密码子的蛋白质翻译。核糖体结合位点可由目的基因自己带入，也可利用载体预先装载（一般要与起始密码子相隔3～11bp）。

（2）表达方式　包括组成型表达、诱导型表达、融合型表达、分泌型表达。

1）组成型表达。*T7*启动子等属于组成型启动子，在该类启动子的驱动下，外源基因源源不断地表达。组成型表达通常产量高，但不适合表达一些对宿主细胞有害的蛋白质。

2）诱导型表达。*lac*及其衍生启动子*Tac*都是IPTG诱导型启动子，*Trp*是色氨酸诱导型启动子，*LPL*的表达受温度调控。这些诱导型启动子的可控性表达既可避免表达产物对宿主前期生长的不利影响，又可减少基因表达产物遭受蛋白酶的降解作用，特别适合于有毒蛋白的表达。

3）融合型表达。表达载体的多克隆位点上有一段融合表达标签（tag），表达蛋白为融合蛋白（N端融合或C端融合），可方便后续的蛋白质分离纯化或检测。常见的融合表达标签有谷胱甘肽*S*-转移酶（glutathione *S*-transferase，GST）标签或6个组氨酸（6×His）标签。对于特别小的目的蛋白，使用分子质量较大的GST标签为好。

4）分泌型表达。在起始密码和目的基因之间加入一个信号肽，可以引导目的蛋白穿越细胞膜，可避免表达产物在细胞内过度积累而影响细胞的生长，或者形成包涵体，而且表达产物是可溶性的，不需要复性。

2. **典型的原核表达载体**　目前，有一系列商品化的原核表达载体可以选择（表3-2）。

表3-2　一系列商品化的原核表达载体

名称	启动子	筛选标记	融合蛋白类型	宿主菌	复制起始位点
pASK75	*Tet*	Amp	Strep	BL21	未知
pBADM-20（+）	*araBAD*	Amp	N-TrxA或N-His	TOP10或LMG194	pUC
pBAT4	*T7*	Amp	无	BL21（DE3）	pUC
pET-12a	*T7*	Amp	引导序列	BL21（DE3）	pBR322
pET-15b	*T7/lac*	Amp	N-His	BL21（DE3）	pBR322
pET-32a（+）	*T7/lac*	Amp	N-Trx、N-His或C-His	BL21（DE3）、ADA494（DE3）或Origami（DE3）	pBR322
pGEX-4T-1	*Tac*	Amp	N-GST	BL21	pBR322
pProEx HTa	*Trc*	Amp	N-His	BL21	pBR322
pQE-16	*T5/lac*	Amp	N-DHFR或C-His	M15[pREP4]或SG13009[pREP4]	ColE1
pTrcHis2 A	*Trc/lac*	Amp	C-His	BL21	pUC

（1）pET-12a　其是 pET 载体系列之一，长度为 4674bp，由 pBR322 的基本骨架构建而成，带有 *Amp*^{r}，在克隆载体基本结构上加入了 *T7* 启动子及其下游的几个酶切位点，并带有 5′端的 *ompT* 引导序列，引导外源基因表达产物分泌到细胞周质中去，当外源基因插入这些酶切位点后，就可以在大肠杆菌 BL21（DE3）菌株中表达（图 3-15）。

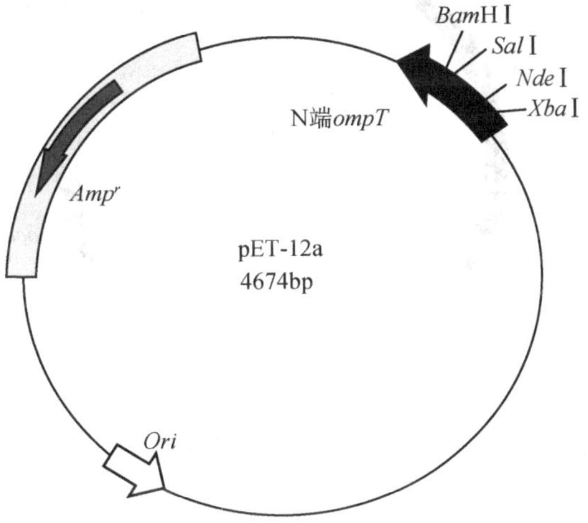

图 3-15　pET-12a 载体

（2）pGEX-4T-1　其是 pGEX 系列载体之一，由 pBR322 基本骨架改造而来，带有 *Amp*^{r}，在启动子 *Tac* 和多克隆位点之间加了 2 个与表达蛋白分离纯化和检测有关的序列，其一是谷胱甘肽 *S*-转移酶基因，其二是凝血蛋白酶切割位点的编码序列，当外源基因插入后，可在大肠杆菌 BL21（DE3）菌株中表达，产生融合蛋白。

（二）酵母表达载体

由于原核生物和真核生物基因表达过程中糖基化、酰基化等翻译后修饰反应机制上的差异，真核基因的原核表达难以获得有活性的蛋白质。酵母成为真核表达的首选系统。

酵母表达载体多数从 pBR322 基本骨架衍生而来，含有该质粒复制起始位点（*Ori*）、β-半乳糖合成酶基因（*lacZ*），以及 *bla* 或 *Amp*^{r}、*Tet*^{r} 等抗性基因。此外，还含有 *Ura3*、*His3*、*Leu2*、*Trp1*、*Lys2* 等营养合成基因，可与特定的宿主营养缺陷突变体互补筛选，或利用 *zeocin*、*basticidin* 的抗性基因筛选。启动子有 *GAP*、*AOX1*、*AUG1* 和 *GAL1* 等。其中，*GAP* 是组成型启动子，*AOX1*、*AUG1*、*GAL1* 是分别受甲醇、半乳糖（galactose）和维生素 B_1 等诱导表达的诱导型启动子。在部分融合蛋白表达载体中，于外源基因插入位点的 C 端或 N 端插入了 1 个 6×His 标签，或在 5′端插入 α 因子作为分泌信号。酵母表达载体多为穿梭载体，既可以在大肠杆菌中繁殖，获得足够的载体 DNA 进行体外操作，又可以在酵母中复制、表达和选择。

pPICZα-E 载体由 Invitrogen 公司研制的一类酵母表达载体（图 3-16），它们带有诱导型的启动子 *AOX1*、C 端 c-*myc* epitope 标签、C 端 6×His 标签及 *zeocin* 抗性基因。载体可在毕赤酵母（*Pichia pastoris*）中高效表达，对表达蛋白可进行免疫检测和快速分离纯化。

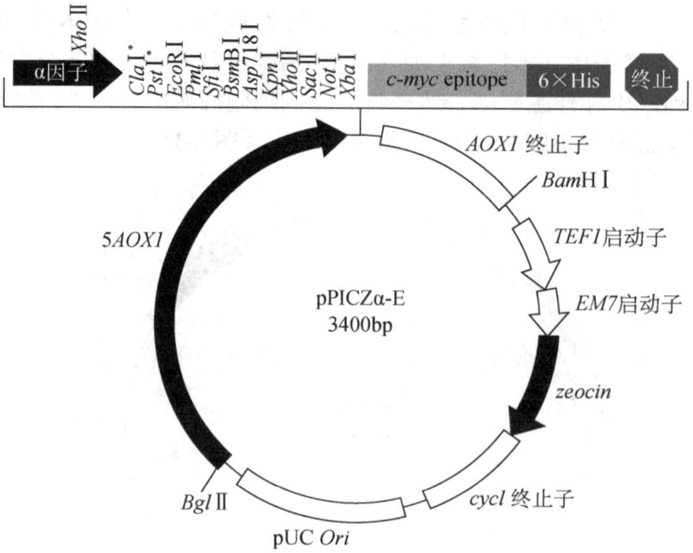

图 3-16　pPICZα 载体

（三）植物 Ti 表达载体

1. 天然 Ti 质粒的结构及其致瘤功能　　Ti 质粒（tumor inducing plasmid，肿瘤诱导质粒）是根癌农杆菌中发现的可引发植物产生冠瘿瘤的质粒。根据冠瘿瘤合成的冠瘿碱种类，Ti 质粒可分为章鱼碱（octopine）、农杆碱（agropine）、农杆菌素（agrocinopine）和琥珀碱（succinamopine）4 种不同类型，大小在 200～250kb。

Ti 质粒可分为 T-DNA 区、*Vir* 区、*con* 区和 *Ori* 区 4 个功能区。

（1）T-DNA 区　　T-DNA 区是 Ti 质粒中能转移到植物细胞内的区域，称为转移 DNA（transfer DNA，T-DNA），其左右边界各有一个 25bp 长的正向重复序列（LTS 和 RTS），在不同的 Ti 质粒上高度保守。边界序列对于 T-DNA 的转移和整合是不可缺少的，尤其是右边界序列的缺失或突变，可导致 T-DNA 转移功能大大降低，甚至完全丧失。引发植物产生肿瘤的基因（*Onc* 基因）都在 T-DNA 区。只要保留 T-DNA 边界序列，虽然中间 *Onc* 基因等序列被替换，T-DNA 区仍可转移并整合到植物基因组中去。因此，将外源 DNA 片段插入 T-DNA 区的一定位点，就可以利用 T-DNA 的转移特性，将基因导入并整合到植物基因组，达到转基因的目的。

（2）*Vir* 区　　位于 T-DNA 区的上游，其表达产物可激活 T-DNA 向植物细胞的转移，这一个区域也称为致病区。

（3）*con* 区　　含有与农杆菌之间接合转移的基因（*tra*），受宿主细胞合成的冠瘿碱激活，使 Ti 质粒在细菌之间转移。

（4）*Ori* 区　　调控 Ti 质粒的自我复制，为复制起始位点。

2. Ti 质粒植物转化载体　　利用 T-DNA 可携带外源 DNA 片段并整合到植物基因组的特性，对天然 Ti 质粒进行改造，构建用于植物遗传转化的表达载体，分为一元载体和双元载体等类型。

（1）一元载体　　一元载体构建的基本原理是：引入分子量较小的中间载体，将待转化的目的基因及抗性基因构建到中间载体上。同时，将 Ti 质粒上 T-DNA 的致瘤基因全部去掉，仅保留其两边界及 T-DNA 转移所必需的 25 个碱基序列，构建成卸甲载体。然后，在卸甲载体的

T-DNA 区被删除致瘤基因位点插入中间载体同源的质粒序列，将中间载体转入含有卸甲载体的根癌农杆菌中，构建在中间载体上的目的基因可通过同源重组整合到卸甲载体 Ti 质粒的 T-DNA 区，并与卸甲载体 Ti 质粒一起复制。可利用中间载体上的抗性基因进行抗性筛选，即可筛选出发生了遗传重组的含目的基因的根癌农杆菌用于植物转化。T-DNA 的重组子进入植物细胞后可整合进植物基因组，利用植物选择标记基因筛选植物转化细胞并再生出植株。简单来说，一元载体就是含目的基因的中间表达载体与改造后的受体 Ti 质粒通过同源重组所产生的一种复合型载体，也称为共整合载体（co-integrate vector）。由于该载体的 T-DNA 区与 *Vir* 区紧密连锁，也称为顺式载体（*cis*-vector）。

（2）双元载体　双元载体是指由两个分别含有 T-DNA 和 *Vir* 区的相容性突变 Ti 质粒构成的系统，其中之一含有 T-DNA 转移所必需的 *Vir* 区段，它缺失或部分缺失 T-DNA 序列，其主要功能是表达毒蛋白，激活 T-DNA 转移，也称为辅助 Ti 质粒（helper Ti plasmid）。另一个则是含有 T-DNA 的微型质粒，它带有目的基因和大肠杆菌及农杆菌复制起始位点，实际上是一种分子量较小的大肠杆菌和农杆菌的穿梭载体。含有上述 2 个质粒的农杆菌侵染植物时，可将 T-DNA 上所携带的基因整合进植物的基因组。利用双元载体进行遗传转化时，首先要将外源基因构建到微型 Ti 质粒上，再将微型 Ti 质粒转入含有辅助 Ti 质粒的根癌农杆菌菌株中，用该菌株侵染植物组织，含目的基因的 T-DNA 可整合到植物基因组中。图 3-17 所示的 pCAMBIA2300 是澳大利亚的国际农业分子生物学应用中心（CAMBIA）所构建的系列微型 Ti 质粒，长度为 8742bp，其中的 T-DNA 左右边界的区域内含有 *CaMV 35S* 驱动的卡那霉素抗性基因与终止子及源于 pUC18 的多克隆位点，可以供外源的启动子、目的基因及终止子的插入；在 T-DNA 边界之外的载体 DNA 中，含有 1 个 pBR322 的复制起始位点（*Ori*）、1 个 pBR322 *bom* 位点、1 个由 *CaMV 35S* 启动子驱动的细菌 *Kan*^{r} 基因。因此它在大肠杆菌中极高拷贝地复制，易于获得大量质粒 DNA，以便用于基因枪的遗传转化。而且，由于 pCAMBIA2300 上还含有 T-DNA，可以借助农杆菌介导的转化方法进行植物的遗传转化。

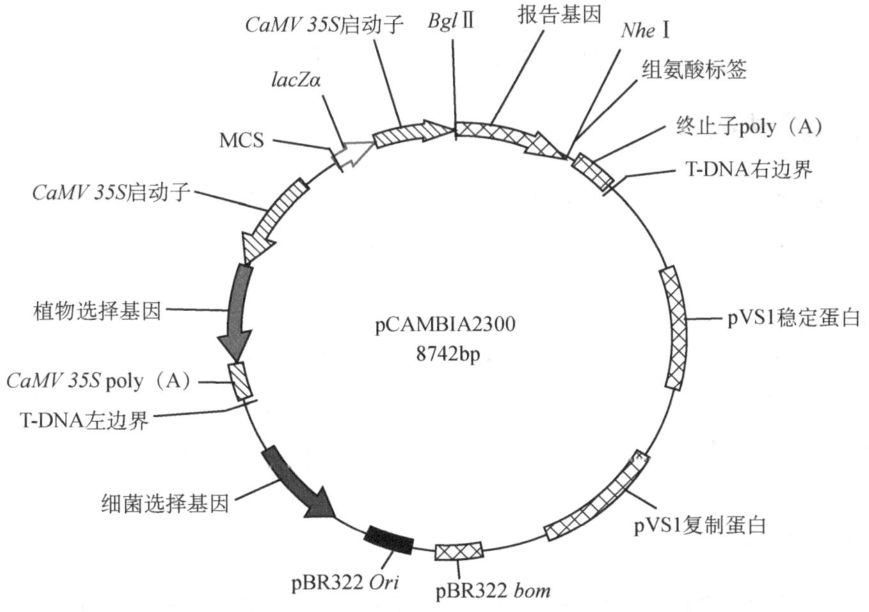

图 3-17　pCAMBIA2300 表达载体

双元载体不仅构建方便，而且其 T-DNA 整合进入植物细胞不需要带进许多冗余的 DNA

序列，转化效率高于一元载体。

（四）动物质粒表达载体

这类载体由质粒作为基本骨架构建而成，带有原核复制区、选择性标记基因、启动子、poly（A）尾信号序列、动物细胞中的选择标记基因［新霉素抗性基因（*Neo*ʳ）、胸苷激酶基因（*TK*）、绿色荧光蛋白基因（*GFP*）和腺嘌呤磷酸核糖转移酶基因（*APRT*）］等有关元件。

山羊乳腺特异性表达载体 pBC1 就是典型的动物质粒表达载体（图 3-18），含有 pBR322 复制起始位点，*Amp*ʳ 基因，β-酪蛋白基因启动子，β-酪蛋白基因外显子 *E1*、*E2*、*E7*、*E8*、*E9* 和内含子 *IVS1*、*IVS7*、*IVS8* 序列，外源 DNA 片段插入 *E2* 和 *E7* 之间的 *Xho* Ⅰ 多克隆位点，其后为β-酪蛋白基因的 3′调控区，保证转录的有效终止。

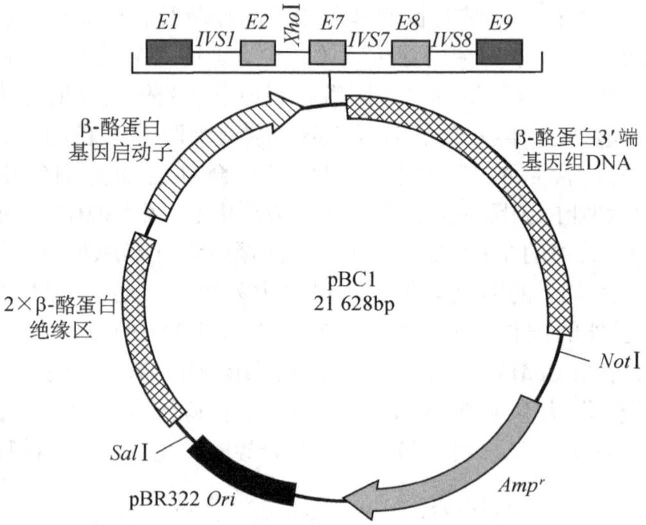

图 3-18　山羊乳腺特异性表达载体 pBC1

二、病毒表达载体

病毒表达载体是以病毒基因组序列为基础，插入必要的表达载体元件所构建成的真核基因转移工具。这些表达载体元件有：①源于病毒的启动子和增强子；②病毒的复制子序列及所需的反式作用因子编码基因；③poly（A）加尾信号。

病毒表达载体可用于：①外源蛋白的真核表达；②基因治疗；③多价、多联活载体疫苗的研制；④基因功能的鉴定。不同的病毒载体具有不同的特点，其用途也各有侧重。在获得大量外源蛋白为目的的研究中，多采用杆状病毒表达载体，其次是痘病毒表达载体；痘病毒表达载体还可用于构建基因工程活载体病毒疫苗；在基因治疗研究中，以反转录病毒表达载体和腺病毒表达载体较为常见；研究基因功能则以反转录病毒表达载体较多。

（一）杆状病毒表达载体

杆状病毒属杆状病毒科，可感染的昆虫多达 600 多种，主要为鳞翅目、鞘翅目、双翅目、膜翅目和毛翅目昆虫。杆状病毒是一类双链闭合环状 DNA 病毒，病毒颗粒呈杆状，专一性感染无脊椎动物，对无脊椎动物具有致病性，对其他动物则较为安全，具有很好的应用前景。

杆状病毒的主要代表为苜蓿银纹夜蛾核型多角体病毒（*Autographa californla* nulcear polyhedrosis virus，AcNPV）和家蚕核型多角体病毒（*Bombyx mori* nuclear polyhydrosis virus，BmNPV）。

杆状病毒基因组很大（约 130kb），限制性内切核酸酶识别位点很多，在基因组 DNA 上寻找合适的酶切位点以克隆外源基因几乎是不可能的。因此很多病毒表达载体采用了将外源基因先克隆到转移载体上，再与病毒基因组共同转染细胞，通过细胞内的同源重组获得带有外源基因的重组病毒的策略。其转移载体的构建策略是：在基础质粒上插入多角体蛋白基因及其两端侧翼，并在多角体蛋白基因启动子下游去除编码区，插入多克隆位点用于外源基因的克隆，外源基因插入后形成重组杆状病毒克隆载体。克隆载体再与野生型杆状病毒 DNA 混合转染昆虫细胞，在细胞内发生同源重组，使外源基因整合到病毒基因组中。

不同的杆状病毒表达系统的转移载体各不相同，但一般带有以下基本元件。

1. *启动子*　不同的转移载体具有不同的启动子，有的载体可能有多个启动子以利于同时表达多个外源基因。常用的启动子有多角体蛋白启动子、P10 蛋白启动子和碱性蛋白酶启动子等。前两种是极晚期表达启动子，表达效率虽高，但表达蛋白的加工受到限制；碱性蛋白酶启动子属于晚期表达基因启动子，虽然效率较低，但目的蛋白可以获得很高的修饰。

2. poly（A）*加尾信号*　转移载体上的 poly（A）加尾信号有的采用杆状病毒多角体蛋白基因自身序列，有的采用 SV40 的相关序列。

3. *同源重组序列*　多角体蛋白基因序列是早期表达系统常用的同源重组序列，由于多角体蛋白的缺失形成蚀斑，可根据蚀斑的形态筛选重组病毒；也有使用 P10 蛋白基因序列作为重组序列使用的，但如果对载体没有进行其他加工，不能形成蚀斑进行筛选。

4. *穿梭载体必需元件*　多数转移载体为穿梭质粒载体，除带有病毒自身的复制起始位点外，还带有 pUC 质粒的复制子及 Amp^r，可以在细菌内进行扩增。

5. *筛选标记*　早期的表达系统一般根据蚀斑形态筛选重组病毒，新近开发的表达系统的转移载体将 *lacZ* 基因置于启动子的下游，可以根据蚀斑颜色筛选重组病毒。

（二）腺病毒表达载体

腺病毒科分为哺乳动物属和禽腺病毒属，现已鉴定的人腺病毒有 6 个亚属，其中 C 亚属的 2 型（Ad2）和 5 型（Ad5）常用来构建病毒载体。在腺病毒基因组两端带有末端反向重复序列（ITR）。在不同的腺病毒中，重复序列的长度不同，一般为 103～162bp。末端反向重复序列具有重要的功能，是病毒 DNA 的复制起始位点，也是复制包装必需的顺式作用元件。病毒进入细胞后，基因组以病毒 DNA 是否开始复制为界限，分为早期基因表达和晚期基因表达两个时期。早期基因（*E1*～*E4*）编码不同的基因表达调节因子，调节病毒基因表达。晚期基因编码病毒结构蛋白，由晚期主要启动子 *MLP* 启动表达。

野生型腺病毒最大外源 DNA 容量约为 2kb。但是，如果将病毒非必需基因序列切除，再由反式作用来补偿，既可增加克隆载体携带的外源 DNA 片段容量，又不影响病毒在包装细胞中的复制增殖。理论上除腺病毒基因组两端约 500bp 的顺式结构是复制和包装所必需的结构外，其他结构均可替换成外源 DNA。

腺病毒表达载体构建策略通常是：首先构建一个含多克隆位点和筛选标志的转移质粒，该质粒含有病毒基因组某段早期序列，然后将一个含有启动子-外源基因-poly（A）的表达盒插入上述质粒中腺病毒 *E1*、*E3* 或 *E4* 至右侧的 ITR 区之间，构建成载有外源基因的穿梭质粒。图

3-19 就是一个腺病毒载体系统的转移载体，首先，载体采用 *MLP5*（modified adenoviral major late promoter）启动子表达外源基因，在巨细胞病毒（cytomegalovirus，CMV）启动子的下游插入绿色荧光蛋白基因（*GFP*），采用 *Amp*ʳ 作为筛选标记基因。其次，构建一个含有非必需区基因缺失后的环状腺病毒 DNA 质粒，该质粒可在菌体内复制。最后，载有外源基因的穿梭载体和携带环状腺病毒 DNA 的质粒共转化细胞，通过同源重组可获得重组的腺病毒。

腺病毒载体可用于以下方面：①基因治疗；②表达真核基因；③研制疫苗。

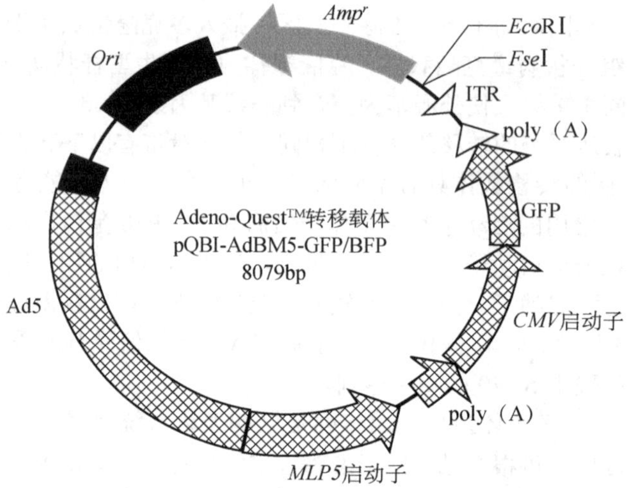

图 3-19　腺病毒表达系统转移载体 pQBI-AdBM5-GFP/BFP

（三）反转录病毒表达载体

反转录病毒是一种整合型单链 RNA 病毒。其生活周期包括病毒 RNA 基因组反转录成双链 DNA，并整合到宿主基因组中构成原病毒，原病毒再转录为病毒 RNA，从而实现病毒基因组的复制。催化病毒 RNA 转化为双链 DNA 的是病毒基因组编码的反转录酶，该反应在感染细胞的细胞质内进行。

反转录病毒典型的 RNA 基因组包括 6 个区域，从 5′端开始依次是：①5′长末端重复序列（5′-LTR），带有增强子和启动子序列，可根据宿主细胞基因组上的原病毒序列为模板转录病毒 RNA；②*psi* 序列，又称 *Ψ* 序列，是病毒包装所必需的信号序列，带有 *psi* 的 RNA 可以优先被衣壳蛋白包装；③*gag* 基因，编码病毒衣壳蛋白；④*pol* 基因，编码反转录酶和整合酶（Int）；⑤*env* 基因，编码病毒颗粒外层包装蛋白；⑥3′长末端重复序列（3′-LTR），带有 poly（A）加尾信号序列，可以终止 5′-LTR 引发的转录过程，并对转录的 RNA 进行修饰。反转录病毒的 5′-LTR 和 3′-LTR 及 *psi* 位点是病毒复制的必需调控区。

由于反转录病毒是一类 RNA 病毒，不能直接构建表达载体，必须先从感染的动物细胞中分离出原病毒 DNA。然后根据不同的需求删去部分序列，组入选择性标记基因、目的基因和一些调控元件，克隆到含有大肠杆菌复制起始位点的克隆载体中，转化大肠杆菌受体细胞，获得大量含反转录病毒原病毒重组 DNA 分子，成为不同类型的反转录病毒克隆载体。图 3-20 是 Clontech 所开发的 pLXSN 反转录病毒表达载体，该载体组入了选择标记基因 *Amp*ʳ 和 *Neo*ʳ、ColE1 复制起始位点和多克隆位点，删去了 *pol*、*env* 和 *gag* 基因的 3′端，但保留了病毒颗粒所

需的 Ψ^+序列，其目的在于提高载体的安全性，防止反转录病毒进入宿主细胞后进行增殖并包装成病毒颗粒对宿主细胞造成可能的伤害。在制备反转录病毒载体时，必须有一个辅助细胞系（包装细胞系），这种细胞内有缺陷型病毒可以提供包装用的外壳蛋白，但自身没有包装信号。这样，反转录病毒表达载体就可利用这些外壳蛋白包装成病毒颗粒在辅助细胞系内大量扩增。

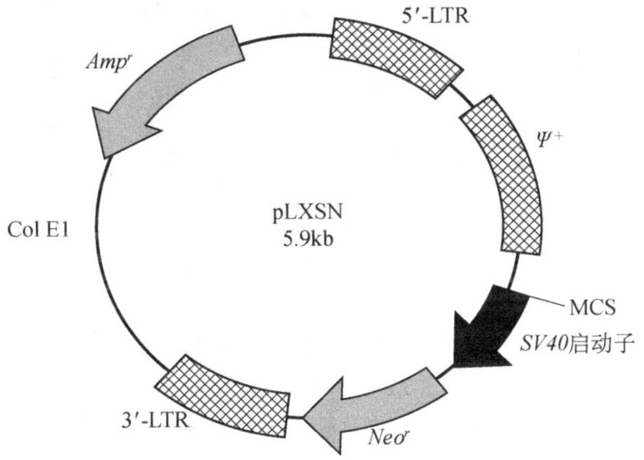

图 3-20 pLXSN 反转录病毒表达载体

反转录病毒表达载体的优点：①具有穿透细胞的能力，可使近 100%的受体细胞被感染，转化细胞效率高；②能感染众多的动物物种和细胞类型而无严格的组织特异性；③可长期存留，且单拷贝、单位点，很少发生重排，一般无害于细胞；④可包装 10kb 外源基因。

反转录病毒表达载体的缺点：①只能把其 DNA 整合到能旺盛分裂细胞的染色体，而不适合于那些不能正常分裂的细胞，如神经元；②最严重的问题是病毒自身含有病毒蛋白及癌基因，使宿主细胞有感染病毒和致癌的危险性；③操作较复杂。

（四）SV40 病毒型转化载体

SV40 病毒（猿猴空泡病毒 40）是一种能感染猿猴等哺乳动物的 DNA 病毒，是可用于构建哺乳动物表达载体的少数病毒之一。

SV40 DNA 是双链闭环 DNA 分子，全长 5243bp，根据 SV40 DNA 进入敏感动物细胞的转录方向，分为早期转录区和晚期转录区。早期转录区包括与病毒感染相关的 t 抗原基因（t-antigen）和 T 抗原基因（T-antigen）等，并含有 *Bam*HⅠ、*Bst*Ⅰ和 *Taq*Ⅰ等限制性内切核酸酶识别位点；晚期转录区包括与病毒壳蛋白合成相关的基因，如 *Acc*Ⅰ、*Nae*Ⅰ、*Hae*Ⅱ、*Hpa*Ⅱ、*Eco*RⅠ、*Ban*Ⅰ、*Eco*RⅤ 和 *Afl*Ⅱ等限制性内切核酸酶识别位点（图 3-21）。

SV40 病毒感染敏感动物细胞，经 8～12h 潜伏期，脱去外壳，DNA 进入细胞，首先启动早期转录，在细胞中翻译产生 t 抗原和 T 抗原。当细胞内这两种抗原积累到足够量时，DNA 开始复制，同时启动晚期转录并翻译产生包装蛋白，将 DNA 包装成病毒颗粒。当一个细胞中的病毒颗粒多达 10^5 个时，细胞破裂，释放出大量病毒颗粒。但是，SV40 导致人体癌变的可能性极低，对人体是安全的。

SV40 DNA 具有作为载体的基本属性，但野生型 SV40 DNA 加入外源 DNA 后会导致 DNA 分子过大，需去除部分非必需序列后才用作载体。现在一些质粒型表达载体带有来自 SV40 的个别调控区，但不含病毒组的大部分编码区。通常采用的调控区是 SV40 DNA 中一个 300bp 的区段，位于病毒早期与晚期转录单位之间，含有一系列各不相同的顺式调控要素，包括：

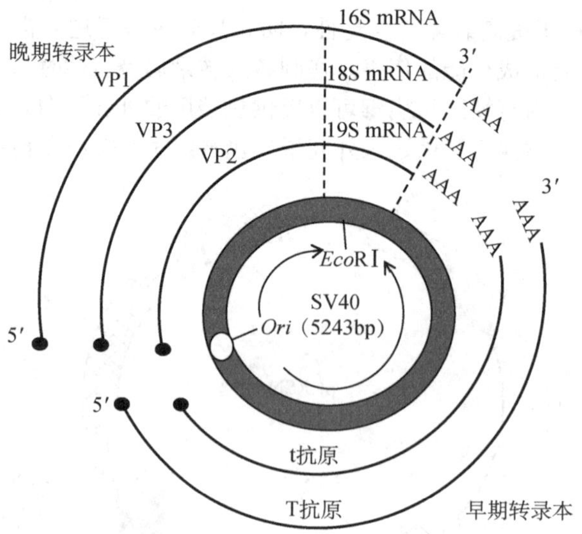

图 3-21　SV40 DNA 质粒

以单一的 *Eco*RⅠ 酶切位点为 1/0 坐标，黑色箭头代表 mRNA 转录本，虚线代表间隔子序列

①DNA 复制起始位点；②早期与晚期 mRNA 转录起始位点和启动子；③能够激活复制起始位点并可自动调节早期转录的 T 抗原结合位点；④可被细胞转录因子识别的、一般由 3 个 G/C 丰富的 21bp 同向重复区组成的序列；⑤组成 SV40 早期增强子的两段 72bp 同向重复序列。除此之外，某些以 SV40 为基础的质粒载体因带有完整的 SV40 转录单位，激活源细胞 SV40，复制起始位点也可以编码 SV40 T 抗原。

三、大片段表达载体

（一）可转移人工载体（TAC）

pYLTAC7 是华南农业大学刘耀光等在结合 PAC 和双元载体优点的基础上构建的适合大片段外源 DNA 转移的载体系统（图 3-22），其结构有以下特点：①具有 *Hind*Ⅲ 和 *Bam*HⅠ 等多克隆位点，便于外源 DNA 片段的插入；②具有 *P1* 复制子和 Ri 质粒 *pRiA4* 复制子，能在大肠杆菌和农杆菌中以单拷贝的形式穿梭复制；③在 T-DNA 右边界处插入了植物选择标记潮霉素磷酸转移酶基因（*Hpt*）；④以 Kan^r 基因和蔗糖致死因子基因（*SacB*）作为重组筛选标记；⑤具有 *P1* 裂解复制子，通常情况下低拷贝复制，但在 IPTG 诱导下产生多拷贝，有利于克隆 DNA 的提取。应用 TAC 在获得目的克隆后可不必进行烦琐的亚克隆，而可直接进行植物转化并开展功能互补分析，可大大促进功能基因的精细定位和图位克隆。

（二）哺乳动物人工染色体（MAC）

MAC 构建的理论基础在于将哺乳动物染色体复制起始位点序列、端粒和着丝点分离出来，然后和一些载体元件组合构成人工染色体，可以将外源基因及其调控序列引入哺乳动物。它与宿主细胞内的染色体一样稳定，但并不整合入宿主基因组。

利用 MAC 将外源基因转移到宿主细胞具有很多的优点：①外源 DNA 片段的容量大；②不整合到宿主染色体上，不会破坏宿主基因组的结构和功能，可以稳定地存在；③较少发生基因沉默现象。

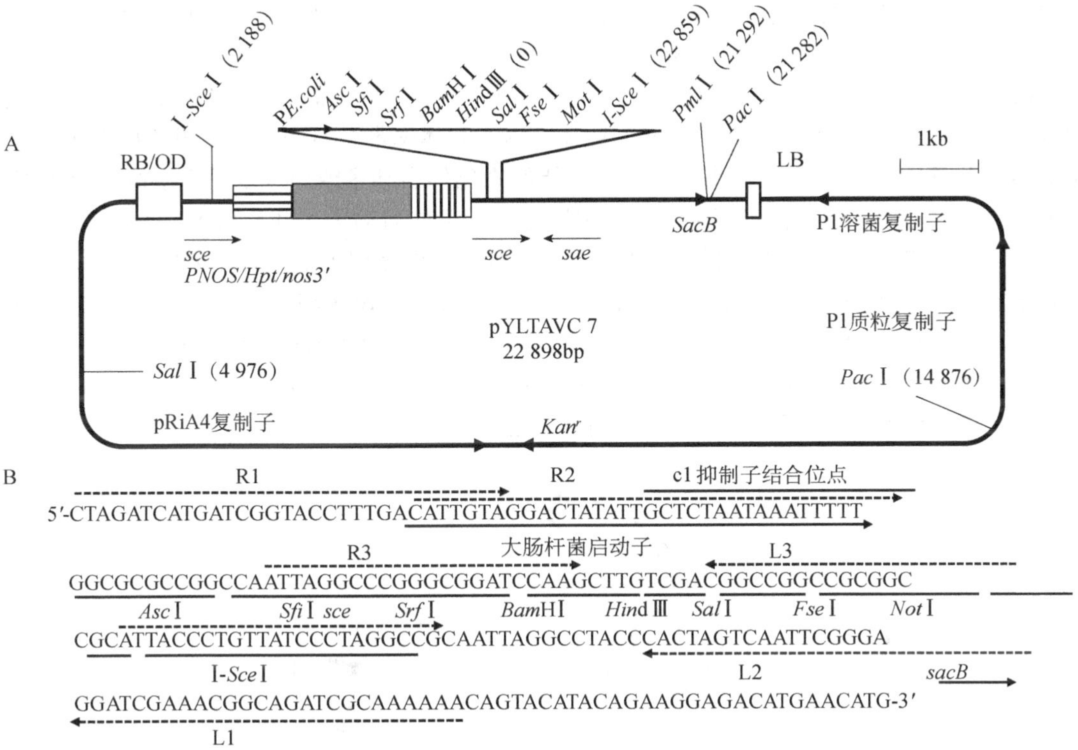

图 3-22 pYLTAC7（Liu et al.，1999）

A. 载体图谱；B. 多克隆位点及侧翼的结构

第三节 特殊用途载体

除了上述克隆载体和表达载体外，在基因工程中还涉及一些特殊用途的载体。

一、插入或定点整合突变载体

对生物基因组 DNA 序列上特定基因进行修饰或关闭其表达是开展功能基因组学研究或基因治疗的重要手段，需要借助特定的载体来进行。

（一）基因定点插入/基因敲除载体

基因定点插入/基因敲除是通过外源基因与靶细胞基因组 DNA 的同源序列间的同源重组，将外源基因定点整合到靶细胞的特定位置上，使某一位点上的基因发生定点突变的技术。基因的定点插入常使用同源重组整合载体或基因打靶载体来进行。典型的同源重组整合载体含有一段与靶基因序列一致的 DNA 片段，其中插入一个标记基因，如新霉素磷酸转移酶抗性基因（*Neo*^{r}）和潮霉素抗性基因（*Hyg*^{r}）等。这些标记基因通常被置于目标生物细胞有活性的强启动子下表达。

（二）随机插入突变载体

1. T-DNA 插入突变载体　根癌农杆菌介导 T-DNA 随机插入植物基因组时往往破坏了插

入位点的基因，理论上将可使该基因的功能得不到行使而产生表型改变。利用 T-DNA 的这一特性来构建可用于基因功能分析的植物系列随机插入突变体。

在 T-DNA 载体的基础上稍加改造，可进一步构建用于特殊启动子或调节基因分离、鉴定的基因激活标签或基因陷阱（gene trap）载体，这类载体携带有 *GUS*（β-葡萄糖苷酶基因）和 *GFP* 等报告基因。当载体整合或插入到有功能的染色体启动子或增强子的下游时，上述报告基因就会表达，通过监测报告基因的表达来鉴定被标记的启动子。pFX-E24.2-15R（图 3-23）就是一个基于 T-DNA 的增强子陷阱载体，在 T-DNA 边界序列内插入了由 48bp 的 *CaMV 35S* 启动子核心序列驱动的 *GAL4/Vp16* 基因、6×*UAS* 启动的 *GUSplus* 基因及可用于插入突变体筛选的 *CaMV 35S* 驱动的 *Hyg*^{r} 基因。随机插入到植物基因组的 T-DNA 如果刚好位于强启动子之下，该启动子就可激活 *GAL4/Vp16* 基因表达，后者进一步激活 *GUS* 基因表达。所以只要检测 *GUS* 基因的表达就可以发现其上游的启动子或增强子元件。

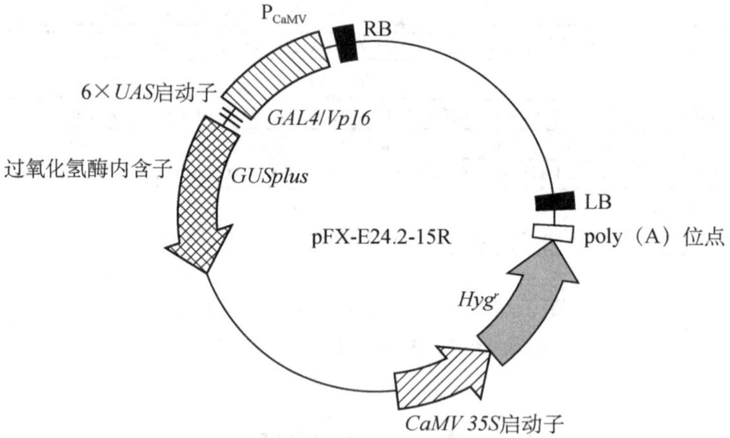

图 3-23　pFX-E24.2-15R 载体（Peng et al.，2005）

2. 转座子插入突变载体　利用转座子可以构建微生物和植物插入突变载体。例如，利用来源于苏云金芽孢杆菌的转座子 *Tn5401* 构建用于微生物插入突变载体 pEG922（图 3-24）。该载体可在大肠杆菌和革兰氏阳性细菌中穿梭，含有相应的复制区和氯霉素抗性基因、转座子 *Tn5401* 的末端反向重复序列（ITR）、转座酶基因（*tnpA*）、整合酶基因（*tnpI*）及作为选择标记的四环素抗性基因。当载体转入革兰氏阳性细菌后，转座子就会发生一定频率的转座，在 42℃高温下筛选具有四环素抗性的菌落，得到的菌落应该是发生转座的突变子。分析突变子的表型及转座子侧翼的序列，可鉴定出特定的基因。

在植物中，除了 T-DNA 随机插入外，也还可以采用 *Ac-Ds* 因子实现插入突变。*Ac*（activator）是玉米染色体上一个完整的转座子，含有转座酶基因；*Ds*（dissociation）是 *Ac* 缺失转座酶基因的缺失体，但两端的反向重复序列仍然存在。*Ac* 和 *Ds* 可实现功能互补，*Ds* 在有转座酶存在的条件下可发生转座。分别构建 *Ac*（可合成转座酶，但缺失了反向重复序列）和 *Ds*（不能合成转座酶，但具有反向重复序列）的 Ti 质粒转化载体，通过农杆菌介导的转化方法转化植物，获得转基因植株。*Ac* 和 *Ds* 的转化植株杂交，获得既含 *Ac* 又含 *Ds* 的转基因植物，这些植物将发生 *Ac-Ds* 转座。选择特定表型转基因植株，利用 *Ac-Ds* 探针可分离出与特定表型突变相关的基因。

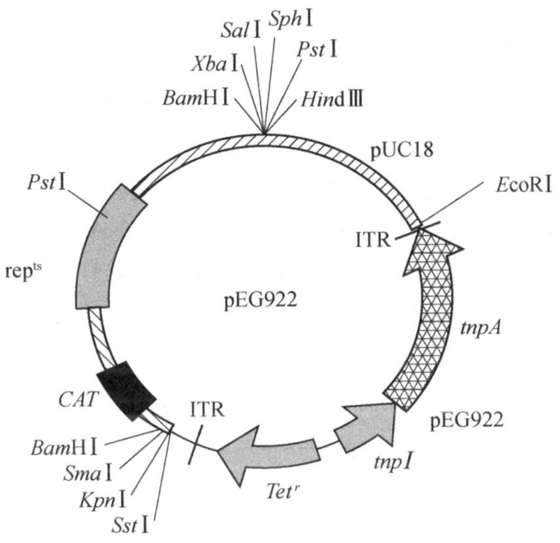

图 3-24 转座子载体 pEG922

（三）基因编辑载体

目前广泛应用的 CRISPR/Cas9 技术由两个模块组成，即小向导 RNA（small guide RNA，sgRNA）和 Cas9 核酸酶。基于 CRISPR/Cas9 技术的基因编辑载体本质为二元表达载体，其基本结构包括由强启动子驱动的 Cas9 核酸酶及 sgRNA 插入位点（图 3-25）。利用基因组信息及在线软件等手段获得拟编辑基因的 sgRNA 序列，利用同源重组或者限制性内切核酸酶等手段将其连接至 sgRNA 表达盒中。之后将该重组载体递送至细胞内完成基因编辑。有些载体上的 Cas9 酶通过连接增强的绿色荧光蛋白（eGFP），可通过检测转基因动物或植物体内 eGFP 的表达来监测 *Cas9* 基因的表达。

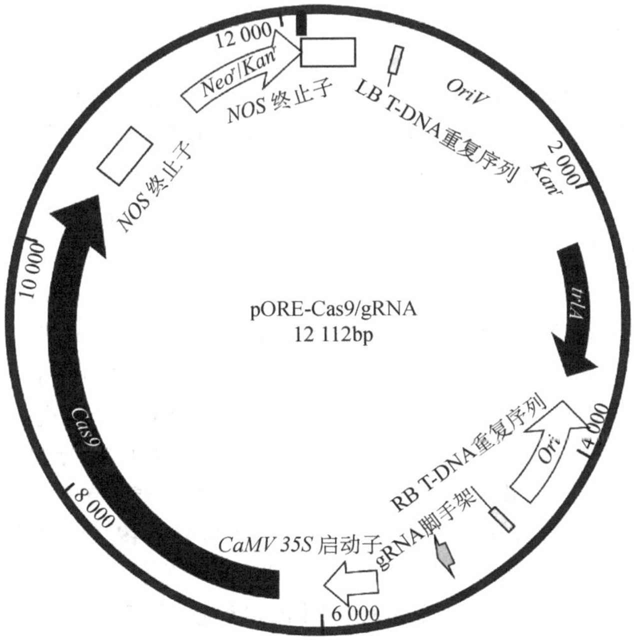

图 3-25 基因编辑载体 pORE-Cas9/gRNA

二、启动子探针型表达载体

通常启动子的分离和鉴定是工作量大、耗时长、技术难度大的工作。启动子探针型表达载体的应用则为启动子的分离和鉴定提供了快速、经济和有效的手段。pSUPV4 是一个启动子探针型表达载体（图 3-26）。该载体除含有大肠杆菌复制起始位点、*Amp*^{r}外，还含有 1 个多克隆位点和一个缺失启动子因而不能转录的报告基因。当外源 DNA 插入到 pSUPV4 任何一个多克隆位点，只有当这个片段同时满足以下几个条件时，才能形成有功能的卡那霉素抗性融合基因（*Kan*^{r}）：①插入方向正确；②具有基因启动子序列；③具有翻译起始区；④具有起始密码子；⑤两基因片段所含编码区融合时相位保持一致。

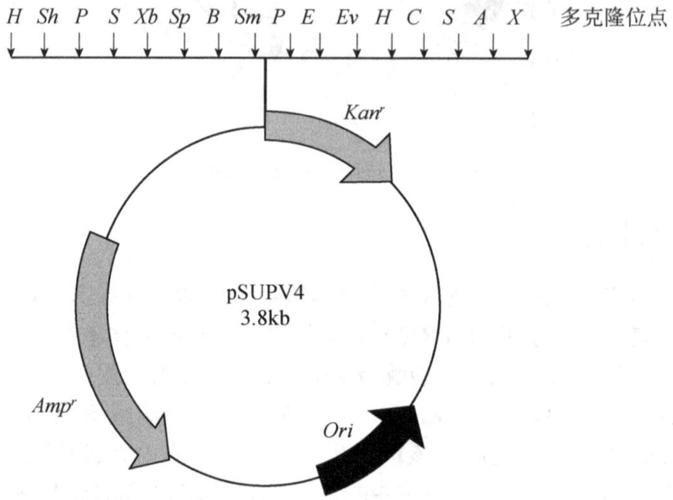

图 3-26　启动子探针型表达载体 pSUPV4（张杰等，2003）

三、RNAi 机制及载体

双链 RNA（double-stranded RNA，dsRNA）对基因表达的阻断作用，被称为 RNA 干扰（RNA interference，RNAi）。RNAi 是真核生物中普遍存在的转录后基因沉默（post-translation gene silencing，PTGS）机制，在基因治疗、功能基因组学研究等方面具有十分重要的应用价值。

1. RNAi 的作用机制　　RNAi 是一个依赖 ATP 的过程，首先是 dsRNA 被核酸酶 Dicer 降解为长度为 21～23bp 的小干扰 RNA（siRNA），其 5′端具有单磷酸，3′端有 2～3nt 的单链突出。siRNA 形成后，与一系列特异性蛋白结合形成 RNA 诱导沉默复合物（RNA-induced silencing complex，RISC），通过碱基互补配对识别宿主细胞内具有同源序列的靶 mRNA 并使其降解，导致特定基因的沉默。此外，siRNA 还可充当引物，在依赖于 RNA 的 RNA 聚合酶（RdRP）催化作用下，以目标 mRNA 为模板，催化合成新的双链 RNA 以产生更多的 siRNA，实现信号的放大（图 3-27）。RNAi 具有高度特异性、高效性、高稳定性、可遗传性和信号可传递性等特点。只要在生物细胞内产生 dsRNA 就可以对特定的基因实施转录后基因表达的沉默。

2. RNAi 载体　　根据 dsRNA 来源的不同，RNAi 可分为转基因 RNAi 和病毒诱导的基因沉默（virus induced gene silencing，VIGS）两种方法，并分别使用不同的载体。

（1）转基因 RNAi 载体　　图 3-28 是转基因 RNAi 载体示意图，其中含有一个 RNAi 表达框架（siRNA expression cassette，SEC），由启动子、siRNA 正义链模板、间隔区、siRNA 反义

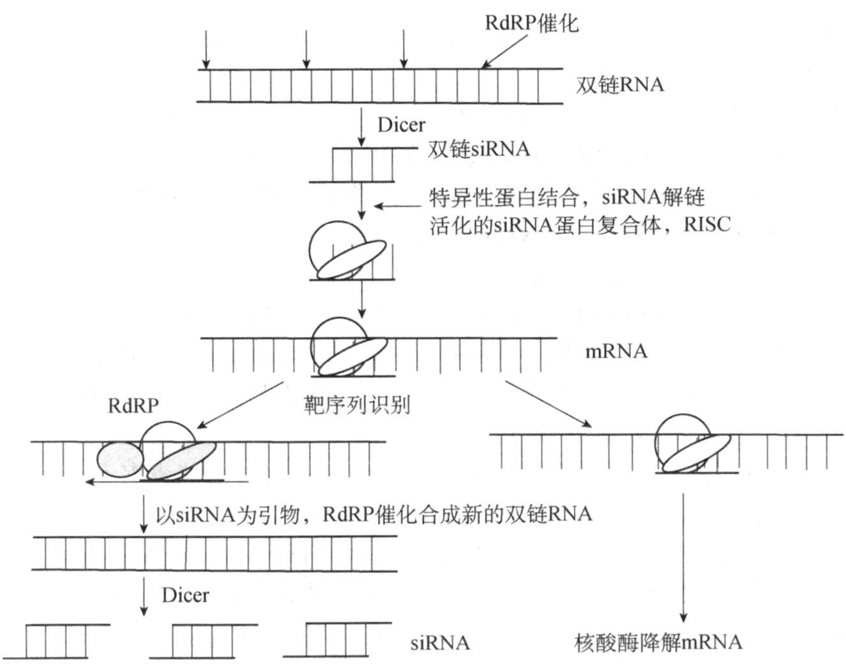

图 3-27 RNAi 的作用机制（马鹏鹏等，2003）

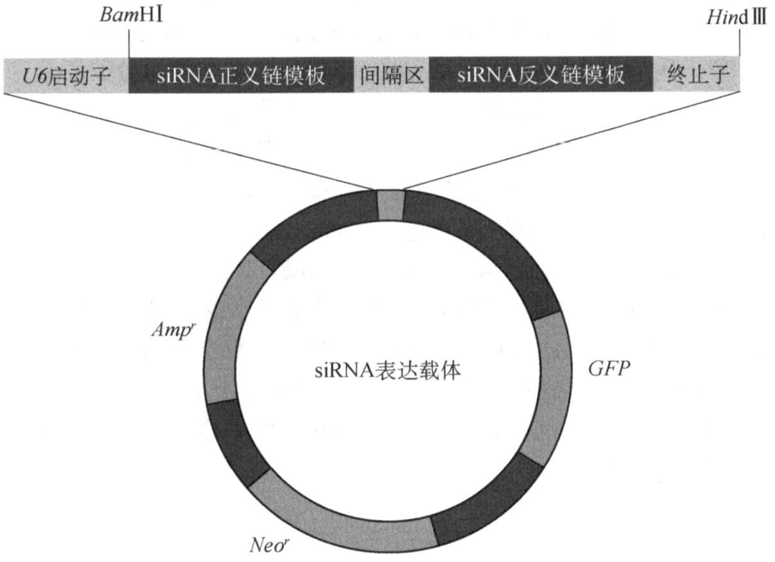

图 3-28 转基因 RNAi 载体

链模板和终止子构成。表达框架中 siRNA 正义链模板和反义链模板是根据目的基因编码区所设计的，由于正反链模板呈反向重复序列，可使表达的单链 RNA 自我配对形成发夹结构 RNA（hairpin RNA，hpRNA），而 hpRNA 具有引发 RNAi 的 dsRNA 结构。用该载体进行遗传转化，可获得目的基因沉默的稳定转基因植株（株系）。

动物细胞一般采用 *pol Ⅲ*亚启动子（如小鼠 *U6* 启动子、人 *U6* 启动子和人 *H1* 启动子）启动编码短发夹型 RNA（short hairpin RNA，shRNA）。该类启动子总是在离启动子一个固定距离的位置开始转录合成 RNA，遇到 4～5 个连续的 U 即终止。植物一般采用强启动子 *35S* 启动子（对于双子叶植物）、玉米 *ubiguitin1*（对于单子叶植物）来启动 dsRNA 或 hpRNA 的表达，也可以采取其他诱导型启动子。

在植物中，hpRNA 载体在靶序列臂长度为 98～853bp 内可达到较高的沉默效率，在果蝇中 RNAi 机制可被 21bp 长度的 dsRNA 所引发，在植物中也发现类似 21～25bp 长度的 dsRNA。

hpRNA 结构的正反向重复序列之间设置一段间隔区有利于提高沉默效率。研究表明，用正义方向连接的内含子序列替代 hpRNA 间隔区，形成带内含子结构的 hpRNA 载体，其沉默效率可达到 90%以上，甚至达到 100%。

（2）VIGS 载体　VIGS 是利用植物体内天然存在的免疫机制，将目的基因片段构建到病毒载体中，并用病毒侵染宿主植物，目的基因片段作为病毒的一部分同病毒一起复制并扩散到整株植物，植物体的防御机制被病毒激活后，在识别病毒和目的基因的同时，将内源目的基因 mRNA 降解从而达到基因沉默的目的。

VIGS 技术最早的载体是以烟草花叶病毒（TMV）或马铃薯病毒 X（PVX）为基础。但是，应用最成功的是烟草脆裂病病毒（tobacco rattle virus，TRV），因为它在介导基因沉默的同时不会带来病毒诱导的症状，改造后的病毒能够促进非病毒序列的插入及对植物的后续感染，也可以鉴定宿主植物生长点的基因，已被用于烟草和番茄等双子叶植物的大规模高通量基因功能分析。Holzberg 等（2002）则构建了一个以斑驳花叶病毒（striple mosaic virus，SMV）为基础的载体用于单子叶植物基因沉默研究。

TRV 是一个双向正链 RNA 病毒（bipartite positive sense RNA virus）（图 3-29），其中 RNA1 编码 1 个相对分子质量为 134 000 的复制酶蛋白、1 个相对分子质量为 194 000 的复制酶蛋白、1 个相对分子质量为 29 000 的运动蛋白（MP）和 1 个相对分子质量为 16 000 的富半胱氨酸蛋白（16K）；RNA2 编码外壳蛋白（CP）和 2 个非结构蛋白。基于 TRV 的 VIGS 载体 pTRV1 和 pTRV2 中，RNA1 和 RNA2 对应的 cDNA 被克隆到两个 T-DNA 载体上 2×*CaMV 35S*（简称 2×*35S*）启动子与胭脂碱合酶（nopaline synthase）终止子（*NOS*）之间，两个 cDNA 均直接克隆到 2×*35S* 启动子的转录起始位点下游，以免转录产物中出现非 TRV 核苷酸。此外，在 3′端插入自裂核酶（self-cleaving ribozyme，Rz）编码序列，以保证转录产物仅含有 3 个非病毒核酸；在 pTRV2 中，RNA2 cDNA 的非结构基因被多克隆位点（MCS）所置换，供外源目的基因序列的插入，pTRV1 和 pTRV2 转入农杆菌，混合两种农杆菌通过注射渗透等方法转入宿主植物，可导致宿主植物中目的基因转录后沉默。根据 VIGS 作用机制，理论上引起目的基因沉默的最小插入片段为 23bp，但实际操作中需选择更长的插入片段，一般以 300～500bp 插入片段沉默效果较好。

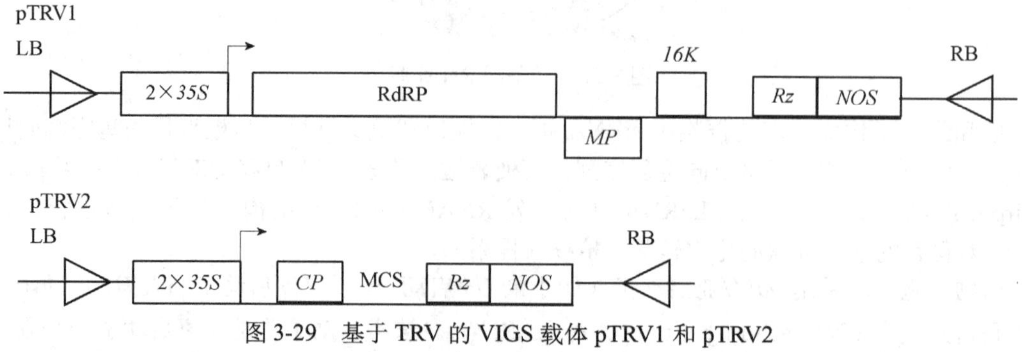

图 3-29　基于 TRV 的 VIGS 载体 pTRV1 和 pTRV2

VIGS 不需要烦琐的常规转基因环节，具有简单、快速、有效、高通量等优点。从目前来看，其不足之处表现在目的基因的沉默不具有遗传性和系统性，沉默持续的时间有限且存在着载体宿主范围的限制等。

此外，近年来研究人员还发展了一系列特殊用途载体，如组织特异性载体、双启动子表达载体和串联启动子表达载体等。

思 考 题

1. 名词解释：载体；克隆载体；表达载体；质粒克隆载体；质粒的不相容性；噬菌体载体；Cosmid 载体；噬菌粒载体；人工染色体载体；质粒表达载体；病毒表达载体；大片段表达载体；启动子探针型载体；基因编辑载体；RNAi 载体；VIGS 载体。

2. 什么是克隆载体？克隆载体必须满足哪些基本条件？

3. 质粒具有哪些特性？

4. 试述 Cosmid 载体的组成要素及其应用情况？

5. 简述表达载体需要的基本元件及其作用。

6. 试思考各种类型载体的优、缺点。你认为理想的载体应该是怎样的？如何设计？

7. 转基因 RNAi 载体和 VIGS 载体的结构上有哪些不同？这两种基因沉默方法各有哪些优缺点？

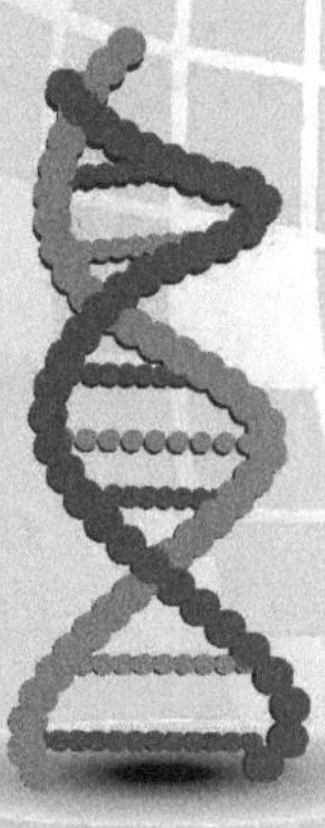

第四章　基因工程的主要技术及其原理

本章思维导图

基因工程通过跨物种基因交流以实现目标生物的遗传改良，涉及目的基因分离、载体构建、DNA 重组、遗传转化、转基因鉴定等多个环节，需要用到一系列相关技术。基因工程能否达到预期目标，不仅与技术策略和技术路线合理与否密切相关，在很大程度上还取决于操作者对技术原理的理解及技术操作的熟练程度，因此基因工程的相关技术及其原理是基因工程课程的主体内容。

第一节　DNA 和 RNA 的提取和纯化

核酸是生命有机体的重要组成部分，分为脱氧核糖核酸（DNA）和核糖核酸（RNA）两大类，各自起着重要的作用。核酸的提取和纯化是基因工程实验经常性的工作，也是开展基因克隆、结构与功能分析的前提。

一、DNA 提取的基本原理与方法

（一）DNA 提取的基本原理

DNA 是极性化合物，极易溶于水，不溶于乙醇、氯仿等有机溶剂，它的钠盐比游离态更易溶于水，DNA 在水中溶解度最高可达 10g/L 并呈黏性胶体溶液。DNA 在酸性溶液中易水解，在中性或弱碱性溶液中较稳定。生物细胞中大部分 DNA 集中在细胞核或核质体，多以脱氧核糖核蛋白（deoxyribonucleoprotein，DNP）形式存在。DNP 在盐溶液中的溶解度受盐溶液浓度的影响较大，如在 0.14mol/L NaCl 溶液中溶解度最低，仅为在水中溶解度的 1%，但是随着盐浓度的增加溶解度也增加，在 1mol/L NaCl 溶液中的溶解度最高，比在纯水中高 2 倍。而核糖核蛋白（ribonucleoprotein，RNP）在盐溶液中的溶解度受盐浓度的影响较小，在 0.14mol/L NaCl 溶液中溶解度较大，因此常用此法分离 DNP 和 RNP 这两种核蛋白。

提取和纯化 DNA，首先必须破碎或溶解细胞，用 1mol/L NaCl 溶液将 DNP 抽提出来，再把其中的蛋白质、多糖、RNA 及无机离子等除去，主要步骤如下。

1. *细胞裂解和 DNA 的溶解*　一般采用机械破碎细胞或酶解细胞释放 DNA。在正常条

件下，由于细胞区室化（compartmentalization），DNA 酶、氧化酶等分布于特定区隔中，不与 DNA 接触。但在 DNA 提取过程中，细胞破碎，DNA 酶或各种氧化酶被释放出来，容易导致 DNA 降解。因此，该步骤的主要任务是破碎细胞并对 DNA 实施快速保护。例如，可以在缓冲液中加入 EDTA，螯合 DNA 酶的辅助因子 Mg^{2+}和 Ca^{2+}，使 DNA 酶活性降低；另外，SDS 可使蛋白质变性并降解蛋白质，也可降低 DNA 酶活性；缓冲液中加入的聚乙烯吡咯烷酮（polyvinylpyrrolidone，PVP）和 β-巯基乙醇、抗坏血酸、半胱氨酸、二硫苏糖醇等抗氧化剂可降低酚类氧化对 DNA 的干扰。PVP 不仅可与多酚形成复杂的聚合体，将多酚从核酸成分中游离出来，而且 PVP 还能和多糖结合，有效去除多糖。

2. *与核酸结合的蛋白质及 RNA 等杂质的去除* 主要是利用 DNA 与蛋白质、多糖等在生化性质上的差别，通过加入离子变性剂、去污剂使蛋白质或多糖类变性，核蛋白解聚。十六烷基三甲基溴化铵（hexadecyl trimethyl ammonium bromide，CTAB）可溶解细胞膜，在高盐溶液中（0.7mol/L NaCl 溶液）与 DNA 结合形成复合物并呈溶解状态，但当盐浓度降低到一定程度（0.3mol/L NaCl 溶液）时，DNA 即从溶液中沉淀，通过离心就可以将 DNA-CTAB 复合物与多糖和蛋白质分开。十二烷基磺酸钠（sodium dodecyl sulfate，SDS）或二甲苯酸钠也可使蛋白质变性，核蛋白解聚，使 DNA 得以游离出来，再根据 DNA 和蛋白质在有机溶剂中溶解度的差异，用苯酚/氯仿抽提的方法去除蛋白质。苯酚和氯仿对蛋白质具有极强的变性作用，而对 DNA 无影响。经过苯酚/氯仿抽提，蛋白质因变性被离心沉降到酚相与水相之间的界面，DNA 则留在水相，可有效地去除核酸中部分蛋白质杂质。少量的或与 DNA 紧密结合的蛋白质杂质可用蛋白酶去除。

3. *DNA 的沉淀和纯化* 在上述上清液（水相）中加入 2 倍体积的无水乙醇可使 DNA 沉淀。但在多糖、蛋白质含量高时，用异丙醇沉淀效果较好，可以有效除去残余的蛋白质和多糖。再用 75%乙醇清洗去除各种离子，DNA 沉淀溶于 TE 溶液中；或将沉淀缓冲液透析除去去污剂和有机溶剂，也可采用 CsCl 密度梯度离心加以纯化，即得总 DNA 溶液。

（二）DNA 提取的几种方法

根据细胞破碎后，分离 DNA 与蛋白质所采用的技术策略和试剂的差异，主要的提取方法有 CTAB 法、SDS 法、浓盐法、苯酚抽滤法和水抽提法等，以下介绍较常使用的 CTAB 法和 SDS 法。

1. *CTAB 法* CTAB 法是常用的一种快速简便的提取植物等生物总 DNA 的方法。CTAB 可溶解细胞膜，它能与核酸形成复合物，在高盐溶液中（0.7mol/L NaCl 溶液）DNA-CTAB 复合物是可溶的，当降低溶液盐浓度到一定程度（0.3mol/L NaCl 溶液）则从溶液中沉淀，通过高速离心就可以将 DNA-CTAB 复合物和蛋白质、多糖等物质分离开，最后使用无水乙醇或者异丙醇从溶液中沉淀出 DNA，加入洗脱液溶解，最终获得 DNA 溶液。

2. *SDS 法* 十六烷基磺酸钠（SDS）是一种阴离子去污剂，在高温（55～65℃）条件下能裂解细胞，使染色体离析，蛋白质变性，释放出核酸。提高盐［乙酸钾（KAc）或乙酸铵（NH_4Ac）］浓度并降低温度（冰浴），使蛋白质及多糖杂质沉淀，离心后除去沉淀，上清液中的 DNA 用苯酚/氯仿抽提，反复抽提后用乙醇沉淀水相中的 DNA。

（三）质粒的提取

质粒的提取也是基因工程研究中的常规工作。在质粒的提取过程中，通过加入 SDS 对宿主细胞进行裂解，使质粒 DNA 顺利溢出并与染色体 DNA 和蛋白质等分离，其中，微量碱变性法提取质粒具有简单、快速、经济实惠等优点，是当前分子生物学及基因工程研究工作中最常用的一种纯化质粒 DNA 的方法。其基本原理是：①在溶液Ⅰ［含 25mmol/L Tris-HCl（pH 8.0）、50mmol/L 葡萄糖、10mol/L EDTA］重悬含质粒的大肠杆菌细胞，用溶菌酶裂解大肠杆菌细胞，利用 Mg^{2+}-EDTA（10mmol/L）抑制核酸酶活性，使 DNA 分子不被降解；②加入溶液Ⅱ（含 1.0% SDS，0.2mol/L NaOH 溶液）使宿主细胞进一步裂解，使染色体和蛋白质变性；③加入 pH 4.8 的 3mol/L NaAc 溶液起中和作用，使共价闭合质粒 DNA 复性，而线性染色体 DNA 聚集成不可溶的网状复合物，并使蛋白质-SDS 复合物及高分子质量的 RNA 分子沉淀，通过离心收集上清液，用乙醇沉淀法收集质粒 DNA。

目前小量质粒提取一般采用商业化的试剂盒提取法，大多是基于碱裂解法结合硅胶膜等微型离心纯化柱。例如，Qiagen 公司的 QIAprep Spin Miniprep 产品，先用碱裂解法获得质粒 DNA 的粗制品，之后将样品通过纯化柱的硅胶膜（在高浓度盐条件下该膜可以结合 DNA），使之吸附质粒 DNA。然后用 75%乙醇洗涤滤膜，洗去杂质，最后用少量低离子强度的洗脱缓冲液或水洗脱出纯化 DNA。

二、RNA 提取的原理与方法

（一）总 RNA 提取的原理与方法

1. 总 RNA 提取的原理　真核生物 RNA 分子主要分布于细胞质和核仁，有三种 RNA，即 mRNA（信使 RNA）、tRNA（转移 RNA）、rRNA（核糖体 RNA）。

能否成功地提取真核生物的 RNA，关键在于能否完全抑制或除去 RNA 酶活性，分离获得完整的 RNA。

RNA 酶由一条多肽链组成，不需要任何辅助因子，存在十分广泛且十分稳定，很耐热，在较宽的 pH 范围内都有活性。因此，在 RNA 制备过程中，必须注意控制 RNA 酶的活性。实验中可以采取以下措施：所有的玻璃器皿应置于烘箱中（186℃左右）烘烤 4～6h，凡不能高温烘烤的材料如塑料器皿等可使用 0.1% DEPC（diethyl pyrocarbonate，焦碳酸二乙酯）水溶液处理，再用洁净的蒸馏水冲洗；RNA 提取中所用的双蒸水一般都先用 0.1% DEPC 水溶液 37℃处理 12h 以上，再经高压灭菌；全部实验过程均需戴手套操作，并经常更换；RNA 电泳槽需用去污剂洗涤，用水冲洗，乙醇干燥后，浸泡于 3% H_2O_2 溶液中，室温放置 10min 后，用 0.1% DEPC 水溶液处理过的水彻底冲洗。

提取 RNA 的方法很多，但一般包括 4 个关键点：①细胞的有效破碎，尤其是植物细胞有厚厚的细胞壁保护，研磨需彻底。②使核蛋白复合体充分变性、解离，使核酸释放到溶液中，采用的变性剂主要有异硫氰酸胍、*N*-十二烷基肌氨酸钠等。③有效地抑制内源及外源 RNase 活性，在提取液中除了加异硫氰酸胍外，还要使用 β-巯基乙醇等抗氧化剂减少细胞内氧化酶对 RNA 可能的不利影响。④将 RNA 与 DNA、蛋白质和多糖分开，策略一是先提取总核酸，再用氯化锂将 RNA 沉淀出来；策略二是直接在酸性条件下使用苯酚/氯仿混合液抽提，低 pH 的酚将使 RNA 进入水相，这样使其与仍留在有机相中的蛋白质和 DNA 分离。⑤尽量使用新鲜材料，由于 mRNA 的表达具有时间性（如处理时间）和空间性（如不同组织），因此样品收集一定要迅速和准确，另外采集的样品应该尽快开展 RNA 提取工作，冻融太久的样品可能会影响 RNA 提取的质量，如容易降解。

2. 总 RNA 提取的方法

（1）酚-异硫氰酸胍提取法　Trizol 试剂是最广泛的抽提总 RNA 的试剂，由 Gibco 公司根据酚-异硫氰酸胍提取法设计，主要由苯酚和异硫氰酸胍组成，适用于绝大多数材料。使用该试剂提取总 RNA 的一般步骤：首先在液氮下研磨组织或细胞，或使之裂解；加入 Trizol 试剂，进一步在保证 RNA 完整的基础上破碎细胞并溶解细胞成分；加入氯仿抽提，离心分离水相和有机相，收集含有 RNA 的水相；通过异丙醇沉淀，可获得 RNA 样品。

许多公司开发了基于该法的试剂盒，如著名的生物公司 Invitrogen 旗下的 PureLink™ RNA 微量提取试剂盒就是基于酚-异硫氰酸胍提取法，试剂盒内含有除异丙醇外的所有试剂，可在来源广泛、样品量较少的条件下获得高质量的总 RNA。

（2）离心分离法　该类方法是对酚-异硫氰酸胍提取法的改进，利用 RNA 吸附硅胶或玻璃质离心管代替了有机溶剂提取步骤，可以避免使用酚、氯仿、异丙醇等有害的有机溶剂。例如，Qiagen 设计开发的 RNeasy 试剂盒，在对提取材料进行胍基裂解的基础上，将含有目的 RNA 的细胞破碎液加在含有硅胶膜的柱子上，其通过硅胶膜时，RNA 被吸附，从而与其他物质分开，然后在低盐浓度下将 RNA 洗脱出来。简化了 RNA 的分离步骤。

但是，不同的生物、同一种生物的不同器官和组织中的多糖、次生代谢物等含量不同，为了获得较高质量的 RNA，其提取缓冲液应有所调整。所以，生物技术公司开发了更有针对性的 RNA 提取试剂盒，应用时可根据材料进行选择。由于试剂盒都有提取 RNA 时的细胞裂解、蛋白质变性、核酸释放及 RNA 与其他杂质分离的功能，有时采取同一个试剂盒多次重复或多个试剂盒结合使用，可取得较好的效果。

（二）mRNA 的提取

从生物细胞中分离 mRNA 比分离 DNA 困难得多，mRNA 在细胞内，特别是在原核细胞内的半衰期很短，平均只有几分钟，而且基因的表达具有严格的时序性，目的基因的表达时序对相应 mRNA 的成功分离至关重要。此外，mRNA 在体外也极不稳定，这对分离过程和方法都提出了更高的要求，特别要求尽可能完全抑制或去除 RNA 酶的活性。

真核生物 mRNA 的提取一般有两条途径。其一是提取细胞总 RNA，经过蛋白酶 K 处理除去蛋白质，进一步利用寡脱氧胸腺苷酸纤维素柱［oligo（dT）-cellulose］层析，把 mRNA 与其他的 RNA 分开，因为几乎所有 mRNA 的 3′端都带有一串长约 200 个腺苷酸的 poly（A）序列，而 tRNA、rRNA 上没有这样的结构，这就为 mRNA 的分离纯化提供了极为便利的条件；其二是先提取多聚核糖体，再将蛋白质与 mRNA 分开，即利用抗原抗体的反应，可以将含量极微、特异的 mRNA 提取出来。因为没有合成完的蛋白质还停留在多聚核糖体上，这些新生的肽链能与完整蛋白质的抗体发生抗原抗体反应，因此可以选择性沉淀特异的 mRNA。

三、DNA 或 RNA 浓度、纯度和相对分子量的测定

为了利用上述所提取的 DNA 或 RNA 进一步进行酶切、连接、转化、杂交等试验，必须了解它们的浓度、纯度及分子量大小，常用的方法有紫外分光光度法和琼脂糖凝胶电泳法。

（一）紫外分光光度法

DNA 或 RNA 链上碱基的苯环结构在紫光区具有较强吸收能力，其吸收峰在 260nm 处。DNA 或 RNA 的光密度 OD_{260} 不仅与总含量有关，也受构型的影响。1μg/mL DNA 溶液的

OD_{260}=0.02，1μg/mL RNA 或单链 DNA 溶液 OD_{260}＝0.022～0.024。1 个 OD_{260} 相当于 50μg/mL 的双链 DNA，37μg/mL 的单链 DNA，40μg/mL 的 RNA，30μg/mL 的寡核苷酸（由于底物不同有差异）。可根据以下公式来计算样品中单链 DNA、双链 DNA 和 RNA 的浓度：

$$[ssDNA]=37\times(OD_{260}-OD_{310})\times稀释倍数$$
$$[dsDNA]=50\times(OD_{260}-OD_{310})\times稀释倍数$$
$$[ssRNA]=40\times(OD_{260}-OD_{310})\times稀释倍数$$

蛋白质的最大吸收峰在 280nm 处，多糖的最大吸收峰在 230nm 处。纯 DNA 的 OD_{260}/OD_{280} 约为 1.8，大于 1.9 表明有 RNA 污染，小于 1.6 表明有蛋白质、苯酚等的污染；纯 RNA 的 OD_{260}/OD_{280} 为 1.7～2.0，小于 1.7 表明有蛋白质和苯酚污染，大于 2.0 表明有异硫氰酸胍残存。

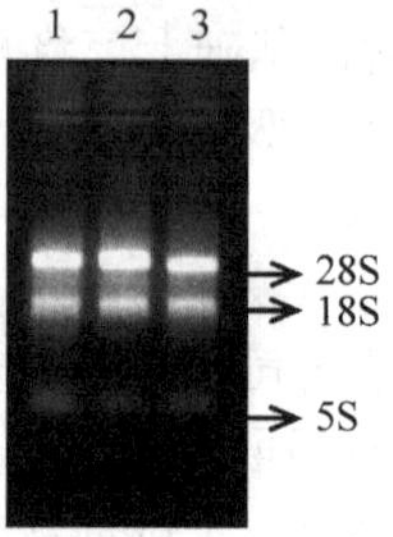

图4-1　总RNA琼脂糖凝胶电泳图

（二）琼脂糖凝胶电泳法

采用凝胶电泳也可以粗略鉴定 DNA 或 RNA 的含量和质量。主要是通过比较 EB 染色的 Marker 和样品之间的条带亮度进行鉴定，如果 DNA 有降解，则在电泳图谱上表现出明显的拖尾。

一般采用常规的琼脂糖凝胶电泳检测总 RNA 的质量，不需要使用变性胶，也不需要对电泳槽或有关的器具进行 DEPC 处理。在琼脂糖凝胶电泳图片（图 4-1）上 RNA 应该呈现出 5S、18S、28S 共 3 条 rRNA 带。其中 5S 最好是可见的，28S 亮度是 18S 亮度的 2 倍，rRNA 之间可以看到很淡的、弥散的 mRNA 拖带。如果出现多于 3 条带，则可能是 DNA 污染带，或是 rRNA 被破坏的断裂带。琼脂糖凝胶被 RNAase 处理后电泳带基本消失，没有明显的、边缘清晰的带残留，如果还有明显的条带，则表明有 DNA 污染。

第二节　凝胶电泳

核酸分子中磷酸基团一般呈离子化状态，DNA 和 RNA 的多核苷酸链实际上是多聚阴离子（polyanion），它们在电场中可向着正电极方向迁移。在一定的电场强度下，DNA 或 RNA 分子的迁移速度取决于核酸分子的大小和构型。分子量小比分子量大的分子迁移快，紧密构型分子比同分子量的松散型开环分子或线性分子迁移快，据此可分离不同大小的 DNA 或 RNA 分子。

一、琼脂糖凝胶电泳

（一）琼脂糖凝胶原理

琼脂糖凝胶电泳是以琼脂糖为支持物，在适当的条件下对带电生物大分子进行电泳的技术，主要用于 DNA 分子的分离、纯化和鉴定。琼脂糖是从琼脂中提纯出来的，是由 D-半乳糖和脱水 3, 6-L-半乳糖连接而成的一种线性多糖，具有亲水性，没有带电基团，不引起 DNA 变性，不吸附被分离的物质，是一种理想的电泳支持物。

实验室通常使用的琼脂糖有常熔点和低熔点两种类型。其中，低熔点琼脂糖熔点为 62～

65℃，一旦熔解，便可在37℃下持续保持液体状态达数小时之久，而在25℃下也可持续保持液体状态约10min。低熔点琼脂糖可用于DNA片段的回收，由于其凝胶中无抑制酶，可在胶中进行酶切、连接，在现代分子生物学和基因克隆实验中用途广泛。

凝胶的分辨能力与凝胶的类型和浓度有关，表4-1给出了不同类型琼脂糖分离DNA片段大小范围。

表4-1 不同类型琼脂糖分离DNA片段大小范围

琼脂糖/%	标准琼脂糖	高强度琼脂糖	低熔点琼脂糖	低黏度低熔点琼脂糖
0.3				
0.5	700bp～25kb			
0.8	500bp～15kb	800bp～10kb	800bp～10kb	
1.0	250bp～12kb	400bp～8kb	400bp～8kb	
1.2	150bp～6kb	300bp～7kb	300bp～7kb	
1.5	80bp～4kb	200bp～4kb	200bp～4kb	
2.0		100bp～3kb	100bp～3kb	
3.0			500bp～1kb	500bp～1kb
4.0				100～500bp
6.0				10～100bp

（二）DNA电泳影响因素

凝胶电泳中影响DNA分子泳动的因素很多，主要有DNA分子特性和电泳条件两个方面，具体包括以下6点。

（1）DNA分子量大小　DNA分子量越大，在凝胶中的摩擦阻力就越大，泳动也就越慢，迁移速率与线状DNA分子量的对数值成反比。

（2）DNA分子构型　不同构型的DNA分子即使具有相同分子量，电泳迁移速率也不同，超螺旋最快，线状分子次之，开环分子最慢。

（3）凝胶浓度　对于同种DNA分子，凝胶浓度越高，电泳速率越慢；浓度低的凝胶线性分离范围较宽，而浓度高的凝胶对小片段DNA分子呈现较好的线性关系。所以常规实验中对于小片段DNA分子的分离采用高浓度的凝胶分离，而对于大片段DNA分子则用低浓度的凝胶分离。

（4）电场强度　电场强度高（5V/cm），电泳速度快，但分辨率低。在精确测定时，降低电压至1V/cm，分辨率高。电场强度偏高时电泳分离的线性范围会变窄。要根据需要选择合适电压，大片段DNA的分离可适当选择较低电压，以避免拖尾现象的产生，对小片段DNA分子可选用相对较高的电压以缩短电泳时间。

（5）溴化乙锭（EB）　EB具有扁平结构，能嵌入DNA碱基对之间，可用作DNA染色剂。EB对线状分子与开环分子影响较小，对超螺旋分子影响较大。当DNA分子中嵌入的EB分子逐渐增多时，原来为负超螺旋状态的分子开始向共价闭合环状转变，电泳迁移速度由快变慢；当嵌入的EB分子进一步增加时，DNA分子由共价闭合环状向正超螺旋状态转变，这时电泳迁移速率又由慢变快。一般电泳可以忽略此因素，可采用电泳后染色以消除EB对电泳迁移速率的影响。

（6）电泳缓冲液　目前有TAE、TBE和TPE 3种缓冲液适用于天然双链DNA的电泳，选用 TAE 的较多，其电泳时间较快，而且成本较低，但是其缓冲容量较低，需经常更换电泳液。

二、琼脂糖变性胶电泳

RNA 为单链分子，链内碱基容易配对形成二级结构。不同的 RNA 分子空间结构不同，在未变性条件下，其分子量与电泳移动距离没有严格的相关性。因此必须在变性条件下破坏 RNA 的空间结构后进行电泳，才能使 RNA 移动距离与其分子量对数成正比。常用的 RNA 变性胶有两种，一种为含有乙二醛-二甲基亚砜（DMSO）的凝胶，另一种是含有甲醛的凝胶。前者比后者更难电泳，因为电泳缓慢而且需要电泳液循环，以避免形成高 H^+梯度。二者的分辨率相近，但后者的杂交带更锐利，电泳操作更方便。

三、聚丙烯酰胺凝胶电泳

聚丙烯酰胺凝胶电泳（polyacrylamide gel electrophoresis，PAGE）是以聚丙烯酰胺凝胶作为支持介质的垂直板凝胶电泳，可根据电泳样品的电荷、分子大小及形状的差别分离物质。聚丙烯酰胺凝胶电泳既具有分子筛效应，又具有静电效应，其分辨率高于琼脂糖凝胶电泳，适用于小分子 DNA 片段（1～1000bp）、寡聚核苷酸和蛋白质的分离，可分离只相差一个核苷酸的不同 DNA 片段，是 DNA 序列分析中的关键技术之一。

聚丙烯酰胺凝胶是由丙烯酰胺单体和甲叉双丙烯酰胺聚合而成，该过程需要有自由基的催化。常用的催化方法有化学聚合和光聚合两种。化学聚合通常是加入催化剂过硫酸铵（AP）和加速剂四甲基乙二胺（TEMED），四甲基乙二胺可催化过硫酸铵产生自由基。适度的溶液 pH 对聚合作用至关重要，pH 过低则没有足够的碱基加速催化反应。过多的氧分子存在会使聚合作用很快停止，所以制备凝胶时，在加过硫酸铵之前，混合物必须抽去空气。光聚合是核黄素在光照射下及有微量氧存在时，产生自由基使丙烯酰胺和甲叉双丙烯酰胺聚合，常用于制备浓缩胶，所制得的凝胶孔隙度比较大。

凝胶一般制备在玻璃管中或玻璃板上，电泳槽分上贮槽和下贮槽两个相互分离的部分，各装有电极，通过凝胶连成导电的整体（图 4-2）。电泳中带有电荷的分子在电场作用下发生移动，移动速度依赖于电场强度、分子净电荷及分子的大小和形状，同时也与介质的离子强度、

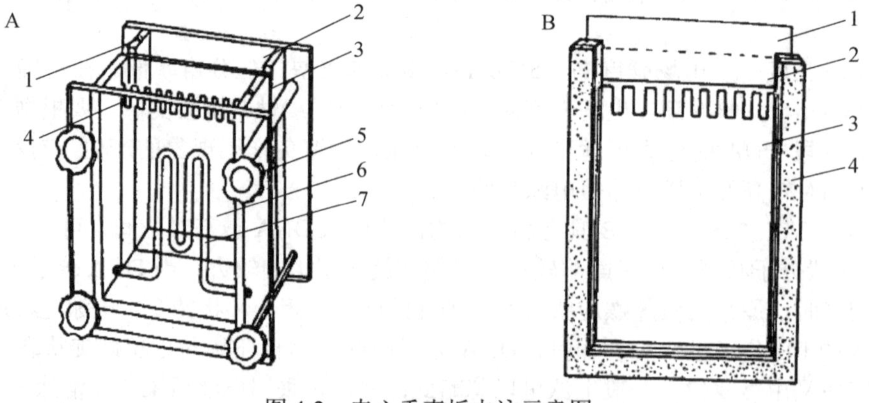

图 4-2 夹心垂直板电泳示意图

A. 电泳槽装置；B. 做胶装置

1. 导线接头；2. 下贮槽；3. 凹形橡胶框；4. 样品槽模板；5. 固定螺丝；6. 上贮槽；7. 冷凝系统

黏度和温度有关。由于聚丙烯酰胺凝胶具有三维网状结构，能起到分子筛效应，用它作为电泳支持物，可把分子筛效应和静电效应结合起来，有分辨率高、载样量大、回收的 DNA 样品纯度极高、抗腐蚀性强、机械强度高、韧性好等优点。

四、脉冲电场凝胶电泳

常规的琼脂糖凝胶电泳中，在一定的分子量范围内 DNA 片段泳动速率与分子量大小呈线性关系。但当 DNA 分子大小超过凝胶孔径，DNA 分子将以无规则卷曲的构象沿电场方向伸直，变成与电场平行以通过凝胶孔隙。此时大分子通过凝胶的速率无差别，不能分离。因此，琼脂糖凝胶电泳难以区分大分子 DNA 片段。

脉冲电泳（pulsed field gel electrophoresis，PFGE）解决了上述难题，它实际上是一种交替变换电场方向的电泳，以一定的角度并以一定的时间变换电场的方向，使 DNA 在微观上按“Z”字形向前泳动，从而达到分离大分子 DNA 片段的目的，可区分长度为 50kb 以上，甚至 Mb 级的大片段 DNA 分子。

图 4-3 是使用最为普遍的钳位均匀电场（contour-clamped homogeneous electric field，CHEF）电泳，共有 6 个电极带，呈六边形排列，每个电极带上带有 4 个电极。在电泳过程中，主电场方向与泳动方向在+60°（图 4-3A）和−60°（图 4-3B）角度互换，保证样品朝着向下的方向泳动。由于琼脂糖凝胶上的电场方向、电流大小及作用时间都在交替变换，DNA 分子能够随时调整其泳动方向，以适应凝胶孔隙的无规则变化。DNA 在交替变换方向的电场中做出响应所需的时间显著地依赖于分子量大小。DNA 越大，这种构象改变的时间就越长，重新定向的时间就越长，于是每个脉冲内可用于新方向移动的时间就越少，移动也就慢；反之，则移动快，从而达到了分离超大分子量 DNA 分子的目的。应用脉冲电场凝胶电泳技术，可成功地分离到 50kb 以上，甚至 Mb 级的大片段 DNA 分子。

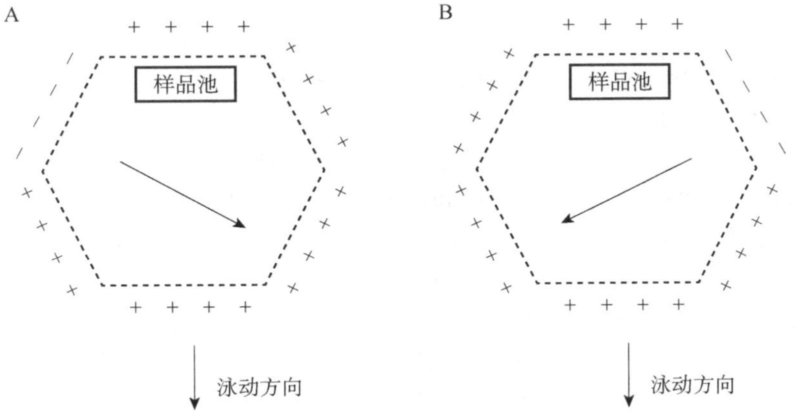

图 4-3　脉冲电场凝胶电泳的原理（孙明，2006）

A. +60°电场的电极电势大小分布情况；B. −60°电场的电极电势大小分布情况

五、凝胶电泳中 DNA 分子的检测

凝胶中 DNA 的常规检测方法主要有染色结合紫外灯检测法、银染显色法及放射性同位素标记法等。EB 可很好地掺入双链 DNA 分子中，在紫外线激发下发出橙红色的荧光，可用于

对 DNA 分子的染色观察。紫外线以 366nm 的波长效果较好，可减少对 DNA 的破坏。但 EB 作为一种诱变剂，其安全性较差，用 GelRed 和 GelGreen 等新近开发的核酸染料的安全性较高，其灵敏度可基本满足实验需要。

聚丙烯酰胺凝胶电泳则一般采用银染显色法或放射性同位素标记法显示目标条带在胶上的位置。

第三节 生物大分子杂交

生物大分子杂交包括核酸分子杂交、核酸和蛋白质杂交、蛋白质与蛋白质杂交等。核酸分子杂交实质上是双链 DNA 或者具有二级结构的 RNA 变性后，其具有互补序列的两条单链的退火复性过程。如果彼此退火的两条核酸单链分别来自不同的生物有机体，那么所形成的双链分子就叫作杂种核酸分子。而形成 DNA-DNA 或 DNA-RNA 杂合分子的这种能力，可应用于揭示 DNA 中是否存在某一段特定序列。另外，抗体可以特异性识别其抗原以检测目的蛋白的存在或表达丰度。大分子杂交技术可应用于重组子鉴别、基因分离、DNA 片段分析、基因表达研究、蛋白质与蛋白质互作，蛋白质与 DNA 互作验证等，是基因工程基本技术之一。

一、探针的标记

探针（probe）是指用于检测特定基因或转录产物存在或表达的 DNA、RNA 或寡核苷酸序列，这些序列在使用之前，需要进行标记。虽然目前所用的探针标记主要是同位素，但非放射性的生物素、地高辛或辣根过氧化酶标记的使用也在增加。

（一）探针的制备

1. 均匀标记　对探针进行标记时，可复制合成一段新探针分子，在复制合成过程中掺入标记核苷酸（如[α-^{32}P] dATP），从而使整个新分子被均匀地标记。其显著的特点是标记不局限于一个位点，而是均匀地掺入，探针的信号强。

（1）切口平移法标记　先用 DNA 酶 I 处理探针使其形成缺口，再加入大肠杆菌 DNA 聚合酶和包括同位素标记的核苷酸（如[α-^{32}P] dNTP）在内的 4 种脱氧核苷三磷酸，按碱基配对的原则，就可以将同位素标记的脱氧核苷三磷酸均匀地掺入新合成的 DNA 互补链内，DNA 链仍保持其原有的序列，但同位素标记的脱氧核苷三磷酸可使这一 DNA 片段具有放射性（图 4-4）。

（2）随机引物标记　利用由 6 个核苷酸组成的序列随机的寡核苷酸为引物，在 Klenow 片段的作用下，对标记的 DNA 进行随机扩增。这样扩增出来的 DNA 产物包含从任意位点起始的单链 DNA 片段，产物群体中包含了目的 DNA 所有的核苷酸序列。在扩增体系中加入[α-^{32}P] dATP，扩增出来的产物就可用作探针。

（3）PCR 扩增标记　在 PCR 扩增时加入标记的 dNTP，不仅能对探针 DNA 进行标记，还可进行大量扩增，尤其适合于探针 DNA 浓度很低的情况。

2. 末端标记　直接将探针分子的某个原子替换为放射性同位素原子，或直接在探针分子上加上标记的原子或复合物，这种标记方法一般是在探针分子的末端进行，因此称为末端标记。经过末端标记的核酸分子除作为杂交探针外，更多地用于 RNA 的 S1 作图，以及用作引物延伸反应中的标记引物。

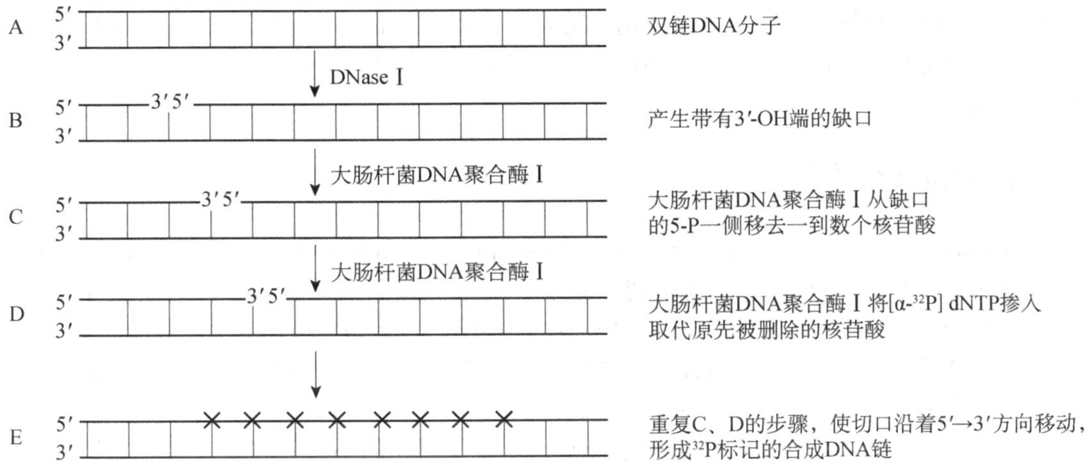

图 4-4　切口平移制备探针

（1）DNA 片段的末端标记　　末端标记主要通过酶促反应来完成，如 Klenow 片段和 T4 或 T7 DNA 聚合酶在对 DNA 片段进行末端补平反应，或平端的置换反应时，可引入标记的核苷酸。T4 多核苷酸激酶可在 DNA 的 5′端引入标记的磷酸基团，或将 5′磷酸基团用标记的磷酸基团来置换。末端转移酶可在 DNA 的 3′端连接标记的核苷酸。

（2）寡核苷酸的标记　　合成的寡核苷酸主要通过 T4 多核苷酸激酶在 5′端引入标记的磷酸基团，或利用末端转移酶在 3′端连接标记的核苷酸，或用 Klenow 片段进行引物延伸反应，用合成的更短的寡核苷酸作引物，或合成两个部分互补的寡核苷酸使之互为引物互为模板，在 DNA 合成过程中引入标记的核苷酸。

（二）标记物及其检测

在核酸杂交中，标记探针的标记物主要有 ^{32}P 和 ^{33}P 等放射性同位素，其中 ^{32}P 的半衰期只有 14d，放射性粒子的穿透能力强，而 ^{33}P 的半衰期为 25d，但产生的信号较弱。放射性标记信号可通过放射自显影或磷屏成像获取。

非放射性标记可避免放射性同位素对研究人员的危害和造成环境污染，已越来越多地被采用，包括地高辛（DIG）标记、生物素标记和辣根过氧化物酶标记等。其中，应用最为普遍的是地高辛标记。

地高辛标记由德国 Roche 公司所开发，它将 DIG 与 dUTP 交联，在掺入核苷酸标记反应中用 DIG-11-dUTP 取代 dTTP，使探针 DNA 或 RNA 被 DIG 标记。利用抗 DIG 的抗体，通过酶联免疫反应来完成 DIG 标记的检测。将抗 DIG 的抗体与碱性磷酸酶偶联，通过免疫反应将碱性磷酸酶携带到目的核酸分子处，在加显色剂 BCIP/NBT（5-溴-4-氯-3-吲哚磷酸盐/盐酸氮蓝四唑）后，碱性磷酸酶与显色剂反应形成浓紫色偏棕色沉淀，实现目标分子的检测。

生物素是一种水溶性维生素，它可通过烯丙键与嘧啶环的 C5 位共价结合。生物素标记的 dUTP（biotin-11-dUTP）可取代 dTTP 而被整合进 DNA 探针，被生物素标记的探针可特异地与抗生物素蛋白（avidin）结合。抗生物素蛋白上结合的碱性磷酸酶可使反应中的底物产生颜色，从而显示探针所在位置。

辣根过氧化物酶标记探针是通过辣根过氧化物酶（HRP）与带正电荷的聚乙烯亚胺（polyethyleneimine）交联产生带正电荷的复合物，再与带负电荷的单链或双链 DNA 分子结合形成共价键，产生酶标记探针。该反应迅速可靠，平均一个 HRP 结合 30～50bp DNA 分子。标记探针与待测 DNA 分子杂交并清洗后，加入显色底物，HRP 可使无色底物显色，因此可定位目的序列。

二、Southern 杂交

1. Southern 印迹　Southern 印迹是将 DNA 片段从琼脂糖转移到滤膜上。首先将 DNA 定量并选择若干限制性内切核酸酶酶切，酶切产物进行琼脂糖凝胶电泳，之后在 0.4mol/L NaOH 碱性条件下变性，再在 1.5mol/L NaCl、1mol/L Tris（pH 7.4）条件下中和，使 DNA 保持单链状态。然后，通过毛细管作用或电泳转移或真空转移的方式转移到硝酸纤维素膜或尼龙膜等滤膜上，将滤膜进行紫外交联或 80℃处理固定。

2. 杂交过程　将滤膜与特定的预杂交液一起置于封闭的小塑料袋或玻璃杂交管中进行预杂交，以防止杂交过程中滤膜本身对探针的吸附，在一定温度下（一般为 37～42℃）预杂交 3～12h，弃去预杂交液。再将标记的探针煮沸 5min 并与特定的杂交缓冲液一起加入杂交袋中，使探针与滤膜混合并在预杂交的温度下杂交 6～12h。取出滤膜，依次在室温下用 1×SSC/0.1% SDS 洗涤液洗涤两次，每次 15min。再在杂交温度下，用 0.25×SSC/0.1% SDS 洗涤液洗涤两次，每次 15min。空气干燥滤膜，然后在 X 线片上曝光，通常曝光 1～2d 后可见 DNA 谱带。图 4-5 为经典的 Southern 杂交过程。

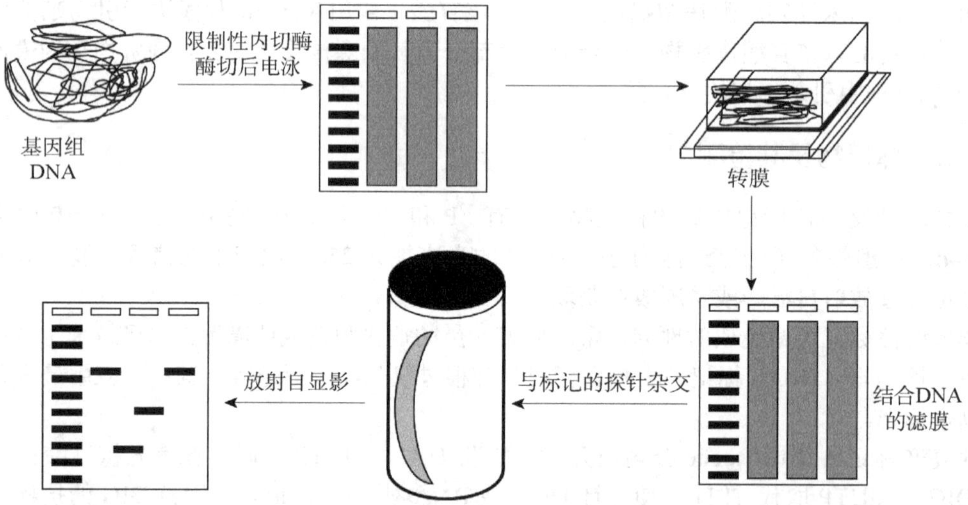

图 4-5　经典的 Southern 杂交过程

三、Northern 杂交

Northern 杂交是 1977 年 Stark 首创的检测某一特定 RNA 分子的方法，可用于 RNA 定性和定量分析。其原理是根据 RNA 的分子量不同，在凝胶电泳上的转移速度不同，而分离出大小不同的 RNA，分离后的 RNA 转移到硝酸纤维素膜或尼龙膜上，利用特定的标记探针通过杂交就可以检出与探针序列互补的 RNA。

Northern 杂交与 Southern 杂交原理和方法相似，所不同的是它所用的是总 RNA 或 mRNA 作为分析材料，一般不需要进行限制性内切酶酶切，直接通过变性（用甲醛、乙二醇，防止

RNA 形成二级结构）琼脂糖凝胶电泳分离 RNA 或 mRNA，再将分离的 RNA 或 mRNA 印迹到硝酸纤维素膜和尼龙膜上。后续的步骤与 Southern 杂交几乎相同。

四、菌落（或噬菌斑）杂交

菌落或噬菌斑杂交有时也叫作原位杂交（*in situ* hybridization），是把菌落或噬菌斑转移到硝酸纤维素膜上，使溶菌变性的 DNA 同滤膜原位结合。这些带有 DNA 印迹的滤膜交联或烤干后，再与放射性同位素标记的特异性 DNA 或 RNA 探针杂交。漂洗除去未杂交的探针，同 X 线片一起曝光。根据放射自显影所揭示的与探针序列具有同源性的 DNA 印迹位置，对照原来的平板，便可以从中挑选出含有插入序列的菌落或噬菌斑（图 4-6）。

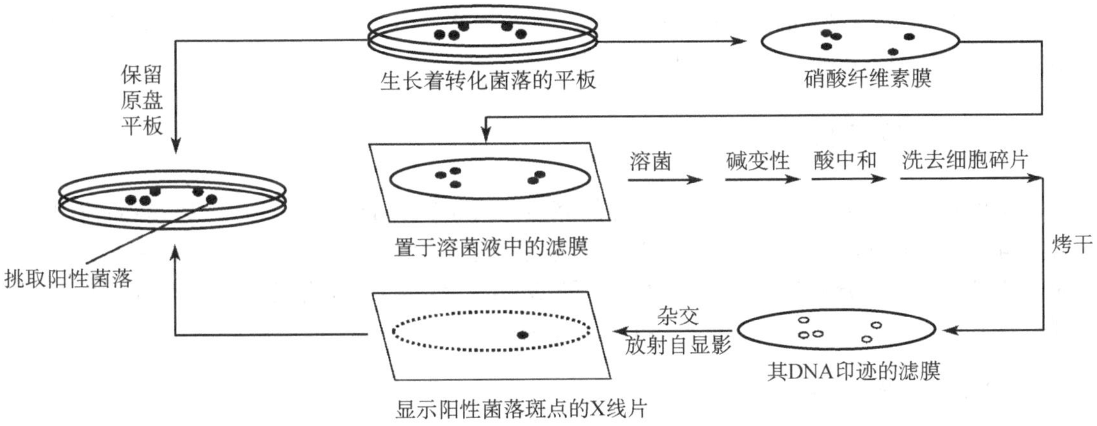

图 4-6 菌落原位杂交（吴乃虎，1998）

五、Western 杂交

Western 杂交也称为蛋白质免疫印迹，即通过将 SDS-PAGE 分离后的蛋白质组分转移到固定化基质上，再以免疫学方法用特异性抗体分析靶蛋白的存在及其含量，是将蛋白质电泳、印迹、免疫测定融为一体的特异性蛋白质检测方法。其原理是：先从生物细胞中提取总蛋白或目的蛋白，将蛋白质样品溶解于含有去污剂和还原剂的溶液中，经 SDS-PAGE 将蛋白质按分子质量大小分离，再把分离的各蛋白质条带印迹到固相膜（硝酸纤维素膜或尼龙膜）上，并将膜与高浓度的蛋白质溶液温育，以封闭其非特异性位点，然后加入特异抗性体（一抗），膜上的目的蛋白（抗原）与一抗结合后，再加入能与一抗专一性结合的带标记的二抗（一抗用兔来源的抗体时，二抗常用羊抗兔免疫球蛋白抗体），最后通过二抗上带标记化合物（一般为辣根过氧化物酶或碱性磷酸酶）的特异性反应进行检测。根据检测结果可得知被检生物细胞内目的蛋白的表达与否、表达量及分子质量等情况。

典型的 Western 杂交包括以下 4 个步骤：①蛋白质提取与制胶电泳。按常规方法提取总蛋白或目的蛋白，制备用于 Western 印迹分析的 SDS-PAGE 凝胶，电泳结束后将胶剥下，除去分离胶并用电转液漂洗或平衡分离凝胶。②转膜。选择合适的膜进行甲醇处理和蒸馏水漂洗，并进行蛋白质的电转移。③封闭和杂交。转移结束后，将膜取出漂洗并封闭，结合一抗、洗涤；结合二抗、洗涤。④发光或显色鉴定。一般采用碱性磷酸酶显色法或辣根过氧化物酶发光法。

六、液相杂交

Southern 杂交、Northern 杂交和 Western 杂交等都是发生在液相与固相之间的杂交。此外，还有液相杂交，即发生在液相与液相之间的杂交，这种类型的杂交在分子生物学和基因工程研究中也经常用到，主要有核酸酶 S1 保护分析法（nuclease S1 protection assay）、RNA 酶保护分析法（RNase protection assay，RPA）、引物延伸分析法、抑制消减杂交（suppression subtractive hybridization，SSH）等。

第四节　聚合酶链反应技术

聚合酶链反应（polymerase chain reaction，PCR）是 Kary Mullis 于 1985 年发明的核酸体外扩增技术，是基因工程研究不可或缺的基本技术。

一、PCR 技术原理

在存在 DNA 单链、与 DNA 单链互补的寡核苷酸引物、dNTP 及 DNA 聚合酶的情况下，当引物与单链的互补区结合后，在 DNA 聚合酶的催化作用下即可进行 DNA 单链的 5′→3′合成反应。通过特殊的仪器不断满足上述条件，则 DNA 单链的 5′→3′合成反应可不断进行下去，直到条件不复存在。实际上是模拟天然 DNA 复制过程。

（一）PCR 技术的基本过程

1. 变性（denatureation）　92～96℃的高温处理可使模板 DNA 双链间氢键断裂，解离成单链但不改变其化学性质，变性时间一般为 30s，如果模板的 G+C 含量较高，变性时间可适当延长。

2. 退火（annealing）　将温度降低到 37～72℃，使引物与模板的互补区结合。退火的温度取决于引物的 T_m 值，并通过预备试验来最后确定。一般引物越短，其 T_m 值也越低，对于 10bp 左右的随机引物，退火温度在 37℃左右，反之则高。退火温度高，引物与模板结合的特异性增强，非特异性的扩增概率降低，但扩增效率也随之降低。相反，随着温度降低，引物与模板非特异性结合的概率增加。引物的长度越长，其退火温度则越高（但一般不超过 72℃），否则会发生非特异性结合，降低 PCR 产物对模板的忠实程度。退火时间一般为 30s。

3. 延伸（extension）　在 72℃下，DNA 聚合酶将 dNTP 连续加到引物的 3′-OH 端，以互补的 DNA 单链为模板，沿着模板延伸合成模板 DNA 的互补链，称为延伸。延伸时间由扩增产物的大小决定，一般 1kb 用 1min，来保证时间充足。

这三个过程组成一个循环周期；每个周期合成的产物又可作为下一个周期的模板，如此循环往复，经过 n 轮循环后，靶 DNA 的拷贝数理论上呈 2^n 增长（图 4-7），如一个靶 DNA 分子经过 20 轮循环后，理论上，其拷贝数将达百万（2^{20}=1 048 576）个分子。

（二）平台效应

PCR 反应经过一定数量的循环后，随着产物的对数累积趋于饱和，DNA 片段不再呈指数积累，而是进入线性增长期或静止期，此过程称为平台效应（plateau effect）。

平台效应与下列因素有关：①随着引物、dNTP快速掺入底物中，它们的浓度降低，掺入速度减慢；②随产物增加，酶与模板的比例下降；③非特异性产物或引物二聚体与反应物的竞争；④产物的再结合。

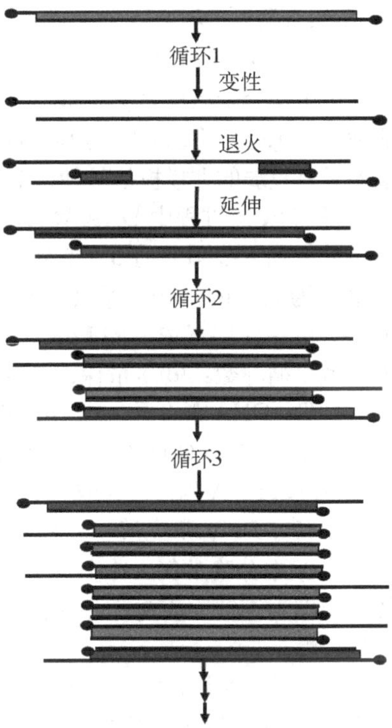

图 4-7 PCR反应原理示意图

二、PCR反应体系

PCR反应需要一定的条件才能完成，这些条件主要有以下6个方面。

（一）缓冲液

任何一个生化反应都必须在一定的缓冲体系中进行，缓冲体系除了提供一定的pH缓冲能力外，还有一些有助于反应进行的成分。PCR反应缓冲液通常采用10mmol/L Tris-HCl（pH 8.3～9.0，室温）缓冲体系，它是两性离子缓冲液，其中含有可激活DNA聚合酶活性中心的二价阳离子，一般采用Mg^{2+}，以$MgCl_2$的形式提供。Mg^{2+}的浓度高低可显著影响PCR扩增产物的特异性。此外，缓冲液中还含有50mmol/L K^+，有利于引物与模板的退火。有些缓冲液中还加入明胶或血清白蛋白（100μg/mL）及去污剂，如Tween 20等，对*Taq* DNA聚合酶起稳定作用。总之，缓冲液需针对*Taq* DNA聚合酶的特性来配制，商品化的*Taq* DNA聚合酶都有附带的最佳缓冲液，一般以工作浓度的10倍贮液提供。

（二）模板

PCR模板是含有待扩增序列的DNA、mRNA或cDNA等。模板数量可直接影响扩增的效果。对于一般PCR扩增，10^4～10^7个模板分子可达到满意的效果，一般宜用纳克（ng）级的克隆DNA、微克（μg）级的染色体DNA或10^2～10^5拷贝待扩增的DNA片段作为起始材料。除了数量外，模板的质量也非常重要，不能有太多蛋白质和其他杂质的污染，特别是其他DNA的污染，即使是少量的DNA污染，也可能会导致非特异性产物。

（三）dNTP

dNTP是dATP、dTTP、dGTP、dCTP的总称。储备液为pH 7.0左右，其浓度一般为20mmol/L，−20℃保存。体系中为20～200μmol/L即可，浓度过低则反应速率下降，浓度过高则特异性下降。因为dNTP能结合溶液中的Mg^{2+}，产生错配或抑制*Taq* DNA聚合酶活性。

（四）耐热的DNA聚合酶

PCR反应中使用的DNA聚合酶必须耐高温，在90℃以上的高温下仍能有活性，正是由于耐高温DNA聚合酶的应用PCR技术得以实现。目前使用的耐高温DNA聚合酶主要有*Taq*

DNA 聚合酶、*Tth* DNA 聚合酶、*Vent* DNA 聚合酶和 *Pfu* DNA 聚合酶等。

1. *Taq* DNA 聚合酶　*Taq* DNA 聚合酶从嗜热水生菌（*Thermus aquatics*）YT-1 株中直接分离出来，分子质量为 94kDa，由 832 个氨基酸组成，具有较高的热稳定性、5′→3′ DNA 聚合酶活性、5′→3′外切酶活性及反转录酶活性，但缺乏 3′→5′外切酶活性，因而无校正功能。此外，该酶具有较弱的非模板依赖性，对 Mg^{2+}浓度和单价离子（K^+或 NH_4^+）的性质和浓度较敏感。

提高 PCR 过程中 DNA 聚合酶保真性的策略：①在 PCR 反应体系中，除使用 *Taq* DNA 聚合酶外，加入少量具有 3′→5′外切酶活性的耐高温 DNA 聚合酶如 *Pfu*、*Vent*、*Pwo* 等，可使错配率降为原来的 1/10；②使 4 种三磷酸脱氧核苷酸浓度相等；③在不影响 DNA 合成的情况下，尽可能使用低浓度的 $MgCl_2$；④尽量缩短高温反应时间，以减少对 DNA 的热损伤；⑤尽可能减少循环数；⑥尽量保证 70℃时反应体系的 pH 低于 6.0。

2. *Tth* DNA 聚合酶　*Tth* DNA 聚合酶来自嗜热栖热菌（*Thermus thermophilus*），74℃下进行扩增，在 95℃的半衰期只有 20min。Mg^{2+}存在时可以 DNA 为模板合成 DNA，而在 Mn^{2+}存在下可以 RNA 为模板合成 cDNA。因此，可在高温下催化反转录 PCR 和引物延伸反应。

3. *Vent* DNA 聚合酶　*Vent* DNA 聚合酶是从火山口分离的嗜热高温球菌（*Thermococcus litoralis*）中分离的第一个具有 3′→5′外切酶活性的高温聚合酶，在 100℃（存在 $MgSO_4$）时，其半衰期为 1.8h，而与之相比的 *Taq* DNA 聚合酶仅 5min。所以，该酶具有很高的聚合酶活性和保真性。

4. *Pfu* DNA 聚合酶　*Pfu* DNA 聚合酶来自激烈热球菌（*Pyrococcus furiosus*），具有理想的扩增保真度和极高的热稳定性，是目前使用最广泛的具有 3′→5′外切酶活性的耐高温 DNA 聚合酶。

（五）引物

引物是指在 PCR 反应中与待扩增靶 DNA 区段两翼互补的寡聚核苷酸，其本质是单链 DNA 片段。PCR 扩增产物的大小及扩增的靶序列在基因组中的位置是由引物限定的。因此，引物的选择对 PCR 成功与否具有决定性意义。引物设计质量是影响 PCR 扩增成败的关键因素，一般要考虑以下几个问题。

1）引物长度一般为 16～30bp，最佳为 20～24bp，不形成稳定的复合体。更短的引物一般会降低扩增特异性，但会提高有效性，扩增的产物种类会增多。

2）G+C 含量一般为 40%～60%，两条引物 G+C 含量应尽量相似，T_m 值差异最好在 1℃以内，最多不超过 5℃。

3）两个引物之间不应发生互补，特别应避免形成“引物二聚体”，如无法避免，其 3′端互补不应大于 2 个碱基。应尽量避免数个嘌呤或嘧啶连续排列，避免同源序列（尤其 6 个碱基以上相同）。

4）引物内部避免形成次级结构，尤其发夹结构，若用人工判断，引物自身连续互补碱基不能大于 3bp，必要时应通过计算机进行结构分析。

5）引物的延伸从 3′端开始，3′端不能进行任何修饰，也不能有形成任何二级结构的可能，3′端最后 1 个碱基最好是 G 或 C。

6）引物的 5′端限定了 PCR 产物的长度，它对扩增特异性影响不大，因此可以被修饰而不影响扩增的特异性。引物 5′端修饰包括：加酶切位点；标记生物素、荧光素、地高辛等；引入蛋白质结合 DNA 序列；引入突变位点、插入与缺失突变序列和引入一个启动子序列等。

7）如果扩增编码区域，引物 3′端不要终止于编码区密码子的第 3 位，因为密码子的第 3 位易发生简并，会影响扩增特异性与效率。

引物设计可借助于一些计算机引物设计软件方便地进行。目前用于引物设计的软件有多种，其中 Oligo 6.57、Primer 5.0 是非常方便且功能强大的引物设计分析软件。

（六）PCR 反应的最佳条件

根据大量的研究报道，PCR 反应的最佳条件如下：①*Taq* DNA 聚合酶的浓度为 1.0～2.5U/100μL 反应液；②dNTP 的浓度为 20～200μmol/L；③Mg^{2+}浓度为 0.5～2.5mmol/L；④引物的浓度为 0.2～1.0μmol/L。

但在准备具体的 PCR 反应时，还要针对模板特性、PCR 仪等进行上述反应体系的优化，并设置实验确定其退火温度、延伸时间，建立其相应的 PCR 反应最优程序。

三、PCR 技术的应用

随着分子生物学的发展，人们在 PCR 基本技术的基础上，不断地推陈出新，发展了几十种 PCR 延伸技术，以适应不同的用途。

（一）反转录 PCR（reverse transcription PCR，RT-PCR）

RT-PCR 先在反转录酶的作用下以 mRNA 为模板合成 cDNA 第一链，再以 cDNA 第一链为模板，加入 dNTP 和两个特异性引物进行 PCR，扩增出特异 mRNA 相应双链 cDNA（图 4-8）。RT-PCR 可用于 cDNA 克隆或目的基因转录的检测。

（二）锚定 PCR（anchored PCR，A-PCR）

利用 RT-PCR 方法从 cDNA 中进行基因克隆时，首先需要有 mRNA 或 cDNA 的全长序列资料，以便根据其设计合适的引物，然后才能进行目的 mRNA 或 cDNA 全长序列的扩增。而在实际工作中，我们往往获得的是 mRNA 或 cDNA 的部分序列，如欲获取其全长序列信息，可以选择采用锚定 PCR。根据已知的 mRNA 或 cDNA 部分序列设计基因特异性引物（gene specific primer，GSP），同时利用寡脱氧胞苷酸［oligo（dC）］作锚定引物，进行已知序列的上游序列或者下游序列的 PCR 扩增（图 4-9）。该方法适合于根据已知 cDNA 部分序列来扩增 cDNA 全长序列，在进行 PCR 扩增时除了设计的基因特异性引物之外，还需要 1 条锚定引物 oligo（dC），如果与待扩增的 cDNA 相应的 mRNA 不具有 poly（A）尾，此方法就不适用。

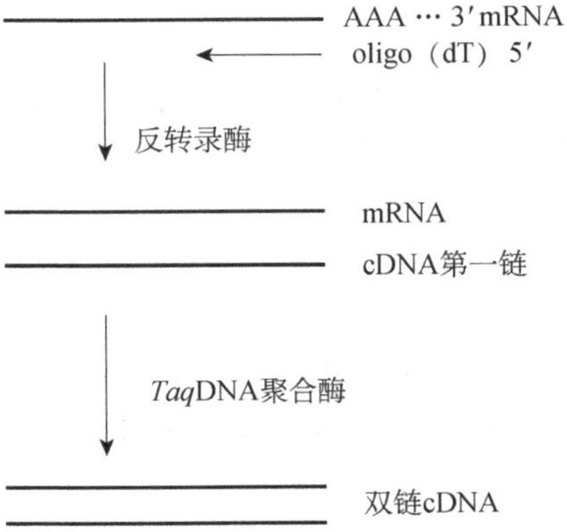

图 4-8　反转录 PCR

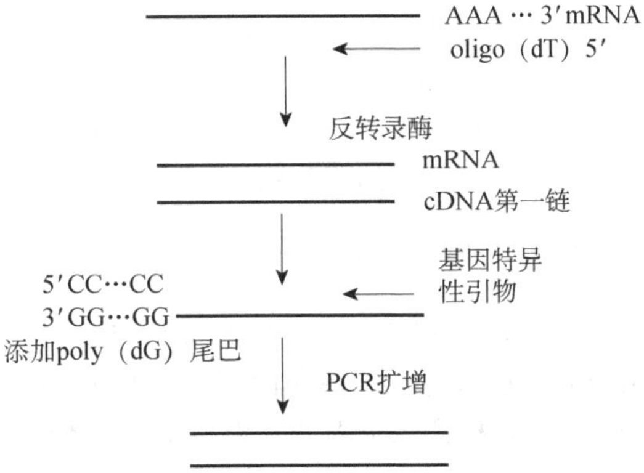

图 4-9　锚定 PCR

（三）反向 PCR（inverse PCR，I-PCR）

反向 PCR 是对已知 DNA 片段两侧的未知序列进行扩增，获得未知序列的一种便捷方法，其原理是用限制性内切核酸酶消化部分序列已知的 DNA，将酶切产物自连接形成环状，再用已知序列上一对相反方向的特异性引物进行 PCR（图 4-10），从而扩增出已知序列侧翼的未知 DNA 序列。

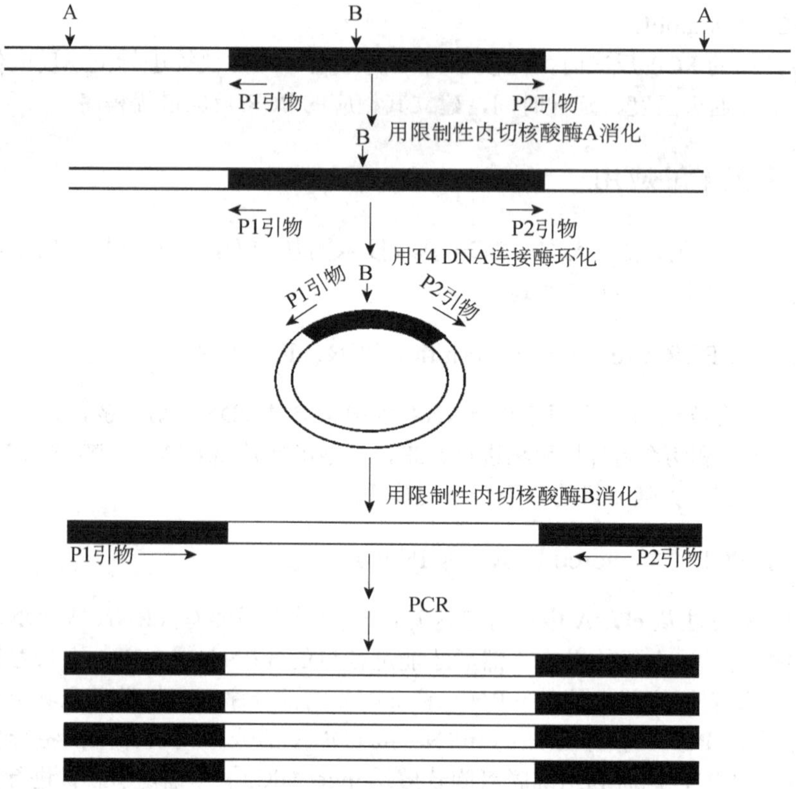

图 4-10 反向 PCR

（四）巢式 PCR（nested PCR）

巢式 PCR 又称为套式 PCR，它包括两轮 PCR：第一轮 PCR 使用的一对引物在模板的外侧，称为外引物（outer primer），第一轮 PCR 是 15～20 个循环的标准扩增。将第一轮 PCR 产物稀释 100～1000 倍作为模板进行第二轮 PCR 扩增，第二轮 PCR 扩增所用的引物在同一模板的外引物内侧，称为内引物（inter primer）。巢式 PCR 降低了扩增多个靶位点的可能性，因为同两套引物都互补的靶序列很少，提高了 PCR 的特异性和灵敏度。

（五）原位 PCR（*in situ* PCR）

原位 PCR 是指直接用细胞涂片或石蜡包埋组织切片，在单个细胞中进行 PCR 扩增，然后用特异探针进行原位杂交检测含目的序列的细胞的一种方法。原位 PCR 可应用于内源基因检测、病原体检测、基因突变研究和染色体移位研究等。

（六）多重 PCR（multiplex PCR）

这是在同一反应体系中用多对引物同时扩增几种基因片段的方法，主要用于同一病原体分型及同时检测多种病原体，此外也常用于多点突变遗传病的诊断。该方法具有高效性、系统性和经济简便性等特性。

（七）不对称 PCR（asymmetric PCR）

两条引物比例相差较大的 PCR 称为不对称 PCR。不对称 PCR 的目的是扩增产生特异长度的单链 DNA。

（八）免疫 PCR（immuno PCR）

免疫 PCR 通过一种能对 DNA 和抗体分子具有双重结合功能的联结分子（如链霉亲和素），将 DNA 和抗体分子结合起来，用来检测抗体。当抗体与抗原结合后，标记的 DNA 分子通过 PCR 扩增，如存在 PCR 产物则表明待检抗原的存在。它的灵敏度极高，大大超过任何一种其他免疫学方法。

（九）长距离 PCR（long distance PCR）

利用两种耐高温 DNA 聚合酶的混合物进行长距离 PCR 扩增，第一种耐高温 DNA 聚合酶缺乏 3′→5′外切酶活性，第二种 DNA 聚合酶含量较少，具有 3′→5′外切酶活性。这样，PCR 扩增过程中，当第一种酶（如 *Taq* DNA 聚合酶）错误地掺入一个 dNTP 时，随后的 DNA 新链合成延伸过程将变慢甚至中止。这时，第二种酶（如 *Pfu* DNA 聚合酶）则可切除错误的碱基，使 *Taq* DNA 聚合酶能继续将新链合成下去。

（十）实时定量 PCR（real-time quantitative PCR）

1. 实时定量 PCR 的原理　常规 PCR 很难通过基因扩增产物来定量该基因在模板中的表达，实时定量 PCR 则可解决这一问题。所谓实时定量 PCR，是指在 PCR 反应体系中加入荧光基团，利用荧光信号积累实时监测整个 PCR 进程，最后通过标准曲线对模板中特定基因进行定量分析的方法。

一般而言，荧光扩增曲线可以分成三个阶段：荧光背景信号阶段、荧光信号指数扩增阶段和平台期。在荧光背景信号阶段，扩增的荧光信号被荧光背景信号所掩盖，无法判断产物量的变化；在平台期，扩增产物已不再呈指数级增加，PCR 产物量与起始模板量之间没有线性关系，无法根据最终 PCR 产物量算出起始 DNA 拷贝数。只有在荧光信号指数扩增阶段，PCR 产物量的对数值与起始模板量之间存在线性关系，可以选择在这个阶段进行定量分析。

实时定量 PCR 计算步骤：①临界点（threshold）选择。临界点是在荧光扩增曲线上人为设定的一个值，它可以设定在荧光信号指数扩增阶段任意位置上，但一般将临界点默认设置为 3～15 个循环的荧光信号的标准偏差的 10 倍。②临界点循环数（threshold cycle，Tc 或 Ct）。PCR 反应管内的荧光信号到达设定的域值时所经历的循环数称为临界点循环数（图 4-11），模板的 Ct 值与模板的起始拷贝数存在线性关系，起始拷贝数越多，Ct 值越小。③标准曲线绘制。利用已知起始拷贝数的标准品可绘制标准曲线，其中横坐标代表起始拷贝数，纵坐标代表 Ct 值（图 4-11）。因此，只要获得未知样品的 Ct 值，即可从标准曲线上推算出该样品的起始拷贝数。

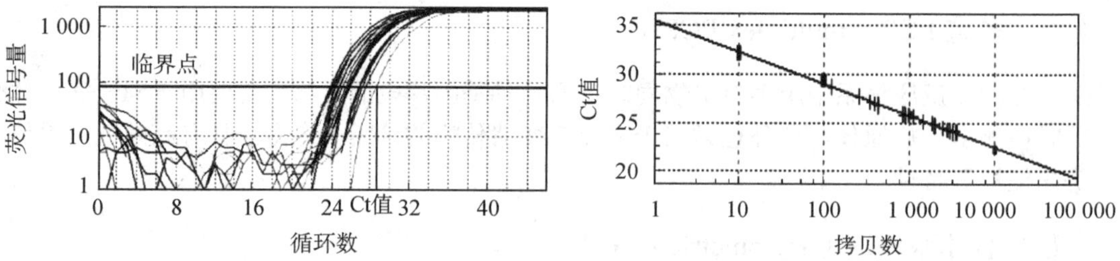

图 4-11 荧光定量 PCR 的临界点、临界点循环数及标准曲线

2. 荧光探针和荧光染料　探针类和非探针类实时定量 PCR 的化学原理有所不同。探针类是利用与靶序列特异杂交的探针来指示扩增产物的增加；非探针类则是利用荧光染料或者特殊设计的引物来指示扩增产物的增加。前者由于增加了探针的识别步骤，特异性更高，但后者则简便易行。

（1）TaqMan 荧光探针　PCR 扩增时在加入一对引物的同时，额外再加入一个特异性寡核苷酸荧光探针，其两端分别标记了一个报告荧光基团和一个猝灭荧光基团。探针完整时，报告荧光基团发射的荧光信号被猝灭荧光基团吸收；PCR 扩增时，*Taq* DNA 酶的 5′→3′外切酶活性将探针酶切降解，使报告荧光基团和猝灭荧光基团分离，荧光监测系统可接收到荧光信号，即每扩增一条 DNA 链，就有一个荧光分子形成，实现了荧光信号的累积与 PCR 产物形成完全同步（图 4-12）。该方法被广泛应用于微生物检测、食品检测、环境监测及医学临床应用（传染病检测、病原体检测和基因诊断等）。

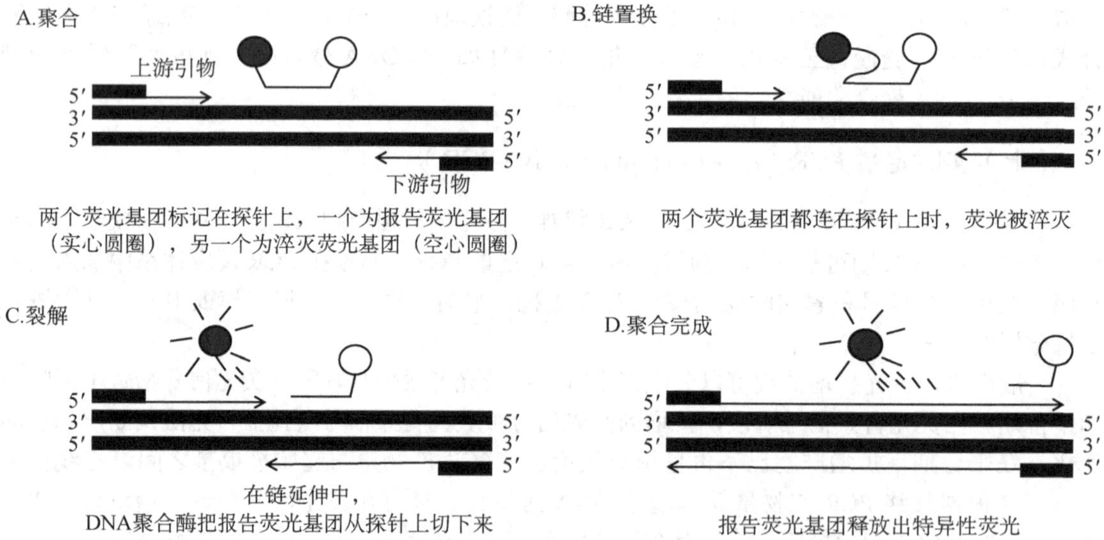

图 4-12 TaqMan 荧光探针的标记原理

（2）SYBR 荧光染料　在 PCR 反应体系中，加入过量 SYBR 荧光染料，SYBR 荧光染料特异性地掺入 DNA 双链后，发射荧光信号，而不掺入链中的 SYBR 荧光染料不会发射任何荧光信号，从而保证荧光信号的增加与 PCR 产物的增加完全同步。

实时荧光定量 PCR 技术是 DNA 定量技术的一次飞跃，运用该技术进行基因表达、基因型鉴定、DNA 或 RNA 的绝对定量等领域的分析。

第五节　DNA 序列分析

DNA 序列分析是研究、改造基因和进行基因工程研究的基础，它是在核酸的酶学和生物化学基础上创立并发展起来的一门重要的 DNA 分析技术。目前测序技术主要有化学降解法和双脱氧链终止法，它们在原理上差异很大，但都是根据核苷酸从某一固定的点开始，随机在某一个特定的碱基处终止，产生 A、T、C、G 4 组不同长度的一系列核苷酸，然后在变性的聚丙烯酰胺凝胶上电泳检测，从而获得 DNA 序列。

一、化学降解法

1977 年，美国哈佛大学的 Maxam 和 Gilbert 发明了以化学切割为基础的 DNA 测序法，称为化学降解法。

首先放射性标记待测序 DNA 片段的一端，并将其分成 4 份，分别用不同的化学试剂进行 4 种裂解反应，每种反应只断裂某一种或某一类碱基，结果可产生 4 种起始于放射性标记末端的不同长度的标记分子，经变性 PAGE 分离各组不同大小的 DNA 片段，并进行放射自显影，可根据 X 线片上所显现的相应谱带，读出 DNA 的核苷酸序列。

专门用来对核苷酸做化学修饰，并打开核苷酸碱基环的化学试剂有硫酸二甲酯（dimethyl sulfate）和肼（hydrazine）。硫酸二甲酯处理 DNA 链时，G 的 7 位和 A 的 3 位氮原子被甲基化，甲基化后的嘌呤环可被哌啶取代，从而导致链断裂。由于 G 比 A 更易甲基化（5 倍），且 mG 比 mA 更不稳定，因此更易发生链断裂。控制好反应温度与时间，只使 G 反应而 A 不反应，从而可测出 G 序列；肼处理 DNA 时，可使嘧啶开环并被哌啶取代，导致磷酸二酯键断裂，若反应在高盐浓度下进行，T 与肼的反应受抑制，因而可测得 C 的序列，比较加盐与不加盐反应的结果，就可测定 T 的序列（图 4-13）。在高温强碱条件下（90℃，1.2mol/L NaOH）腺嘌呤（A）位点发生剧烈的断裂反应，但胞嘧啶（C）位点的反应较微弱。热哌啶溶液（90℃，1mol/L）可在修饰位点两端使 DNA 的糖-磷酸链断裂。

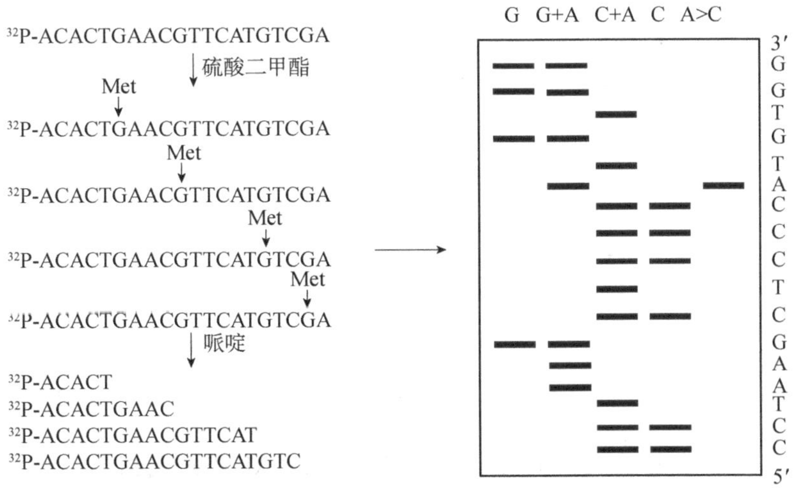

图 4-13　DNA 化学试剂修饰反应断裂及电泳区带放射自显影

二、双脱氧链终止法

1977 年，桑格（F. Sanger）发明了利用 DNA 聚合酶和双脱氧链终止物测定 DNA 核苷酸序列的方法，因此获得了 1980 年的诺贝尔化学奖。

双脱氧链终止法的基本原理是：DNA 聚合酶能利用单链 DNA 为模板，离体合成其互补链，当反应液中存在 2′, 3′-双脱氧核苷三磷酸（ddNTP）时，它可以像 2′-脱氧核苷三磷酸（dNTP）那样直接掺入新合成的 DNA 链中，但因 ddNTP 3′端不具—OH 基团，所以寡核苷酸链不再继续延长，即 DNA 链合成中止。在 4 个反应管中同时加入同一种 DNA 合成的被标记的引物和待测序的 DNA 模板、DNA 聚合酶Ⅰ、4 种脱氧核苷三磷酸（dATP、dGTP、dTTP 和 dCTP），并且在这 4 个管中分别加入 4 种不同的 2′, 3′-双脱氧核苷三磷酸（ddTTP、ddATP、ddGTP、ddCTP）。反应将产生不同长度的 DNA 片段混合物，它们的 3′端都带有 ddNTP。将这些混合物进行变性凝胶电泳分离，就可以获得一系列不同长度的 DNA 谱带。再通过放射自显影，检测单链 DNA 片段的放射性带。最后可以在 X 线片上，直接读出 DNA 序列（图 4-14）。

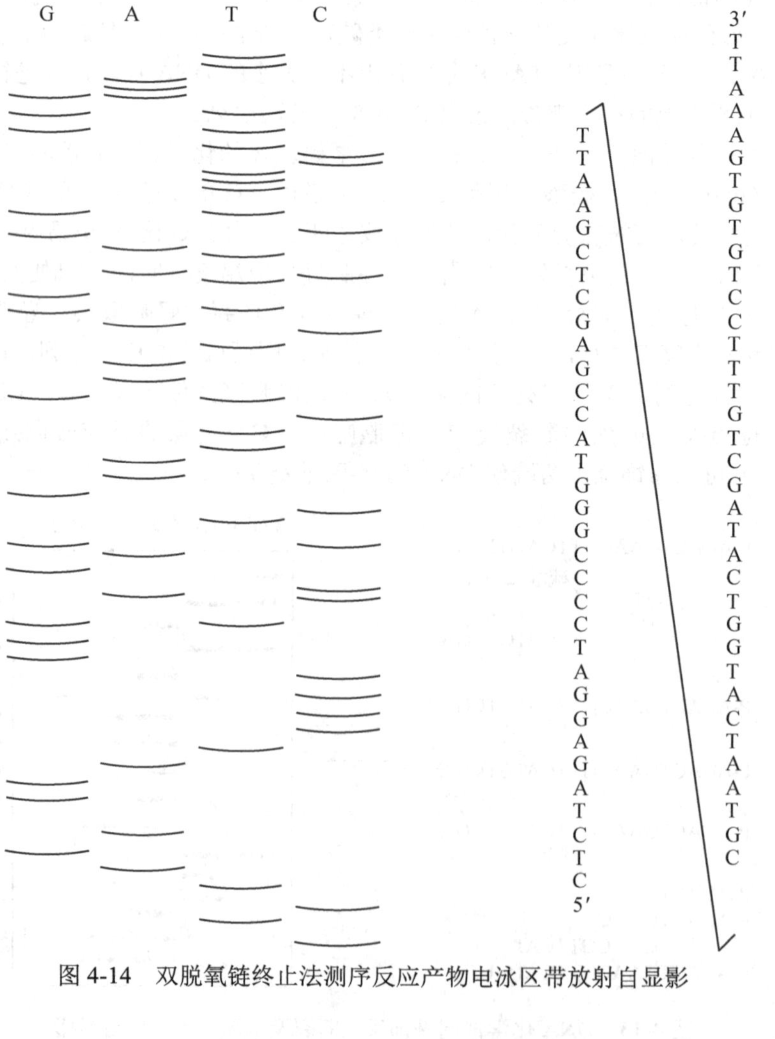

图 4-14　双脱氧链终止法测序反应产物电泳区带放射自显影

三、DNA 自动测序

DNA 自动测序是基于双脱氧链终止法测序原理，也是通过 4 个酶学反应利用 ddNTP 产生一系列一端固定，另一端终止于不同 A、T、G、C 碱基位点的 DNA 片段。能够进行自动测序的关键是采用荧光素标记代替了放射性同位素标记显示高压电泳分离结果。根据所用的荧光素种类不同，可将目前所用的自动测序方法大致分为两类：第一类使用 4 种荧光素分别标记 4 种双脱氧核苷三磷酸终止的 DNA 片段，这可形象地比喻为赋予这 4 组 DNA 片段以不同的颜色。在电泳时将 4 组反应混合物加入同一样品孔中进行电泳。第二类使用单荧光素标记所有的 DNA 片段，电泳时将 4 种反应产物加在 4 个样品孔中进行电泳分离。这两种方法都在电泳过程中完成 DNA 序列的识读，即当带有某种荧光素标记的单链 DNA 片段电泳到激光探头的检测范围时，激光所激发的荧光信号被探测器接收，经计算机分析数据，于记录纸上以红、黑、蓝和绿 4 种颜色打印出带有不同荧光标记终止物的 ddNTP 所标示的 DNA 片段峰谱，继而自动排出 DNA 序列（图 4-15）。

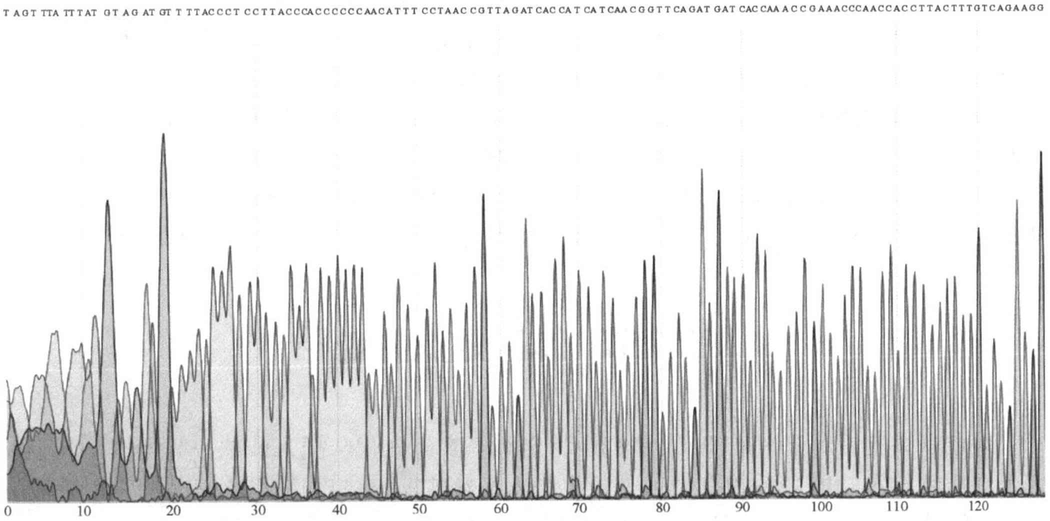

图 4-15　荧光标记的 DNA 自动测序结果

彩图

四、DNA 的测序策略

1. *定向测序策略*　定向测序策略是从大片段 DNA 分子的一端开始按顺序进行测定。传统的方法是用高分辨率限制性内切核酸酶图谱确定小片段的排列顺序，然后将小片段亚克隆进合适的克隆载体，用克隆载体的多克隆位点侧翼的通用引物进行测序，再拼接形成完整序列。

2. *随机测序策略*　随机测序策略又称为鸟枪策略（shotgun strategy），将基因组 DNA 用机械方法随机切割成 2kb 左右的小片段，并分别克隆到适当载体，建立亚克隆文库，从中随机挑取克隆片段测序，最后对克隆片段进行重叠组装确定大片段 DNA 分子序列。

3. *多路测序策略*　多路测序策略是鸟枪策略的发展，通过多个随机克隆同时进行电泳及阅读，快速分析 DNA 序列的一种技术。该方法的复合随机克隆文库来源于相同的基因组 DNA。

4. *引物步移（primer walking）策略*　在待测 DNA 片段中，如果知道部分核苷酸序列，可以根据该已知序列设计引物来测定其相邻部位的序列，并依此类推，这种测序策略称为引物步移。

五、核苷酸序列的生物信息学分析

在获得了基因序列的基础上往往需要进一步开展结构分析、功能预测或注释及表达分析，生物信息学（bioinformatics）手段为此提供了强大的技术支撑。美国国家生物技术信息中心（NCBI）建立的DNA序列数据库GenBank、欧洲分子生物学实验室（EMBL）的EBI数据库和日本DNA数据库（DNA Data Bank of Japan，DDBJ）提供了海量的生物信息数据，利用这些数据库资料和互联网上众多的分析软件，可对特定的DNA序列进行结构和功能的初步分析。

1. *基因拼接及结构分析*　可利用BioEdit等软件进行序列编辑，利用DNAMAN、DNASTAR、Vector NTI等软件进行序列拼接及限制性内切核酸酶酶切位点及开放阅读框分析。也可以通过联网至GenBank（http://www.ncbi.nlm.nih.gov/orf finder）查找开放阅读框。还可以利用ClustalW、MACAW 2.05等软件进行多序列同源性分析及分子进化分析。

2. *核酸序列的同源性检索*　可利用公共数据库进行同源性检索，检索与其同源的核酸序列。典型分析是采取NCBI的Blast软件按照提示对GenBank中的非冗余数据库（non-redundant database）进行查询。该数据库是对GenBank、EBI和DDBJ中去除所有相同核酸序列进行整合后所得到的最为全面的已知基因数据库，其中包括部分基因组序列。

3. *基因功能注释及表达分析*　将开放阅读框编码蛋白质序列输入NCBI/Blast软件的序列输入框内，选择程序Blastp就可联网查找出其可能含有的保守功能域和同源序列，对基因的功能进行注释。此外，还可利用网络资源开展基因的电子定位、电子表达、信号肽分析等。

第六节　基因定点突变

基因定点突变是对基因或DNA序列中特定碱基实施取代、插入或缺失等操作，其不仅是研究蛋白质结构和功能关系的有力工具，也是人们在实验室中改造/优化基因的常用手段。目前已发展的基因定点突变方法通常有盒式诱变、寡核苷酸引物诱变及PCR诱变等。

一、盒式诱变

盒式诱变（cassette mutagenesis）是利用一段人工合成的具有突变序列的寡核苷酸片段，即所谓的寡核苷酸盒（oligonucleotide cassette），取代野生型基因中的相应序列，又称为DNA片段取代法（DNA fragment replacement）。这种诱变的寡核苷酸盒由两条合成的寡核苷酸单链组成，当它们退火时，可按设计要求产生克隆需要的黏性末端。盒式诱变具有简单易行、突变效率高等优点。不便之处是在靶DNA区段的两侧需存在一对限制性内切核酸酶单切点。一旦具备了这样的条件，就可用寡核苷酸盒置换靶DNA区段，获得数量众多的突变体，恰如把各种不同的盒式磁带插入收音机一样，故称此类诱变为盒式诱变。

二、寡核苷酸引物诱变

寡核苷酸引物诱变的原理是：用化学合成的含有突变碱基的寡核苷酸短片段作引物，启动单链 DNA 分子进行复制，随后这段寡核苷酸引物便成为新合成的子链的一个组成部分。因此所产生出来的新链便具有已发生突变的碱基序列。为了使目的基因的特定位点发生突变，所设计的寡核苷酸引物除了所需的突变碱基之外，其余的序列则必须与目的基因编码链的相应区段完全互补。

作为诱变剂的寡核苷酸序列，同待诱变的目的基因互补序列之间，能够形成一种稳定的唯一双链结构。诱变寡核苷酸设计要满足以下要求。

1）与靶 DNA 的适当链互补，并注意与模板的其他区域不能错误杂交。

2）有足够长度的碱基与靶序列特异性结合，1～2 个碱基改变的引物要求至少 25 个碱基长度。

3）错配碱基位于中央位置，使每侧有 10～15 个碱基与模板链完全匹配。有效引入 3 个核苷酸突变时，要求引物在诱变点的每侧有 30 个核苷酸与模板互补。

4）含有与模板完全杂交的 5′端区，这样从上游引物起始的 DNA 合成不至于取代诱变寡核苷酸引物。

5）诱变寡核苷酸引物的 3′端有 10～15 个碱基与模板完全匹配，形成足够稳定的杂交分子，以有效地从诱变寡核苷酸引物 3′端引发 DNA 的合成。

6）无回文、重复或自身互补序列。

7）必要时可在诱变寡核苷酸上加上新的酶切位点，或消除靠近诱变点已有酶切位点，便于诱变后通过限制性内切核酸酶酶切消化筛选候选突变子。

诱变寡核苷酸分子，既可以用酶促合成方法产生，也可以用化学法合成。但用酶促合成方法产生的寡核苷酸，其终产率比较低。因此，化学法合成寡核苷酸的方法使用较多，应用 DNA 自动合成仪，能够合成需要的各种类型的寡核苷酸片段。因此，在大多数情况下，都是采用化学法合成寡核苷酸片段来实施定点诱变。对于一般的实验室，向公司购买寡核苷酸不失为较好的选择。

三、PCR 诱变

PCR 是实施定点突变的有效工具，其原理也是利用人工合成带突变位点的引物，通过 PCR 扩增而获得定点突变的基因或 DNA 片段，具有制作简便、突变体回收率高等优点，PCR 介导的定点突变方法主要有以下几种。

（一）重组 PCR 定点突变

重组 PCR（recombination，PCR）定点突变又叫作重叠延伸（overlap extension）PCR 诱变，该方法利用 4 种引物，经过 3 轮 PCR 反应完成，可在 DNA 区段的任何部位产生定点突变。在它的 PCR#1 和 PCR#2 中，应用 2 个互补并在相同部位具有相同碱基突变的内侧引物，扩增形成 2 条有一端可彼此重叠的双链 DNA 片段，两者在其重叠区段具有同样的突变（图 4-16）。由于具有重叠的

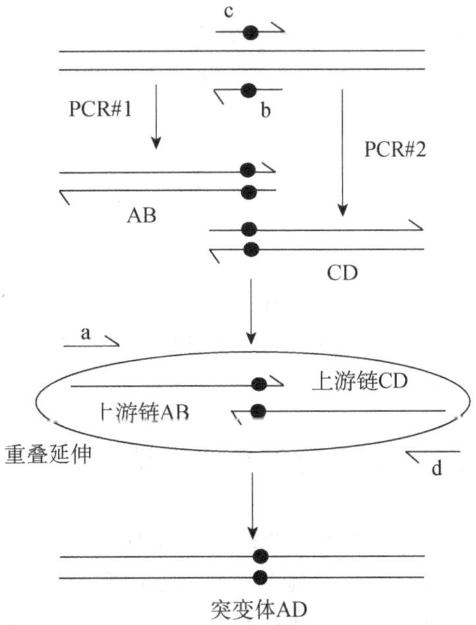

图 4-16　重组 PCR 定点突变

序列，所以在除去了未掺入的多余引物之后，这两条双链 DNA 片段经变性和退火处理，便可能形成两种不同形式的异源双链分子。其中一种具 5′凹端的双链分子，不能作为 *Taq* DNA 聚合酶的底物，会有效地从反应混合物中消除；另一种具 3′凹端的双链分子，可通过 *Taq* DNA 聚合酶的延伸作用，产生出具两重叠序列的双链 DNA 分子。这种 DNA 分子用两个外侧寡核苷酸引物进行第三轮 PCR 扩增，便可产生出一种突变位点远离片段末端的突变体 DNA。

（二）大引物 PCR 诱变

大引物 PCR 诱变（megaprimer method of PCR mutagenesis）需要一个内部致突变引物和一对侧翼引物，经过 2 次 PCR 反应。侧翼引物分别与待突变基因的两侧匹配，内部致突变引物与靶位点匹配，其方向一般与较靠近的一个侧翼引物相对。用内部致突变引物和与其相对的侧翼引物进行第一轮 PCR，由于引物的 T_m 值低，退火温度也相应低。第一轮 PCR 的产物作为第二轮 PCR 扩增的大引物，与另一个侧翼引物（高 T_m）配对进行第二轮 PCR 扩增，PCR 反应使用高退火温度（一般为 72℃）（图 4-17）。相对于重组 PCR 定点突变，大引物 PCR 诱变只需 3 种扩增引物进行 2 轮 PCR 反应，即可获得突变体 DNA，步骤有所简化。

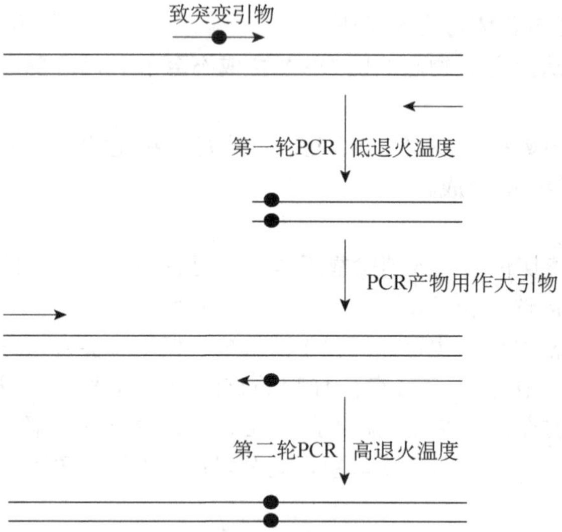

图 4-17　大引物 PCR 诱变

PCR 诱变的优点是，获得目的突变体的效率可达 100%。但它也有不足之处：①PCR 扩增产物通常需要连接到载体分子上，然后才能对突变的基因进行转录、翻译等方面的研究；②*Taq* DNA 聚合酶拷贝 DNA 的保真性偏低。因此，PCR 方法产生的 DNA 片段必须经过核苷酸序列测定，以确保没有发生延伸突变。

第七节　蛋白质与蛋白质互作分析

在基因工程中，目的基因的功能研究还涉及蛋白质与蛋白质互作分析。蛋白质与蛋白质互作分析方法主要有酵母双杂交系统、双分子荧光互补技术、荧光共振能量转移和微量热泳动等。

一、酵母双杂交系统

酵母双杂交系统（图 4-18）是一种以酵母的遗传学分析为基础，研究蛋白质与蛋白质互作的实验体系，其工作原理是：酵母转录因子（主要是 GAL4）的 DNA 结合域（BD）和转录激活域（AD）在物理上和功能上均分别处于相对独立的结构域中，因此，在酵母中表达的两个相互作用的蛋白质分别与转录因子的DNA结合域和转录激活域相融合，形成两个杂交体，即BD-X和AD-Y。单独的BD-X或AD-Y都不能启动下游报告基因的转录，但BD-X与AD-Y相互作用可以重新形成有功能的转录因子，从而激活含有BD结合位点的启动子下游报告基因的表达。如果在表达性基因文库中存在*AD*-Y，则用*BD*-X可直接从该文库中筛选出与之相互作用的*AD*-Y基因序列。

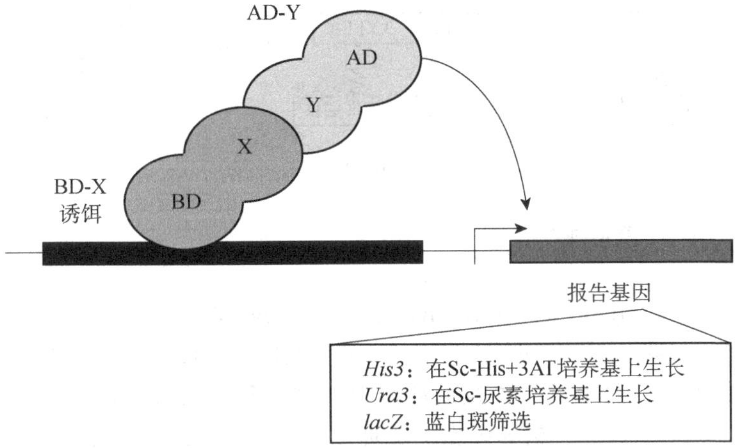

图4-18　酵母双杂交系统

二、双分子荧光互补技术

双分子荧光互补技术（bimolecular fluorescence complementation，BiFC）是一种可在活细胞内快速、直观地判断两个目的蛋白互作情况及其互作空间位置的新技术，该技术是Hu等在2002年最先报道的。

BiFC的基本原理：将荧光蛋白分子［如黄色荧光蛋白（YFP）和绿色荧光蛋白（GFP）等］在合适的位点进行切割，形成两个独立的无法激发荧光的互补片段（称为N端和C端），将这两个独立片段分别与两个待检测蛋白融合表达，荧光分子的两个独立片段（N端和C端）借助融合于其上的待检测蛋白的互作，在空间上彼此靠近，重新组装成完整的具有活性的荧光蛋白分子，该荧光蛋白分子在特定的激发光下可以发射荧光，因此可以借助显微镜直接观察两个目的蛋白是否发生互作、互作位置及它们的互作强度。如果待检测的两个目的蛋白不能互作，则荧光蛋白分子的N端和C端无法彼此靠近和完成组装，在特定的激发光下则无法检测到荧光信号（图4-19）。

简而言之，如果两个目的蛋白之间存在互作关系，则在特定的激发光作用下，荧光蛋白可以激发产生荧光。反之，如果两个目的蛋白之间没有存在相互作用，则不能被激发产生荧光。

这项技术主要有以下几个优点：①只需要荧光显微镜，不需要特殊的设备，而且操作简单；②可以在活细胞或者接近生理条件的环境下观察蛋白质之间的互作关系；③其后发展出的多色荧光互补技术（multicolor BiFC）不仅可以检测两个蛋白质之间的互作，还可以同时检测三个或者多个蛋白质复合体的形成；④运用范围广泛，目前该技术已经在多种生物中得到应用。因此，BiFC已被国际上很多实验室用于验证蛋白质与蛋白质之间在活细胞中的相互作用，并成为研究蛋白质互作的重要技术策略之一。

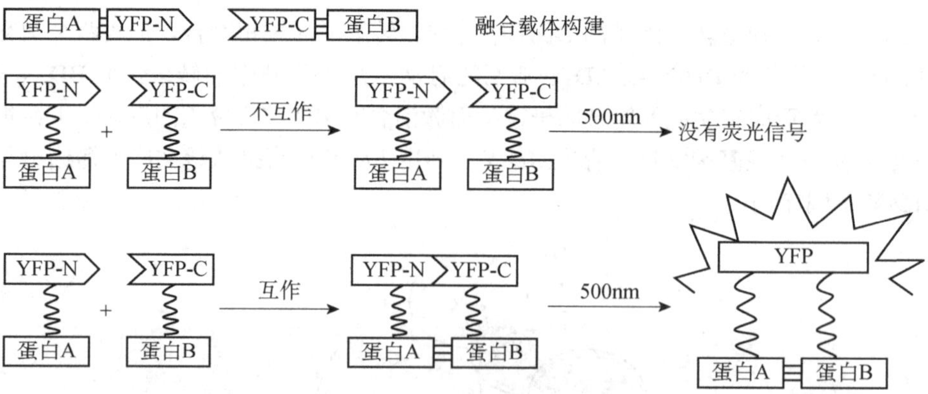

图 4-19 BiFC 原理示意图

三、荧光共振能量转移

荧光共振能量转移（fluorescence resonance energy transfer，FRET）是 20 世纪初发展起来的一项研究近距离的两个荧光分子间产生能量转移现象的技术。随着 GFP 应用技术的不断发展，FRET 已经成为生命科学领域中检测活体中生物大分子纳米级距离和距离变化的有力工具，该技术在生物大分子互作分析和细胞生理研究等方面得到了广泛的应用。

FRET 的工作原理：当供体（donor）荧光蛋白分子的发射光谱与受体（receptor）荧光蛋白分子的吸收光谱存在重叠，并且两个分子的距离在 10nm 以内时就会发生能量转移，即 FRET 现象。FRET 现象会导致供体荧光分子的荧光强度比它单独存在时要低得多（荧光猝灭），而受体荧光蛋白激发的荧光却大大增强（荧光强化）。而在生物体内，如果两个蛋白质分子的距离在 10nm 之内，一般认为这两个蛋白质分子存在直接相互作用。

由于青色荧光蛋白（CFP）的发射光谱和黄色荧光蛋白（YFP）的吸收光谱相重叠，因此经常分别作为供体和受体分子应用于 FRET 技术中以检测蛋白质-蛋白质互作情况（图 4-20）。将供体分子 CFP 和受体分子 YFP 分别与两种待验证目的蛋白融合表达。当两个融合蛋白之间的距离在 5～10nm 时（即两个蛋白质存在互作关系），供体 CFP 发出的青色荧光可被 YFP 吸收，并激发 YFP 发出黄色荧光，此时通过测量 CFP 荧光强度的损失量来确定这两个蛋白质之间是否存在相互作用（图 4-20）。两个待检测目的蛋白距离越近，CFP 所发出的荧光被 YFP 接收的量就越多，检测器所接收到的 CFP 荧光就越弱。

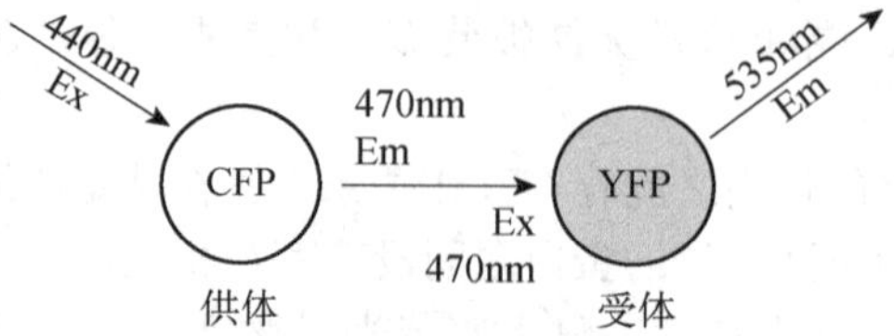

图 4-20 FRET 原理示意图

Ex. 激发波长；Em. 发射波长

四、微量热泳动

微量热泳动（microscale thermophoresis，MST）技术是通过微量热泳动仪测量微观温度梯度场中的分子移动来分析生物分子间的相互作用，可用于分析 DNA 与蛋白质、蛋白质与蛋白质及蛋白质与小分子之间的互作。Nanotemper 微量热泳动仪是慕尼黑的 NanoTemper 技术有限公司发明的设备，它基于生物分子的热泳动，使用红外线加热毛细管中的溶液，导致分子定向移动，同时通过热镜（hot mirror）来检测荧光，分析温度梯度场中的分子分布比（图 4-21）。MST 技术能够检测到由于结合而引起的生物分子的大小、电荷和水化层的变化。相互作用的过程可以在天然条件下，不需要固定，可在任何生物溶液中完成测量，能够测量出分子大小、电荷及水化层变化引起的移动速度的改变，具有极高的灵敏度。

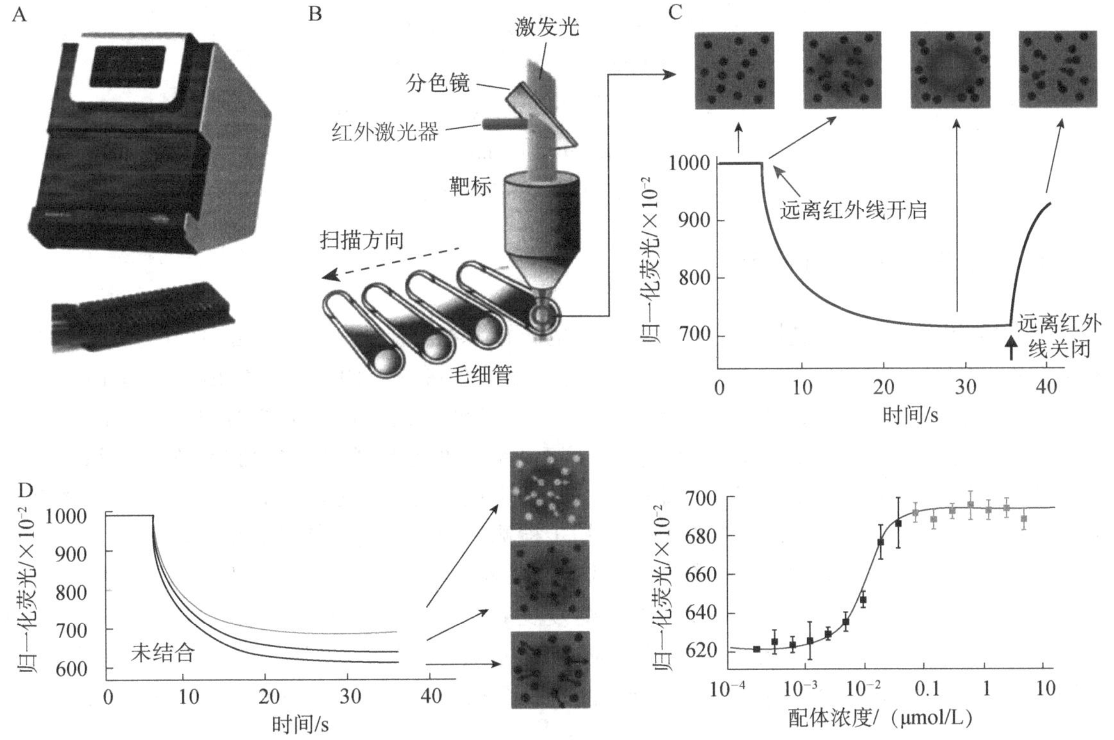

图 4-21　MST 分析示意图

A. 微热量泳动仪 NT.115；B. 激光工作模块；C. 毛细管内的荧光变化；D. MST 结果的计算与呈现

彩图

MST 的基本工作原理：使用红外线激发毛细管，使毛细管红外线激发中心和外围产生精确的微观区域的温度梯度差异，将所需要测量的溶液填充到毛细管之中，通过监测分子的荧光信号分布，分析生物分子在温度梯度场中的分布情况，即分子的热泳动效应，从而直观、准确、灵敏地测量生物分子间的相互作用及分子结构的变化。这个荧光信号可以是融合表达的荧光蛋白（如 GFP），也可以是标记到蛋白质上的荧光染料等。任何方式的分子结构变化（一级或者二级等）所导致的水化层的改变都会影响分子的热泳动效应。

例如，用 MST 分析 A（CabZIP63）和 B（CaASR1）两个分子之间的互作，可将原核或真核表达的 A 中的赖氨酸残基进行荧光（GFP）标记，将 B 按梯度稀释成不同的浓度（如 1.0×10^{-10}～1.0×10^{-3}mmol/L），并与 20mmol/L 荧光标记的 A 在相互作用的缓冲液（100mmol/L NaCl，1mmol/L EDTA，20mmol/L 磷酸二氢钠，pH 8.0）中温育 10min，之后将反应液转入 Monolith NT.115 毛细管中，在 50%的红外激光功率和 LED 激发源下测定 B（CaASR1）移动速度的改变，并计算 A 与 B 结合的解离常数（dissociation constant，Kd）（图 4-22）。

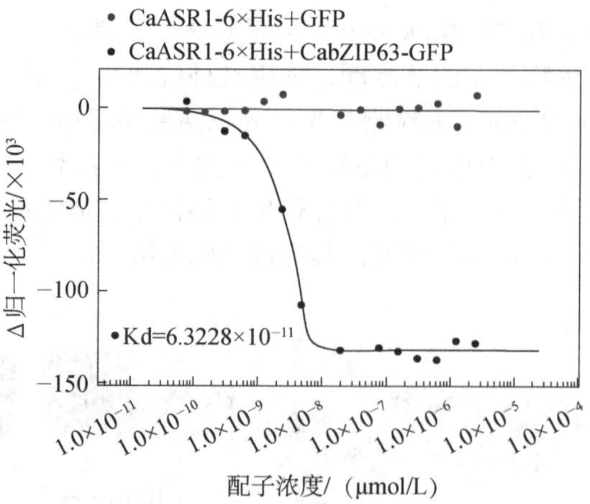

图 4-22 CabZIP63 和 CaASR1 互作的 MST 验证

五、蛋白质免疫沉淀与共沉淀

蛋白质免疫沉淀技术是指针对特异靶抗原的抗体可在细胞裂解液等样品中与靶抗原形成免疫复合物的特征，将免疫复合物通过固相化的抗体结合蛋白（如常用的蛋白 A 或蛋白 G）印迹到固相支持物（尼龙膜或者硝酸纤维素膜）上，其他不被抗体沉淀的蛋白质通过洗脱洗涤掉；接着结合的免疫复合物从支持物上洗脱下来，最终通过 SDS-PAGE 结合 Western blot 检测抗原是否存在及其丰度。简而言之，免疫沉淀是利用抗体可与抗原特异性结合的特性，将抗原从混合体系中（如植物总蛋白）沉淀下来，初步检测抗原（常为靶蛋白）的一种方法。而当细胞在非变性条件下被裂解时，完整细胞内存在的许多蛋白质-蛋白质间的相互作用被保留了下来。当用一种蛋白质（蛋白 A）的抗体进行免疫沉淀，与该蛋白质在体内结合的另一个蛋白质（蛋白 B）也能沉淀下来，该过程称为蛋白质免疫共沉淀。免疫共沉淀技术是利用抗原和抗体间的免疫反应，在体内检测两个蛋白质分子间是否存在天然特异性相互作用的一种方法。

第八节 DNA 与蛋白质互作分析

在基因工程中，外源基因的功能分析除了涉及蛋白质与蛋白质外，往往还涉及蛋白质与 DNA 的互作分析。蛋白质与 DNA 的互作分析方法主要有酵母单杂交系统、凝胶阻滞试验、DNase Ⅰ 足迹试验、染色质免疫沉淀技术等。

一、酵母单杂交系统

酵母单杂交系统（yeast one-hybrid system）是一种检测识别稳定结合于 DNA 上的蛋白质的有效工具，不仅可在酵母细胞内研究 DNA 与蛋白质的互作，还可通过筛选 cDNA 文库直接得到 DNA 靶序列互作蛋白质的 cDNA 序列。

酵母单杂交系统是从酵母双杂交系统发展而来的。酵母单杂交系统用特异的 DNA 序列取代 DNA *GAL4* 结合位点，该序列是基因启动子上特定的顺式作用元件（*cis*-acting element），是转录因子等反式作用因子（*trans*-acting factor）的结合位点，转录因子通过与顺式作用元件结合，可激活基因的表达，从而启动下游的系列反应。靶 DNA 序列特异的结合蛋白（BDPX）与 GAL4 的转录激活域可融合形成融合体，BDPX 可与其在 DNA 上的特异结合位点互作，激活报告基因的表达（图 4-23）。理论上，酵母单杂交系统可利用 DNA 靶序列，捕获与该靶序列特异的蛋白质。

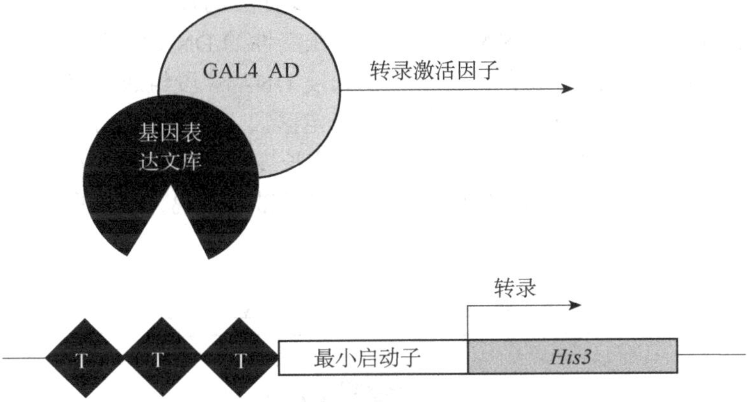

图 4-23　酵母单杂交系统

酵母单杂交系统的主要优点是操作简便，不仅可识别与 DNA 特异结合的蛋白质，还可直接从基因文库中找到该蛋白质的编码基因，不需要分离纯化蛋白。而且，酵母单杂交系统检测到的 DNA 结合蛋白处于自然构象，克服了体外研究时蛋白质通常处于非自然构象的缺点，具有很高的灵敏性。但是，酵母单杂交系统也具有缺点，有时由于插入的靶元件与酵母内源转录激活因子可能发生相互作用，或插入的靶元件不需要转录激活因子就可以激活报告基因的转录，往往产生假阳性现象。如果酵母表达的 AD 融合蛋白对细胞有毒性，或融合蛋白在宿主细胞内不能稳定表达，或融合蛋白发生错误折叠，或不能定位于酵母细胞核内，以及融合的 GAL4 AD 封闭了蛋白质上与 DNA 相互作用的位点，都有可能干扰 AD 融合蛋白与靶元件结合的能力，从而产生假阴性结果。

二、凝胶阻滞试验

凝胶阻滞试验（gel retardation assay）又叫作 DNA 迁移率变动试验（DNA mobility shift assay）。在凝胶电泳中，由于电场的作用，裸露的 DNA 朝正电极移动的距离与其分子量的对数成反比。如果 DNA 分子结合上一种蛋白质，由于分子量加大，在凝胶中的迁移作用便会受到阻滞，朝正电极移动速度变慢，移动的距离相应缩短。所以当特定的 DNA 片段同细胞提取物混合之后，若它在凝胶电泳中的移动距离变短了，说明它已同提取物中的某种特殊蛋白质分子发生了结合。

在凝胶阻滞试验中，首先用放射性同位素标记待检测的 DNA 片段，然后将标记的 DNA 片段与细胞蛋白质提取物一起温育，再将温育混合物进行聚丙烯酰胺凝胶非变性电泳，电泳结束后放射自显影可显现放射性标记 DNA 条带的位置。根据处理和对照之间的放射性标记 DNA 条带的位置分析，可以判断是否存在 DNA 与蛋白质互作。

三、DNase Ⅰ 足迹试验

DNase Ⅰ 足迹试验大致步骤是：首先对待测的 DNA 双链分子用 ^{32}P 作末端标记，并用限制性内切酶去掉其中一个末端，得到单末端标记的双链 DNA 分子。再将标记分子在体外与细胞蛋白质提取物混合温育，反应结束后加入少量 DNase Ⅰ 对 DNA 分子进行随机单链切割，控制酶的用量使之达到平均每条 DNA 链只发生一次磷酸二酯键断裂。如果蛋白质提取物中不存在与 DNA 结合的特异蛋白质，经 DNase Ⅰ 消化之后便会产生距放射性标记末端 1 个核苷酸、2 个核苷酸、3 个核苷酸等一系列长度均仅相差一个核苷酸的连续不间断的 DNA 片段梯度群体。除去混合物中的蛋白质，将 DNA 片段群加样在变性的 DNA 测序胶上进行电泳和放射自显影，便可显现相应于 DNase Ⅰ 切割产生的不同长度 DNA 片段组成的序列梯度条带。但是，如果有一种蛋白质已经结合到 DNA 分子的某一特定区段上，那么它就可保护这一区段 DNA 免受 DNase Ⅰ 的消化作用，因而也就不可能产生相应长度的切割条带。在电泳凝胶的放射自显影图片上，相应于蛋白质结合的部位便没有放射标记条带，出现一个空白的区域，形象地称之为“足迹”（图 4-24）。

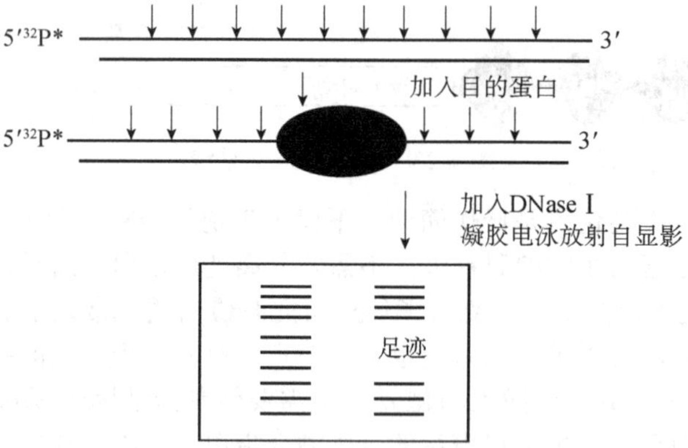

图 4-24　DNase Ⅰ 足迹

此外还有体内足迹试验，是用有限数量的硫酸二甲酯（dimethyl sulfate，DMS）处理完整的游离细胞并使其渗透到细胞内的浓度恰好导致天然染色质 DNA 中的 G 残基发生甲基化，再从这些细胞中提取 DNA，并加入六氢吡啶进行体外消化，同体外足迹试验一样，能与特定蛋白质结合的 DNA 区段上的 G 残基就不会被 DMS 甲基化，因而也就不会被六氢吡啶所切割。与体外裸露 DNA 的对照所形成的序列梯度比较，就会发现由完整活细胞染色质 DNA 形成的序列梯度中，缺少了 G 残基没有被切割的相应条带。

四、染色质免疫沉淀技术

真核生物的基因组 DNA 以染色质的形式存在。因此，研究蛋白质与 DNA 在染色质环境下的相互作用是阐明真核生物基因表达机制的基本途径。

染色质免疫沉淀（chromatin immunoprecipitation，ChIP）技术是研究体内 DNA 与蛋白质相互作用的常规方法。它的基本原理和步骤如下：①用甲醛在体内将 DNA 结合蛋白与 DNA 交联，在活细胞状态下固定蛋白质-DNA 复合物；②分离染色质，并将其随机切断为一定长度范围内的染色质小片段，剪切后的 DNA 小片段仍与蛋白质结合；③用特异性抗体与 DNA 结合蛋白结合，用沉淀法分离复合物，反向交联操作释放出 DNA，并消化蛋白质；④用 PCR 扩增特异 DNA 序列，以确定是否与抗体共沉淀（图 4-25）。

ChIP 不仅可以检测体内反式作用因子与 DNA 的动态作用，还可以用来研究组蛋白的各种共价修饰与基因表达的关系。而且，ChIP 与其他方法的结合，扩大了其应用范围：ChIP 与基因芯片相结合建立的 ChIP-on-chip 方法已广泛用于特定转录因子靶基因的高通量筛选；ChIP 与体内足迹试验相结合，用于寻找转录因子的体内结合位点；RNA-ChIP 用于研究 RNA 在基因表达调控中的作用。由此可见，随着 ChIP 的进一步完善，它必将会在基因表达调控研究中发挥越来越重要的作用。

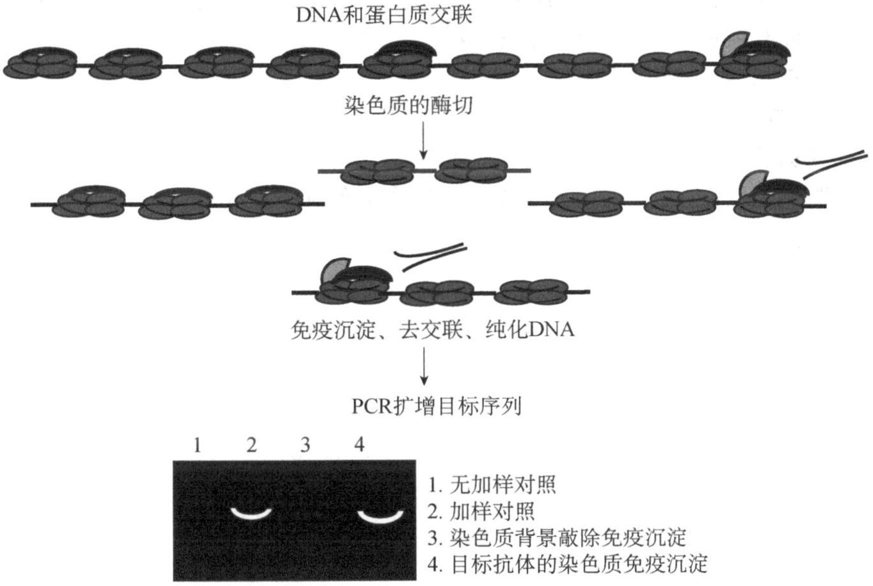

图 4-25　染色质免疫沉淀技术原理示意图

思　考　题

1. 名词解释：琼脂糖凝胶电泳；琼脂糖变性胶电泳；聚丙烯酰胺凝胶电泳；Southern 杂交；Northern 杂交；Western 杂交；脉冲电泳；探针；切口平移法标记；随机引物标记；菌落（或噬菌斑）杂交；液相杂交；聚合酶链反应；引物；反转录 PCR；锚定 PCR；反向 PCR；巢式 PCR；原位 PCR；多重 PCR；不对称 PCR；免疫 PCR；实时定量 PCR；双脱氧链终止法测序；化学降解法测序；重组 PCR 定点突变；大引物 PCR 诱变；酵母双杂交系统；BiFC；FRET；MST；酵母单杂交系统；凝胶阻滞试验；DNase Ⅰ 足迹试验；体内足迹试验；染色质免疫沉淀。

2. 提取 DNA、RNA 之前为什么要先进行高压灭菌？

3. 提取 DNA、RNA 的步骤主要有哪些？需要注意哪些问题？

4. 如何检测、评价提取的 DNA、RNA 的质量？

5. 如何确定提取的 DNA、RNA 的浓度？

6. 琼脂糖凝胶电泳、聚丙烯酰胺凝胶电泳和脉冲电泳的原理是什么？影响因素有哪些？各有些什么用途？

7. 分子杂交的原理是什么？有几种类型？各有什么作用？

8. PCR 的反应步骤有哪些？PCR 反应体系含有哪些基本成分？

9. PCR 引物设计的原则有哪些?
10. 实时定量 PCR 的原理是什么? 有哪些应用?
11. DNA 测序有哪些方法? 它们的原理是什么?
12. DNA 自动测序的原理是什么?
13. DNA 序列分析有哪些内容? 可采取哪些方法进行?
14. 试比较大引物 PCR 诱变和重组 PCR 定点突变原理上的异同点及其优缺点。
15. 单杂交系统的基本原理是什么? 有哪些应用?
16. 简述 BiFC 的基本原理。
17. 简述 FRET 的基本原理。
18. 简述 MST 技术的基本原理及其检测对象。
19. 研究蛋白质和 DNA 互作的方法有哪些? 原理有哪些不同?

第五章　目的基因的获得

本章思维导图

目的基因是基因工程中克隆的目标 DNA 分子，怎样获取目的基因是基因工程中很重要的内容。特别要指出的是，这里所指的基因是分子概念的基因，即一段特定序列的 DNA 片段，而并不一定是具有基因完整功能区的分子。因此，目的基因的获得实质上是获取某一段特定序列的 DNA 片段用于后续的克隆和研究过程。

一般来说，目的基因的克隆策略主要分为三大类：第一类是利用 PCR 扩增技术或者化学合成法体外直接合成目的基因，然后将之克隆、表达；第二类是构建感兴趣的生物个体的基因组文库或 cDNA 文库，即将某生物体的全基因组分段克隆，然后建立合适的筛选模型，从文库中挑出含有目的基因的重组克隆；第三类是近年来发展的利用基因差异表达获得目的基因的技术。这几大策略的选择往往取决于对待分离目的基因背景知识的了解程度、目的基因的用途及现有的实验手段等因素。只有在目的基因克隆策略确定之后，才能制订基因克隆的各项操作方案。本章着重论述几种目前已相当成熟的目的基因克隆策略及其适用范围。

第一节　PCR 扩增获得目的基因或 cDNA

在第四章中介绍的 PCR 技术由于能从复杂 DNA 背景中将特定的 DNA 区段扩增出来，使目标 DNA 在体系中大量合成，从而很容易将其从体系中分离或克隆出来。PCR 由于具有高效性和特异性，成为基因工程中获得目的基因的主要方法。

一、已知序列基因的 PCR 扩增

扩增什么基因或扩增哪一段 DNA 序列，取决于引物与模板的碱基互补结合位点。如果已知扩增对象的碱基序列，引物位点就可以确定下来，在扩增对象的两 5′端序列位点各选取一段短序列作为引物序列，可通过核酸自动合成仪高效合成出来。

常规 PCR 法获得已知序列基因的关键是引物设计，主要有以下两点。

1. 引物序列的确定　引物序列的确定是决定扩增效果的关键，对于已知序列的 DNA 分子，目前有不少引物分析的软件，输入 DNA 分子序列后进行分析，对于有效设计和确定 DNA 序列上的引物位点很有帮助。在一些公共网站上还提供了引物在线分析程序，如 Primer-Blast 在线引物设计等软件。在第四章中介绍了引物设计的原则，但在扩增一段确定的序列时，引物的选择往往受到扩增对象序列的局限，无法按最佳的参数设计。这时我们只能根据扩增对象，

在其两端各选取 5′端一段序列，在尽量避免引物序列本身和引物序列之间发夹结构、保证引物 3′端序列具有稳定性等几个基本前提下将其确定下来。

为了使 PCR 产物能够方便地克隆到载体上，可在引物的 5′端添加限制性酶切位点的识别序列及保护碱基。在选择限制性酶切位点的种类时，要保证所选的限制性酶切位点在扩增的 DNA 片段内部不存在。如果不清楚扩增的 DNA 片段序列，可优先选用切割频率相对较少或者酶切位点为 8 个碱基序列的种类。

2. *引物效果检验和 PCR 参数确定*　引物效果只有经过实际扩增进行检验才能最后确定。PCR 扩增往往要确定 PCR 反应的具体参数。PCR 参数主要有退火温度、Mg^{2+}浓度、反应时间和循环次数等，其中退火温度对扩增效果影响最大，因此 PCR 要先确定退火温度。图 5-1 为 3 对不同引物对同一 DNA 模板扩增的结果：对于扩增 1、4 的引物在 50℃退火时有非特异性扩增，产生了两个非目标分子带，而在 55℃退火温度时特异性较好；对于扩增 2、5 反应的引物，在 50℃退火温度时反应的特异性很差，产生了很多非特异性扩增分子，在 55℃退火温度时特异性较好，同时扩增的分子多、效率高；而扩增 3、6 反应的引物，在 55℃退火温度时扩增特异性高，效率也高，在 50℃退火温度时尽管效率高，但其特异性可能不如 55℃。所以，我们可以确定，PCR 适宜的退火温度为 55℃。

梯度 PCR 仪可以对同时反应的多个样本独立控温，对于确定 PCR 反应体系的最适退火温度较有帮助。

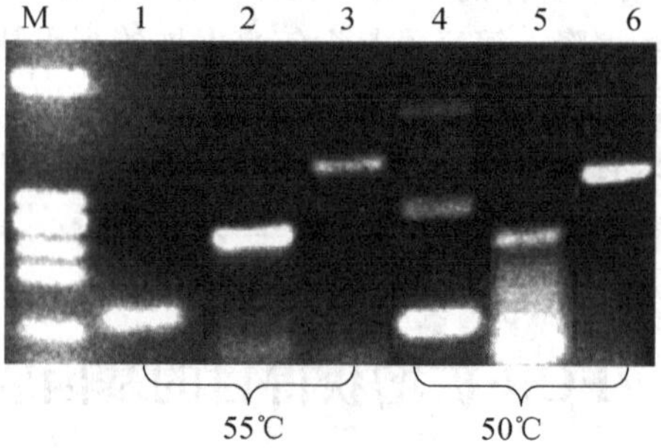

图 5-1　三对引物在不同退火温度下对 PCR 扩增效果的影响

M 为分子质量标记（Marker）；1～3 和 4～6 分别代表三对引物在 55℃和 50℃两个退火温度下扩增的产物，其中 1 和 4、2 和 5、3 和 6 分别为同一对引物

在常规的 PCR 反应中，其产物一般在 3kb 以下。在 PCR 反应中，随着扩增片段的延长，扩增效率降低。这是由多方面的因素引起的：①在长片段的 PCR 扩增过程中，高温会降低缓冲液的缓冲能力，从而损害模板 DNA 和 PCR 产物；②在高温下其他二价离子的存在会促进 DNA 的裂解；③长片段 DNA 分子的变性比短片段困难，DNA 聚合酶与模板 DNA 的趋近和结合变得困难；④错配碱基的掺入导致 DNA 聚合酶的作用不能正常发挥，从而限制产物的长度。

为了提高扩增产物的长度，一方面需要改进缓冲体系，另一方面可采用混合 DNA 聚合酶，即主体使用扩增效率高、延伸能力强的 *Taq* DNA 聚合酶；少量使用具有 3′→5′外切酶活性的高温 DNA 聚合酶（如 *Pfu* 或 *Pwo* DNA 聚合酶），及时切除不匹配碱基的掺入。这样可使扩增长片段 DNA 有效实施。例如，Roche 公司的长片段 PCR 扩增试剂盒将 *Taq* DNA 聚合酶和 *Pwo* DNA 聚合酶结合起来，可扩增长达 40kb 的 DNA 片段。

二、常规 PCR 衍生的几种基因克隆技术

Mullis 等在 1983 年发明的 PCR 技术不断被改进，衍生出许多新的技术，以适应文库构建、新基因克隆和基因表达的检测分析等多种用途的需要，在分子生物学及基因工程研究中发挥着重要的作用。在基因克隆上应用的衍生 PCR 技术主要有反向 PCR、热不对称交错 PCR、反转录 PCR、锚定 PCR、cDNA 末端的快速扩增等。其中反向 PCR、反转录 PCR 和锚定 PCR 在第四章已经介绍，本章节不再赘述。

（一）热不对称交错 PCR

热不对称交错 PCR（thermal asymmetric interlaced PCR，TAIL-PCR）是扩增获得已知 DNA 序列侧翼未知序列的一种 PCR 衍生方法。其基本原理是：根据目标序列的侧翼已知序列设计 3 个嵌套的特异性引物（special primer，简称 sp1、sp2、sp3，约 20bp），用它们分别和 1 个具有低 T_m 值的短随机简并引物（arbitrary degenerate prime，简称 AD，约 14bp）相组合，以基因组 DNA 为模板，根据引物长度及特异性的差异设计不对称的温度循环，通过分级反应来扩增特异引物。TAIL-PCR 共分三轮反应：第一轮反应包括 5 次高特异性、1 次低特异性、10 次较低特异性反应（此步骤有时可省略）和 12～15 次热不对称的超级循环（每个超级循环先进行 2 次高特异性循环，再进行 1 次较低特异性循环）。其中，5 次高特异性循环使 sp1 与已知的序列退火并延伸，增加目标序列的浓度；1 次低特异性循环使简并引物结合到较多的目标序列上；10 次较低特异性循环使 2 种引物均与模板退火，随后进行 12～15 次超级循环。经上述反应可得到不同浓度的 3 种类型产物：特异性产物 Ⅰ 型和非特异性产物（Ⅱ 型和 Ⅲ 型）。第二轮反应则将第一级反应的产物稀释至 1/1000 作为模板，通过 10～12 次热不对称的超级循环，使特异性产物被选择性地扩增，而非特异产物含量极低。第三轮反应又将第二次反应的产物稀释至 1/1000 作为模板，再设置普通的 PCR 反应或热不对称超级循环。通过上述 3 次 PCR 反应即可获得与已知序列邻近的目标序列（图 5-2）。

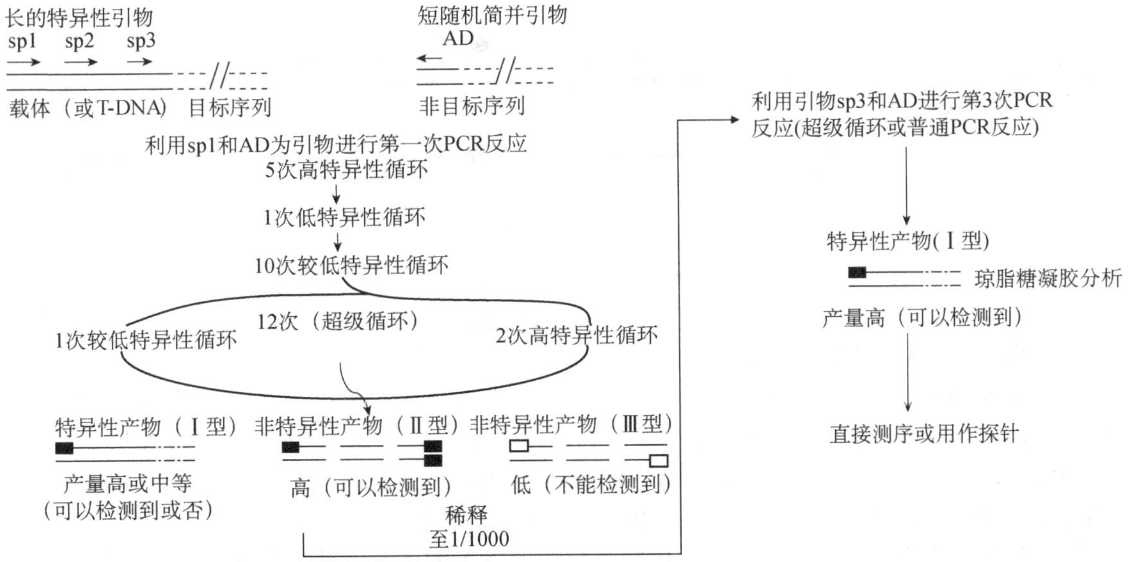

图 5-2　TAIL-PCR 技术流程

TAIL-PCR 技术简单易行、反应高效灵敏、产物的特异性高、重复性好，能够在较短的时

间内获得目标片段。TAIL-PCR 所获得的片段可以直接用作探针标记和测序模板，已经成为基因工程研究中的一种实用技术。经改良过的 TAIL-PCR 可从突变体中克隆外源插入基因的旁侧序列，是一种有效的启动子分离新方法。

（二）cDNA 末端快速扩增法

cDNA 末端快速扩增法（rapid amplification of cDNA end，RACE）也是一种根据已知部分 cDNA 序列扩增未知序列的 PCR 技术。这种方法是根据基因编码蛋白的同源性或者多个同源基因 cDNA 比较的变异情况，将同源性基因 cDNA 的核心区段分析出来，针对核心区段保守性高的位点设计引物，然后运用 RT-PCR 先扩增和克隆核心序列区。在测定核心序列后，根据核心序列设计新的引物并分别进行 cDNA 3′端和 5′端的扩增。最后拼凑成 cDNA 全序列的信息并设计新的一对引物将其 cDNA 全序列 RT-PCR 扩增并克隆（图 5-3）。

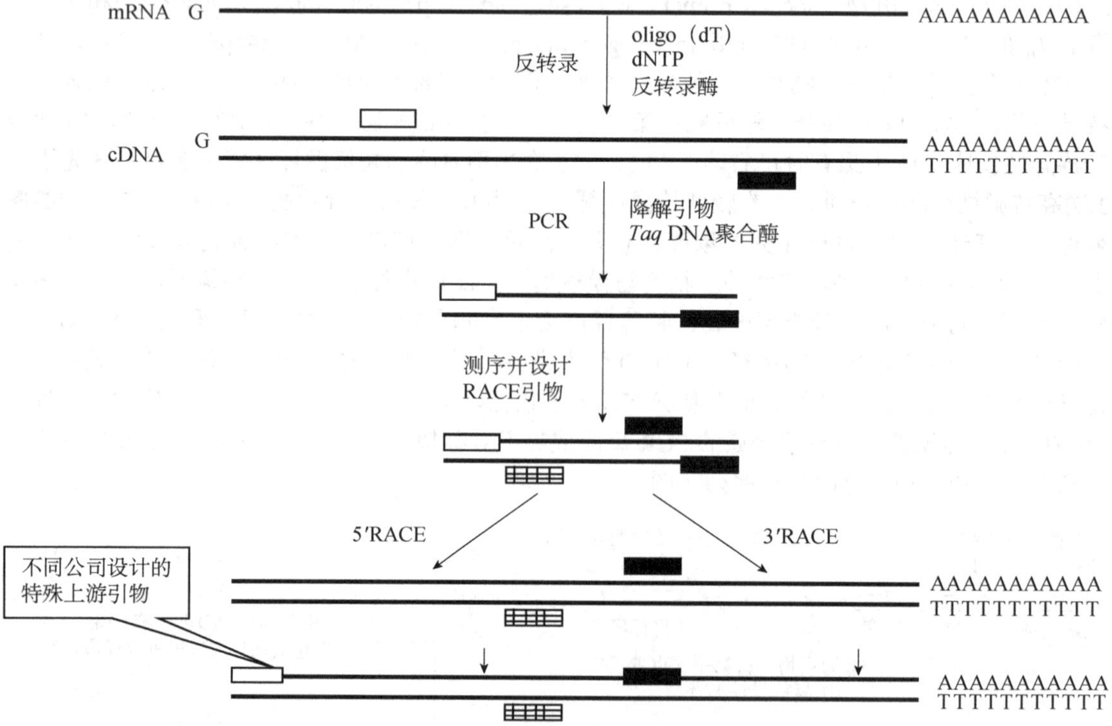

图 5-3 RACE 技术流程

利用 oligo（dT）引物反转录 cDNA 第一链后，以核心区段引物扩增出中间核心片段，测序后可以设计出 3′ RACE 的上游引物和 5′ RACE 的下游引物，3′端上游引物结合 oligo（dT）下游引物将 cDNA 3′端克隆出来。5′端的克隆则有不同的具体方法。

1. 分析核心区段　如果获得了某蛋白质的氨基酸序列，可以根据密码子与氨基酸的对应关系，选取其中两段连续的保守氨基酸序列，写出其可能的编码序列。为了提高克隆核心序列的机会，对蛋白质同源性或同源性基因 cDNA 序列进行充分的比对是很重要的。如果利用的是蛋白质序列资料，在蛋白质数据库中比较与之同源的蛋白质序列，找出蛋白质保守性高的区域，作为引物设计的位点。如果利用的是同源 cDNA 的资料，从数据库中获得多个近缘物种同源序列后，进行多重分析，比较 cDNA 序列，选择高保守性区段序列并设计引物。

例如，参考已克隆的人和果蝇的基因信息，克隆蚊子的胰蛋白酶编码 cDNA。先比较人和果蝇胰蛋白酶氨基酸序列的同源性，如图 5-4 所示。

```
                       10         20         30         40         50         60
HumanTr      -----------------------------------------IVGGYNCEENSVPYQVSLN
FlyTryp      MRSSIGLTGMAKTILHLFIGGIPPGKSELRSHCKAPTLDGRIVGGQVANIKDIPYQVSLQ
FlyChym      -QADQPDLVYPEYYQQRSLYGLQSNFSGRR--------RARVVGGEDGENGEWCWQVALI
                                                   :***   :  .  :**:*

                       70         80         90        100        110        120
HumanTr      SGY--HFCGGSLINEQWVVSAGHCYKS------RIQVRLGEHNIEVLEGN--EQFINAAK
FlyTryp      RTY--HFCGGSLIAQGWVLTAAHCTEGSAIL--LSKVRIGSSRTSVG-G----QLVGIKR
FlyChym      NSLNQYLCGAALIGTQWVLTAAHCVTNIVRSGDAIYVRVGDYDLTRKYGSPGAQTLRVAT
                  ::**::**  **::*:**  .         **.*.       *    * .

                      130        140        150        160        170        180
HumanTr      IIRHPQYDRKTLNNDIMLIKLSSRAVINARVSTISLP--TAPPATGTKCLISGWGNTASS
FlyTryp      VHRHPKFDAYTIDFDFSLLELEEYSAKNVTQAFVGLPEQDADISDGTPVLVSGWGNTQS-
FlyChym      TYIHHNHNSQTLDNDIALLKLHGQAELRDGVCLVCLPARGVSHAAGKRCTVTGYRYMGE-
                * ..:  *:: *: *::*   :  :   . : **   :  : *:   ::*:     :

                      190        200        210        220        230        240
HumanTr      GADYPDELQCLDAPVLSQAKCEASYP--GKITSNMFCVG------FLEGGKDSCQGDSGG
FlyTryp      AQETSAVLRSVTVPKVSQTQCTEAYGNFGSITDRMLCV-------ITEGGKDACQGDSGG
FlyChym      AGPIPLRVREAEIPIVSDTECIRKVN---AVTEKIFILPASSFCAGGEEGHDACQGDSGG
             :   :  ::    * :*::.*               :*..:::        * *:*:*******

                      250        260        270        280        290
HumanTr      PVVCNG----QLQGVVSWGDGCAQKNKPGVYTKVYNYVKWIKNTIAANS-
FlyTryp      PLAADG----VLWGVVSWGYGCARPNYPGVYSRVSAVRDWISSVSGI---
FlyChym      PLVCQDDGFYELAGLVSWGFGCGRQDVPGVYVKTSSFIGWINQIISVNNL
             *:::.:     * *:**** **:: : **** ::      **..   .
```

图 5-4 利用 CLUSTALW 序列分析软件分析人胰蛋白酶（HumanTr）、果蝇胰蛋白酶（FlyTryp）和果蝇胰凝乳蛋白酶（FlyChym）的序列同源性

“*”表示在三者中都出现的较高保守性氨基酸残基位点；“:”表示在其中两序列中出现的氨基酸位点；“.”表示三者都不同的氨基酸位点

从上述序列比对中可知，两者的氨基酸序列在第 80～84、234～240 和 255～260 残基处具有高保守性，可以用于设计引物。其中 80、255～260 残基附近都具有色氨酸残基（W），因此优先选取 WVLTA 作为设计上游引物的位点，GVVSW 作为设计下游引物位点。

2. 设计简并引物和扩增核心区段 由于一个氨基酸可对应一到多个密码子，因此一段氨基酸序列可以有多个可能的编码序列，称为简并序列（degenerate sequence）。相应合成这一段序列作 PCR 扩增体系的引物即简并引物。一段氨基酸序列可能的编码序列越多，就会有越多的简并，可以用简并度加以描述。可能的序列越多，这一段区段的简并度越高。简并度与选取氨基酸序列的长度和这一序列氨基酸对应密码子的多寡相关。可见，简并度高的引物扩增假阳性率也会增加。因此在选取氨基酸序列时往往优先选取对应密码子较少的残基，如包含甲硫氨酸和色氨酸残基的区域。选取氨基酸序列的长度一般为 5 个，对应一段 15 个碱基的核苷酸序列。而且为了降低简并度，对最后一个氨基酸放弃其密码子的第 3 位碱基，因此合成 14 个碱基的简并引物。

氨基酸序列	W（Trp）	V（Val）	L（Leu）	T（Thr）	A（Ala）
密码子	UGG	GTT	TTA	ACT	GC
		C	G	C	
		A	CTT	A	
		G	C	G	
			G		
			A		

WVLTA 多肽片段可能的编码序列为 4×6×4=96，也就是应合成 96 种序列的寡核苷酸，在自动合成仪进行 DNA 自动合成时，合成到多种碱基位置时同时加入多种碱基核苷酸底物，因此即使是多种序列也可以一次合成出来。针对上述序列合成的引物为 96 种寡核苷酸序列的混合物。

设计核心区段扩增的简并引物还要考虑扩增区段的长度和在 cDNA 分子中的位置，通常扩增序列在几百碱基内效果较好，超过 1kb 的序列扩增效果会显著降低。

3. 设计 RACE 引物　扩增的核心区段克隆和测序后，即获得了目标基因中间部分的序列，根据这一序列分别设计 3′ RACE 的上游引物和 5′ RACE 的下游引物。

（1）3′ RACE　cDNA 3′端的快速克隆比较简单，根据中间核心序列设计出 3′端 RACE 的上游引物后，利用 oligo（dT）作为下游引物，利用 mRNA 反转录成的第一链 cDNA 作为模板将 cDNA 3′端扩增出来。

（2）5′ RACE　尽管其下游引物根据克隆的核心序列可以确定下来，但由于 5′端上游序列还未知，上游的引物难以确定，因而 5′ RACE 要采用一些特殊方法确定其上游引物位点。目前几家公司生产不同原理的 RACE 试剂盒，采用不同的 5′端引物确定方法。有的公司是利用烟草碱性磷酸酶将 mRNA 5′端的帽子结构切除，然后利用 T4 RNA 连接酶接上一段已知序列的寡核苷酸，RACE 时可将它作为设计上游引物的依据。有的公司是利用特殊的反转录酶，在反转录到 cDNA 的末端时，加入几个多余的 C 碱基，在体系中加入 3′端为几个 G 碱基的已知序列寡核苷酸，在合成 cDNA 末端加上一段延伸的序列，作为上游引物的位点，在反转录酶（reverse transcriptase，RT）的作用下，利用 oligo（dT）作引物合成 cDNA 第一链，反转录酶在 cDNA 第一链末端延伸合成了几个 C 碱基，体系中加入的 3′端为 G 碱基的寡聚序列与 cDNA 末端互补，作为 cDNA 继续延伸合成的模板，在 cDNA 的末端合成出一段已知序列，形成 5′ RACE 的引物位点（图 5-5）；还有的采用在 cDNA 第一链利用末端转移酶加上一段寡聚核苷酸作为引物结合的序列或利用单链 cDNA 分子环化的方法。

常规的 RACE 存在着步骤繁多、费时和特异性比较低等缺点。研究人员在 RACE 方法的基础上，发展了改进技术 step out RACE，将 5′ RACE 和 3′ RACE 方法进行了改进，显著提高了灵敏度和扩增的效率，降低了扩增背景。

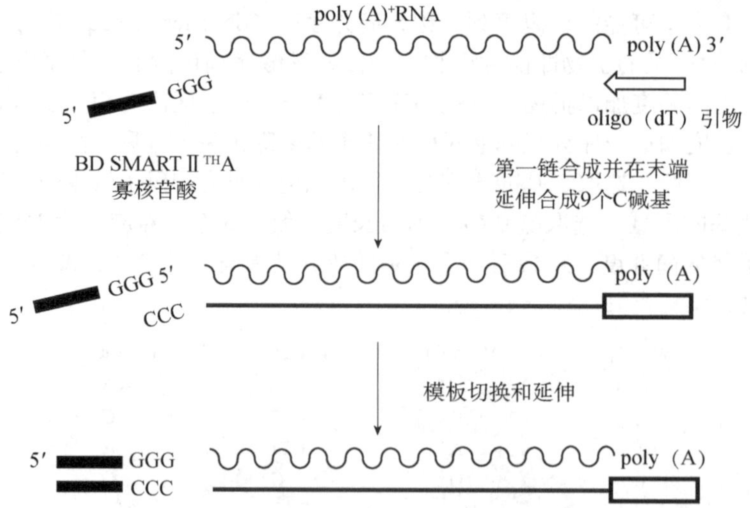

图 5-5　BD（Becton，Dickinson and Company）公司 SMART cDNA 5′ RACE 试剂盒原理

第二节　基因组文库的构建与基因分离

基因组 DNA 包含了该生物的全部遗传信息。基因组文库（genomic library）是将某一生物基因组 DNA 片段化并全部克隆后所获得的重组子群体的总称，包含了这一生物的全部遗传信息。通过构建基因组文库可以贮存和扩增特定生物基因组的全部或部分片段，同时又能够在需要时从基因文库中调出其中的任何 DNA 片段或目的基因。构建基因组文库并筛选文库是获得特定基因的重要途径之一。

一、基因组文库的类型

生物的基因组大小和基因数目基本符合其遗传结构和功能从简单到复杂的进化关系（表 5-1）。

表 5-1　几个物种基因组大小及基因数目

物种	基因组大小/（×10^6bp）	基因数目/个
衣原体（*Mycoplasma genitalium*）	0.58	470
大肠杆菌（*Escherichia coli*）	4.6	4 288
酿酒酵母（*Saccharomyces cerevisiae*）	13.5	6 034
果蝇（*Drosophila melanogaster*）	165	13 600
秀丽隐杆线虫（*Caenorhabditis elegans*）	97	19 099
拟南芥（*Arabidopsis thaliana*）	135	25 500
人（*Homo sapines*）	3 300	35 000

表 5-1 所列物种是已经完成其基因组序列测定的代表性物种，原核细胞基因组所含的基因在 10^6bp 左右，而真核细胞基因组为 10^7～10^9bp。根据各物种的基因数目和相应基因组大小，可推断其基因的平均密度。原核细胞如衣原体和大肠杆菌每个基因约为 1kb，单细胞真核生物酵母每个基因为 2～3kb，而高等真核生物每个基因为 20～80kb。高等真核生物基因的平均大小之所以远远大于原核细胞和酵母，并不是其编码的蛋白质更大，而是高等真核基因普遍存在内含子，以及真核基因组中存在大量的非编码重复序列造成的。

基因组文库的类型根据其克隆的载体而分，通常有质粒文库、噬菌体载体文库、Cosmid 文库、细菌人工染色体文库和酵母人工染色体文库等。不同载体所能接纳的插入片段大小不同，分别适应基因组大小不同的生物的基因组文库构建需要。

二、构建基因组文库应满足的条件

1. 文库的完整性　构建基因组文库首先要考虑文库的完整性，即应该包含基因组的完整序列信息。基因组文库是将生物基因组 DNA 片段化后获得克隆重组子群体，基因组 DNA 片段化最简单的方法是采用限制性内切酶将基因组 DNA 进行酶切，产生具有黏性末端的 DNA 片段，再插入到合适的载体中。但这种简单酶切和重组的方法由于酶切分子大小不一，重组连接的机会不均，会导致 DNA 片段的丢失，使文库中基因组的信息失去完整性。

2. 基因组信息的可重建性　基因组文库构建要考虑的第二个因素是基因组信息的可重建性。对DNA片段进行克隆，使在基因组中本该连续在一起的DNA分子被分割克隆到载体中，形成独立的重组分子。这些独立的分子在基因组中处于什么位置？哪些是相邻在一起的？必须有合适的方法重建起基因组的完整信息。对于简单酶切和重组形成的重组子群体，基因组DNA片段相互独立，即使在染色体DNA上相邻的序列，也无法建立起联系。而随机性片段，由于分子的随机片段化，染色体DNA相邻序列的克隆重组子具有重叠性，可以通过建立叠连群（contig）而重建完整序列信息。因此基因组文库构建采用随机性片段克隆的方法。

3. 文库的大小　第三个考虑因素是文库的大小，即文库中应包含的独立重组子数目。由于基因组文库是随机性片段与载体分子连接获得的重组子分子群体，只能通过概率来了解文库的大小。

文库的大小取决于从中分离任意分子克隆的期望值、文库物种基因组的大小及克隆分子片段的长度。对于基因组更大的物种，自然需要更多的重组子才能将其包含；而文库重组子克隆的片段越大，则覆盖整个基因组所需的文库重组子就越少。此外，我们从文库中分离目标分子的期望值高，文库的重组子也相应增加。1976年，Charke-Carbon提出了一个经验公式用于估算基因组文库的大小：

$$N=\frac{\ln(1-P)}{\ln(1-L/G)}$$

式中，N为文库中独立重组子的数目；ln为自然对数；P为从文库中分离某一目标分子片段的期望值（概率），通常为0.95或0.99；L为克隆的片段大小；G为物种基因组的大小，即单倍体基因组DNA的长度。

例如，人的单倍体DNA总长约为3.3×10^6kb，若制备成17kb的随机性片段构建文库，基因文库中含目的基因DNA片段的期望值为99%时，文库应至少包含的克隆子数目为N=ln（1−0.99）/ln[1−17/（3.3×10^6）]=8.1×10^5。如果上述基因组DNA切割成平均长为40kb的片段，由此构建的基因组文库应包含的克隆子数为7.5×10^4。

实际上，无论采用什么方法都不能达到理论上的完全随机切割。因此理论值还不足以保障期望值。为了使基因组文库具有真实代表性，一般构建基因组文库的实际克隆数应比上述计算值大2倍或3倍，甚至更高。

除了尽可能高的完整性和文库的可重建性外，理想的基因组文库还应具备下列条件：①重组克隆的总数不宜过大，以减轻从文库中筛选目标克隆的工作量；②克隆片段大于研究基因的平均长度，以便于从同一克隆中获得完全的单一基因；③含有相邻DNA片段的独立克隆间，部分序列重叠的大小合理，既要有利于基因文库各克隆建立叠连群，进行染色体步移（chromosome walking），又不能重叠过多，使步移效率低下；④克隆片段易于从载体分子上完整卸下且最好不带有任何载体序列；⑤重组克隆应能稳定保存、扩增及筛选。这些条件的满足极大程度上依赖于基因组文库构建的策略。

三、基因组文库的构建

文库构建的具体过程与载体的设计相关，不同的载体有不同的克隆和重组方法（载体部分详见第三章）。以λ噬菌体为载体的文库构建，首先以限制性内切核酸酶酶切载体，将中间的替换片段除去。其克隆DNA片段大小在20kb左右。因此，通过基因组随机片段制备获得20kb的随机性片段，再连接载体与随机片段并离体包装成噬菌体颗粒，获得重组的噬菌体群体；以 Cosmid 载体构建文库时，其克隆容量在 45kb 左右，因此通过基因组随机片段制备获得更大的分子片段，采用适当方法与载体连接后，也要通过离体包装获得噬菌体颗粒。所以文库具体的构建要由载体的特性和设计决定。下面以 λ 噬菌体载体为例阐述基因组文库构建的通常步骤。

（一）基因组 DNA 的分离制备

原核细胞的基因组包括其拟核的 DNA 和附加的遗传体系，如质粒 DNA；真核细胞的基因组包括其核基因组及细胞器，如线粒体和叶绿体的 DNA。原核细胞的质粒通常是小型环状双链 DNA 分子，具有自主复制的特点，在大肠杆菌质粒基础上重组构建的多种质粒载体是当今基因工程的一类重要载体类型。对于质粒的分离，已根据质粒结构特性设计了多种有效的分离制备方法。而真核生物细胞器 DNA 分离可以先通过细胞成分的分级分离，先分离细胞器，再从细胞器中分离其 DNA。如果不是针对性的研究，基因组 DNA 的分离常常仅指对生物核基因组 DNA 的分离。

选择合适的 DNA 提取和纯化方法，提取并纯化基因组 DNA，使其质量满足：①结构具有相对完整性；②尽量排除其他大分子成分的污染（蛋白质、多糖及 RNA 等）；③保证提取样品中不含对酶有抑制作用的有机溶剂及离子等，以满足后续酶切等操作对 DNA 质量的要求。DNA 提取、纯化及质量检测方法在第四章中已有交代，在此不再赘述。

（二）基因组 DNA 的片段化

1. 限制性内切核酸酶对 DNA 分子的酶解　　利用限制性内切核酸酶可以将分离的生物基因组大分子 DNA 切割成较小 DNA 片段。不同限制性内切核酸酶除识别 DNA 分子上的碱基序列不同外，其识别的碱基对数也有所不同，有的识别 4 对碱基，如 *Mbo*Ⅰ，有的识别 5～8 对碱基，如 *Eco*RⅠ和 *Not*Ⅰ。假设 DNA 分子的碱基排列是随机的，根据概率可知，识别 4 对碱基的限制性内切核酸酶每 256bp 有一个切点，识别 6 对碱基的每 4096bp 有一个切点，识别 8 对碱基的每 65 536bp 才有一个切点。有的酶尽管识别 6 对碱基，但其中某对碱基特异性不严格，如 *Hind*Ⅱ，切割位点可以看作识别 5 对碱基，即 1024bp 有一个切点。

限制性内切核酸酶酶解 DNA 时，根据酶解程度的不同可以分为两种方式：DNA 完全酶解和 DNA 不完全酶解。

（1）DNA 完全酶解　　DNA 完全酶解通过提供足量的限制性内切核酸酶和适宜的酶解条件，使 DNA 分子内限制性内切核酸酶识别的每一序列位点都发生酶解反应。实际在进行完全酶解时可加入过量的限制性内切核酸酶，保证 DNA 分子的所有可能切点都进行了酶切。一个典型的基因组完全酶解可在 100μL 体系中加入 10μg 基因组 DNA 和 20U 限制性内切核酸酶，反应几个小时甚至过夜。酶解的检查可以采用凝胶电泳，在 1%琼脂糖凝胶中，基因组 DNA 完全酶解后形成一片弥散区域（smear），并不可见分子带（图 5-6）。

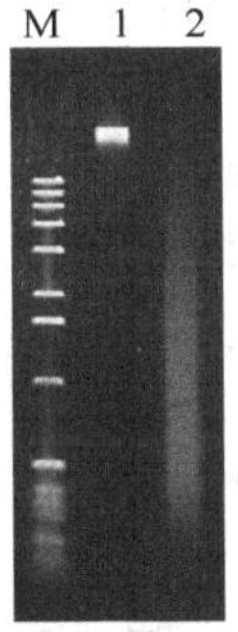

图 5-6　人基因组 DNA 酶解琼脂糖凝胶

1. 未酶解的人基因组 DNA；2. *Rsa*Ⅰ完全酶解后的 DNA

（2）DNA 不完全酶解　　DNA 不完全酶解是指 DNA 分子分布的某种酶的多个切点在酶解后并没有都发生解离，酶解只发生在部分位点。

进行不完全酶解的主要目的是产生随机性的 DNA 片段用于构建基因组文库，它所产生的 DNA 随机片段大小相近，在进行克隆时各片段可以均等的机会连接到载体形成重组子，使文库不发生片段的系统性丢失。

不完全酶解常使用少量的限制性内切核酸酶在控制的反应条件下反应。一般取少量 DNA 样品做酶解实验，建立起反应条件。然后再在该条件下对大量 DNA 进行酶解。条件控制的主要参数常为酶浓度及一定酶浓度下的酶切时间。

DNA 不完全酶解产生的 DNA 片段，其大小取决于所采用限制性内切核酸酶识别位点数和酶解发生的程度。采用识别 4 对碱基的限制性内切核酸酶较适于制备 1～20kb 的 DNA 片段，酶解发生在 1/100～1/10 位点上。制备几十至几百 kb 的片段则宜选用识别 6 对碱基的限制性内切核酸酶。

如前所述，在进行文库构建时，克隆片段应具有较高的随机性。例如，以 λ 噬菌体载体构建文库，载体克隆的容量为 20kb 左右，以识别 4 对碱基的限制性内切核酸酶对 DNA 进行随机性酶解时，理论上限制性内切核酸酶每 256bp 有一个切点，用其制备 20kb 的 DNA 片段，酶解发生实际位点与理论位点的比值为 1/80，具备了足够的随机性。

分离出的基因组 DNA 来源于细胞群体，每一细胞都提供一个分子的基因组，所以在体系中同一基因组有多个 DNA 分子。在进行随机性酶切时不同细胞来源的同一 DNA 作用的位点不尽相同（图 5-7）。

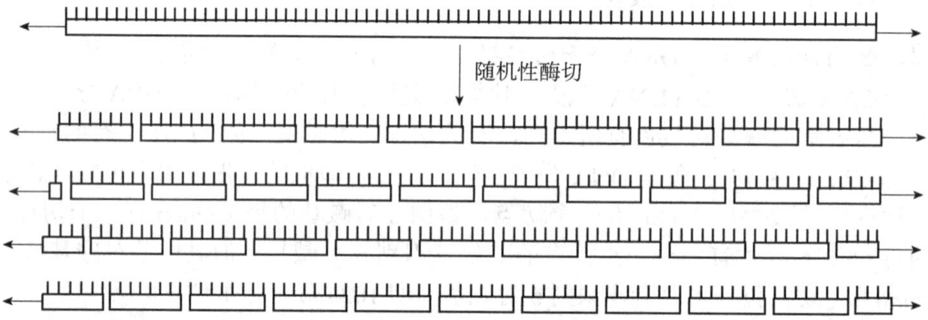

图 5-7 利用限制性内切酶对 DNA 进行随机性酶切制备随机片段

垂直的短线段代表酶的切点，假设碱基在 DNA 上以均等概率分布（只绘出了 1/10 位点），在利用识别 4 对碱基的限制性内切核酸酶酶解产生 20kb 片段时，实际酶切发生为 1/80 位点，具有较好的随机性。

在构建文库时，*Alu* Ⅰ、*Hae* Ⅱ、*Mbo* Ⅰ或 *Sau*3A Ⅰ等识别 4 对碱基的限制性内切核酸酶都可用于片段制备。最常采用 *Sau*3A Ⅰ。该酶对 DNA 碱基的甲基化不敏感，而其酶切后的末端为 GATC 四碱基的单链，与常用的 *Bam*H Ⅰ具有相同的黏性末端。因此在载体上常设计 *Bam*H Ⅰ位点作为片段的克隆位点，利用 *Bam*H Ⅰ制备克隆载体后可将 *Sau*3A Ⅰ制备的基因组片段直接连接克隆（图 5-8）。

即使采用多切点限制性内切核酸酶随机酶切的方法制备 DNA，DNA 片段也会出现一些更大或更小的分子，因此文库制备时还要对特定大小 DNA 片段进行分离和收集，以使克隆对象大小更为均一，保证后续工作中克隆分子的随机性。常用的分离收集采用凝胶电泳分离酶切的分子，然后切胶回收一定区域条带中 DNA 片段。

2. DNA 分子的物理剪切 运用识别 4 对碱基的限制性内切核酸酶制备随机性 DNA 片段，具有较高的随机性，但用不依赖于碱基序列的物理剪切法产生的 DNA 片段随机性更高。

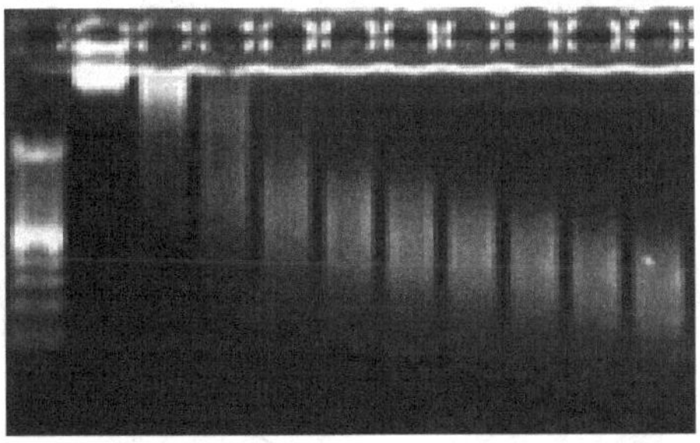

图 5-8 人基因组 DNA 以 *Sau*3A Ⅰ 酶进行的不完全酶解

1. 未酶解的基因组 DNA；2～10. 显示酶解的程度逐步提高

DNA 分子的物理剪切可以采用 DNA 溶液的小孔喷射、超声波处理和高速搅拌等几种方式。

1）实验室采用小孔注射器将 DNA 溶液经针头反复喷出，可将高分子 DNA 剪切成较小的分子片段。DNA 分子剪切的程度取决于小孔的孔径及喷射的压力，该法可将 100kb 以上的 DNA 剪切成 10kb 左右的片段。

2）超声波处理溶液时，溶液的高速振动产生“空穴”作用，使 DNA 发生剪切。超声波的强度越高、作用时间越长，DNA 剪切程度越强烈，DNA 片段越短。在超声波处理 DNA 时，通常将超声波探头直接伸入 DNA 溶液中进行，为防止发热导致 DNA 溶液温度过高，处理溶液一般置于冰水浴中。超声波强度和作用时间依仪器而设定，与前述的随机性酶切一样，要获得一定大小的 DNA 片段，应先通过预备性实验建立合适的超声处理参数。超声波强烈作用于 DNA 溶液，可使其断裂成长约 300bp 的短片段。

3）在搅拌器中高速搅拌，可获得更加严格控制的剪切效应。例如，在 1500r/min 的转速下搅拌 30min，高分子质量的 DNA 可被剪切成平均长度为 8kb 的分子群体。

尽管 DNA 分子物理剪切片段的随机性高，但断裂 DNA 分子的末端会出现多种形式，有平端的分子，也有单链突出几个碱基末端的分子。在后续的工作中，如果要进行分子重组，还要预先对剪切分子末端进行修饰处理。

（三）载体制备

构建文库的 λ 噬菌体载体，如 λ EMBL 和 λ DASH 上都设计了一些限制性内切核酸酶的 2 个切点，可以将其切成 3 个片段，其中左右两侧的片段分别称为左臂和右臂，中间片段在载体自身的复制过程中是必需的，但在克隆外源 DNA 时被替换。由于基因组随机片段按设计克隆到载体的 *Bam*H Ⅰ 位点，因此载体制备时以 *Bam*H Ⅰ 酶切释放出克隆的黏性末端（图 5-9）。

为了使切除的中间片段不影响连接重组时的分子反应，可以在酶切后通过凝胶回收的方法，将左臂和右臂分了回收使用，也可以在酶解时采用双酶切的方法，使其分子末端不参与同目标分子竞争的连接。例如，λ EMBL 3 载体在 19.99kb 位置设计了 *Sal* Ⅰ -*Bam*H Ⅰ -*Eco*R Ⅰ 位点及 33.12kb 位置设计了 *Eco*R Ⅰ -*Bam*H Ⅰ -*Sal* Ⅰ 酶切位点，采用 *Bam*H Ⅰ 和 *Eco*R Ⅰ 酶切时释放出 19.99kb 左臂、9.24kb 右臂、13.11kb 的中间片段和两个大小为几个碱基的小片段。这样制备的载体由于中间片段末端为 *Eco*R Ⅰ 的黏性末端，不会参与载体与插入分子重组连接时分子末端竞争，可以省略凝胶回收制备载体左右臂的步骤。

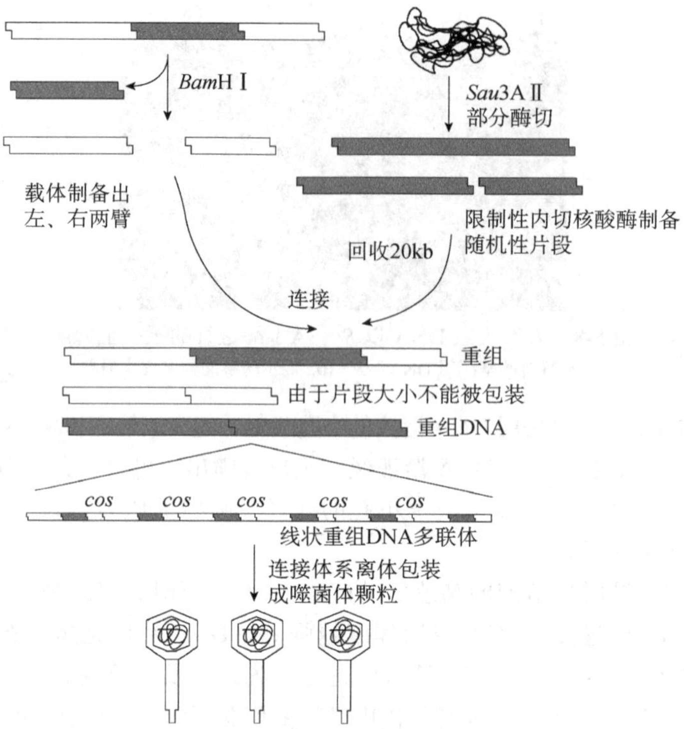

图 5-9 λ替换型载体进行基因文库的构建示意图

（四）重组连接

制备出的适当大小随机性基因组 DNA 片段要与载体左臂、右臂进行连接，实现左臂-插入片段-右臂的分子重组。构建文库时重组连接常采用相同黏性末端的连接，载体左右臂分子间、插入片段分子间都有可能发生粘连和连接。为了提高载体与插入分子片段末端的连接，载体分子与插入分子的比例及分子末端的浓度对有效连接有很大影响。在λ替换型载体连接时，适当提高载体分子的比例有利于获得重组子，因为增加载体分子比例尽管提高了载体分子间连接的机会，但也使插入片段自连的可能性降低，而那些发生在载体分子间的连接因不能形成有效包装的分子被滤除，只有发生在左臂-插入片段-右臂的连接才能最后形成人工噬菌体。

在连接反应时，λ噬菌体载体分子非克隆末端的 *cos* 尾为 12 个碱基的黏性尾，相互之间也发生连接，使最后连接的分子形成多联体的形式，更有利于后续的噬菌体包装反应的发生。

当然，除分子及其末端浓度外，连接反应体系中酶浓度与活性、连接反应温度等因素都影响连接效果。应按照连接酶催化反应的最适条件设置反应体系，同时还应通过预备性实验对反应体系确立具体的参数。

（五）噬菌体离体包装

以噬菌体载体构建文库的最大好处是可以将重组分子包装成病毒颗粒，然后感染大肠杆菌，高效地将重组分子导入细菌中增殖。

噬菌体的体外包装采用分离的噬菌体包装蛋白（详见第三章λ噬菌体载体部分），将市售的高质量包装蛋白混合后就能包装λ噬菌体DNA。包装蛋白系统由功能互补的A、E两种蛋白构成，在E蛋白存在条件下，噬菌体头部蛋白先形成空的前头部结构，由A蛋白识别λ基因组的*cos*序列，如果两*cos*序列间的分子大小为野生λ基因组大小的75%～105%（37～52kb），A蛋白能发挥内切核酸酶的作用（ter功能），使*cos*序列切割成12个碱基的黏性尾并将分子纳入头部结构中。尾部结构可在尾部蛋白分子间自组装，再与成熟的头部结构结合，形成完整的噬菌体颗粒（图5-10）。

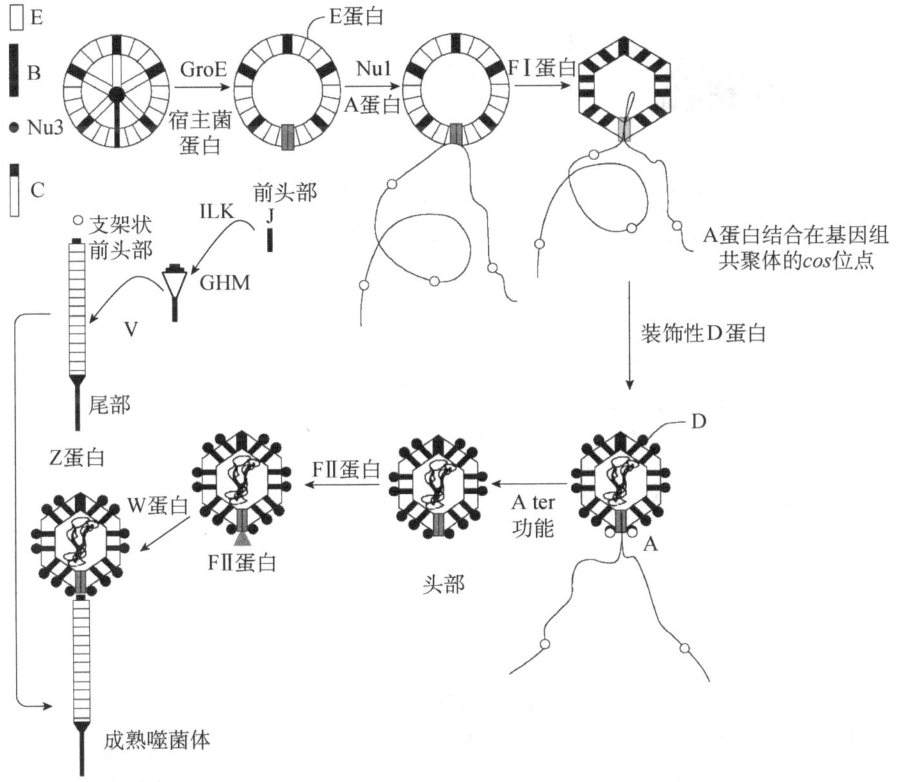

图5-10　λ噬菌体自组装及DNA包装过程示意图

λ噬菌体的自组装在其自身编码的结构蛋白和宿主菌提供的GroE蛋白作用下进行，λ基因组以分子共聚体通过*cos*连接，当一个基因组被包装进头部结构后，A蛋白发挥ter功能将*cos*位点切割成12个碱基的单链末端

（六）重组噬菌体感染大肠杆菌

重组噬菌体形成包装后的混合物即所谓基因组文库的原库，可以用少部分感染大肠杆菌细胞以确定文库感染的效价（titer）。更多的包装物则留存，在需要进行文库筛选时再感染细菌，制备出用于文库筛选的噬菌斑。保存噬菌体是在包装物中加1～2滴氯仿抑制细菌的繁殖，在4℃冰箱中保存（图5-11）。

噬菌体的效价是指每毫升培养液中所含活噬菌体的数量。效价测定的方法，一般应用双层琼脂平板法。由于在含有特异宿主细菌的琼脂平板上，噬菌体产生肉眼可见的噬菌斑，因此能进行噬菌体的计数。但因噬菌斑计数方法的实际效率难以达到100%（因为有少数活噬菌体可能未引起感染），所以为了准确地表达病毒悬液的浓度（效价或滴度），一般不用病毒粒子的绝对数量而是用噬菌斑形成单位（plague-forming unit，pfu）表示。

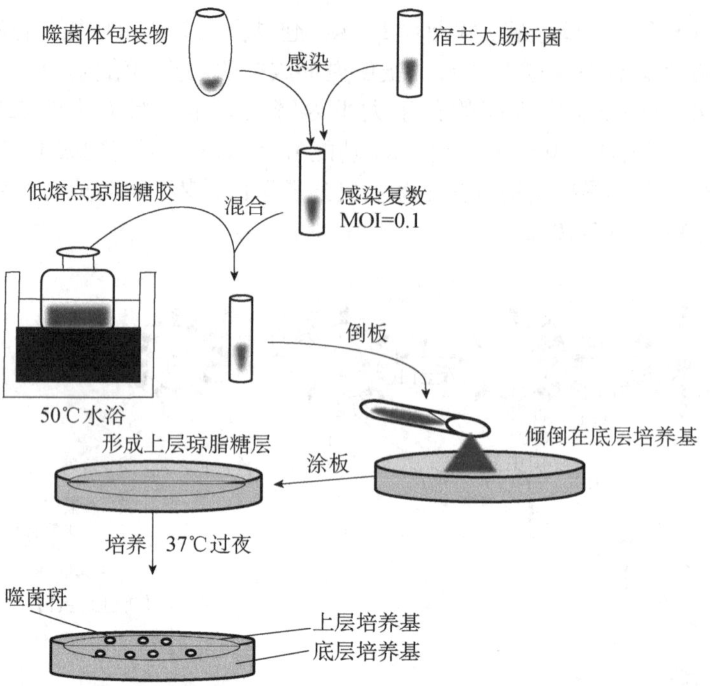

图 5-11　λ 噬菌体包装物在宿主大肠杆菌菌苔上检验效价及形成噬菌斑

四、其他载体文库的构建

文库构建策略取决于所选用的载体，因此不同的载体都有其具体的构建策略。

（一）Cosmid 载体基因组文库

以 Cosmid 载体构建文库，由于 Cosmid 载体克隆的容量可以达到 45kb，因此在制备基因组随机性片段时，以多切点的限制性内切核酸酶进行更有限的酶切，回收 45kb 大小附近的分子。以 pJB8（图 5-12）为例，pJB8 带有大肠杆菌的质粒复制原点、抗生物标记基因（*Amp*^{r}）及来自噬菌体的 *cos* 临近序列。先以 *Hind*Ⅲ 和 *Sal*Ⅰ 分别酶切载体，并以碱性磷酸酶除去分子两末端的磷酸基团，再分别用 *Bam*HⅠ将两分子的克隆末端释放出来，分别收集带 *cos* 区段的分子作为 DNA 克隆的左、右两臂。与插入序列随机片段混合连接，形成适于 λ 包装蛋白离体包装、带质粒复制原点 *cos* 载体片段-插入分子-*cos* 片段的重组分子。

上述重组子可用噬菌体包装蛋白离体包装成人工噬菌体，再利用噬菌体感染宿主后将重组 DNA 转入大肠杆菌中。不过 Cosmid 载体形成的重组子，不带噬菌体复制基因及结构基因，在扩增时不以细菌病毒的繁殖方式增殖，而是在转入大肠杆菌后通过 *cos* 末端黏接，转变成一带有质粒复制子的细菌质粒，克隆的重组子在细菌中以质粒的形式复制并形成细菌菌落。pJB8 带有 *Amp*^{r} 使转化细菌具有抗氨苄青霉素抗性（图 5-12）。

（二）酵母人工染色体文库

以酵母人工染色体质粒为载体构建基因组文库，其克隆的 DNA 可以达到几百 kb，因此 10^4 左右的重组子就可以将某一高等生物的遗传信息全部包含下来。用这类载体构建文库时往往要首先分离出生物的某一条确定的染色体，在温和条件下以识别 6 对碱基的限制性内切核酸

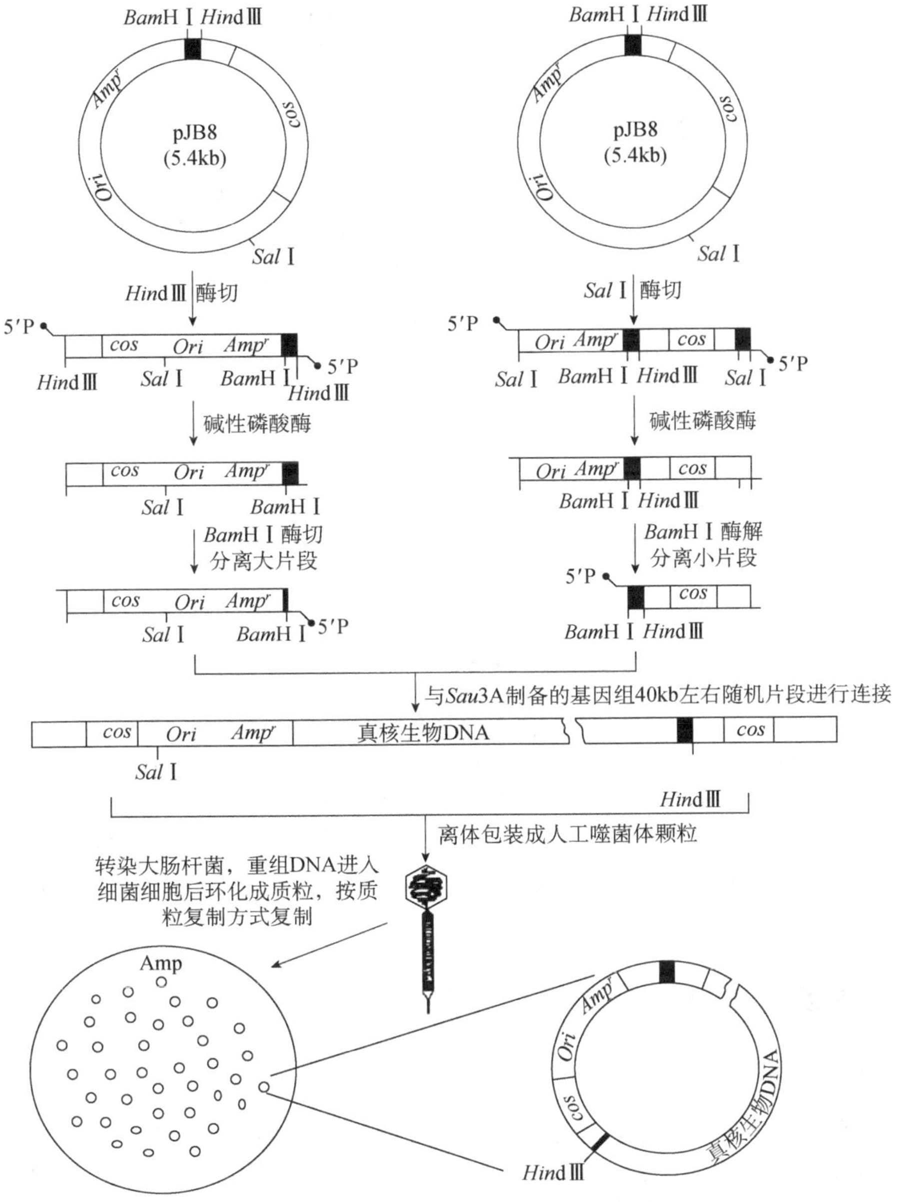

图 5-12　以 pJB8 为载体构建文库技术流程

pJB8 先酶切制备出带 *cos* 位点的两臂载体，插入近 45kb 的基因片段后可形成适于 λ 包装蛋白离体包装的 DNA，包装成的人工噬菌体感染宿主，重组 DNA 以质粒的形式复制并赋予细菌抗生素抗性

酶，如 *Eco*RⅠ酶解，回收几百 kb 的大分子随机片段。

酵母人工染色体载体被构建成质粒的形式，可在细菌中增殖并分离出来。将人工染色体质粒载体以 *Eco*RⅠ酶切，释放出克隆位点，同时酶切释放其端粒，与上述大分子基因组随机片段混合连接实现人工重组。重组分子通过电击转化方式转化酵母细胞。

要获得载体两臂与插入片段的重组并转入酵母细胞，在复杂的分子反应体系中效率是不高的。但由于载体容量大，插入的分子片段达到了 10^5～10^6bp，获得 10^4 的重组转化子就可以满足一个高等生物基因组文库建库的要求，所以在实际文库构建时依然可行（图 5-13）。

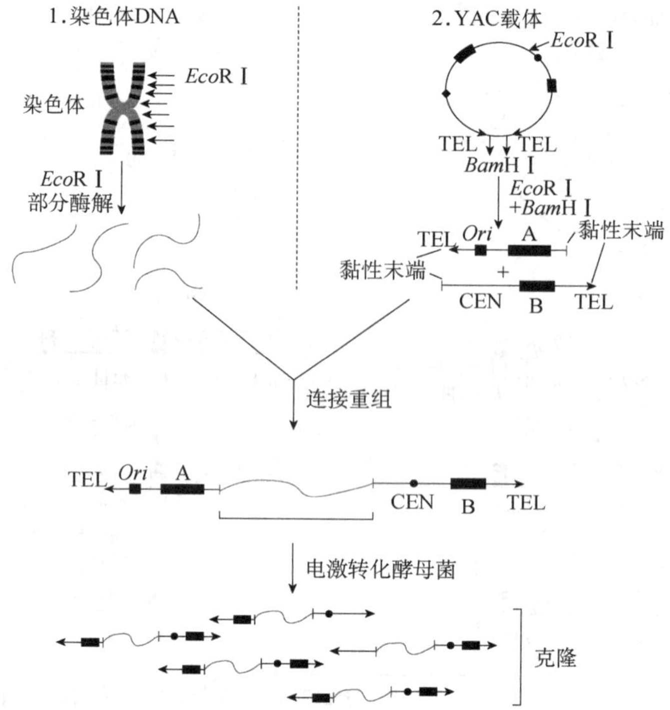

图 5-13 酵母人工染色体载体构建基因组文库

A. 酵母染色体自主复制序列；B. 酵母中的选择标记；CEN. 酵母染色体着丝点；TEL. 染色体端粒
酵母人工染色体载体构建成质粒形式，在细菌中进行扩增。基因组 DNA 制备成几百 kb 的大片段后，插入到人工染色体载体，形成一个可在酵母中稳定存在的人工染色体。通过酵母的增殖使基因组 DNA 形成克隆

此外，在原核生物基因组文库构建中，经常涉及质粒载体文库。其构建过程较为简单，在此不做介绍。

五、基因组文库的扩增筛选

（一）文库的扩增

构建文库的目的常是为某确定片段分子的分离提供克隆群体。文库的效价达到了完备性基因组文库的要求，就可以用于进行基因组文库的扩增和筛选。基因组文库的扩增过程是使每一克隆分子增殖的过程。基于 λ 噬菌体载体的基因组文库通过感染大肠杆菌，重组噬菌体在受体细胞中复制增殖并形成噬菌斑以实现增殖。如果将所有的噬菌斑再洗脱混合收集，每一原初的克隆分子都对应地进行了增殖，就形成了扩增后的文库。扩增后的文库效价更高，但用于再次感染受体菌后进行基因筛选时可能存在一定的风险。因为在进行文库扩增时，很难保证重组子均等增殖，因此可能有些克隆增殖更多，而有些克隆增殖太少，甚或有丢失的可能。

λ 噬菌体载体复制时有一个 8bp 的 *chi* 位点 5′-GCTGGTGG-3′与其分子重组和进入滚环复制有关，插入的外源 DNA 很容易引入 *chi*，这类重组子的复制效率较不带 *chi* 位点的重组子高得多。为了克服这种不均等复制的现象，在 λ 噬菌体载体中通常引入 *chi* 位点。

在重组子复制时，如果外源 DNA 带有一些正向或反向的重复序列，很容易进行分子内的重组，而将一段 DNA 丢弃或产生重排。通过在载体上采用 $red^{-}gam^{-}$突变，并运用 $recBC^{-}$的宿主可以减少重组的发生，增强重组子的稳定性。

（二）文库的筛选

文库的筛选就是从众多的分子克隆群体中将确定的克隆筛选出来。文库筛选策略也需根据构建文库的载体特点而定。λ噬菌体载体基因组文库以重组噬菌体集合的形式存在；Cosmid载体的基因组文库则是以含有大分子重组质粒的独立转化菌落集合的形式存在；BAC 文库也是以细菌菌落形式存在；YAC 文库则以酵母形式出现。高等生物的完备基因组文库一般由百万个重组克隆组成，从中筛选一个含有特定目的基因的重组克隆，其工作量之大可想而知。因此，必须建立一种高效的筛选机制。放射性标记的分子探针筛选法和 PCR 文库筛选法是目前进行文库筛选的常用方法，其中以放射性标记的分子探针筛选法最为常用。这种方法需先制备探针，用探针对噬菌斑原位转移的斑点进行分子杂交，获得放射自显影的信号后，在对应的噬菌斑位置挑选出噬菌体（图 5-14）。

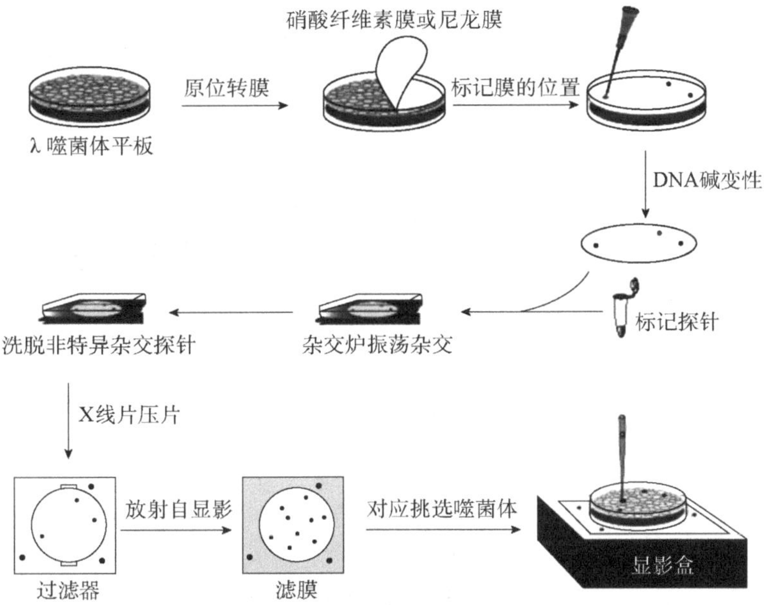

图 5-14 放射性标记探针进行文库杂交筛选

噬菌体感染大肠杆菌后的噬菌斑点存在足量的 DNA，以硝酸纤维素膜或尼龙膜进行原位转膜后经过清洗、变性和固着再与放射性标记的探针进行杂交。给出阳性信号的噬菌斑可以从原平板上挑选出来

以噬菌体载体构建的文库，感染大肠杆菌后形成噬菌斑，由于每个噬菌斑的细小斑点就能提供足量的供后续检测的 DNA 分子，因此很适合进行大量重组分子的筛选。而 Cosmid 文库、细菌人工染色体也可以通过对平板上的大量菌落以氯仿裂菌后，原位转膜，再采用原位杂交方法筛选。

探针筛选法进行文库筛选建立在合理的感染复数（multiplicity of infection，MOI）上。所谓感染复数即吸附于细菌上的噬菌体数与培养中的细菌数之比。在一个菌苔（bacteria lawn）的平板上噬菌斑既有足够的密度，相互之间也有良好分隔，这样获得杂交信号后就容易挑到正确的噬菌体。然而在实际操作过程中，通常不能按常规程序进行，试想一下，为了准确辨认期望重组克隆，一块直径为 15cm 的平板上，最多能容纳 10 000 个噬菌斑或菌落，一个由 10^6 个重组克隆组成的基因组文库，至少需要对 100 张噬菌斑平板转膜进行探针分子的原位杂交，工作量很大。而采取三步原位杂交法，可以在更短的时间内完成全基因组文库的筛选，其程序如下：第一步制备高密度平板，使每块平板密集分布 10^4～10^5 个菌落或噬菌斑，此时虽然菌斑相互重叠，但仍可进行原位杂交；第二步由感光胶片上的斑点位置在原杂交阳性平板的相应区域内挖下整块区域，并用新鲜培养基洗涤稀释；第三步将稀释液再次涂布平板，使每块平板只含有 10^3 个可辨认的菌落或菌斑；再用相同的探针进行二轮杂交，直至准确挑出期望的重组克隆。

PCR 文库筛选法也是一种常规筛选法，它是将噬菌体群体制备成样本池（pool），并按等级进行样本池分组。先运用目标分子确定的引物对多样本的样本池进行 PCR 扩增，如果在该样本池中含有目标分子，则可以扩增出预期大小的分子带。再对阳性样本池的次级样本池进行 PCR 扩增，获得阳性次级样本池，阳性次级样本池再分组并继续进行 PCR，直至挑选出单独的重组子（图 5-15）。

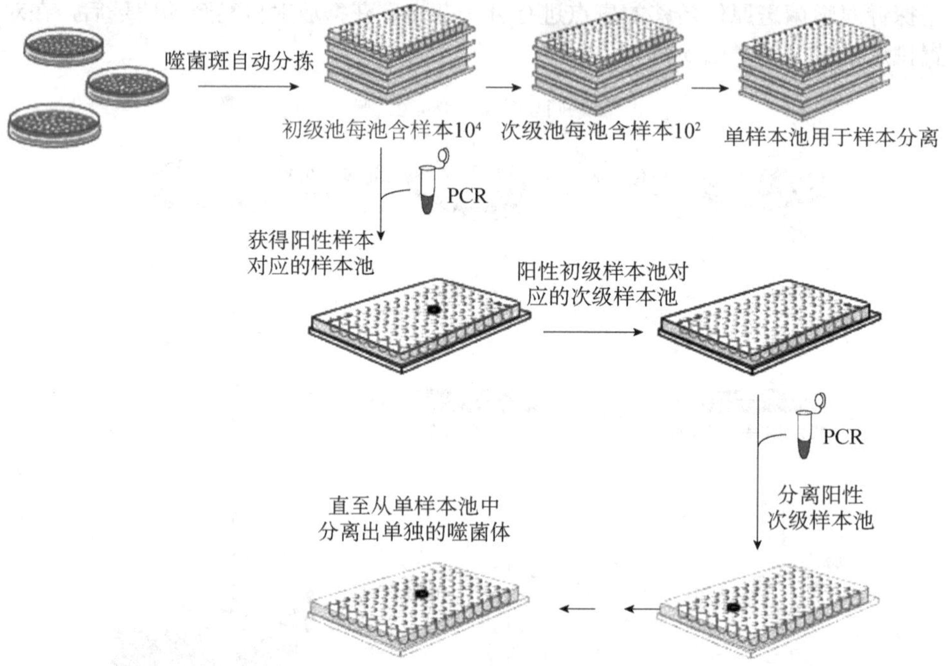

图 5-15　PCR 法筛选基因文库示意图

文库感染大肠杆菌后获得的众多噬菌斑通过自动分拣进行分级分组，在初级样本池中包含更多的独立噬菌体样本，以特定引物扩增出阳性信号的样本池进行次级样本池的扩增，直至分离出独立的样本

第三节　cDNA 文库的构建与筛选

cDNA 文库是将生物特定的组织器官或特定发育时期的全部 mRNA 反转录成 cDNA，并全部克隆成重组子，在该重组子群集中包含了其全部表达基因的转录本。

在某一特定发育阶段和特定组织中，并非所有的基因都能表达，通常得以表达的基因仅占基因总数的少部分，因此不同于基因组文库的是，生物的 cDNA 文库有其组织和发育时期的特异性。我们在指定 cDNA 文库时往往要指定其来源的组织和时期。

构建 cDNA 文库，因为从 mRNA 出发分离目的基因，大大地缩小了搜寻分离功能基因的范围，同时分离的 cDNA 克隆由于不含内含子，根据其序列可以直接获得蛋白质序列信息，对于功能基因研究更为方便，所以 cDNA 文库构建也是基因工程研究的重要内容之一。

一、cDNA 文库的特征及发展

自 20 世纪 70 年代初首例 cDNA 克隆问世以来，构建 cDNA 文库成为研究基因的主要手段之一。在基因工程操作中，也常以 cDNA 为探针从基因组文库中分离相应的基因克隆。

与基因组 DNA 文库的构建及基因分离方法相比，cDNA 克隆主要具有以下优越性。

1）cDNA 克隆以 mRNA 为材料，特别适用于某些 RNA 病毒，如流感病毒、脊髓灰质炎病毒和呼肠孤病毒等的基因组结构研究及有关基因的克隆分离。因为这些病毒的增殖并不经过 DNA 中间体，所以研究这样的生物有机体，cDNA 克隆是唯一可行的方法。

2）cDNA 文库的筛选比较简单易行。一个完全的 cDNA 文库所含的克隆数，要比一个完全的基因组文库所含的克隆数少得多，前者约为后者的 1/10，甚至更少。如果恰当地选择 mRNA 的来源，就有可能使所构建的 cDNA 文库中，某一特定序列的克隆达到很高的比例。因此，从一些特殊的组织，如贫血的兔子骨髓或产蛋鸡的输卵管所制备的 cDNA 文库，分别在含珠蛋白基因序列的克隆和卵清蛋白基因序列的克隆方面，占有明显的优势。cDNA 克隆可以极大地简化筛选特定序列克隆的工作量，这是基因组克隆所不具备的优点。

3）每一个 cDNA 克隆对应于一种 mRNA 序列，这样在目的基因的选择中出现假阳性的概率就会比较低，因此阳性的杂交信号一般都是有意义的，由此选择出来的阳性克隆将会含有目的基因的序列。相比之下，基因组 DNA 克隆的选择较为复杂，假阳性的概率较高。

4）cDNA 克隆可用于在细菌中表达基因的产物（原核表达）。与酵母、昆虫、动物等表达系统相比，原核表达系统具有简便易行、成本低的优点。高等真核生物基因与原核生物基因在结构组成上最大的差别就是前者含有内含子间隔序列，而后者较为单一，缺少内含子间隔序列。因此，cDNA 克隆可以在细菌细胞（原核生物）中进行表达，获得有生物活性的蛋白质产物。

二、构建 cDNA 文库应满足的条件

cDNA 文库的构建过程是分离生物组织的 mRNA，利用反转录酶将其转录成互补 DNA（cDNA），形成的 cDNA 群体有相近的机会插入到适当的载体上，然后再进行高效的分子扩增，形成包含着所有基因编码序列的 cDNA 的分子克隆群体，从中可以有足够的置信度分离出任一确定的分子对象。

对 cDNA 文库质量的评价主要有两个方面：文库的代表性和重组 cDNA 片段的序列完整性。

1. *文库的代表性*　cDNA 文库的代表性是指文库中包含的重组 cDNA 分子反映来源细胞中表达信息（mRNA 种类）的完整性，它是体现文库质量的最重要指标。文库的代表性好坏可用文库的库容量来衡量，它是指构建的原始 cDNA 文库中所包含的独立的重组子克隆数。库容量取决于来源细胞中表达出的 mRNA 种类和每种 mRNA 序列的拷贝数，1 个正常真核细胞含 10 000～30 000 种不同的 mRNA，按丰度可分为低丰度、中丰度和高丰度三种，其中低丰度 mRNA 是指某一种在细胞总计数群中所占比例小于 0.5%时的 mRNA。满足最低要求的 cDNA 文库的库容量可以用 Clacke-Carbor 公式计算

$$N=\frac{\ln(1-P)}{\ln(1-n/T)}$$

式中，P 为文库中筛选出某一确定克隆的置信度，一般情况下，置信度选择 0.99；N 为文库中以 P 概率出现细胞中任何一种 mRNA 序列理论上应具有的最少重组子克隆数；n 为细胞中最低丰度的 mRNA 序列的拷贝数；T 为细胞中表达出的所有 mRNA 的总拷贝数。

由于基因表达水平的差异，低丰度mRNA对应的cDNA克隆的分离需要构建含有更多重组子的cDNA文库。而高丰度的mRNA对应的cDNA只需从较少重组子的群体中就有足够的可能性分离出来。按此经验公式计算，从mRNA分子总数为10^6分子的组织，获得拷贝数为3500和14的mRNA的基因，应构建的cDNA基因文库中最少重组子克隆数分别是650和160 000个。

2. 重组cDNA片段的序列完整性　在细胞中表达出的各种mRNA尽管具体序列不同，但基本上都是由3部分组成，即5′非翻译区、中间的编码区和3′非翻译区。非翻译区的序列特征对基因的表达具有重要的调控作用，编码序列则是合成基因产物——蛋白质的模板。因此，要从文库中分离获得目的基因完整的序列和功能信息，要求文库中的重组cDNA具有分子的完整性。由于RNA容易降解，反转录反应是从mRNA的3′端起始，cDNA克隆3′端的完整性往往较好，而5′端更容易发生丢失。

三、cDNA文库的构建

构建cDNA文库主要包括图5-16所示的几个步骤。

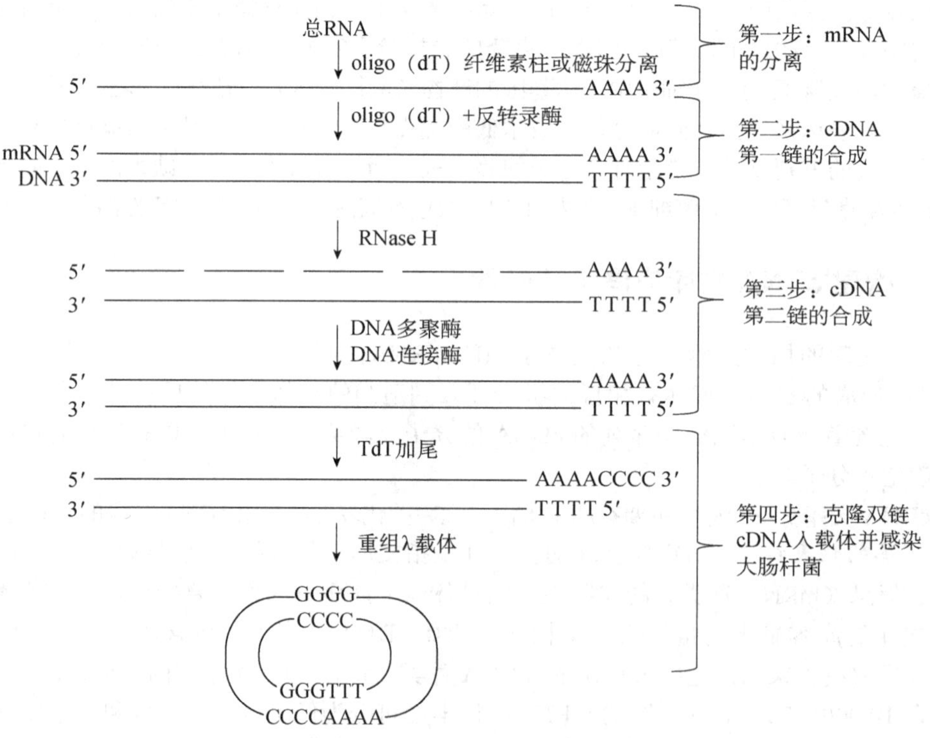

图5-16　cDNA文库构建流程

1. 分离mRNA　真核细胞RNA含量在5～10μg，其中80%～85%为rRNA，15%～20%为tRNA和核内小分子RNA，mRNA在细胞中仅占总RNA的1%～5%。mRNA比例虽低，但分子种类相当丰富。每一个基因表达都产生与其对应的mRNA分子。

在分离mRNA前，需先分离总RNA，一般利用异硫氰酸胍（guanidine thiocyanate）和β-巯基乙醇（β-mercaptoethanol）使核糖体解体，而染色体不发生解体，RNA溶解在溶液中，再采用苯酚-氯仿抽提使染色体和蛋白质形成中间层，含RNA的上清液转移后以无水乙醇沉淀，离心获得总 RNA（图 5-17）。

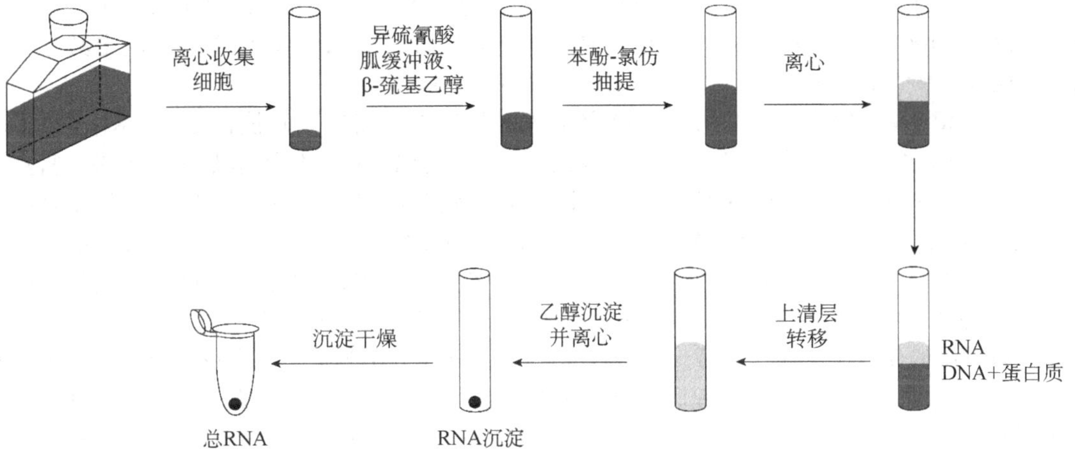

图 5-17 从培养细胞中分离总 RNA 技术流程

真核 mRNA 分子在结构上有一个显著的特征，即绝大多数真核 mRNA 分子的 3′端都含有一段由 20～250 个多聚腺核苷酸组成的 poly（A）尾巴，为 mRNA 的分离纯化提供了极为便利的条件，利用它可以通过亲和层析将 mRNA 从细胞总 RNA 的混合物中分离出来。不同的生物技术公司设计了不同的具体方法。有的利用 oligo（dT）纤维素柱亲和层析，有的利用磁珠结合 oligo（dT）的方式进行亲和吸附等。例如，可以将 oligo（dT）共价交联在纤维素分子上，制成 oligo（dT）型纤维素亲和层析柱，然后将细胞总 RNA 的制备物上柱层析分离，其中 mRNA 分子通过其 poly（A）结构与 oligo（dT）特异性碱基互补作用滞留在柱上，而其他的非 mRNA 分子（如 tRNA、rRNA 等）则流出柱外，最终用含有高盐的缓冲液将 mRNA 从柱上洗下（图 5-18）。

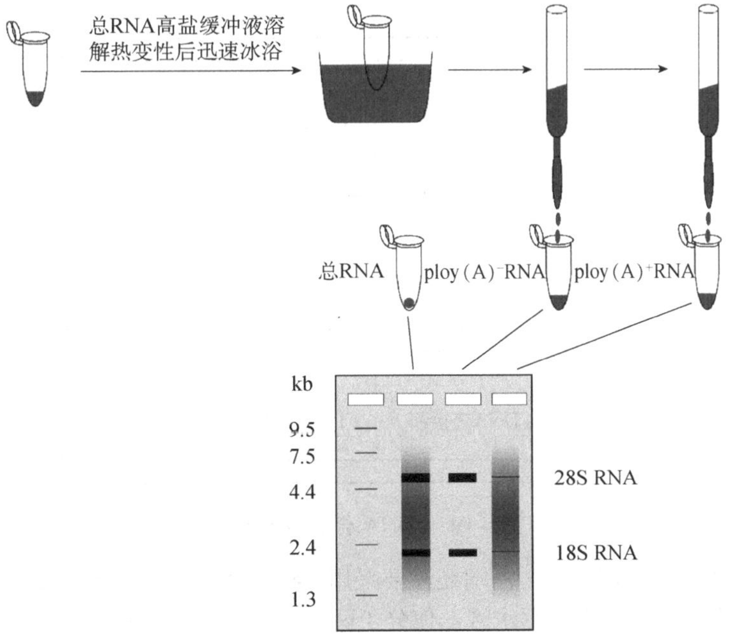

图 5-18 利用 oligo（dT）层析柱从总 RNA 中分离 mRNA 示意图

mRNA 的制备是构建 cDNA 文库的关键步骤之一，因此在合成 cDNA 第一链之前应对其完整性进行检测。通常以 mRNA 在无细胞翻译体系中指导合成多肽和高分子质量蛋白质的能力作为目的 mRNA 相对浓度的估计值。进一步可通过凝胶电泳分离 mRNA 来确定其分子大小，一般 mRNA 分子量为 0.5～8kb，大部分为 1.5～2.0kb。

2. 对 mRNA 进行富集　对 mRNA 进行富集即通过一定的方式使特定的 mRNA 分子在体系中的比例增高。当目的 cDNA 克隆出现的频率不小于 $1/10^6$ 时不需对其 mRNA 进行富集，如果低于这一频率则应进行 mRNA 富集。富集方法有多种，如诱导基因在特定组织器官中高效表达，使其产生出更多拷贝的分子；按分子大小对 mRNA 进行分级分离，将过大或过小的分子从系统化中排除，实际上提高了目标分子的比例；按 cDNA 分子大小进行分级分离；进行差减法筛选，将一些持家基因（housekeeping gene）表达 mRNA 排除。

3. cDNA 的合成　cDNA 第一链的合成是以 mRNA 分子为模板，在反转录酶作用下，利用适当引物引导 DNA 合成的过程。mRNA 3′端 poly（A）尾为 cDNA 第一链合成提供了一个很好的引物位点。通常情况下采用人工合成的 12～20 个脱氧胸腺嘧啶核苷组成的 oligo（dT）短片段作为引物，在反转录酶的作用下，以 mRNA 为模板合成出第一链 cDNA，形成 RNA-DNA 杂交分子。

cDNA 第二链的合成有几种具体的实施方法，最常用的方法是利用大肠杆菌 RNase H 特异降解 mRNA-DNA 杂交分子中的 mRNA 的特性，将 mRNA 降解成一些小片段，这些小片段可作为大肠杆菌 DNA 聚合酶 I 的引物，再以 cDNA 第一链为模板合成第二链 cDNA。结合 DNA 聚合酶的缺口平移功能，使 mRNA 分子除了最紧靠其 5′端的极小部分之外，完全被新合成的第二链 cDNA 所取代。最初合成的 cDNA 第二链仍处于间断不连续的状态，其间分布着许多缺口，通过 DNA 连接酶才能被连接形成完整的双链 cDNA 分子（图 5-19）。

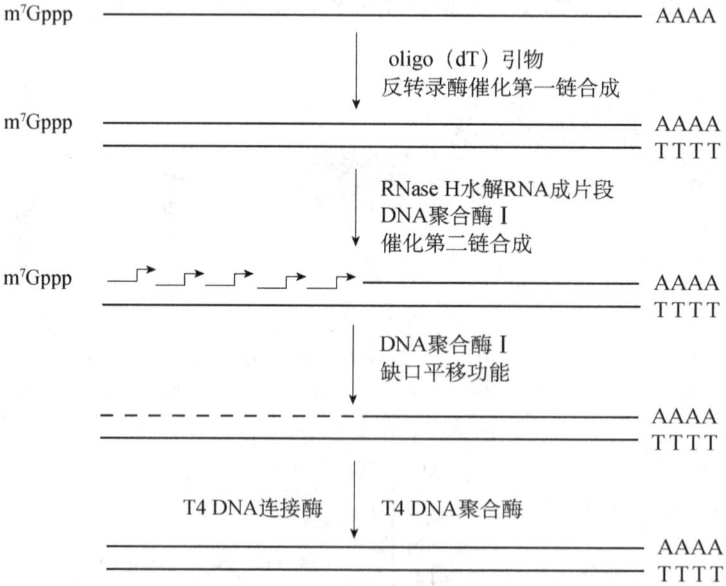

图 5-19　cDNA 合成技术流程

经上述方法合成的 cDNA 分子两端还需要采用 T4 DNA 聚合酶在缺乏 dNTP 情况下的水解活性，对可能存在的单链末端进行水解，使分子两端形成完整的双链。

4. 黏性末端片段与载体的连接　为了使 cDNA 双链分子较方便地克隆入相应的载体，

常在 oligo（dT）寡聚引物一端连接上含有特定限制性内切核酸酶黏性末端的接头分子。例如，以 λ gt10 和 λ gt11 为载体进行 cDNA 克隆时，cDNA 两端要连上 *Eco*RⅠ的黏性接头。载体以 *Eco*RⅠ酶切后，可与加接头的 cDNA 分子直接连接重组（图 5-20）。

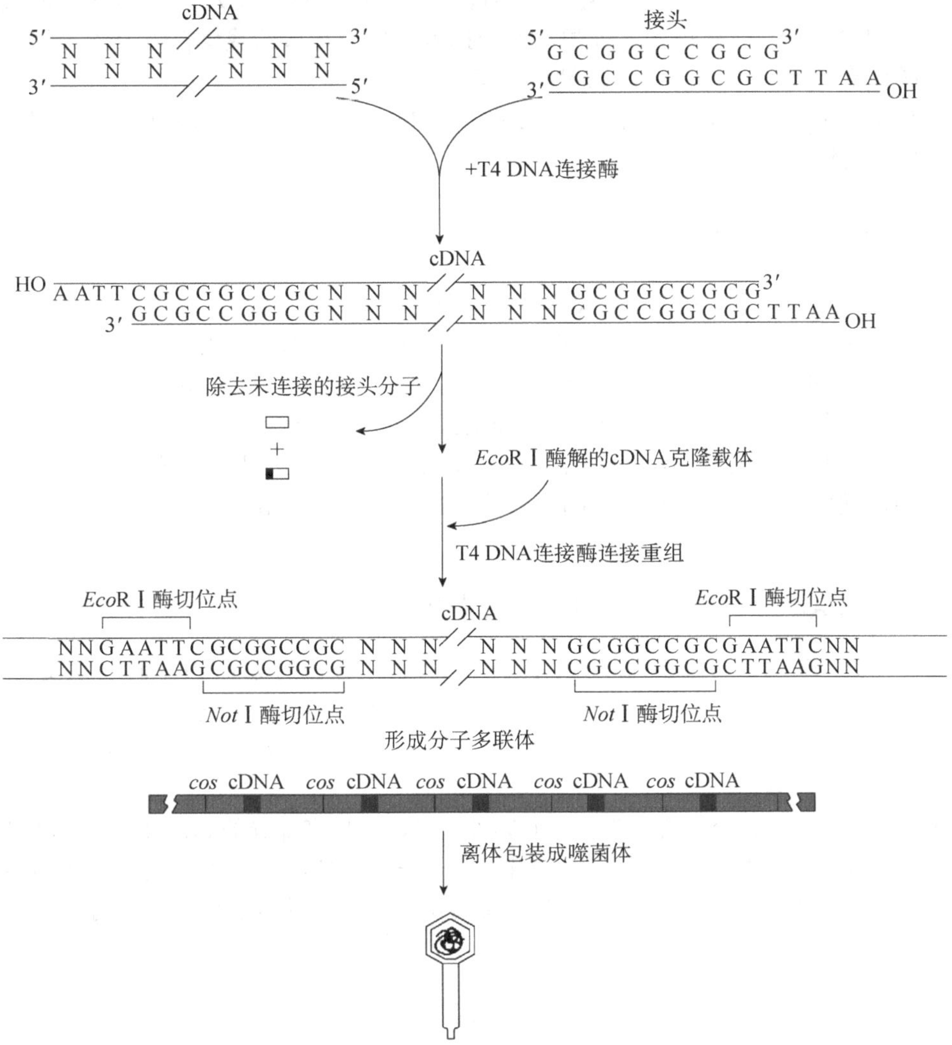

图 5-20　人工接头法克隆 cDNA λ 插入型载体

为了提高分子重组的效率，合成的接头分子黏性末端的 5′端核苷酸为不带磷酸基团的核苷，减少 cDNA 分子之间的连接，提高与载体重组的机会。采用 λ 插入型载体进行分子重组时，载体自身连接后形成空载分子，大小也符合噬菌体离体包装的要求，常对 cDNA 克隆产生干扰，如果不加以控制，会严重影响文库的质量。在实践中常通过提高 cDNA 分子与载体分子间的比例来提高重组率，一般认为插入序列和载体的摩尔比在（1～3）∶1 效果最佳。

5. 离体包装获得重组噬菌体　　同基因组文库构建。

6. 检测重组噬菌体效价　　同基因组文库构建。

即使在重组连接时采取了控制载体自身连接空载的发生，但并不能完全防止空载分子的产生，不过我们可以根据载体的克隆策略了解其是否为重组的分子。

对于λgt11 和λZAP 载体构建文库，克隆位点位于β-半乳糖苷酶α肽内，提供了进行α互补蓝白指示的选择标记。因此，感染噬菌体空载体分子在*Δ15* 突变体受体细菌形成的噬菌斑可在 IPTG、X-gal 的平板上呈蓝色，而重组噬菌体噬菌斑为白色。

对于λgt10 载体构建的文库，克隆位点为噬菌体超免疫基因（*c I*）中，非重组的载体形成噬菌斑没有溶原生长，噬菌斑为清亮型，而未插入 cDNA 形成的载体自连分子，包装成噬菌体感染大肠杆菌后有溶原生长，噬菌斑为混浊型。

一个理想的文库，载体自连的空载分子越少越好。通常重组噬菌体与空载的比例为 7∶1 以上的文库就是较为理想的了。

四、cDNA 文库的筛选

cDNA 文库大多是采用λ插入型载体构建，因此运用分子探针杂交进行文库筛选是 cDNA 文库最常用的筛选方法。此外，由于 cDNA 文库构建载体 cDNA 插入位置位于一段表达的基因中，插入的 cDNA 有可能被翻译出蛋白质，因此还可以采用适当的标记抗体进行筛选。同样，运用样本池进行分级式的 PCR 扩增筛选也适用于 cDNA 文库。

由于 cDNA 具有编码蛋白对应的信息，如果已知蛋白质的氨基酸序列，可以根据其氨基酸序列推导出编码基因的可能序列，制备成简并探针或引物，用于 cDNA 文库的杂交筛选或 PCR 筛选。

（一）运用氨基酸序列信息的 cDNA 文库筛选

根据已知蛋白质的氨基酸序列，从中找到一段简并度较低的氨基酸序列位点，通常以连续的 6 个氨基酸写出其 17 个核苷酸的可能序列（如前所述，为降低序列的简并度，排除最后一个氨基酸密码子摇摆的第三号碱基）。进行 DNA 合成时引入放射性标记，制备成简并性探针，然后对文库进行转膜和杂交。

由于采用简并探针杂交，会产生一些假阳性信号，为提高筛选的确定性，可以针对某蛋白质氨基酸序列的两段位置，设计两个简并探针，一个探针作为参比，先后对同一张转膜进行杂交。杂交自显影后的两张 X 线片叠加观察，都给出阳性信号的噬菌斑为筛选对象的可能性极高（图 5-21）。

（二）运用标记抗体进行 cDNA 文库筛选

cDNA 克隆在文库载体上后，有可能表达出其编码的蛋白质，如λgt11 和λZAP 载体的克隆位点位于 *lacZα* 启动子下游，有一定机会表达融合蛋白，如果这段蛋白质有可以利用的抗体，则可以对抗体进行标记并对文库进行放射免疫筛选。

在宿主菌上扩增噬菌体并加诱导物表达融合蛋白，噬菌斑中的蛋白质先印迹到尼龙膜或硝酸纤维素膜上，然后与标记的抗体进行结合杂交，放射自显影后，挑选出阳性信号斑点对应的噬菌斑（图 5-22）。

（三）运用 PCR 方法进行 cDNA 文库筛选

与基因组文库的 PCR 筛选一样，PCR 方法也可通过对样本分级分池后进行 PCR 扩增来筛选 cDNA 文库。当然进行 PCR 扩增筛选确定的 cDNA 克隆还需要设计一对引物。引物可以是

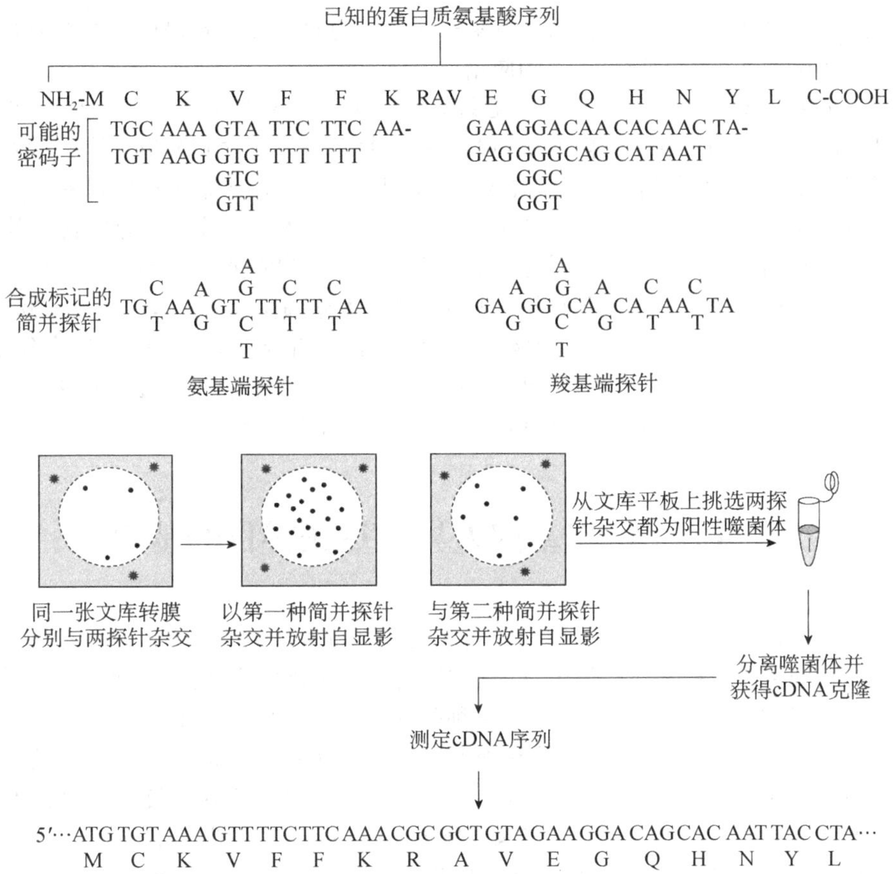

图 5-21 运用简并性探针筛选 cDNA 文库

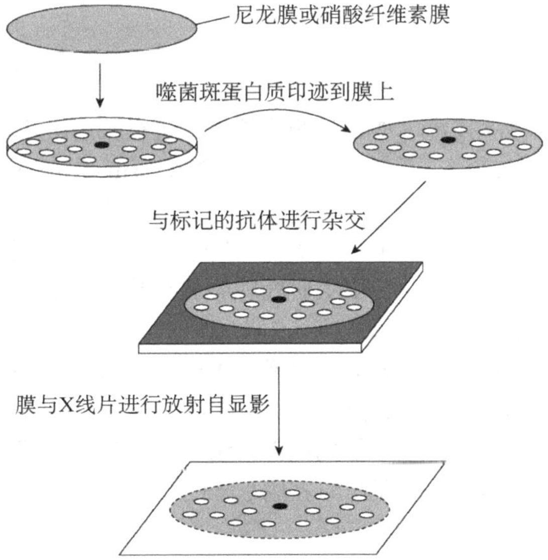

图 5-22 运用标记抗体对 cDNA 文库进行筛选

针对确定 cDNA 的特异性引物，也可以采用简并引物。随着生物信息学的发展，基因和蛋白质数据库的信息量日益丰富，为基因的分离提供了很好的参考。经过分析同源性的基因、

cDNA 序列或蛋白质序列，可以为我们分离某一同源性的 cDNA 克隆提供简并引物的信息。因此，简并引物的筛选法得到了越来越多的应用。

分离出的 cDNA 重组噬菌体克隆可以通过感染细菌而大量增殖并分离制备其 DNA，再以限制性内切核酸酶将其切下并亚克隆到质粒载体中，然后进行测序和分析。这一亚克隆过程因要制备出噬菌体 DNA 而比较麻烦，而 λ ZAP 载体则巧妙地运用了插入的噬菌粒（phagemid）pBluescript 而省去了亚克隆过程，使大量获得克隆化的 cDNA 分子变得非常方便。其原理是在筛选鉴定出某一重组噬菌体后，与启动噬菌粒复制的辅助丝状噬菌体（M13KO7）合并感染细菌，辅助丝状噬菌体所带的Ⅱ蛋白可作用于噬菌粒的单链复制启动的间隔区，启动滚环复制，产生 pBluescript 并包含 cDNA 的 ssDNA，并形成环形的分子，环化起来的分子再利用 pBluescript 上的质粒复制原点在大肠杆菌中开始质粒复制，这样克隆的 cDNA 也随之进入质粒中。这样的质粒可以很方便地制备出来进行 DNA 序列测定等研究。

第四节　根据基因差异表达获得目的基因

生物的个体发育、细胞的分化、细胞周期变化、生物体对逆境响应、细胞的凋亡和个体的衰老等几乎所有的生命过程都可来源于基因的差别表达。因此，比较不同细胞或者不同基因型生物体在基因转录水平上的差异，即 mRNA 种类的差别为我们深入了解生命过程的本质打开了方便之门。早年曾在 PCR 基本技术的基础上建立了差别显示 PCR，如 cDNA 代表性差别分析、抑制消减杂交和 RNA 任意引物 PCR 等方法，寻找差异表达基因，随着测序技术的发展，测序手段越来越先进，成本越来越低，RNA 测序（RNA-seq）成为人们寻找差异表达基因的首选方法。所获得的 cDNA 片段可作为探针或设计引物，通过筛选文库等各种方法获得其全长 cDNA 或基因。

一、RNA-seq

RNA-seq 即用高通量测序技术（如三代测序技术）进行测序分析，找出生物个体不同发育阶段、不同外界环境（包括逆境）下差异表达的 mRNA、small RNA（sRNA）和非编码 RNA（noncoding RNA）等集合。

转录组（transcriptome）是特定物种、器官、组织、不同发育阶段或不同逆境胁迫，甚至是特定单个细胞所有转录本的集合。转录组研究能够从全基因组水平上分析基因结构、基因表达，甚至基因表达调控网络。

RNA-seq 是转录组分析的首选方法，其工作流程大致如下：RNA 提取，mRNA 富集或去除核糖体 RNA，反转录成 cDNA，构建相应的测序文库，高通量测序平台测序。最后，数据通过比对或拼接测序的读长到转录组，量化覆盖转录本的读长，过滤和样本间归一化，用统计模型描述每个基因在各个样本组之间存在的表达水平的差异（图 5-23）。

二、差别显示 PCR

差别显示 PCR（difierential display mRNA by PCR，DD-PCR）或 mRNA 差别显示反转录 PCR（difierential display reverse transcription PCR，DDRT-PCR）是基于 PCR 的 mRNA 差别显

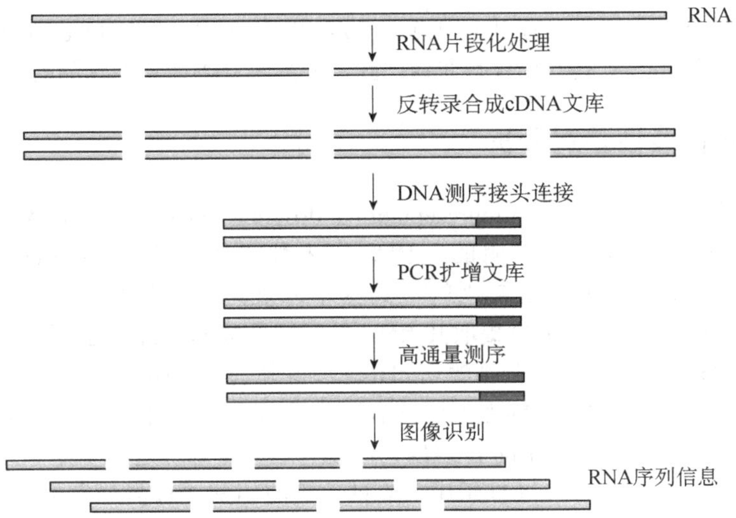

图 5-23　RNA-seq 实验流程图

示技术。其基本原理是：利用真核生物成熟 mRNA 的 3′ poly（A）结构，用 oligo（dTMN）（M=A、C、G，N=A、G、C、T）作为锚定引物与 mRNA 的 poly（A）结合，在反转录酶的作用下将 mRNA 反转录为 cDNA，再以原 oligo（dTMN）和 10bp 随机引物组成的引物对在不同来源的 cDNA 中进行 PCR 扩增，相同引物对在不同来源 cDNA 中的 PCR 产物并排在聚丙烯酰胺测序胶上电泳分离。由于扩增的 cDNA 片段被放射性同位素或荧光素标记，通过放射自显影或显色，即可获得差异表达基因的扩增条带（图 5-24）。

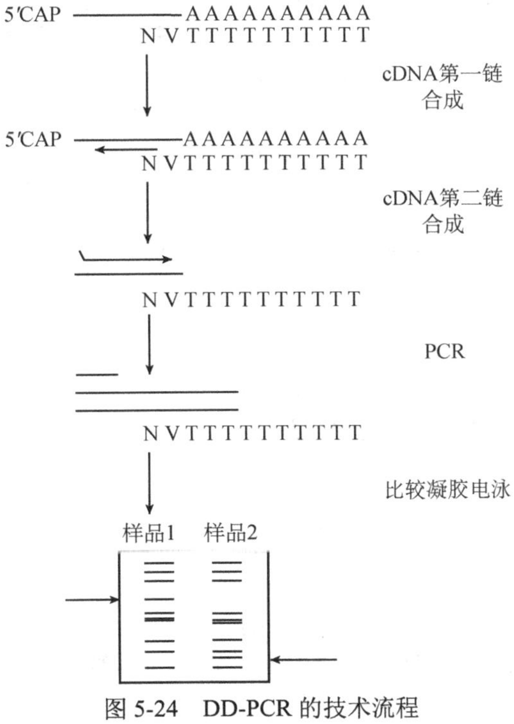

图 5-24　DD-PCR 的技术流程

DD-PCR 具有速度快、操作简单、灵敏度高而且样品需要量少等优点，在一定程度上克服了消减杂交技术的不足。但它也有以下缺点：一是假阳性率高，有时可达到 50%～75%；二是获得的 cDNA 片段很短，且其 3′端含有非翻译区，使基因分类或功能预测的难度增大。

三、cDNA 代表性差别分析

cDNA 代表性差别分析（cDNA representational difference analysis，cDNA RDA）是 Hubank 和 Schatz 在 Lisitsyn 等 1994 年发明的基因组代表性差别分析（representational difference analysis，RDA）技术基础上发展起来的。其基本原理是：将材料根据要求分为试验组 T（tester）和驱动组 D（driver），分别提取其 RNA 并反转录成 cDNA，用识别 4 对碱基的限制性内切核酸酶（如 *Tag* Ⅰ和 *Vsp* Ⅰ）分别酶切 cDNA，再分别加上同一个接头，以接头特异性引物进行 PCR 扩增。扩增产物经限制性内切核酸酶酶切后，给 T 组酶切产物连上新的接头，使之区别于 D 组的 cDNA；再用过量的 D 组酶切产物与经“修饰”过的 T 组 cDNA 混合（100∶1），经变性、退火和复性，T 组与 D 组中共有的序列将组成 T-D 异源杂交分子，而 T 组特有的序列则形成 T-T 同源杂交分子，D 群同源序列形成 D-D 同源杂交分子。利用 T 组新接头的特异接头引物进行 PCR 扩增，T-T 同源杂交分子将得到有效扩增，这种消减杂交步骤可重复 2～3 次，以尽可能去除共有序列，可有效地富集差异表达基因片段（图 5-25）。

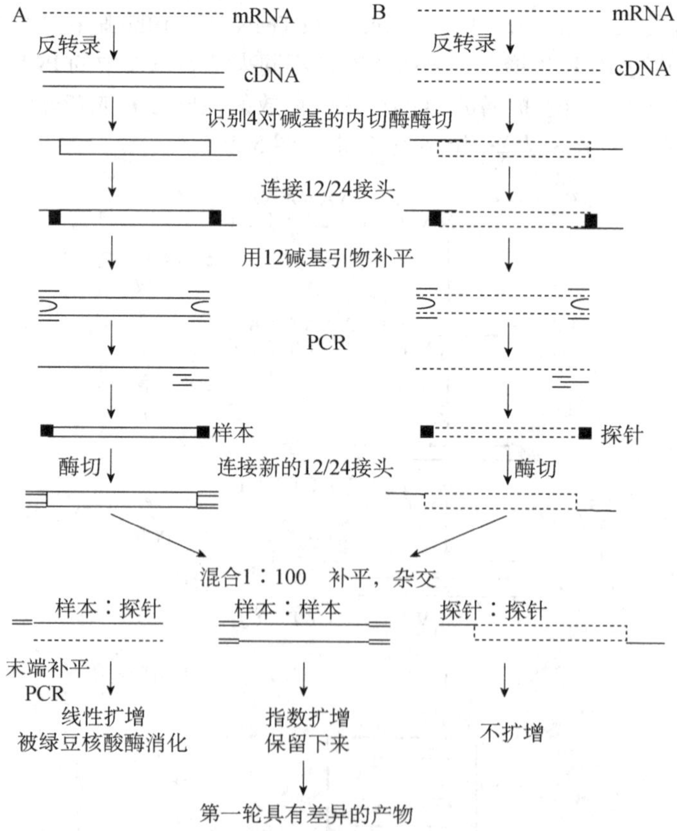

图 5-25 cDNA RDA 技术流程（王景雪等，2001）

A. 试验组（T 组）；B. 驱动组（D 组）

cDNA RDA 在保留了消减杂交和 DD-PCR 优点的基础上，充分发挥了 PCR 以指数形式扩增双链模板、以线性形式扩增单链模板这一特性，并通过降低 cDNA 群体复杂性和多次更换 cDNA 两端接头等方法，特异地扩增目的基因片段，与 DD-PCR 相比具有假阳性低、特异性强、灵敏度高和重复性好等优点。然而，cDNA RDA 技术也存在着操作复杂、实验周期长及费用高等缺点。

四、抑制消减杂交

抑制消减杂交（suppression substractive hybridization，SSH）技术是继 DD-PCR 和 cDNA RDA 技术之后又一新的表型克隆技术。其基本原理是：先将 cDNA 用限制酶切割为小片段，并将实验样本分为两份，分别连接不同的接头，然后与过量的探针 cDNA 进行不充分杂交，杂交后各种单链分子在浓度上基本相同。混合两份杂交样品，同时加入新的变性探针 cDNA 进行第二次消减杂交，杂交后补平末端，加入合适引物（部分接头 1 和接头 2 的单链寡核苷酸片段）进行 PCR 扩增，只有含不同接头的双链 DNA 分子才可进行指数扩增，PCR 扩增产物即目的片段（图 5-26）。

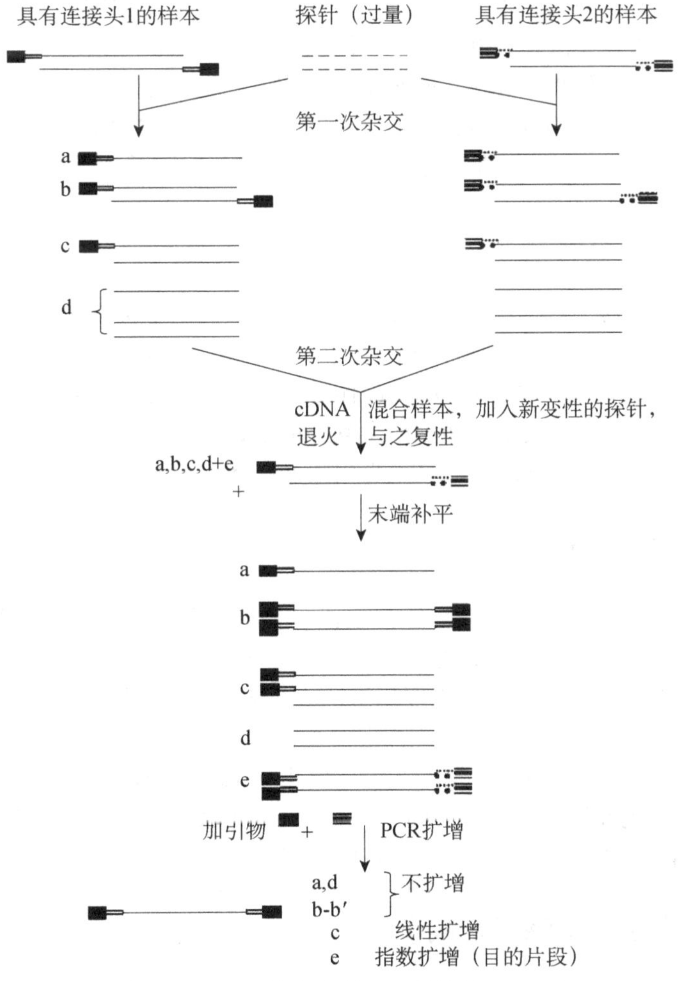

图 5-26　SSH 技术流程（王景雪等，2001）

第五节 基因的化学合成

基因的化学合成是获得基因的重要手段之一，它具有的一个不可替代的优点是可根据受体细胞蛋白质生物合成系统对密码子使用的偏爱性，在保证已知基因编码的氨基酸序列不变的前提下，使用偏好密码子来重新合成基因，从而大幅度提高转基因生物中外源目的基因的表达效率。已报道的合成基因有人生长激素、干扰素、胰岛素、表皮生长因子、白细胞介素-2 和集落刺激因子等，这些基因均已被克隆，绝大多数已在原核和真核系统中获得表达。

一、寡聚核苷酸单链的化学合成

寡聚核苷酸单链可用作 PCR 反应引物、测序引物和 PCR 定点突变引物等。

早期寡聚核苷酸单链的合成均在液相中进行，由于每聚合一个核苷酸都必须将产物从反应混合物分离出来，整个操作既耗时效率又低。DNA 固相合成法是将第一个核苷酸固定在固体颗粒上，这样新合成的寡聚核苷酸链产物即以固相形成存在于反应系统中。每一步化学反应中所加入的试剂均能快速、简便地去除，同时反应试剂可以大大过量，以保证每步反应几乎完全进行。DNA 固相合成技术的建立大大简化了产物的分离程序，并使得 DNA 合成的连续化、自动化成为可能，目前的 DNA 全自动合成仪大都采用磷酸亚酰胺固相合成的工作原理。

二、探针的化学合成

基因克隆和分离已成为现代基因工程必不可少的手段，基于标记探针杂交技术是基因克隆的重要手段。可根据蛋白质的氨基酸序列合成简并引物，也可以根据特定的 DNA 序列合成 DNA 探针用以筛选和鉴定重组质粒或 λ 噬菌体。实验证明用合成的寡核苷酸片段，采用严谨条件杂交，即使只有 1 对碱基错配也能与完全互补的双链相区别。因此，使用作探针的寡核苷酸，应将密码的简并度调至最低限度，可减少假阳性，增加筛选的准确率。

三、连接子和接头的合成

在 DNA 重组中，如果载体或外源 DNA 上没有合适的限制性内切核酸酶位点，为提高插入效率或实现定向克隆，可采用合成连接子（linker）和接头（adaptor）的方法。使用连接子和接头需要插入片段是平端，否则，需要用 Klenow 补齐或者用核酸酶 S1 或 Bal31 处理得到平端后才可同连接子或接头连接。

具有多酶切点的接头（polylinker）还广泛应用于载体构建，使之带有多个新的酶切位点。这在质粒 pUC 系列及用于序列分析的 M13mp 噬菌体系统中都得到了广泛的应用。接头片段可用来调整表达载体的读码框架，以便于开展基因表达及功能的研究。

四、基因的半合成（酶促合成）

全基因，特别是较大基因的全部化学合成成本昂贵，使用半合成的方法可以降低成本，从而利于普及使用。首先合成末端之间有 10～14 个互补碱基的寡核苷酸片段，退火后以重叠区作为引物，在 4 种 dNTP 存在的条件下，通过 Klenow 或反转录酶的作用，获得两条完整的互补双链。在合成基因的结构中，应包括克隆和表达所需要的全部信号及 DNA 顺序，基因的开放阅读框也应该同表达体系相适应。此外，由于不同种类的生物体或密码子的使用都具有明显的选择性，在基因合成和克隆时必须考虑这个问题。选择合适的密码子，以获得高效表达。

五、全长基因化学合成

一般对于分子较小而又不易得到的基因采用该方式。可将双链基因分成若干寡核苷酸单链片段（尤其待合成碱基在 100bp 以上时），每个片段长度控制在 40～60bp，并使每对相邻互补的片段之间有 4～6bp 交叉重叠。在体外将除基因两端末端外的所有片段磷酸化。混合退火后加入 DNA 连接酶，即可得到较大的基因片段。可采用亚克隆的方法，最后将亚克隆的较大片段重组为完整的基因。采用分步连接、亚克隆的方法时，为便于亚克隆中回收基因片段，应在片段两侧设计合适的酶切位点，由于每个亚克隆可以分别鉴定，从而可减少顺序错误的可能性。

在目的基因化学合成前，通常在每条链两端的模块中额外加上合适的限制性内切酶酶切位点序列，这样合成好的双链 DNA 片段只需要用相应的限制性内切核酸酶处理即可方便地克隆到载体分子上进行表达。

人工合成基因的最大优点是在研究经费较为充足的情况下，能够根据需要设计突变基因序列，由生物公司在较短时间内快速合成人工改造基因；缺点是只适用于较短的基因，操作比较难，费用也比较高。

思 考 题

1. 名词解释：RACE；简并序列；反向 PCR；TAIL-PCR；基因文库；cDNA 文库；DD-PCR；cDNA RDA；SSH；RAP-PCR；基因的化学合成。

2. λZAP 载体可以通过辅助噬菌体作用将噬菌粒释放出来，查阅相关文献并简述将噬菌粒释放获得克隆的方法。

3. λDNA 离体包装蛋白是怎样制备的？为什么包装蛋白分成两部分？

4. λDNA 进行人工包装时，DNA 应满足什么条件才能被有效包装？

5. 如果已经获得某一蛋白质的氨基酸序列，请设计几种方法分离该蛋白质基因的 cDNA。

6. 通过查阅资料，简述 5′RACE 克隆的几种具体方法和实验流程。

7. 什么是简并引物？设计简并引物时怎样降低简并度？

8. 基因文库要满足什么条件？有哪些类型的基因文库？

9. cDNA 文库必须满足什么条件？其构建包括哪些步骤？

10. 基因组文库构建时常采用 *Sau*3A Ⅰ 限制性内切酶对基因组 DNA 随机酶解，*Sau*3A Ⅰ 的随机酶解有何好处？

11. 目前利用基因差异表达获得目的基因的技术主要有哪些？其技术原理是什么？它们各有什么优点和缺点？

第六章　DNA 重组的操作

本章思维导图

基因工程通过跨物种基因转移实现生物的遗传改良，但目的基因必须与适当的载体连接构成重组 DNA，通过合适的方法将重组 DNA 导入宿主细胞并在宿主细胞中表达，才能实现对生物的遗传改良。因此，DNA 的体外重组及重组子的筛选是基因工程的核心内容和关键步骤。

第一节　DNA 的体外重组

DNA 的体外重组是将目的基因重组到合适的载体上，这种重新组合的 DNA 称为重组 DNA。DNA 与载体之间连接方式主要有黏性末端的连接、平端的连接、PCR 产物的连接及基于 λ 噬菌体位点特异性重组的 Gateway 克隆技术。

一、黏性末端的连接

（一）同一种限制性内切核酸酶产生的黏性末端的连接

当载体和外源 DNA 用同一种限制性内切核酸酶消化时，可产生相同黏性末端。带有相同黏性末端的 DNA 片段在一起退火，并在 DNA 连接酶的催化作用下连接起来形成重组 DNA 分子（图 6-1）。例如，pBR322 质粒进行 *Bam*HⅠ酶切形成带有 *Bam*HⅠ黏性末端的线性质粒。如果含有目的基因的 DNA 也用 *Bam*HⅠ酶切，获得带有 *Bam*HⅠ黏性末端的该基因的 DNA 片段。将上述二者混合，在 DNA 连接酶的作用下，它们的黏性末端互补，彼此退火连接形成环状的重组质粒。

上述连接反应可产生目的基因的正反向插入、载体或目的基因片段自身环化、载体与单个或多个目的基因片段之间重组等几种不同结果（图 2-6），其中载体的自身环化最为常见。一般采取提高连接反应体系中目的基因对载体的比例，或用碱性磷酸酶对载体进行脱磷酸处理，以阻止线性载体 DNA 分子自身环化（图 2-10）。

（二）不同种限制性内切核酸酶产生的黏性末端的连接

用两种限制性内切核酸酶消化载体 DNA 和外源 DNA 片段，使载体或外源目的基因的两端分别形成不同的黏性末端，将它们混合，在 DNA 连接酶的作用下相同的黏性末端可退火连接成重组 DNA 分子，从而实现 DNA 的定向连接。

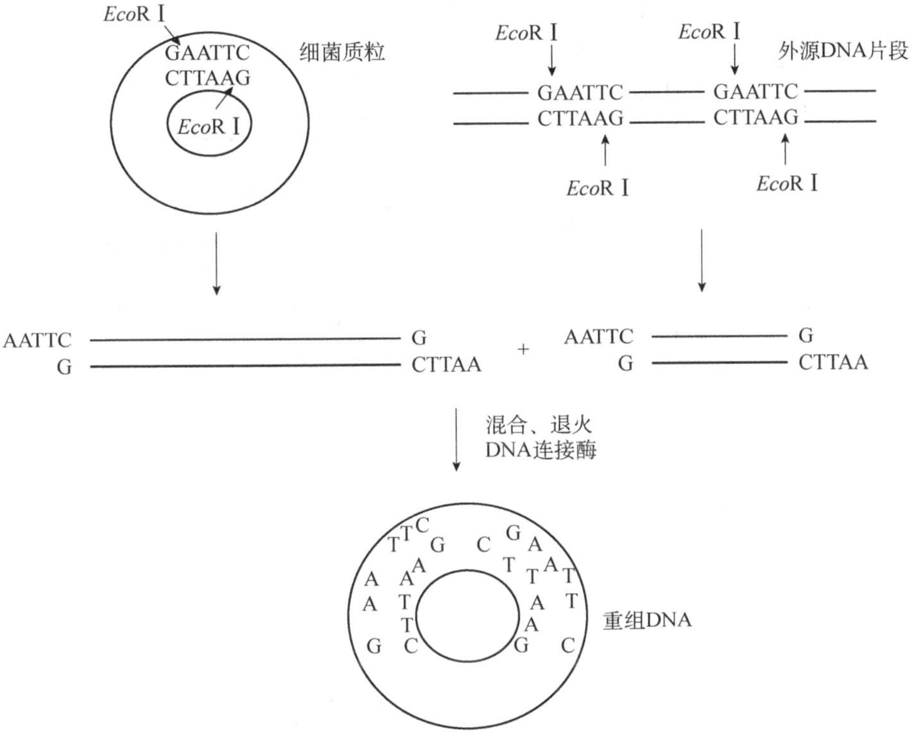

图 6-1 同一种限制性内切核酸酶产生的黏性末端的连接

例如，pBR322 质粒用 *Hind*Ⅲ和 *Bam*HⅠ酶切，琼脂糖凝胶电泳分离、回收目的片段。外源 DNA 片段同样也用 *Hind*Ⅲ和 *Bam*HⅠ酶切并回收纯化酶切片段。双酶切后的载体和外源 DNA 片段混合退火，因为 *Hind*Ⅲ和 *Bam*HⅠ的黏性末端不匹配，避免了载体和外源 DNA 片段的自身连接，外源 DNA 片段只能定向地连接到载体的 *Hind*Ⅲ和 *Bam*HⅠ位点之间（图 6-2）。当然也不可避免发生载体的 *Hind*Ⅲ和 *Bam*HⅠ的黏性末端之间两个碱基互补形成开环，转到大肠杆菌中被修复，但这样的重组子占少数，是低效转化。

还可以应用同尾酶产生的黏性末端进行连接。同尾酶酶切载体和外源 DNA 得到的黏性末端可以像完全亲和的黏性末端那样进行连接，不同的是多数同尾酶产生的黏性末端连接后形成的重组 DNA 分子中原有限制性内切核酸酶的识别位点被破坏。例如，*Sal*Ⅰ（G/TCGAC）和 *Xho*Ⅰ（C/TCGAG）的酶切片段连接后，得到的杂种位点（GTCGAG）既不能被 *Sal*Ⅰ切开，也不能被 *Xho*Ⅰ切开。有时连接后的产物却又能够被另一种同尾酶识别。这样用同尾酶进行体外重组时，在限制性内切核酸酶消化之后，不必使原有的限制性内切核酸酶失活，可直接进行重组连接。由于连接体系中原有的限制性内切核酸酶的存在，载体自连就不会发生，从而保证了载体同外源 DNA 的连接。所以，在这种连接反应中不必用碱性磷酸酶进行载体的脱磷酸反应便可得到最高的连接效率。

二、平端的连接

很多时候，载体和外源 DNA 片段经过限制性内切核酸酶消化后，形成的是非互补的黏性末端或平端。对于平端，通过调整反应条件就可用 DNA 连接酶实现片段之间的连接。非互补的黏性末端需修饰成平端，再按平端连接的方法进行连接。通常将黏性末端变为平端的具体方

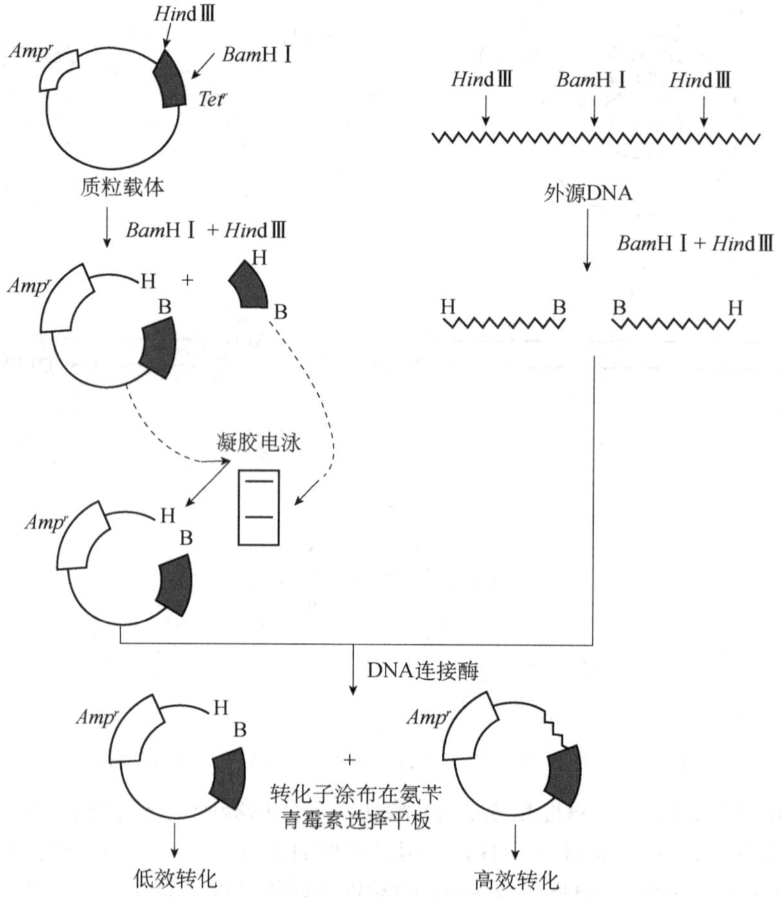

图 6-2 外源目的 DNA 片段的定向重组

法有：①5′突出黏性末端的补平，一般选择大肠杆菌 DNA 聚合酶Ⅰ的 Klenow 片段进行填补；②3′突出黏性末端的切平，一般使用 T4 噬菌体 DNA 聚合酶或单链 DNA 的 S1 核酸酶切平。变成平端之后，同样可用 DNA 连接酶进行有效的连接（图 6-3）。

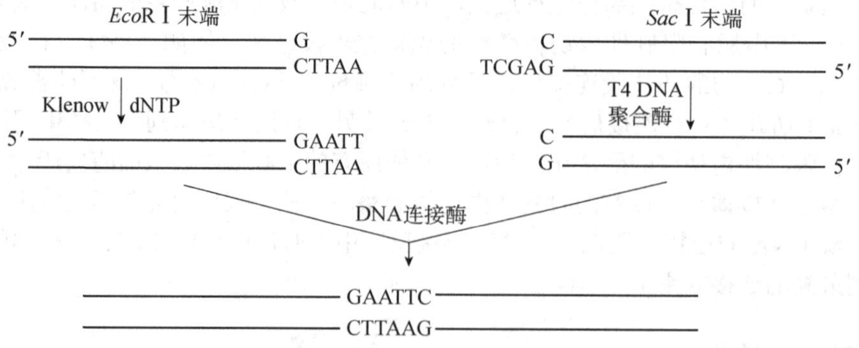

图 6-3 5′或 3′黏性末端被平端化的连接反应

由于平端之间的连接效率只有黏性末端的 1%～10%，一般在其连接反应体系中加入高浓度的 DNA 连接酶、较高浓度的外源 DNA 和载体 DNA 及低浓度的 ATP，通常还需加入低浓度的聚乙二醇（PEG），使 DNA 分子凝聚，从而提高连接效率。理论上只要两个 DNA 片段的末端是平端，不管是用限制性内切核酸酶切割后产生的，还是用其他方法产生的，都可以在DNA 连接酶催化下进行连接，这给不同 DNA 分子的连接带来了极大的方便。尽管如此，平端连接还是存在一些缺陷：①连接效率低；②黏性末端补平或切平的平端连接常常破坏限制性内切核酸酶原有的识别序列；③平端的外源 DNA 片段在载体中的插入没有方向性，可双向插入；④在平端连接要求的较高底物浓度下，可产生多拷贝外源 DNA 片段插入载体的现象。为了克服以上弊端，目前对平端连接常采用同聚物加尾法、衔接物连接法和 DNA 接头连接法等改进方法。

（一）同聚物加尾法

末端转移酶可催化 dNTP 加到单链或双链 DNA 3′-OH 端，同聚物加尾法就是利用末端转移酶的这种能力，在载体分子和外源双链 DNA 3′-OH 端加上互补同聚物尾巴，两者再通过同聚尾之间的互补形成可转化大肠杆菌的重组 DNA 分子。这实际上是一种人工黏性末端连接法。通过 DNA 片段加尾，既可以使两个平端的 DNA 片段进行连接，也可以使平端的 DNA 片段与黏性末端 DNA 片段进行连接。

实际上，两个互补尾巴的长度往往不完全相等，可用 DNA 聚合酶 Ⅰ 或 Klenow 片段去填补由此产生的缺口，然后再由 DNA 连接酶将二者连接起来。但这种修复反应并不一定要在体外完成，如果互补的一对同聚物尾巴长度超过 20nt，它们结合形成的碱基对结构则是相当稳定的。这种未经完全连接的重组体 DNA 分子可直接导入受体细胞，由受体细胞内部的 DNA 聚合酶和 DNA 连接酶完成对它的修复。

由于载体和外源片段的末端是互补的黏性末端，加上它们不存在自身环化现象，因此同聚物加尾法是一种连接效率较高的末端连接方法，但也存在不足：①操作烦琐；②外源片段难以回收；③添加许多同聚物的尾巴，可能会影响外源基因的表达。还要注意的是，同聚物加尾法与平端连接法一样，重组连接后往往会重新产生某种限制性内切核酸酶的切点。

（二）衔接物连接法

衔接物是指人工合成的一段由 10～12nt 组成、具有一个或数个限制性内切核酸酶识别位点的平端双链寡核苷酸短片段。衔接物的 5′端先用多核苷酸激酶处理使之磷酸化，接着通过 DNA 连接酶使衔接物和待克隆的平端 DNA 片段连接起来。然后，用适当的限制性内切核酸酶消化具衔接物的 DNA 分子和克隆载体分子，使两者都产生出彼此互补的黏性末端，这样便可以按照常规的黏性末端连接法，将待克隆的 DNA 片段同载体分子连接起来（图 6-4）。该方法适用于没有衔接物限制性内切核酸酶酶切位点的外源 DNA 片段。

当所要克隆的 DNA 片段具有与载体分子非互补的黏性末端时，可先采用 DNA 聚合酶 Ⅰ 的 Klenow 片段、T4 DNA 聚合酶或 S1 核酸酶处理，使之成为平端。然后用 DNA 连接酶使之在平端接上特定的衔接物，再用适当的限制性内切核酸酶酶切生成黏性末端，最后按黏性末端的连接方法实现外源 DNA 片段与载体的连接。

衔接物可以在实验室用化学方法合成，也可以从厂商处购买，厂商提供的衔接物有磷酸化和非磷酸化两种形式，后者在使用前需要用多核苷酸激酶处理才能成为连接酶的合适底物。

衔接物连接法是进行体外 DNA 重组操作的一种既有效又实用的手段，兼具同聚物加尾法和黏性末端连接法的优点，可根据具体情况设计具有不同限制性内切核酸酶识别位点的衔接物，使任意两个不同末端的 DNA 片段都能连接起来。若在体外连接反应体系中增加衔接物浓

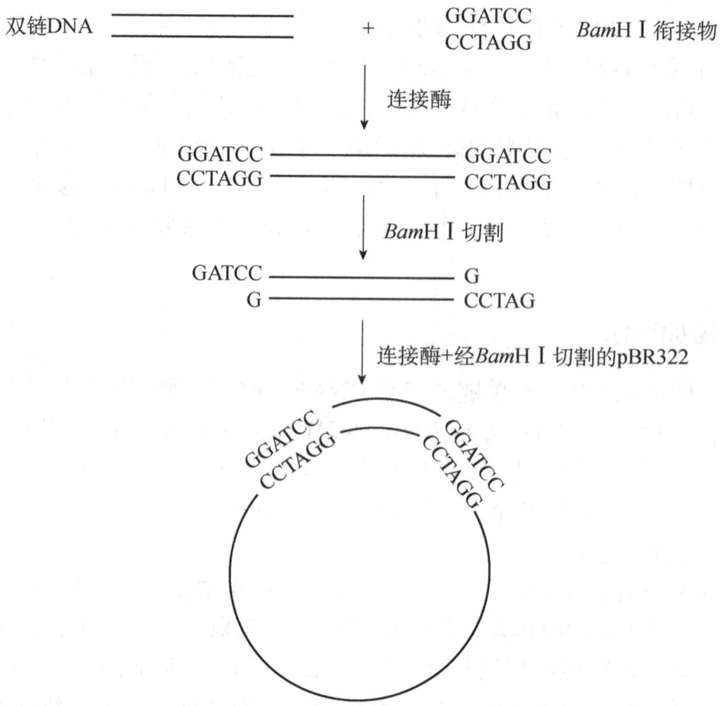

图 6-4　用衔接物分子连接平端的 DNA 片段（吴乃虎，1998）

度，还可显著提高连接效率。

采用双衔接物连接技术，既可实现外源 DNA 片段的定向克隆，又可避免线性载体分子自身再连接，特别适用于具多克隆位点的克隆载体。此外，在基因表达研究中，通过使用衔接物还可提供开放阅读框（open reading frame，ORF）或调节表达所需的特定序列。

衔接物连接法的缺点是，如果待克隆的 DNA 片段或基因的内部含有与衔接物相同的限制性内切核酸酶酶切位点，这样在酶切消化衔接物产生黏性末端的同时，也会把外源基因切成不同的片段，给后继的亚克隆及其他操作造成麻烦。

（三）DNA 接头连接法

DNA 接头连接法较好地克服了上述衔接物连接法的缺陷。DNA 接头也是人工合成的一小段双链寡核苷酸，与衔接物不同的是，接头中包含了限制性内切核酸酶的突出黏性末端，不需要用限制性内切核酸酶消化产生。接头有单链的，也有双链的。单链接头通过与其他单链接头互补形成双链，再与外源 DNA 片段连接。双链接头一端为平端，一端为黏性末端。当它的平端与外源 DNA 片段的平端连接后，可使外源 DNA 片段成为具有黏性末端的分子而易于同载体连接重组。

但在实际应用中，处在同一反应体系中的各个 DNA 接头分子的黏性末端之间会通过碱基配对形成与衔接物一样的二聚体分子，在高浓度 DNA 接头分子的环境中更是如此。因此，必须对 DNA 接头末端的化学结构进行修饰与改造，即将接头黏性末端的 5′-P 换成 5′-OH，使 5′-OH 和 3′-OH 之间无法形成磷酸二酯键，这就意味着接头之间不能形成稳定的二聚体。这种黏性末端被修饰的 DNA 接头分子，虽然丧失了彼此连接的能力，但其平端照样可以与平端的外源 DNA 片段正常连接，只需在连接后用多核苷酸激酶处理，便可使 5′-OH 端恢复成 5′-P 端，以进行后续的连接反应（图 6-5）。

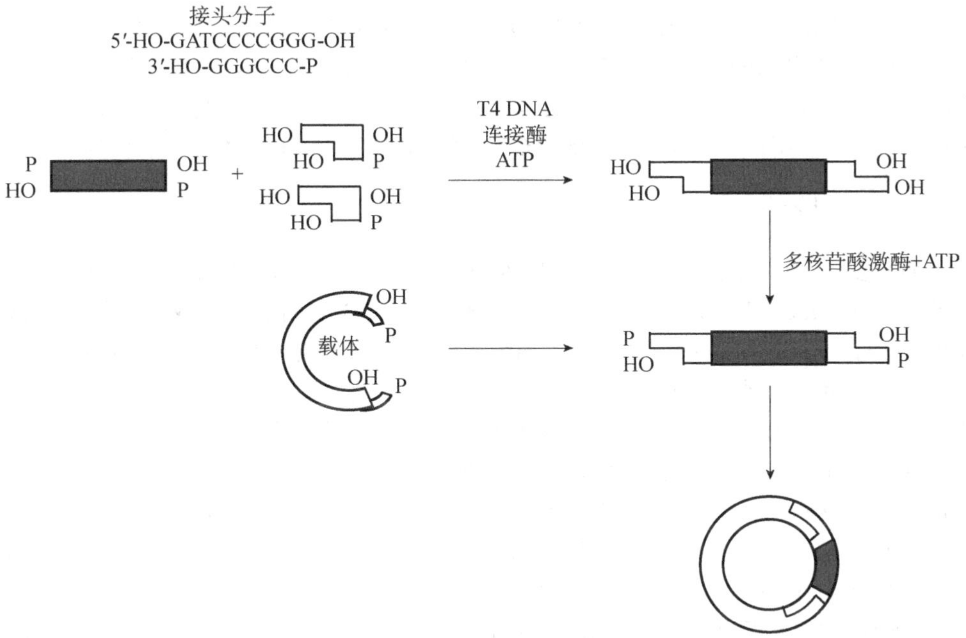

图 6-5 用接头分子连接平端的 DNA 片段（吴乃虎，1998）

三、PCR 产物的连接

PCR 扩增是获得目的基因的重要途径，PCR 产物的连接是基因工程实验中经常性的工作，其主要方法有引入酶切位点克隆法、T-A 克隆法和平端克隆法等。其中，平端克隆法是用能产生平端的 DNA 聚合酶（如 *Pfu*）获得平端扩增产物后，再与制备好的平末端载体进行平端连接，但其连接效率较低。

（一）引入酶切位点克隆法

该方法通过 PCR 反应在目的基因 DNA 的两端引入限制性内切核酸酶酶切位点，随后进行酶切并按黏性末端的连接方法进行连接。

在设计 PCR 引物时，如在引物的 5′端加上限制性内切核酸酶的识别序列及若干保护碱基而不影响引物的特异性，那么 PCR 产物两端就会在随后的扩增中获得相应的酶切位点。这样得到的 PCR 产物用限制性内切核酸酶消化产生黏性末端，即可与有互补黏性末端的载体 DNA 重组。这种克隆方法效率较高，且当两引物中设计不同酶切位点时，可有效地定向克隆 PCR 产物。但必须注意的是，在选择酶切位点时，要保证所选的酶切位点在扩增的 PCR 产物内部不存在，如果对扩增的 PCR 产物的序列不清楚，可优先选用切割频率相对较少或 8 个碱基序列的酶切位点。另外，除限制性内切核酸酶识别序列外，还需要在其 5′端多合成 3～4 个碱基以利于限制性内切核酸酶与 PCR 产物末端稳定结合，从而保证切割的顺利进行。不同的酶切位点需加入不同的碱基。例如，*Xba* Ⅰ 位点（TCTAGA）两侧仅加入 C 时，酶切效率为 0；加入 GC 时，酶切效率可达 90%。*Xba* Ⅰ 位点（CTCGAG）两侧加入 C 和 G 时，酶切效率为 0；加入 CCG 和 CGG 时，酶切效率为 75%。即便如此，其酶切效率也不够高，其中尤以 *Not* Ⅰ、*Xho* Ⅰ 和 *Xba* Ⅰ 等较为难切。

采用突变 PCR 方法可克服上述缺点。该方法是通过在两 PCR 引物序列中改变一至数个核苷酸，创造出一个限制性内切核酸酶酶切位点。鉴于 PCR 引物的 3′端序列的互补性是 PCR 成功的关键，在 PCR 引物的中部或近 5′端改变一个或几个碱基对 PCR 扩增效果影响不大。这种方法不需要增加 PCR 引物的长度，且酶切效果优于上述的方法，对于特定 DNA 片段的克隆，该方法较为经济、实用；但对于基因诊断 PCR 产物的克隆，似乎上述的方法更为适宜。

（二）T-A 克隆法

T-A 克隆法是目前使用较广泛的一种 PCR 产物克隆方法，该方法主要适用于 *Taq* DNA 聚合酶扩增的产物。*Taq* DNA 聚合酶能在平端双链 DNA 的 3′端加上一个碱基，所加碱基几乎全是腺苷酸（A）。据此，Marchuk 等采用 3′端突出一个胸腺苷酸（T）的质粒 DNA 载体来克隆 PCR 产物，其克隆效率比平端的连接至少高出 100 倍。他们用 *Eco*RV 将载体切成平端，然后在 dTTP 存在下，用 *Taq* DNA 聚合酶催化载体双链 DNA 的两个 3′端各加一个 T，成为 T 载体。用这种 T 载体可较有效地直接克隆 PCR 产物。

Holton 等也报道了另一种制备 T 载体的方法。他们使用末端转移酶在切成平端的载体双链 DNA 的两个 3′端加上一个 T。用这种方法制备的 T 载体缺少 3′-OH，不能与待克隆 PCR 产物的 5′端连接形成磷酸二酯键，但 T 载体的 5′端所含的磷酸基团可与 PCR 产物的 3′-OH 连接，连接产物在载体和 PCR 产物之间的双链上带两个切口，但仍可转化合适的宿主菌，并在细菌体内修复。

第三种制备 T 载体的方法是在质粒载体的多克隆位点中引入特定的序列，用 *Mbo* Ⅱ、*Xcm* Ⅰ、*Hph* Ⅰ酶切产生 3′端具有单个 T 突出的线性 T 载体。该法更快捷、高效和稳定，适合研究人员自己制备 T 载体。

目前，一些公司已开发出可直接用于克隆 PCR 产物的带 3′-T 的 T 载体。T-A 克隆法的主要优点是操作简便和不依赖限制性内切酶。它的主要缺点是无法定向克隆，鉴于此，当需要扩增片段位于特定方向时，挑选和分析多个转化克隆非常重要。另外，普通 *Taq* DNA 聚合酶保真性不高，不太适用于长片段 PCR 产物的克隆。

四、Gateway 克隆技术

传统的酶切连接方法是基因工程研究的基本方法，但存在一定的缺陷，主要表现在：①需要烦琐的酶切连接，工作量大，难以满足大规模克隆的需要；②往往难以找到合适的酶切位点而面临诸多技术困难，影响实验效率。高效的、非载体和宿主依赖性的克隆系统不仅可大大提高重组 DNA 的效率，而且可适用于所有的克隆反应。

Gateway 克隆技术就是一个高效的大规模克隆系统，由 Invitrogen 公司开发。该技术利用λ噬菌体的位点特异性重组系统（λ噬菌体用此重组系统进行裂解途径和溶原途径之间的相互转换），在不进行酶切和连接的基础上实现基因快速克隆及载体间平行转移（图 6-6），同时还有利于保持正确的 ORF 和插入方向。

基于λ噬菌体的位点特异性重组主要涉及两个成分，一个是 DNA 重组序列即 *att* 位点（包括 *attB*、*attP*、*attL*、*attR* 位点），另一个是介导重组反应的蛋白（即克隆酶混合物）。*attB* 位点位于大肠杆菌染色体上，*attP* 位点位于 λ DNA 上。λ 重组反应就是发生在这些特异的 *att* 位点上，它是重组蛋白的识别位点且其特性已被研究清楚。当 λ DNA 整合到大肠杆菌染色体上时，*attB* 位点和 *attP* 位点可发生重组反应，产生 *attL* 位点和 *attR* 位点。在重组反应中，交换位点实际上只是发生在两个位点核心的 15bp 同源区域，不过核心外围的序列也是不可或缺

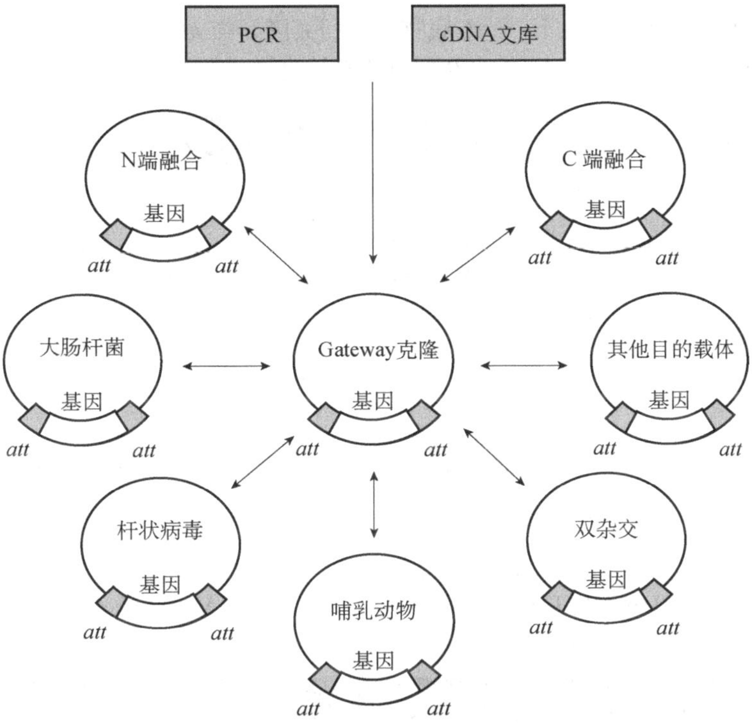

图 6-6　限制性内切酶酶切和连接的 DNA 片段

的，它们含有重组蛋白的结合位点。λ 重组反应是在一系列酶混合物的催化下进行的，这些催化蛋白以共价形式结合于 *att* 位点并将它们切割。在 λ 噬菌体裂解途径和溶原途径中，参与反应的重组蛋白不同。溶原途径的重组蛋白是由 λ 噬菌体整合酶（integrase，Int）及大肠杆菌整合宿主因子（integration host factor，IHF）组成，这两种酶的混合物称为 BP 克隆酶混合物，而裂解途径的重组蛋白是由 λ 噬菌体整合酶、切除酶（excisionase，Xis）及大肠杆菌整合宿主因子（IHF）组成，这三种酶的混合物称为 LR 克隆酶混合物（表 6-1）。

表 6-1　催化 λ 噬菌体位点特异性重组的酶

途径	反应	催化的酶
溶原	*attB*×*attP*→*attL*×*attR*	BP 克隆酶（Int、IHF）
裂解	*attL*×*attR*→*attB*×*attP*	LR 克隆酶（Int、Xis、IHF）

λ 噬菌体的重组反应具有以下特征：①重组发生于 DNA 分子的特异位点（*att* 位点）上；②重组反应是保守的（不会发生核苷酸添加或缺失），*att* 位点的侧翼序列发生交换，交换之后 *att* 位点的序列就由来自重组反应的两个 DNA 分子的侧翼序列混合而成，如 *attL* 位点的序列就是由 *attB* 和 *attP* 交换组合而成的；③链的交换发生于核心序列内，该序列是所有 *att* 位点所共有的（图 6-7）；④任何拓扑结构的 DNA（超螺旋的、线形的、松弛型的）间都能发生重组反应，只是效率不同。

Gateway 克隆技术正是利用了上述 λ 噬菌体的重组系统而实现在不同载体之间快速转移异源的 DNA 序列（侧翼序列为 *att* 位点）。该技术由两个基本反应组成：一是 BP 反应，它是在 BP 克隆酶混合物的催化下，*attB* 底物（*attB*-PCR 产物或线性化的 *attB* 表达克隆）与 *attP* 底物（donor vector，供体载体）之间发生重组反应产生了含 *attL* 位点的入门克隆；二是 LR 反应，它是在 LR 克隆酶混合物的催化下，*attL* 底物（入门克隆）与 *attR* 底物（destination vector，目的载体）之间发生重组反应产生了含 *attB* 位点的表达克隆（图 6-7）。

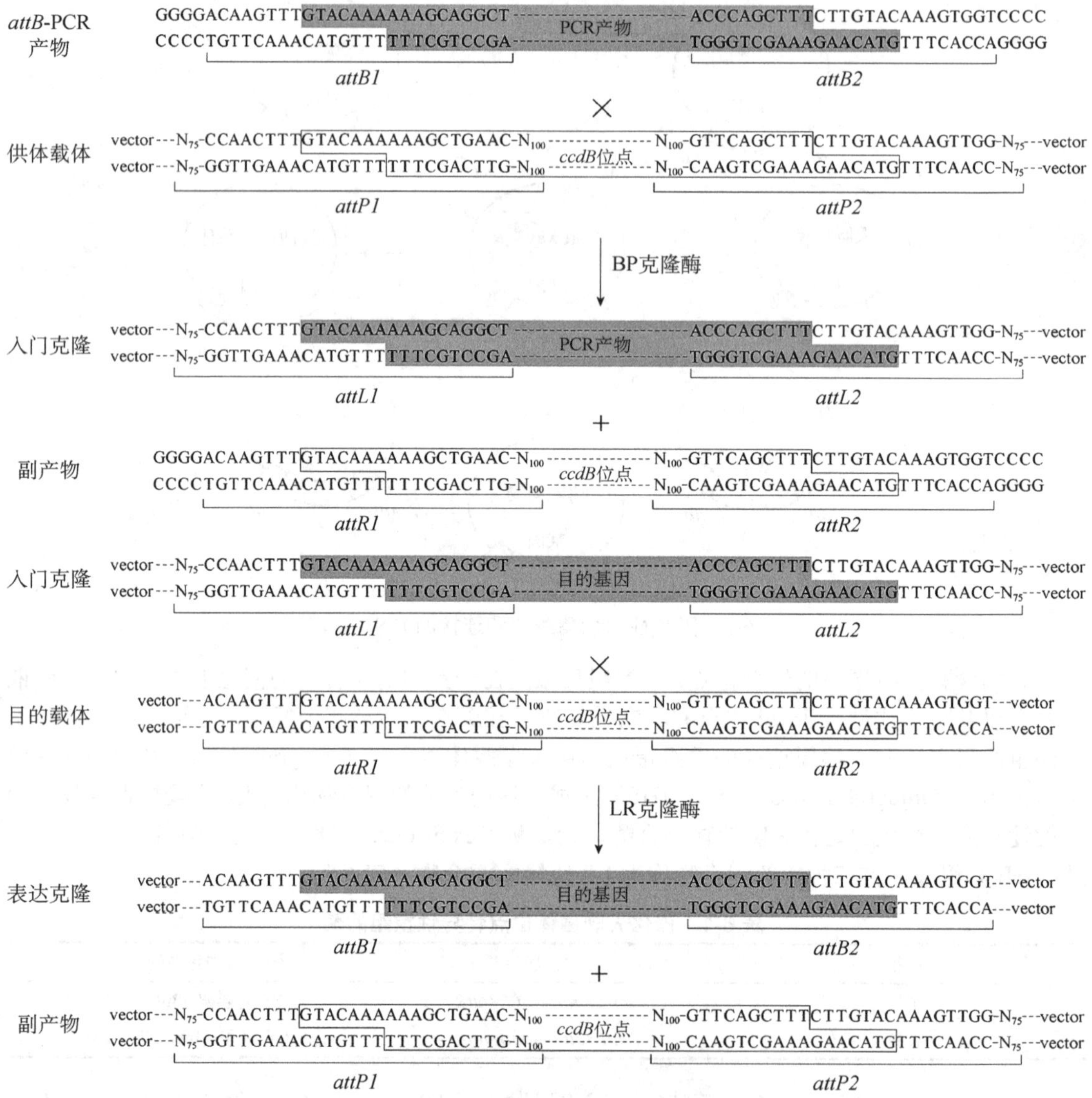

图 6-7 BP 和 LR 反应中 *att* 的位点特异性重组反应

图中阴影部分表示重组反应所发生的位置

综上所述，Gateway 克隆技术具有许多传统酶切连接反应所无法比拟的优点：①可以快速高效地实现 DNA 序列在多种载体系统的转移，同时保证了正确的方向和阅读框；②可使用并表达来自多种类型的 DNA 序列，如 PCR 产物、cDNA 克隆、酶切片段；③很适用于将大量 DNA 序列转移到各种不同的表达载体上，以满足现代基因组功能的研究；④可以通过添加 Gateway 盒轻易地将自己感兴趣的载体改造成 Gateway 目的载体。另外，Gateway 载体还引进了 *ccdB* 基因作为重组克隆的负筛选，可有效避免传统酶切连接中由于自连载体的转化等因素造成假阳性现象，大大提高了筛选效率，但同时由于 *ccdB* 基因是毒性基因，所以限制了 Gateway 技术在实验室之外的其他领域的应用。

五、无缝克隆技术

基因工程研究在很大程度上要依赖于重组 DNA 技术。传统的酶切-连接经典克隆方法产生于 20 世纪 70 年代初，是最早应用的基因克隆方法，也是比较通用的方法，一直沿用至今。但在实际的操作过程中，这种方法显得较为烦琐费时，还需要根据目的基因序列选择不同的限制性内切核酸酶，且常因选择不到合适的限制性内切核酸酶酶切位点而无能为力。相比之下，无缝克隆技术更简单，灵活性更强，且几乎不受序列的限制，一次可将一个或多个 DNA 片段定向克隆至特定的载体上。目前应用较广泛的是 Gibson 装配（Gibson assembly）和 In-Fusion 无缝克隆技术。

Gibson 装配最早由 Daniel Gibson 博士和他的同事在 2009 年提出。目前，有多家生物技术公司开发出了基于 Gibson 装配的无缝克隆试剂盒，其基本原理如图 6-8 所示：Gibson 装配基于 DNA 同源重组，其过程依赖于三种酶，即 T5 核酸外切酶（T5 exonuclease）、高保真 DNA 聚合酶（phusion polymerase）和耐高温 DNA 连接酶（*Taq* DNA ligase）的共同作用。首先，T5 核酸外切酶沿着 5′→3′方向消化 DNA 片段，从而产生黏性末端。此时，具有同源性的 DNA 片段退火，互补序列发生配对连接。然后，在空缺的部分 DNA 聚合酶以另一条 DNA 单链为模板，沿 5′→3′方向将对应的脱氧核苷酸连接到单链上，填补缺口。最后，DNA 连接酶催化形成磷酸二酯键，密封裂缝，形成完整的 DNA 分子。

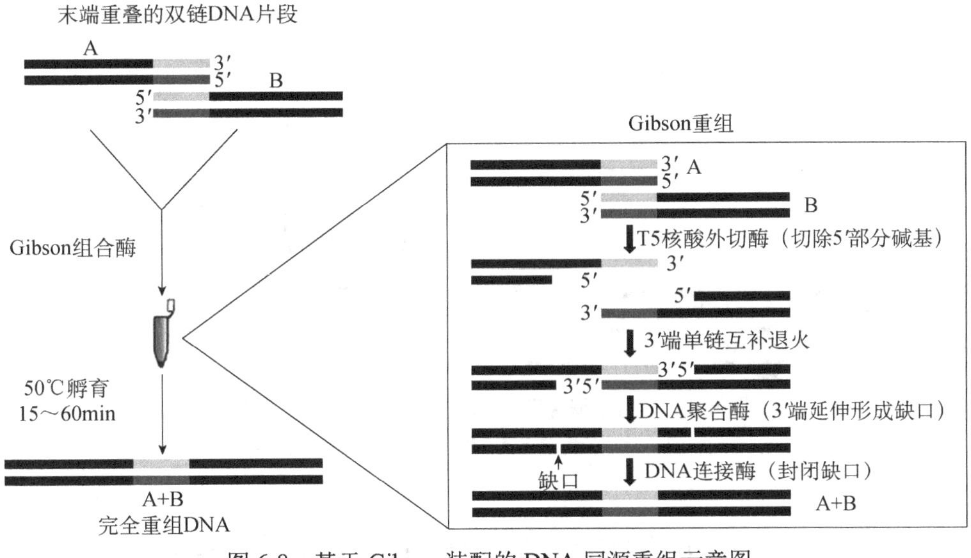

图 6-8　基于 Gibson 装配的 DNA 同源重组示意图

这种基于 Gibson 装配的无缝克隆技术，可以在一个反应中将一个或多个 DNA 片段克隆到特定的载体中。其实验流程如图 6-9 所示：首先，利用单酶切、双酶切或反向 PCR 等方法获得线性化载体；通过引物设计与 PCR 扩增，在 DNA 片段的末端加上 15～20bp 同源序列；然后将这些 DNA 片段、线性化载体与含上述三种酶的重组酶复合物混合在相应温度下孵育 15～60min 后，重组反应产物便可用于感受态大肠杆菌细胞转化与重组子筛选。该技术具有多方面优势：一是可用于几乎任何载体在任意位点的定向克隆；二是不受片段序列的限制（如不需要考虑插入片段自身携带的酶切位点），可实现任意装配；三是可一次反应连接一个或多个插入片段。此外，该技术操作简便、快速、高效，最快可在 15min 内完成反应，因而得到广泛应用。

In-Fusion 无缝克隆技术与 Gibson 装配在原理上很相似，但两者用到的酶却不相同。In-Fusion 酶是一种专利重组酶，能够识别 3′端碱基，具有 3′→5′外切酶活性的特点。In-Fusion 无缝克隆技术也是通过引物设计与 PCR 扩增，在 DNA 片段的末端加上 15～20bp 同源序列，然后将这些 DNA 片段、线性化载体与酶反应体系混合。通过 In-Fusion 酶产生 5′黏性末端，互补重叠片段退火配对；再将重组 DNA 分子转化到大肠杆菌感受态细胞内，重组片段序列中的缺刻在菌体内进行补平、连接，从而获得重组质粒 DNA。

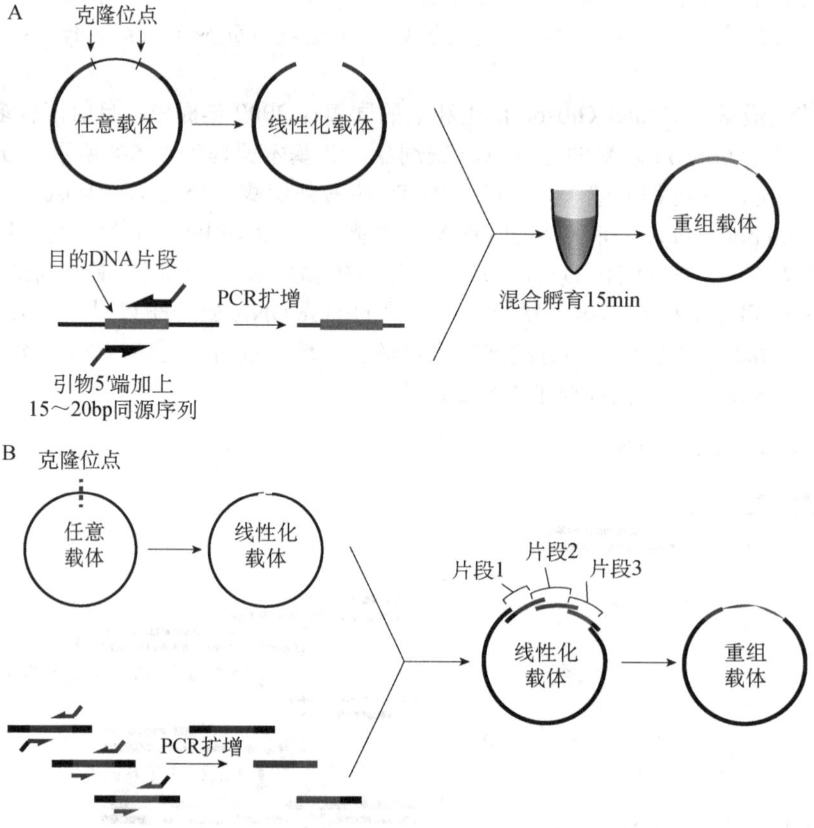

彩图

图 6-9 利用无缝克隆技术进行载体构建的流程图

A. 一个插入片段的定向克隆；B. 多个插入片段的定向克隆

第二节 重组体导入受体细胞的原理与技术

根据宿主的不同，将重组 DNA 或其他外源 DNA 导入宿主细胞，常用的方法有转化（transformation）、感染（infection）和转染（transfection）。

一、重组 DNA 导入大肠杆菌的方法

（一）转化

转化是指以质粒为载体，将外源 DNA 导入处于感受态（competence）的大肠杆菌等原核

宿主细胞，并使其获得新的表型的过程。

1. Ca^{2+}诱导转化法　在自然条件下，很多质粒都可通过细菌接合作用转移到新的宿主内，但人工构建的质粒载体一般缺乏此种转移所必需的 *mob* 基因，因此不能自行完成从一个细胞到另一个细胞的接合转移。若将质粒载体转移进受体细胞，需诱导宿主菌产生一种短暂的感受态以摄入外源 DNA。所以，对细菌细胞进行转化的关键是使细胞处于感受态。

所谓感受态细胞（competent cell），就是处于能吸收外源 DNA 分子的生理状态的细胞。用 $CaCl_2$ 处理受体细胞，可诱导其成为感受态，促使重组 DNA 进入细胞，其过程及原理是：将处于对数生长期的细菌置于 0℃的 $CaCl_2$ 低渗溶液中，细胞膨胀成球形，处于感受态；同时，转化连接产物混合物中的 DNA，Ca^{2+}与 DNA 结合形成抗 DNase 的羟基-磷酸钙复合物，黏附于细胞表面，经 42℃短时间热冲击处理，细胞吸收 DNA 复合物，在培养基中生长数小时之后，球形细胞复原并增殖（图 6-10）。

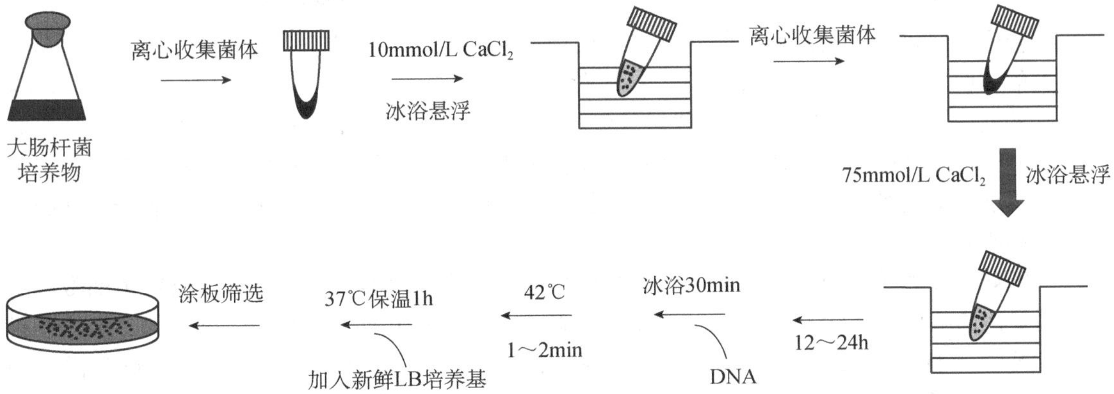

图 6-10　Ca^{2+}诱导的大肠杆菌转化程序（张惠展，2005）

$CaCl_2$ 处理诱导大肠杆菌成为感受态的方法重复性好，操作简便快捷，适用于成批制备感受态细胞。对这种感受态细胞进行转化，每微克质粒 DNA 可以获得 5×10^6～2×10^7 个转化菌落，完全可以满足质粒的常规克隆需要。感受态细胞可添加适量甘油后储存于−70℃备用，但储存时间过长会在一定程度影响转化效率。

在 $CaCl_2$ 法的基础上，结合其他二价阳离子（Mg^{2+}、Mn^{2+}、Co^{2+}），并且用二甲基亚砜（DMSO）、还原剂和氯化六氨合高钴等处理细菌，所获得的感受态细胞的转化效率可提高 100～1000 倍。但由于方法较烦琐，一般的基因工程实验也不需要如此高的转化率，所以平时很少使用，只有在实验要求转化效率极高时（如构建文库等）才偶尔使用。

2. 电穿孔法　电穿孔（electroporation）法也称为电转化法或电击法，是一种在高压电脉冲介导下将 DNA 分子穿过细胞膜导入细胞的一种物理方法。其基本原理是将受体细胞置于适当的外加电场，利用高压电脉冲使细胞表面形成暂时性的微孔，质粒 DNA 分子得以进入细胞，但细胞不会受到致命伤害，一旦脱离脉冲电场，被击穿的微孔即可复原。

用作电转化的受体细胞也必须处于“感受态”，这种感受态与传统的感受态概念不一样，受体细胞并不是处于一种特殊的生理状态，而是指清洗处理，即在低温下使细胞处于无离子区且有甘油或蔗糖等保护剂的悬液中，其目的是使细胞悬液的电阻最大化，从而保证电击过程中细胞不被击穿而死亡。甘油或蔗糖是为了维持细胞的渗透压，保护细胞使之不易裂解。对于大肠杆菌，常用 10%甘油。

现已经有成熟的电转化仪器，如 Bio-Rad 公司的 Gene Pulse，使用时可将细胞悬液与待转化的 DNA 混合，置于电转化仪中（图 6-11），当接通开关 1 时，电容器大量充电，并储存高电压。当接通开关 2 时，电容器放电，并使脉冲电流通过细胞悬液。一般情况下，一次电转化需要 10^4～10^5V/cm 的高压，脉冲持续几微秒至毫秒。在这样的电脉冲作用下，细胞膜的脂质双分子层受到破坏，并短暂形成水相的微孔，同时可产生 0.5～1.0V 跨膜电势，这样导致 DNA 分子像电泳一样通过微孔穿越细胞膜。随着带电离子和分子流过微孔，细胞膜所带的电荷随即消失，微孔迅速闭合，脂质双分子层重排，细胞恢复原状。通过电转化得到外源 DNA 分子的细胞可以像常规转化一样筛选转化子。

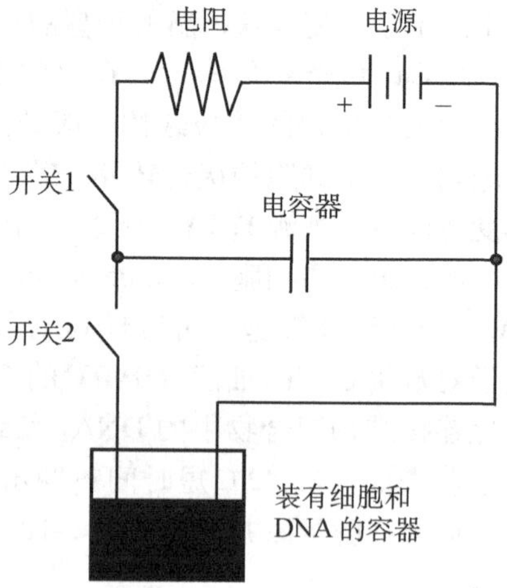

图 6-11 电转化的原理图（孙明，2006）

电转化不仅可用于大肠杆菌的转化，也可用于几乎所有的细胞。电转化的效率非常高，是用化学方法制备感受态细胞转化率的 10～20 倍，对大肠杆菌而言，大约 80%的细胞可获得外源 DNA，而且所需的 DNA 分子量很少。但是，如果电脉冲的长度和强度不合适，有些微孔可能变得太大而无法还原。在电脉冲的过程中，带电荷的物质进出细胞是没有选择的，因此有可能导致细胞内外离子浓度不平衡，进而影响细胞的生理功能或死亡。

3. *PEG 介导的原生质体转化法* 在高渗培养基中生长至对数生长期的大肠杆菌细胞，用含有适量溶菌酶的等渗缓冲液处理，剥除其细胞壁，形成原生质体，它丧失了一部分定位在膜上的 DNase，有利于双链环状 DNA 分子的吸收。此时，再加入含有待转化的 DNA 样品和 PEG 的等渗溶液，均匀混合。通过离心除去 PEG，将菌体涂布在特殊的固体培养基上，再生细胞壁，最终得到转化细胞。这种方法不仅适用于大肠杆菌、芽孢杆菌等细菌，也对酵母、霉菌甚至植物等真核细胞有效。

4. *接合转化法* 接合（conjugation）转化是通过细菌供体细胞同受体细胞间的直接接触而传递外源 DNA 的方法。该方法尤其适用于那些难以采用 Ca^{2+}诱导转化法或电穿孔法等进行重组质粒 DNA 分子直接转化的受体菌，其转化过程是由接合型质粒完成的，它通常具有促进供体细胞与受体细胞有效接触的接合功能及诱导 DNA 分子传递的转移功能，两者均由接合型质粒上的有关基因编码。在 DNA 重组中，常用的绝大多数载体质粒缺少接合功能区，因此不能直接通过细胞接合方法转化受体细胞。然而，如果在同一个细胞中存在着一个含有接合功能区域的辅助质粒，则有些克隆载体质粒便能有效地接合转化受体细胞。因此，首先将具有接合功能区域的辅助质粒转移至含有重组质粒的细胞中，再将这种供体细胞与受体细胞进行混合，促使两者发生接合转化作用，将重组质粒导入受体细胞。由于上述整个接合转化过程涉及 3 种有关的细菌菌株，即待转化的受体菌、含有要转化的重组质粒 DNA 的供体菌和含有接合质粒的辅助菌，因此称为三亲本杂交（tri-parental mating）接合转化法，简称三亲本杂交转移法。其操作过程见图 6-12。

（二）感染

将以 λ 噬菌体 DNA 为载体的 DNA 重组分子包装成病毒颗粒，使其感染受体菌的过程称为感染；由噬菌体和细胞病毒介导的遗传信息转移过程也称为转导（transduction）。

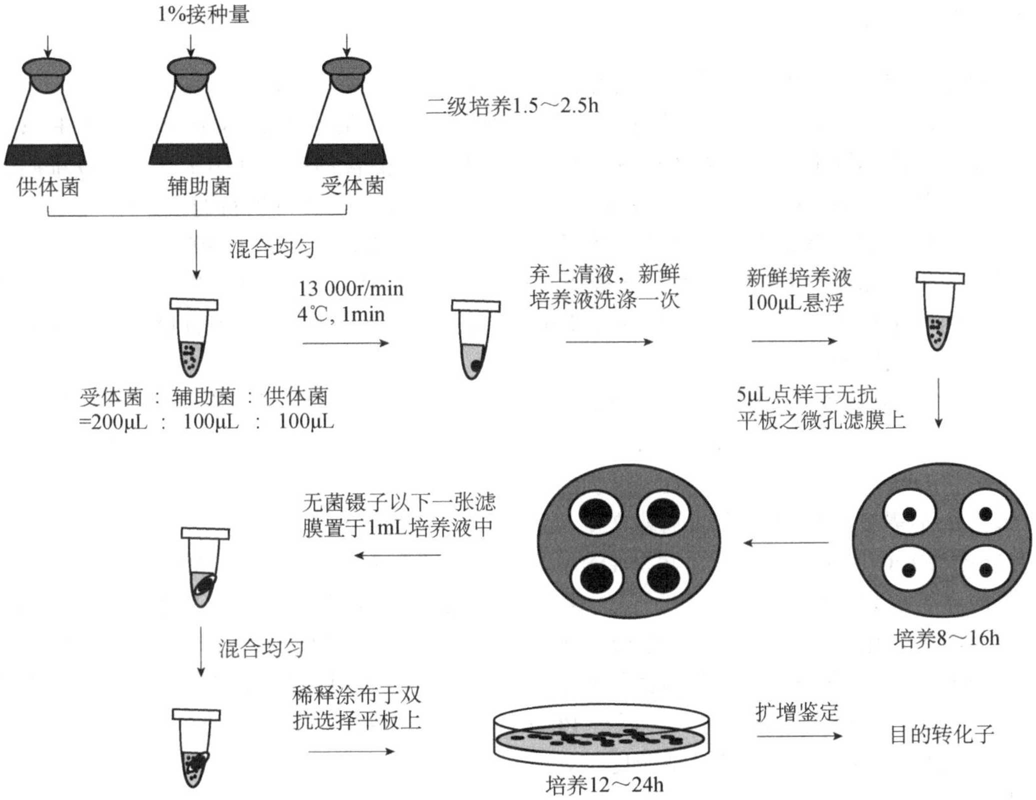

图 6-12　接合转化的操作示意图（张惠展，2005）

由于重组 λ 噬菌体 DNA 分子量较大，直接用于转染时，效率较低，因而在转染之前必须对其进行人工体外包装，使之成为具有感染活力的噬菌体颗粒。用于体外包装的蛋白质可直接从大肠杆菌的溶原株中制备，现已商品化。这些包装蛋白通常分成分离放置且功能互补的两部分，一部分缺少 E 包装蛋白，另一部分缺少 D 包装蛋白。这两部分包装蛋白中的任一部分都不能单独包装重组 λ 噬菌体 DNA 分子，只有当两者混合后，包装才能有效进行。整个包装操作过程与转化一样简单：将 λ DNA 和外源 DNA 片段的连接反应液与两种包装蛋白组分混合，在室温下放置 1h，加入一滴氯仿，离心除去细菌碎片，即得重组噬菌体颗粒的悬浮液。将悬浮液稀释合适的倍数，并与处于对数生长期的大肠杆菌受体细胞混合涂布，过夜培养即可用于筛选与鉴定。

（三）转染

转染是以噬菌体为载体，但不经过蛋白包装成病毒颗粒，而是用 DNA 连接酶使噬菌体 DNA 环化，再通过质粒转化方式导入受体菌的过程。

二、重组 DNA 导入真核细胞的方法

转染还指真核细胞主动摄取或被动导入外源 DNA 片段而获得新的表型的过程。常用的方法有电击法、磷酸钙沉淀法、脂质体介导法等。进入细胞的 DNA 可以被整合至宿主细胞的基因组中，也可以在染色体外存在和表达。

（一）重组 DNA 导入酵母细胞

许多酵母菌株都可用作基因克隆或表达的受体菌，其转化一般有以下几种方法。

1. 原生质体转化法　该方法首先用蜗牛酶或纤维素酶水解酵母细胞壁，产生原生质体，再将原生质体置于 DNA、$CaCl_2$和多聚醇（如 PEG）混合物中，其中多聚醇可使细胞壁具有穿透性，并允许 DNA 进入。然后使原生质体悬浮于琼脂中使其再生新的细胞壁。

原生质体转化法是最早用于酵母载体 DNA 转化的方法，在 Ca^{2+}和 PEG 的存在下，转化细胞可达原生质体总数的 1%～2%，但操作周期长，而且转化效率受到原生质再生率的严重制约。该法的一个显著特点是，一个受体细胞可同时接纳多个质粒分子，而且这种共转化的原生质体占转化子总数的 25%～33%。

2. 碱金属离子介导的酵母完整细胞的转化　酿酒酵母的完整细胞经一价碱金属离子（Li^+、Cs^+等）、PEG 和热应激处理后，也可高效吸收质粒 DNA，而且吸收线性 DNA 的能力明显大于环状 DNA，两者相差 80 倍；共转化现象极少。

该方法不需要消化酵母的细胞壁产生原生质体，而是将整个细胞暴露在碱金属离子溶液（如 0.1mol/L LiCl）中一段时间，再与 DNA 混合，经过一定处理后，加 40% PEG 4000，然后经过热应激等步骤，即可获得转化子。转化子可在合适的琼脂平板上进行选择。该方法的转化率较原生质体转化法低，但也能达到 10^3 个转化子/μg DNA，足以满足一般的应用要求。

3. PEG 1000 转化法　PEG 为细胞融合剂，它可使细胞膜间或 DNA 与膜之间形成分子桥，从而有利于 DNA 分子的进入。通过 PEG 处理酵母细胞，可获得类感受态，用该细胞转化，每微克 DNA 至少可得到 10^3 个转化子。

4. 电击法　酵母原生质体或完整细胞均可在电击条件下吸收质粒 DNA，但在此过程中应避免使用 PEG，因为它对受电击细胞的存活具有较大的副作用。电击转化的优点是不依赖于受体细胞的遗传特征及培养条件，适用范围广，而且转化率可高达 10^5 个转化子/μg DNA。其缺点是需要特殊的设备、成本较高。

单链、双链 DNA 均可转化酵母，但单链的转化率是双链的 10～30 倍。含有酵母复制子的单链质粒进入细胞后，能准确地转化为双链并复制；不含复制子的单链质粒进入细胞后，能高效同源整合到受体菌的染色体 DNA 上，这对于体内定点突变酵母基因组极为有利。克隆在 YIp 整合型质粒上的外源基因，如果含有受体细胞的染色体 DNA 的同源序列，会发生高频同源整合，整合子可占转化子总数的 50%～80%。

（二）重组 DNA 导入植物细胞

植物基因转化方法可分为三大类：①载体介导的转化方法，即将目的 DNA 插入到农杆菌的 Ti 质粒或病毒的 DNA 上，随着载体质粒 DNA 的转移而转移。农杆菌介导法及病毒介导法都属于这一类方法。②DNA 直接导入法，指通过物理或化学的方法直接导入植物细胞。物理方法有基因枪法、电击法、超声波法、显微注射法和激光微束法。化学法有 PEG 法和脂质体法。③种质系统法，包括花粉管通道法、生殖细胞浸泡法和胚囊子房注射法。其中载体介导的转化方法是目前植物基因工程中使用最多、机制最清楚、技术最成熟的一种转化方法，而转化载体中又以 Ti 质粒转化载体最为重要。

1. 农杆菌介导的 Ti 质粒遗传转化法　根癌农杆菌（*Agrobacterium tumefaciens*）含有一种内源质粒，当农杆菌同植物接触时，这种质粒会引发植物产生冠瘿瘤，所以称此质粒为 Ti 质粒。由野生型 Ti 质粒经过改造衍生出一元载体和双元载体（参见第三章第二节），目前在植物基因转化中多数使用双元载体。

利用农杆菌对植物进行转化，首先将目的基因插入到 Ti 衍生的转化载体的 T-DNA 区，形成重组 DNA，然后将重组 DNA 转入含有 *Vir* 致病基因的农杆菌，再通过上述农杆菌侵染植物外植体，植物伤口处细胞分泌大量的酚类化合物，如乙酰丁香酮（AS）和羟基乙酰丁香酮（HO-AS），是农杆菌识别的信号分子，能够诱导农杆菌内的毒性基因 *Vir* 表达。VirA 蛋白可以激活 VirG 蛋白，使其结合到 *Vir* 启动子的特定区域，从而成为其他 *Vir* 基因转录的激活因子。*VirD* 基因编码一系列位点专一的限制性内切核酸酶，*VirC* 和 *VirE* 决定宿主范围，*VirB* 和 *VirD* 则用于合成介导 T-DNA 转移的装置，将含有外源目的基因的 T-DNA 整合到植物细胞基因组中。

农杆菌介导遗传转化的具体做法是：先将实验材料（如烟草）的叶片进行表面消毒，再用消毒过的不锈钢打孔器从叶子上取下圆形小片，即叶盘。叶盘等外植体的预培养是遗传转化的重要环节，其预培养时间是影响转化效率的重要因素，预培养时间太短达不到预处理的效果，太长则降低外植体转化率，甚至导致外植体死亡。一般以 2～3d 为宜。例如，矮牵牛、番茄、拟南芥叶片转化 2d 效果较佳。但是不同植物、同一植物不同外植体是否要预培养及其时间长度都有所不同。外植体接种就是把上述工程菌接种到外植体的损伤切面。其方法是将切割成小块的外植体浸泡在制备好的菌液中，浸泡一定时间后用无激素植物培养基或无菌水漂洗，再用无菌吸水纸吸干。要在确保农杆菌对外植体侵染效果的前提下尽量减少浸泡时间，以减少后续培养中的污染，并可减轻农杆菌对植物细胞的毒害。不同外植体对菌液浓度的要求不同，一般要求 OD_{600} 等于 0.05～0.7。

农杆菌和外植体共培养是整个转化过程的关键环节，农杆菌附着、T-DNA 的转移及整合都在共培养时期完成，共培养技术条件的掌握是成功转化的关键。研究表明，农杆菌只有与外植体共培养 16h 之后，才能诱发肿瘤，这一段时间称为“细胞调节期”。共培养时间的长短，不同物种、外植体种类和农杆菌菌株的最佳共培养时间有所不同。然后，将转化过的外植体转移到含有适当抗生素的培养基上进行培养，经过数周后，外植体周围就可长出愈伤组织并分化出幼苗。

农杆菌介导的 Ti 质粒遗传转化法最早在双子叶植物中取得成功，后来经过调整和改进在水稻等单子叶植物中也取得了成功，成为一种广泛地应用于单子叶和双子叶植物的遗传转化方法。所采用的外植体有各种器官或组织，如叶、茎、根、茎尖、胚、愈伤组织、原生质体和悬浮细胞等。该法具有的优点是转化方法简单有效、转化的外源 DNA 结构完整、整合位点稳定、转入基因拷贝数少、转化效率高（双子叶植物可高达 80%～90%；在单子叶植物中也可达 20%～30%）、整合后外源基因结构变异小，转入的外源基因通常呈孟德尔式遗传。

2. *植物病毒介导的感染*　随着植物病毒分子生物学及遗传学研究的不断深入，用病毒基因组作为载体转化植物细胞日益受到人们的重视，因为病毒载体能将外源基因导入植物的所有组织和细胞中，而且不受单子叶或双子叶的限制。

在大约 300 种特征清楚的植物病毒中，单链 RNA 病毒约占 91%，双链 RNA 病毒、双链 DNA 病毒、单链 DNA 病毒各占 3%。目前，利用植物病毒载体转化植物细胞大致有以下两种战略。

（1）植物细胞原生质体感染　以双链 DNA 病毒——花椰菜花叶病毒（cauliflower mosaic virus，CaMV）基因组作为载体，去除有关的致病性基因，换上外源基因，体外包装成有感染力的病毒颗粒，感染植物细胞原生质体，并由此再生成整株植物。

（2）植物组织感染　植物双生病毒（geminiviruses）为一单链 DNA 病毒，成熟的双生病毒呈双颗粒状，每一个颗粒中含有一条不同的 DNA 单链。其中，A 链能单独在植物细胞中复制，并含有一部分病毒包衣蛋白基因；B 链编码另一部分包衣蛋白基因及感染性基因。A、B 两条链必须同处于一个植物细胞中，方能形成有感染力的病毒。双生病毒具有广泛的宿主细胞范围，是一种很有潜力的植物病毒载体。

由于上述病毒所载有的外源基因易被排斥出来或被消灭掉，插入外源基因的病毒容易失去感染力及宿主范围狭窄等问题有待解决，至今还没有真正可使用的 DNA 病毒载体。因此，植物病毒衍生的载体目前还未得到广泛应用，但是这一方面的研究仍是植物转化方面的一个重要领域。

3. 基因枪法　基因枪（gene gun）法又称为微弹轰击法（microprojectile bombardment）、粒子轰击法（particle bombardment）等，是一种借助高速金属微粒将 DNA 分子引入活细胞的转化技术。自从美国康奈尔大学研制出火药基因枪以来，基因枪在实际应用中得到了不断的改进和发展，开创了基因转化技术的新局面，使基因枪法成为继农杆菌介导法之后又一广泛应用的技术。其基本原理是利用火药爆炸、高压放电或高压气体作驱动力，将载有外源 DNA 的金粉或钨粉等金属微粒加速，使之穿过植物细胞的细胞壁及细胞膜，进入受体细胞或组织，从而达到将外源 DNA 分子导入细胞中的目的。

根据动力系统，基因枪可分为三种类型：第一类是火药基因枪，它以火药爆炸力作为加速动力，是最早出现的基因枪；第二类是高压气体基因枪，它以高压气体（如氦气、氢气、氮气等）作为动力；第三类是以高压放电为驱动力的高压放电基因枪。三种基因枪的工作原理颇为相似，都是先将已包裹有外源 DNA 的金（钨）粉载放在某种载体上，在驱动力作用下加速载体向下高速运动，遇到阻挡板阻遏后，载体前端或表面的金（钨）粉粒子凭借惯性作用继续以高速向下运动，击中样品室中的靶细胞。

尽管基因枪有各种不同类型，但其转化一般都包括这样几个步骤：DNA 微弹的制备、靶外植体的准备、DNA 微弹轰击和轰击后外植体的培养。其中 DNA 微弹的制备是利用 $CaCl_2$ 对 DNA 沉淀作用及亚精胺、PEG 具有的黏附作用进行的。将这些化合物与 DNA 混合后再与金（钨）粉混合，吹干后，DNA 则沉淀在微粒上。制备好的 DNA 微粒，可在冰水中存放保存，数小时内有效。所用的金粉微粒直径一般以 1～1.6μm 为好，钨粉微粒直径以 0.7～1μm 为好。与钨粉相比，金粉对细胞的伤害与毒性更小，也不易引起 DNA 的降解，但金粉较贵。

利用基因枪法，已将 DNA 先后送入酵母的线粒体和核、衣藻的叶绿体和核、洋葱的表皮细胞及玉米悬浮细胞中。基因枪法避开原生质再生植株的难关，因此有可能成为单子叶植物基因转移的有效途径，但进去的 DNA 片段整合效率极低。

4. 电击法　根据电击法的原理（参见重组 DNA 导入大肠杆菌的方法），将高浓度的质粒 DNA 加入到植物细胞的原生质体悬浮液中，混合物在 200～600V/cm 的电场中处理若干秒，然后将原生质体在组织培养基中生长 1～2 周，即可再生出整株植物。电击法具有简单、快速、效率高等优点。但在植物中，由于细胞壁对外源基因的提取有不利的影响，所以一般以原生质体为受体细胞。目前，该法用于烟草、玉米、水稻、小麦、高粱和大豆等植物，已得到稳定的外源基因表达。电击法与原生质体再生植株技术配合，可使这种转基因技术发挥更高的效率。

目前，有人将电击法与 PEG 的使用相结合，取得了良好的效果。因为 PEG 可以增加细胞膜的通透性，使 DNA 容易进入细胞内。该方法的缺点是易造成细胞膜的损伤，使植板率降低，而且仪器也较昂贵，各项转化参数还有待于进一步优化。

5. 原生质体融合　将不同物种的原生质体进行融合，可实现两种基因组的结合。也可将一种细胞的细胞器（如线粒体或叶绿体）与另一种细胞融合。此时，是一种细胞的细胞核处于两种细胞来源的细胞质中，这就形成了胞质杂种（cybrid）。将外源 DNA 与特殊的疏水性高分子化合物混合，在水中这些疏水性化合物分子形成球状的脂质体，后者与植物细胞原生质体融合，筛选融合子，再生植物细胞壁。所有涉及植物原生质体的基因转化方法均存在一个难题，即原生质体很难再生出整株植物。

6. *显微注射法* 显微注射法是一种经典的物理转基因技术。它是借助显微注射仪，将外源 DNA 或 mRNA 通过机械方法直接注射到受体细胞，并使其成活、增殖而发育成为转基因个体。早期该技术主要用于动物细胞的基因转化等方面，现已逐步应用到植物细胞的转化操作中，成为一种重要的植物转基因手段。适用于该方法的植物样品有游离细胞、原生质体、分生组织和胚胎组织等多细胞结构。

显微注射中的一个重要环节是原生质体、带壁细胞或细胞团的固定。由于动物细胞具有独特的贴壁生长特性，因此不存在固定细胞的问题。但是，对于植物细胞而言，首先必须建立固定细胞技术，然后才能进行定位显微注射操作。常用的细胞固定方法有三种：①琼脂糖包埋法，即把低熔点的琼脂糖熔化，冷却到一定温度后将制备的细胞悬浮液混合于琼脂糖中，并使细胞体的一半埋在琼脂糖中而固定，一半暴露在琼脂糖的表面以便于进行显微注射。②多聚-L-赖氨酸粘连法，即先用多聚-L-赖氨酸处理载玻片表面。由于多聚-L-赖氨酸对细胞有粘连作用，因此当分离的细胞或原生质体与载玻片接触时就被固定在载玻片上。③吸管支持法，即用一固定的毛细管将原生质体或细胞吸附在管口，起到固定作用。并且吸管可以旋转或移动位置，使操作者选择最佳位置进行注射。

显微注射法突出的优点是转化率高，可达 60%以上，整个操作过程对受体细胞无药物毒害，有利于转化细胞的生长发育。其缺点是操作烦琐耗时，工作效率低，并需精细的操作技术和精密的仪器设备，难以进行大批量的转化工作。

7. *激光微束法* 这种方法的原理是利用激光微束（laser microbeam）脉冲引起细胞膜可逆性穿孔，从而将外源 DNA 导入受体细胞。其基本操作程序是：在荧光显微镜下找出合适的细胞，然后用激光光源替代荧光光源，使目的基因的细胞膜在激光微束脉冲作用下被击穿，从而使外源 DNA 进入受体细胞。该法具有操作简便快捷、转化效率高、无宿主限制、能转化细胞器等优点，但需要昂贵的仪器和较高的技术要求，而且稳定性和安全性不如电击法和基因枪法。

8. *花粉管通道法* 花粉管通道（pollen-tube pathway）法是将外源 DNA 在授粉后的特定时期注入柱头或花柱，使 DNA 沿花粉管通道或传递组织通过珠心进入胚囊，转化尚未形成正常细胞壁的卵、合子或早期的胚体细胞。该方法适用于任何开花植物，是我国科学家周光宇首先提出设计的，目前已应用于水稻、小麦、棉花、大豆、花生、蔬菜等作物的转基因研究。

花粉管通道法的特点是直接、简便。它的受体材料为植株整体，省略了细胞组织培养的诱导和传代过程，排除了植株再生的障碍，特别适合于难以建立有效再生系统且花器比较大的植物。由于转化的是完整植株的卵细胞、受精卵或早期胚性细胞，导入的 DNA 分子整合效率较高。

（三）重组 DNA 导入动物细胞

将基因导入哺乳动物细胞的方法有多种，效率也不尽相同，可根据具体情况选择应用。这里介绍几种常用的方法。

1. *磷酸钙沉淀法* 该转化方法是动物细胞转化的经典而又简单的方法。具体做法大致是：将待转化的 DNA 溶解在磷酸缓冲液中，加入 $CaCl_2$ 溶液混匀，此时 DNA 被包裹在磷酸钙晶体颗粒内，形成磷酸钙微结晶与DNA的共沉淀物；将上述制备的颗粒悬浮液滴入细胞培养皿中，37℃保温4～16h，此时细胞膜形成吞噬泡，磷酸钙晶体局部溶解膜结构，DNA便可以进入受体细胞细胞核，并整合到宿主染色体上；弃去DNA溶液，加入新鲜培养基，继续培养7d即可筛选转化株。如果在外源DNA中掺入少量的受体细胞内源性DNA，可以提高转化效率。利用磷酸钙沉淀法转化肿瘤病毒DNA，可使正常细胞转化为癌细胞。该方法多用于单层培养的细胞，也可用于悬浮培养的细胞。

一种极为有趣的现象是，在磷酸钙沉淀物中，两种物理上毫无联系的DNA分子混合物往往能感染同一个细胞，产生共转染（cotransfection）现象。共转染现象表明，任何待研究的基因，可与标记基因在整合到染色体上之前自动发生成串连接，转染前的体外连接并无必要。用该法导入的外源基因可整合到基因组的不同位置上。值得指出的是，在这种情况下不一定需要载体。共转染方法特别适用于目的基因不带有可选择标记性状的情况。

磷酸钙沉淀法具有操作简便、成本低廉、可大批量转染、对细胞毒性较小、效果稳定等优点。但其转染效率较低，对较长（＞20kb）的DNA片段效果更差，应用甘油或DMSO对受体细胞进行休克，转染效率会得到一定程度提高。

2. *脂质体介导法* 该方法即用脂质体包埋核酸分子，然后将其导入细胞。脂质体是一种人工构建的脂质双分子层膜，制备方法很多，其中以反相蒸发法最适于包装DNA。用于转移DNA的较理想膜成分是带负电荷的磷脂酰丝氨酸。做法大致是：将磷脂酰丝氨酸和DNA溶液溶解于大量的有机溶剂（如醚）中，再经过超声波处理，使其形成乳剂，然后蒸发掉有机溶剂，最终形成0.4μm包埋水相DNA的脂质体结构。进一步通过PEG的作用，使脂质体与受体细胞膜融合，DNA随即进入细胞质和细胞核内。利用上述程序曾将外源基因成功地导入了小鼠的淋巴细胞和HeLa细胞。

脂质体介导法的优点是效果稳定、感染效率高（比磷酸钙沉淀法高5～100倍），其缺点是成本较高、对外源基因长度有一定限制、细胞内积累的脂类对细胞有一定的毒性。

3. *显微注射法* 显微注射法是创造转基因动物（transgenic animal）的有效途径。其技术关键如下：①外源基因的制备。这种基因可处于质粒上，但注射前质粒需经酶切线性化。有的载体DNA会干扰外源基因的表达，因此注射前需要从载体上将它们切下。②收集受精卵。在受孕后几小时内，父母双方的遗传物质还未结合前，从供体动物中取出单细胞的受精卵。③显微注射。利用极细的毛细玻璃管（外径为0.5～1μm），将外源基因注入受精卵的雄原核。这必须在父母双方遗传物质融合前的4h间歇期内完成。当双亲染色体相遇后，注入的目的基因有可能整合到染色体上。在受精卵中，雄原核是由精子提供的，比雌原核大，所以通常被用于微注射。④受精卵移植，在几次细胞分裂后，将带有目的基因的受精卵移入母体子宫，使受精卵得到孕育。

显微注射法的优点是：①该法可向任何类型细胞导入外源基因，甚至可向受精卵或早期胚胎中导入外源基因；②DNA用量极少，每个细胞仅需10^{-11}mL的注射体积；③注入细胞的DNA分子数可加以控制；④外源DNA整合到宿主细胞染色体组中的效率可达50%～100%，获得稳定转化系的比例也可达20%。该法的缺点是，其设备要求高，且很昂贵。

4. *病毒感染法* 通过病毒感染的方式将外源基因导入动物细胞内，是一种常用的转基因方法。由于病毒种类多样，病毒DNA（或RNA）构建的载体性质各异，所以转染的过程有所不同，主要有以下三种：①带有目的基因的病毒颗粒直接感染受体细胞，目的基因随同病毒DNA分子整合到受体细胞DNA上；②带有目的基因的病毒颗粒是缺陷型的，需与另一辅助病毒一同感染受体细胞，在受体细胞内包装成新的病毒颗粒；③虽然带有目的基因的SV40是早期转录缺陷型的，但被感染的 COS 细胞系的基因组中整合有 SV40 早期转录区段 DNA，所以没必要用辅助病毒混合感染。该方法具有定向性好、实验重复性佳、导入效率高等优点。但也存在一定的缺陷，如目前常用的载体宿主范围有限，往往无法感染一些具有重要经济价值的家禽和牲畜细胞等。

5. DEAE-葡聚糖转染技术 二乙氨乙基葡聚糖（diethyl-aminoethyl-dextran，DEAE-葡聚糖）是一种分子质量较大的多聚阳离子试剂，能促进哺乳动物细胞捕获外源 DNA，因此被用于基因转染。DEAE-葡聚糖促进细胞捕获 DNA 的机制还不清楚，可能是因为 DEAE-葡聚糖与 DNA 形成复合物而抑制了核酸酶对 DNA 的作用，也可能是 DEAE-葡聚糖与细胞结合而引发细胞的内吞作用。DEAE-葡聚糖与磷酸钙共沉淀法比较有三点不同：①它一般用于基因的瞬时表达，不易形成稳定的转化细胞系；②它对细胞有毒，某些细胞系（如 BSC-1，CV-1 和 COS 等）用该技术转染效率很高，而其他类型的细胞系则效果较差；③DEAE-葡聚糖可用于转染少量 DNA。

DEAE-葡聚糖转染主要有两种不同的方法：①先使 DNA 直接同 DEAE-葡聚糖混合，形成 DNA/DEAE-葡聚糖复合物，再处理受体细胞；②受体细胞先用 DEAE-葡聚糖溶液预处理，然后再接触转染的 DNA。无论哪一种方式，受体细胞在转染处理之前，都必须用等渗溶液抹去培养液中的血清成分。

影响 DEAE-葡聚糖转染效率的因素主要有两个：一是 DEAE-葡聚糖的浓度；二是 DEAE-葡聚糖处理细胞的时间。一般用高浓度（1mg/mL）短时间（0.5～1h），或用低浓度（250μg/mL）长时间（8h）两种方法来进行转染。由于 DEAE-葡聚糖对细胞有毒性，所以采用低浓度长时间的方法比较可靠。

6. 电击法 将待转化的 DNA 溶解于受体细胞悬浮液中，然后加入电击转化仪的样品槽内，两端施加瞬时高压电场，使细胞膜产生细小的缝隙，此时 DNA 片段便可不经过胞饮作用直接进入受体细胞。电击法常用于对磷酸钙沉淀法无效的细胞类型，如生长在悬浮液中的淋巴细胞等。

7. 血影细胞介导法 血影细胞（blood shadow cell）是指哺乳动物的红细胞在机械作用、病毒诱导、低渗环境下发生溶血，血红蛋白大量溢出，最后形成仅被细胞膜包裹的细胞结构。在溶血过程中，红细胞膜的通透性大增，在血红蛋白溢出的同时，外源 DNA 也容易进入。当上述外界条件消失后，红细胞膜又可恢复原来的通透性。因此，可先将外源 DNA 转入血影细胞，然后再将血影细胞与受体细胞在适当条件下发生细胞融合，从而将外源 DNA 转入受体细胞。

三、转化率及其影响因素

转化率是每微克载体 DNA 在最佳转化条件下进入受体细胞的分子数。由于在一般实验规模下，每个受体细胞最多只能接受一个载体分子，因此转化率的定义也可以表述为：每微克载体 DNA 转化后，接纳 DNA 分子的受体细胞个数，即阳性克隆数。

（一）转化率的计算

转化后在含抗生素的平板上长出的菌落即转化子，根据此皿中的菌落数可计算出转化子总数和转化率等，公式如下所示。

转化子总数＝菌落数×稀释倍数×转化反应原液总体积/涂板菌液体积

转化率（转化子数/1mg 质粒 DNA）＝转化子总数/质粒 DNA 加入量

感受态细胞总数＝对照组的菌落数×稀释倍数×菌液总体积/涂板菌液体积

感受态细胞转化率＝转化子总数/感受态细胞总数。

（二）转化率的用途

利用转化率和重组率等参数可以帮助设计 DNA 重组实验规模。例如，某一 DNA 重组实验的重组率为 20%，转化率为 10^7/mg 载体，经酶切和连接处理后的重组载体转化率为天然载体的 1/100，欲获得 10^4 个重组克隆，需投入多少载体 DNA 进行重组实验？若重组率为 100%，则转化后产生 10^4 个重组克隆需要 10^4/（$10^7 \times 10^{-2}$）＝0.1mg 载体 DNA。考虑到实验系统的重组率为 20%，所以实际投入载体应为：0.1/20%＝0.5mg 载体 DNA。

载体投入量确定后，外源 DNA 的投入量即可按 10∶1 的要求算出（5mg），甚至还可以估算需要涂布多少块平板进行筛选。

（三）转化率的影响因素

转化率的影响因素很多，可从载体 DNA 及目标 DNA 重组、受体细胞和转化方法三个方面进行考虑。

1. 载体 DNA 及目标 DNA 重组　首先，载体本身的性质决定了转化率的高低，不同的载体转化同一受体细胞，其转化率不同。一般规律是小质粒转化率高；大质粒转化率低，超过 30kb 的重组质粒很难进行转化。其次，质粒与受体细胞的亲和性也可影响转化。亲和性强的质粒转化率高于亲和性弱的质粒。再次，载体的空间构象对转化率有明显影响，超螺旋构象的载体质粒往往具有较高的转化率，经酶切连接操作后的载体由于空间构象难以恢复，其转化率一般要比新制备的超螺旋质粒低两个数量级。最后，重组 DNA 的浓度和纯度对转化率也有影响，DNA 浓度在 10ng/100μL 以下时，转化效率与 DNA 数量成正比。

2. 受体细胞　受体细胞必须与载体相匹配，如 pBR322 转化大肠杆菌 JM83，转化率很低；但对大肠杆菌 ED8767 的转化率较高。

3. 转化方法　不同的转化方法，转化效率也有差异。在常用的几种细菌转化方法中，以电穿孔法的转化率最高，达 10^8～10^9/μg DNA；其次是 Ca^{2+}诱导法，为 10^6～10^7/μg DNA；而接合转化法最低，仅为 10^4～10^5/μg DNA。在同一种转化方法中，不同的技术参数下其转化率也有所差异，以 Ca^{2+}诱导法为例，对 Ca^{2+}诱导的完整细胞转化而言，菌龄、Ca^{2+}处理时间、感受态细胞的保存期及热脉冲时间均是很重要的因素，其中感受态细胞通常在 12～24h 转化率最高，之后急剧下降。在一次转化实验中，DNA 分子数与受体细胞数的比例对转化率也有影响，通常 50～100ng 的 DNA 对应于 10^8 个受体细胞或原生质体，在此条件下，加大 DNA 量并不能提高转化率。

第三节　重组子的筛选与鉴定

重组子导入受体细胞以后，经过短时间的培养扩增即可用于进一步的筛选与鉴定。所谓筛选（screening）是指通过特定的方法，从被转化的细胞群体或基因文库中，鉴别出真正具有重组 DNA 分子的阳性克隆（重组子）的过程。筛选出来的阳性克隆通过扩繁可获得所需基因片段的大量拷贝，并通过进一步鉴定，最终确定其正确性，为其后续研究奠定基础。

对不同的克隆载体及其相应的宿主系统，重组子的筛选、鉴定方法不尽相同，概括起来主要有以下几类。

一、载体表型选择法

载体表型选择法是根据载体分子所提供的表型特征，直接选择重组 DNA 分子的方法。

（一）抗药性标记插入失活选择法

pBR322 质粒是分子克隆中最常用的一种载体分子，编码有 Tet^r 和 Amp^r，使带有该质粒的宿主细胞能在含有四环素或氨苄青霉素的培养基中生长。

检测外源 DNA 插入的一种方法是插入失活（insertional inactivation）效应。在 pBR322 质粒的 Tet^r 基因内有 *Bam*H Ⅰ 和 *Sal* Ⅰ 两种限制性内切核酸酶的单一识别位点可供外源 DNA 的插入，这两个位点中任何一个一旦有外源 DNA 的插入，都会导致 Tet^r 基因出现功能性失活，于是形成的重组体转化子都将具有 Amp^rTet^s 的表型。将此转化菌先涂布在含有氨苄青霉素的平板上，并将存活的菌落原位影印到另一个含有四环素的平板上，凡是在氨苄青霉素平板上生长，而在四环素平板上不生长的菌落，就可能是已经获得这种重组体质粒的转化子克隆。

同样，在 pBR322 质粒的 Amp^r 序列中，可以利用 *Pst* Ⅰ 的识别位点，插入外源 DNA 片段，也能应用插入失活作用检测重组质粒。当然，所挑选的菌落则应该具有 Amp^sTet^r 的表型。

（二）β-半乳糖苷酶显色反应选择法

除了抗生素抗性筛选之外，质粒等载体上常用的另一种筛选标记是 β-半乳糖苷酶显色反应。当外源 DNA 插入到载体 *lacZ* 标记基因上，导致 β-半乳糖苷酶基因失活，可通过大肠杆菌转化子菌落在添加有 X-gal-IPTG 培养基中的颜色变化直接观察出来。β-半乳糖苷酶可把乳糖水解成半乳糖和葡萄糖，当宿主细胞培养在补加有 X-gal 和乳糖诱导物 IPTG 的培养基中时，由于基因互补作用形成的有功能的半乳糖苷酶，可将培养基中无色的 X-gal 切割成半乳糖和深蓝色的底物 5-溴-4-氯-靛蓝（5-bromo-4-chloro-indigo），使菌落呈现出蓝色反应。但是当外源 DNA 插入到载体 *lacZ* 标记基因内部的多克隆位点上，可阻断该基因的读码结构，使其编码的 α 肽失去活性，结果产生出白色菌落。因此，根据这种半乳糖苷酶的显色反应，便可以检测出含有外源 DNA 插入序列的重组体克隆。

二、根据插入基因的表型选择法

重组 DNA 分子转化到大肠杆菌宿主细胞之后，如果插入在载体分子上的外源基因能够实现其功能表达，那么分离带有此种基因的克隆，最简便的途径便是根据表型特征的直接选择法。其基本原理是：转化进来的外源 DNA 编码的蛋白质，能够对大肠杆菌宿主菌株所具有的突变发生体内抑制或互补效应，从而使被转化的宿主细胞表现出外源基因编码的表型特征。例如，已知亮氨酸（Leu）为 Leu 缺陷菌所必需，当外源目的基因可表达亮氨酸，将含该基因的重组子转入 Leu 缺陷菌中，在不含亮氨酸的基本培养基平板中，只有重组子表达的亮氨酸才能被 Leu 缺陷菌所利用而能生长繁殖，形成菌落。因而，能生长的细菌菌落均为阳性的重组子克隆，而无该重组子的 Leu 缺陷菌在不含亮氨酸的平板上则不能生长，不能形成菌落。

目前已拥有相当数量的对其突变做了详尽研究的大肠杆菌实用菌株，而且其中有许多种类型的突变，只要克隆的外源基因产物获得低水平的表达，便会被抑制或发生互补作用。研究表明，一些真核生物基因也能够在大肠杆菌中表达，并且还能够同宿主细胞的营养缺陷突变发生互补作用。应用类似的方法成功地分离了小鼠编码二氢叶酸还原酶（dihydrofolate reductase，DHFR）的基因。

这种筛选法受到一定的条件限制，它不但要求克隆的DNA片段必须大到足以包含一个完整的基因序列，而且要求目的基因能够在大肠杆菌宿主细胞中实现功能表达。无疑，真核生物基因较难满足这些要求。其原因在于有许多真核基因是不能对大肠杆菌的突变发生抑制作用或起互补效应的。此外，大多数真核基因内部都存在着间隔序列，而大肠杆菌又不存在真核基因转录加工过程中所需要的剪辑机制，这样便阻碍了它们在大肠杆菌宿主细胞中实现基因产物的表达。当然，在有些情况下可以通过使用mRNA的cDNA拷贝构建重组体DNA的办法，来克服这类问题。

三、DNA电泳检测法

分离质粒的DNA并测定其分子长度是证明重组体质粒分子质量增加的直接方法。对此，电子显微镜测定无疑是有效的方法，但对于以筛选为目的实验来说，则显得过于烦琐。常用操作程序比较简单的凝胶电泳测定来代替。由于质粒DNA的电泳迁移率是与其分子量大小成比例的，所以那些带有外源DNA插入序列、分子量较大的重组体DNA在凝胶中的迁移率低于不具有外源DNA插入序列、分子量较小的质粒DNA。根据这种差别就可鉴定出哪些菌落的载体中含有外源DNA片段。

四、PCR检测法

PCR是鉴定阳性克隆最为简单的方法，可根据已知的外源DNA序列设计特异性引物进行PCR扩增以检测阳性克隆中是否含有外源DNA片段，或利用载体多克隆位点侧翼的通用引物进行PCR，根据PCR反应产物的长度判断多克隆位点上是否有外源DNA片段的插入。

五、核酸杂交检测法

从基因文库中筛选带有目的基因插入序列的克隆，最广泛使用的一种方法是核酸分子杂交技术，主要有菌落杂交、Southern杂交、Northern杂交和Western杂交技术（具体方法参见第四章第三节）。

六、免疫化学检测法

直接的免疫化学检测同菌落杂交在程序上十分相似，但它不是使用放射性同位素标记的核酸探针，而是用抗体鉴定那些产生外源DNA编码的抗原的菌落或噬菌斑。免疫化学检测法具有专一性强、灵敏度高的特点，只要有一个克隆的目的基因在大肠杆菌等宿主细胞中表达合成蛋白质，就可以检测出来。

根据实验手段的不同，免疫化学检测法可分为放射性抗体检测法和免疫沉淀检测法等类型。这些方法最突出的优点是，它们能够检测不为宿主提供任何可选择的表型特征的外源基因，不过这些方法需要使用特异性的抗体，而抗体的制备是较为烦琐的事情。

（一）放射性抗体检测法

该方法所依据的原理为：①一种免疫血清含有几种 IgG 抗体，它们识别抗原分子，并可分别同各自识别的抗原相结合；②抗体分子或抗体的 Fab 部分能十分牢固地吸附在固体基质（如聚乙烯等塑料制品）上，而不会被洗脱掉；③通过体外碘化作用，IgG 抗体可迅速地被放射性同位素 ^{125}I 标记上。

具体的操作过程是：①把转化的菌落涂布在普通培养皿的琼脂平板上，并制备影印的复制平板；②溶解细菌菌落，使阳性菌落释放出抗原蛋白质；③将连接在固体支持物上的抗体缓慢地同溶解的细胞接触，以利于抗原吸附到抗体上，并且彼此结合成抗原-抗体复合物；④将吸附着抗原-抗体复合物的固体支持物取出来，与放射性标记的第二种抗体温育；⑤将与放射性标记的第二种抗体温育的固体支持物进行漂洗，以去除未反应的抗体；⑥放射自显影，检出与放射性标记抗体结合的抗原，并据此确定出在原平板中能够合成抗原的细菌菌落的位置，即重组体菌落（图 6-13）。

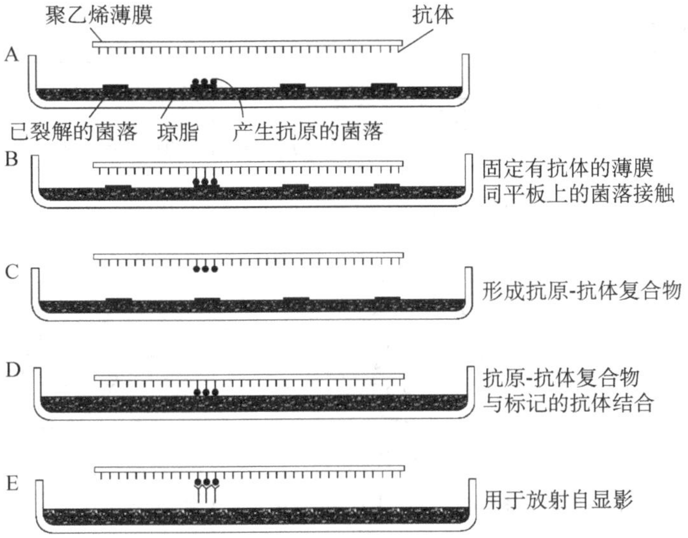

图 6-13 放射性抗体检测法筛选重组体（吴乃虎，2001）

（二）免疫沉淀检测法

免疫沉淀检测法同样也可以鉴定产生蛋白质的菌落。其做法是：在生长菌落的琼脂培养基中加入目的蛋白特异性抗体，如果阳性细菌可分泌特定的蛋白质，那么在它的周围就会出现由一种叫作沉淀素（precipitin）的抗原-抗体沉淀物所形成的白色圆圈。该方法操作简便，但灵敏度不高，实用性较差。

（三）表达载体产物的免疫化学检测法

现在已经发展出一套专门适用于免疫化学检测的表达载体系统。由于这些表达载体都是专门设计的，插入到它上面的真核基因所编码的蛋白质都能够在大肠杆菌宿主细胞中表达，适宜用免疫化学检测法进行检测。

应用表达载体 pUC8，配合免疫化学检测法，已成功地克隆了编码小鸡的原肌球蛋白 β-链的 cDNA。其具体过程为：①从平滑肌细胞制备 mRNA，反转录合成双链 cDNA；②在其 3′端加上 *Sal* Ⅰ 衔接物后，用 S1 酶切去双链 cDNA 的发夹结构，再在其 5′端加上 *EcoR* Ⅰ 衔接物；③用 *Sal* Ⅰ 和 *EcoR* Ⅰ 两种限制性内切核酸酶消化这些衔接物，使所有的双链 cDNA 分子都在其 5′端形成 *EcoR* Ⅰ 黏性末端，3′端形成 *Sal* Ⅰ 黏性末端；④将这样的 cDNA 同经过 *Sal* Ⅰ 和 *EcoR* Ⅰ 处理过的表达载体 pUC8 连接，并转化到大肠杆菌宿主细胞中。由于 pUC8 表达载体紧挨 *EcoR* Ⅰ 位点的左侧有一个很强的 *lac* 启动子，只要克隆在载体上的 cDNA 取向与启动子转录方向一致，即可正常转录和翻译，所以凡是具有 cDNA 插入的转化子，都能产生出真核蛋白质；⑤转化子菌落用氯仿蒸气处理后，用 ^{125}I 标记的抗原肌球蛋白的抗体进行免疫筛选；⑥分泌原肌球蛋白的菌落，会同标记的抗体结合，经放射自显影，可检测出能分泌小鸡原肌球蛋白的克隆（图 6-14）。

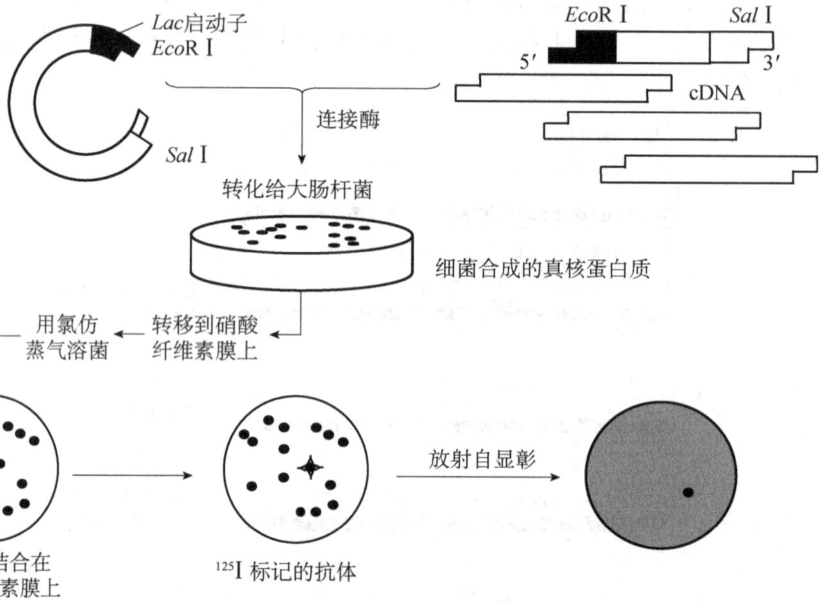

图 6-14　用免疫化学法检测克隆在表达载体 pUC8 上的基因（吴乃虎，1998）

七、DNA 序列分析

DNA 测序是最为准确的重组子鉴定方法，对所得到的目的基因的克隆，应用其核酸序列测定来最后鉴定。已知序列的核酸克隆要经序列测定确证所获得的克隆准确无误；未知序列的核酸克隆要测定序列才能进一步研究其结构及其与功能的关系。核酸序列测定的原理和方法参见第四章第五节。

思考题

1. 名词解释：DNA 体外重组；同聚物加尾法；衔接物；转化；感受态细胞；感染；转

染；筛选；无缝克隆。

2. 外源 DNA 片段与载体 DNA 的重组主要有哪几种方法？各有何优缺点？

3. 如何防止线状 DNA 分子的自身环化？

4. 如何将一平端的 DNA 片段与 *Bam*H Ⅰ 形成的黏性末端连接？

5. 简述 Ca^{2+}诱导转化法制备细胞感受态转化重组 DNA 的原理。

6. 举例说明两种植物转基因的方法。

7. 动物细胞转化方法主要有哪些常用的方法？

8. 电穿孔法的主要原理及适合的宿主菌是什么？

9. 重组子筛选主要有哪些方法？

10. 为什么 pUC 系列的载体与外源基因形成的重组体可用蓝白斑实验进行筛选？

11. 某一质粒载体有 Tet^r 和 Amp^r，在 Amp^r 中有一 *Eco*RⅠ 的酶切位点，现用 *Eco*RⅠ 切割载体进行基因重组，如何用抗性变化筛选含有插入片段的重组体？

第七章 目的基因的表达策略

本章思维导图

利用基因工程手段进行植物遗传改良，其根本途径就是对控制植物特定性状的基因或提高其表达，或降低甚至关闭其表达，从而使其控制的性状发生符合于人类目标的改变。基因工程的基本技术策略包括：①强化目的基因的表达；②降低目的基因的表达；③去除目的基因或使其关闭。针对不同生物性状的遗传改良，可灵活地运用不同的策略以达到最佳的效果。

第一节 强化目的基因的表达

将目的基因转入并整合到特定受体生物的基因组，其携带的遗传信息在特定的时间和空间表达，转录出 mRNA，指导特定蛋白质的合成，从而改变生物表型。

一、目的基因表达的影响因素

要实现目的基因向受体生物的转入，一般将目的基因克隆到载体的表达盒（expression cassette）并通过遗传转化将其整合到该改造生物基因组中。表达盒一般包括启动子、基因的编码序列和终止子，载体还包括筛选标记基因和 T-DNA 等元件。由于目的基因的整合多数是随机过程，理论上来说可以插入到任何位点。因此，插入的目的基因表达受多种因素的影响。影响目的基因在受体细胞中表达的因素主要有开放阅读框、顺式作用元件、翻译过程和表达系统等。

（一）开放阅读框对转化基因表达的影响

开放阅读框是基因的编码区，包含从起始密码子至终止密码子的 cDNA 序列。外源基因的编码区只有与表达载体 DNA 的起始密码子相吻合，才能正确地转译出蛋白质产物。构建一组表达载体，使每个载体与起始密码子（ATG）翻译位相的位点不同，分别与外源目的基因连接，即可获得所有可能的三种位相，其中必有一种位相外源基因处于正确的开放阅读框中。

用人工接头可以调节开放阅读框。市售的同一酶切位点的人工接头一般都有三种长度，经与目的基因 DNA 片段连接、切割产生的黏性末端，各相差一个核苷酸。因此，选择适当的人工接头，即可将外源基因插入到表达载体的正确开放阅读框中。

（二）顺式作用元件对基因表达的影响

无论是原核生物还是真核生物，转录水平的调控都是最重要的基因表达调控方式之一。顺式作用元件是在转录水平上对基因表达有调节活性的DNA序列，包括启动子、增强子、沉默子和弱化子等，多位于基因旁侧或内含子中，一般只调节与其处于同一个DNA分子上的基因。

1. 顺式作用元件对基因转录起始的调控

（1）启动子　启动子（promoter）是RNA聚合酶识别、结合并起始转录的一段DNA序列，其长度随生物种类不同而异，并具有以下特征：①序列特异性。启动子序列通常含有几个保守的序列框，其核苷酸的变化或序列框之间核苷酸数量的变化将导致转录启动的滞后或转录速度的减慢。②方向性。启动子结构一般是不对称的，正反两个方向中只有一种具有启动功能。③位置特异性。启动子只有位于所要启动转录基因的上游或基因内的前端，才能起作用。如果位于基因的下游或离所要启动的基因太远，则不会起作用。④种属特异性。原核生物的不同种、属，真核生物的不同组织都具有不同类型的启动子。一般来说，亲缘关系越近的两种生物，其启动子通用的可能性也越大。在基因工程研究中，与外源目的基因连接的启动子一般采用源于宿主细胞的启动子。例如，真核基因在转化大肠杆菌细胞时，需要连接上原核生物细胞的启动子。

根据启动子的表达特征，又可将启动子分为组成型启动子、诱导型启动子和组织特异性启动子等类型。组成型启动子一般来自持家基因，可连续不断地启动基因的表达；诱导型启动子只有在一定的外界诱导或刺激作用下才能启动基因的表达；组织特异性启动子只有在特定的器官（或组织）中才能启动基因的表达。

（2）增强子　增强子（enhancer）是远距离调节启动子并提高转录效率的一段DNA序列，由多个元件组成，每个元件可与一种或多种转录调控因子结合。增强子最早是在SV40病毒基因组中发现和鉴定的，是真核生物中常见的一种顺式作用元件。近年来，随着对原核生物基因表达调控的深入研究，发现增强子对原核生物基因的转录也具有重要的调控作用，如*hylR*增强子可使细菌溶血素基因启动子*phyI*的转录活性提高50倍。

增强子的作用方式具有以下特点：①双向作用。当把一个增强子和一个启动子连接在一起时，无论采取3′→5′方向的连接，还是采取5′→3′方向的连接，均不影响增强子的功能。②提高转录速率。增强子能通过启动子提高同一条DNA链上离其最近基因的转录速率。无论是原核生物的增强子还是真核生物的增强子，当与外源基因相连时，在特定的受体细胞中均能加强外源基因的转录水平。③无位置效应。无论增强子处于靶基因的上游、下游，或其内含子中，都不影响其功能。④远距离作用。增强子不仅可以在启动子附近发挥作用，还可以在远离启动子数千个碱基的地方发挥作用。例如，T细胞受体α链基因的增强子位于启动子下游69kb以外，而果蝇*cut*基因座翅缘增强子位于启动子上游85kb以外。⑤组织特异性。少数增强子（如SV40增强子）能在所有类型的细胞中发挥作用，而大多数增强子行使功能时表现出组织特异性，只能在特定组织中增强与其相连的启动子的活性。这是因为只在特定的组织中才有识别并结合增强子序列元件的反式作用因子。⑥无基因特异性。增强子不仅与同源基因相连时具有增强基因转录的功能，与异源基因相连时也有同样的功能。

因此，为了使外源基因高效表达，在构建表达载体时，可在转化基因的上游或下游连接上宿主相应组织部位的增强子，以提高转化基因的转录效率。

（3）沉默子　沉默子（silencer）是远距离调节启动子以降低转录速率的一段DNA序列，是调节基因表达的顺式作用负调控元件。沉默子最早在酿酒酵母中发现，现已在真核生物、原核生物和病毒中都有发现。可见，沉默子在基因表达调控中也起着重要的作用。与增强子相似，沉默子在发挥作用时，其作用方式与沉默子的位置和方向无关，并能远距离调控顺式连接的启动子，以阻遏基因的表达。沉默子也是通过与反式作用因子的结合实现对基因转录的调控，且其调控机制比增强子更复杂。

2. 顺式作用元件对基因转录终止的调控

（1）终止子　终止子（terminator）是为转录提供终止信号的一段DNA序列，是基因表达的顺式作用负调控元件。位于启动子上游的终止子可防止上游其他基因启动子产生的通读作用；位于启动子下游的终止子则可控制目的基因mRNA的长度，防止不必要的转录，使mRNA的长度限制到最小并提高其稳定性。外源基因的表达效率与表达载体上外源基因与终止子之间的距离有关，两者之间只有保持最适的距离，目的基因才能获得最好的表达。

（2）弱化子　弱化子（attenuator）是原核生物基因表达调控的精细调节装置，是基因表达的顺式作用负调控元件。它利用了原核生物转录与翻译相偶联的特性，依赖自身的特征序列和相应的RNA二级结构，对基因转录进行开关式的微调作用，从而保证原核生物在相关操纵子处于阻遏状态下仍能以一个基底水平合成氨基酸、核苷酸和抗生素等。

弱化子最先发现于大肠杆菌色氨酸操纵子中，位于操纵子与第一个结构基因*trpE*之间。在*trpE*上游mRNA的前导序列中有一个编码14个氨基酸残基的开放阅读框，在该开放阅读框的上游是核糖体结合位点（SD）序列，开放阅读框的下游是一个典型的强终止子结构。前导序列、终止子及相关的间隔序列共同构成弱化子。弱化子结构本身不能实现衰减作用，必须借助核糖体与前导序列的结合来发挥其作用。

3. 顺式作用元件对DNA结构的影响

（1）核基质附着区　核基质附着区（matrix attachment region，MAR）是存在于真核细胞染色质中的一段与核基质特异结合的DNA序列。不同来源的MAR序列分子长度相差悬殊，在300～1000bp，A+T含量可高达70%左右。MAR主要存在于基因两侧的非编码区，处于与增强子、启动子及复制起点等一些重要元件相邻的部位，可将染色质DNA周期性地锚定在核基质上，形成一种环状DNA结构域。每个环状DNA结构域既是一个转录单元，也是一个复制单元和染色体包装单元。在基因的表达过程中，环状DNA结构域的形成可阻断邻近DNA序列对该结构域内部基因表达的影响。

鉴于此，研究人员把MAR应用于基因工程研究。对两侧连接有MAR的外源基因来说，MAR一方面可将位置效应降到最低，有效消除或缓解基因沉默的程度。这是因为MAR序列可以限制异染色质的扩展，并阻隔周围染色质中顺式作用元件的影响，使相邻的转录单元保持相对独立性，从而使基因表达正常化。另一方面MAR还可增加外源基因表达的稳定性和独立性。这是因为MAR作为结构域边界，可把各个转基因的环状DNA结构域隔开，每个环状结构域可能组成一个基因的转录单元。即使转基因被整合至转录不活跃区，由于它两端带有MAR序列，能形成一个独立区域，所以并不受周围宿主染色质的影响（图7-1）。此外，MAR对稳定整合到宿主细胞染色体上的外源基因还具有增强转录的作用。

（2）绝缘子　在真核生物基因组中，绝缘子（insulator）既是基因表达的调控元件，也是一种边界元件。它能阻止绝缘子所在边界另一侧的调控元件对其所界定基因启动子的增强或抑制作用，而对处于同一结构域的增强子没有抑制作用。

（3）基因座控制区　基因座控制区（locus control region，LCR）也是调节基因表达的一个重要顺式作用元件，其作用机制是通过改变其相邻基因的染色质结构，导致这些基因被转录。

上述影响基因表达的顺式作用元件中，启动子、增强子、LCR对基因表达起正调控作用；终止子、弱化子、沉默子对基因表达起负调控作用；MAR和绝缘子作为一种边界元件，可阻止邻近染色质对外源基因表达的影响。在构建表达载体的过程中，可根据外源基因在受体细胞中表达的需要，合理应用上述一个或多个顺式作用元件。

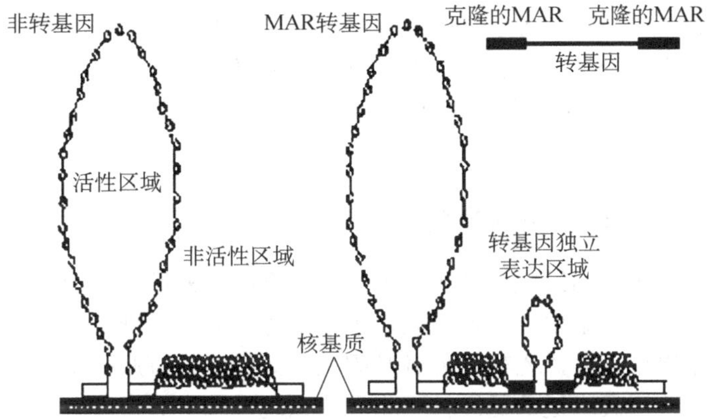

图 7-1 含有 MAR 的外源基因导入受体后形成独立区域

（三）翻译过程对基因表达的影响

翻译是 mRNA 指导多肽链合成的过程，包括多肽链合成的起始、延伸和终止三个阶段。影响 mRNA 翻译水平的因素主要有翻译起始区、密码子、mRNA 的二级结构及翻译终止效率等。

1. *翻译起始对基因表达的影响* 对于原核生物来说，起始密码子（AUG）、SD 序列、SD 序列与起始密码子之间的距离保持在 6～12 个核苷酸、翻译起始区无明显的二级结构对于结构基因的有效翻译是十分重要的。对于真核生物来说，mRNA 5′端 N_7-甲基鸟嘌呤的帽子结构、起始密码子周边的共有序列、有效的 ORF 是有效翻译所必需的。

2. *密码子偏爱性对基因表达的影响* 尽管密码子在生物界是通用的，但不同的基因组对编码同一氨基酸的同义密码子的使用往往具有偏好性，有的同义密码子在一个基因组中使用频率高，而在另一个基因组中的使用频率低。通常，在基因组中使用频率高的同义密码子称为主密码子或偏爱密码子，反之则称为稀有密码子。实际上，用作蛋白质表达或生产的每种受体系统（如大肠杆菌、酵母、植物细胞、昆虫细胞和哺乳动物细胞）都表现出一定程度密码子利用的偏爱。大肠杆菌、酵母、果蝇和灵长类等生物都有独特的 8 个密码子极少被利用（表 7-1）。如果外源基因 mRNA 中的主密码子与受体细胞基因组的主密码子相同或接近，则该外源基因的翻译效率就高；反之，则翻译效率低。因此，为了提高外源基因的表达效率，在不改变其编码多肽链一级结构的前提下，可对外源基因的密码子进行相应的改造，使其含有受体细胞的主密码子。

表 7-1 大肠杆菌、酵母、果蝇、灵长类基因组中 8 个常见的稀有密码子

物种	稀有密码子
大肠杆菌	AGG，AGA，CGA，CGG，AUA，CUA，CCC，UCG
酵母	AGG，CGA，CGG，CGC，CCG，CUC，GCG，ACG
果蝇	AGA，CGA，CGG，AUA，UUA，GGG，AGU，UGU
灵长类	CGA，CGG，CGC，CGU，UCG，CCG，GCG，ACG

3. *翻译终止对基因表达的影响* mRNA 序列上的终止密码子对翻译的效率有很大的影响。原核生物中多肽链的释放由释放因子 RF1 和 RF2 所控制，RF1 识别终止密码子 UAA 和 UAG，RF2 识别终止密码子 UAA 和 UGA。而在真核生物中，3 种终止密码子均由一个释放因子 eRF 所识别。在原核细胞中，3 个终止密码子的终止效率存在明显的差异，其中 UAA 在基

因表达中终止效率最高。由于UAA同时为两个释放因子所识别，一般被选作翻译的终止密码子。在实际应用中，有时为了保证翻译的有效终止，通常将几个终止密码子串联在一起。据报道，在大肠杆菌中，以4个核苷酸组成的顺式序列UAAU作为终止密码子可有效地终止多肽链的合成。

（四）表达系统对基因表达的影响

表达载体和受体细胞共同组成了外源基因的表达系统。外源基因的表达除受到表达载体系统的影响外，还受到受体细胞生长特性、表达水平、翻译后的修饰及生物活性形成等方面的影响。自基因工程技术诞生以来，构建的外源基因表达系统，既有原核生物表达系统，也有真核生物表达系统。目前应用最广泛的是原核生物表达系统，如大肠杆菌表达系统、芽孢杆菌表达系统等。近年来，随着真核生物表达载体的快速发展，酵母表达系统、植物表达系统、动物表达系统得到了快速的发展和应用。

二、目的基因在原核细胞中的表达

在各种表达系统中，最早采用的是原核生物表达系统，这也是目前掌握最为成熟的表达系统。

（一）原核生物基因表达与调控的特点

与真核生物相比较，原核生物基因的表达有以下特点。

1）原核生物基因表达一般以操纵子为单位。操纵子是原核生物基因表达和调控的协同单元，由数个功能相关的结构基因及其调控区组成。调控区主要分为三个部分：操纵基因、启动子及其他有调控功能的序列。

2）原核生物只有一种RNA聚合酶，识别原核细胞的启动子，催化所有RNA的合成。

3）原核生物无核膜，转录和翻译过程是偶联的。原核生物的染色体DNA是裸露的环状DNA，转录出mRNA后，可直接在细胞质中与核糖体结合翻译成蛋白质。

4）原核生物基因一般不含内含子，在原核细胞中缺乏真核细胞的转录后加工系统。当克隆的含有内含子的真核基因在原核细胞中转录成mRNA前体后，其中内含子部分不能被切除，所以在原核细胞中表达真核基因时不能用基因组DNA，而应用cDNA。

5）原核生物基因表达的调控主要在转录水平，这种调控比对基因产物的直接调控要慢。对RNA合成的调控主要有两种方式：一种是启动子调节的起始调控；一种是弱化子调节的终止调控。

总之，原核生物的基因表达比真核生物简单、快速、表达产量高，是基因工程表达系统中了解最深入、实际应用最广的表达系统。

（二）原核生物基因表达载体的组成特征

根据受体细胞的不同，原核生物表达系统可分为大肠杆菌表达系统、芽孢杆菌表达系统、链霉菌表达系统和蓝藻表达系统。不同的原核生物表达系统需构建特定的外源基因表达载体，这些表达载体需具备原核基因表达的基本元件，以促进外源基因（原核基因或真核基因）在原核受体细胞中高效表达。图7-2是大肠杆菌表达载体的必需结构元件。

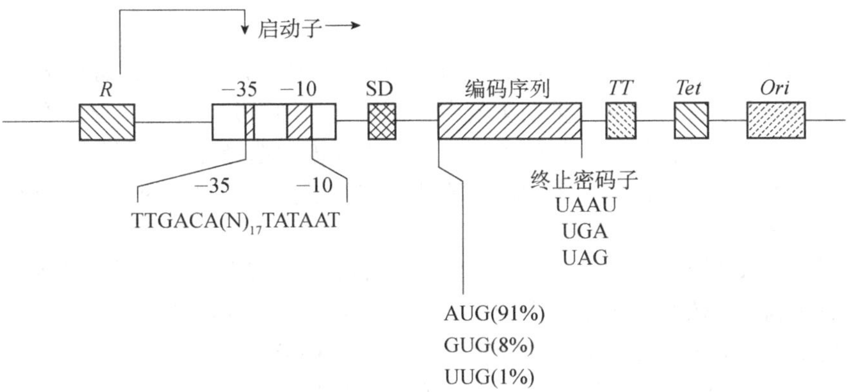

图 7-2　大肠杆菌表达载体的必需结构元件（张惠展，2005）

1. *启动子*　启动子一般位于转录起始位点上游 10～100bp 处，由调节基因（*R*）控制，调节基因可以由载体自身携带，也可以整合到宿主染色体上。原核生物启动子有−35（TTGACA）和−10（TATAAT）两个保守序列。载体上启动子序列与保守序列间的相似程度越高，外源基因的表达能力就越强；两个保守序列的间距也是影响克隆基因表达效率的重要因素，其间距越是趋近于 17bp，启动子的活性就越高；反之，启动子的活性就越弱。因此，在构建原核生物的表达载体时，启动子最好含有完整的两个保守序列，且其间距为 17bp。

能在原核表达系统中应用的启动子很多，为了提高表达水平，这些启动子必须具有以下特性：①作用要强，待表达基因的产物要占有或超过菌体总蛋白的 10%～30%；②必须表现最低水平的基础转录活性，最好选用高密度培养细胞和表现最低基础转录活性的可诱导或非抑制启动子，以减少合成的外源蛋白对宿主细胞的毒害作用或对其生长的限制作用；③启动子具有简便和廉价的可诱导性。目前，大量生产蛋白质最常用的是热诱导启动子 *λPL*、化学诱导启动子 *trp* 和冷反应启动子 *cspA* 等。

2. *核糖体结合位点*　核糖体结合位点（ribosome binding site，RBS）在启动子下游，在原核生物中 RBS 又称为 SD（Shine-Dalgarno）序列。SD 序列是翻译起始密码子 AUG 上游 5～13 个核苷酸处的一段富含嘌呤的 5′-UAAGGAGGU-3′全部或其中的一部分序列，在翻译起始阶段与核糖体小亚基 16S rRNA 的 3′端相互作用，以正确定位起始密码子。首先，SD 序列（AAGGA 或 UAAGGAGG）与起始密码子（AUG）的间距对翻译起始效率影响较大，SD 序列（AAGGA）与起始密码子（AUG）的最佳间隔为 5～7 个核苷酸，其最小间距为 5 个核苷酸；SD 序列（UAAGGAGG）与起始密码子的最佳间隔为 4～8 个核苷酸，其最小间距为 3 个核苷酸。其次，mRNA-rRNA 的互补区域越长，基因翻译的概率就越大，在间隔相同的情况下，UAAGGAGG 的 SD 序列比 AAGGA 的 SD 序列能使蛋白质产量提高 3～6 倍。最后，SD 序列与起始密码子之间的碱基组成也影响翻译的起始效率。研究表明，SD 序列后面的碱基为 AAAA 或 UUUU 时，翻译起始的效率最高；而当序列为 CCCC 或 GGGG 时，翻译起始效率分别为最高值的 50%和 25%。

此外，SD 序列所在的翻译起始区应避免出现二级结构，否则将会降低翻译起始的效率。

3. *终止子*　终止子是表达载体必不可少的元件，既可避免高水平转录对高拷贝质粒稳定性的影响，又可使得转录出的 mRNA 尽可能短，以提高 mRNA 的稳定性，从而提高蛋白质的表达水平。原核生物的转录终止子，依据转录终止机制的不同可分为两类：依赖于 ρ 因子的终止子（弱终止子）和不依赖于 ρ 因子的终止子（强终止子）。在构建表达载体时，一般使用强终止子终止外源基因的转录。

4. 选择标记基因　通过各种方法将表达载体转移到受体菌时，只有少部分细菌能接受并稳定保持载体。为了方便地从大量的菌落中将被转化的细胞分离出来，必须在构建表达载体时加上选择标记，使得转化体产生新的表型。原核生物表型选择标记包括显性标记和营养缺陷型标记等。对于大肠杆菌等宿主菌来说，一般选择抗生素抗性基因作为选择标记基因，常见的有 Amp^r、Tet^r、Cm^r 和链霉素抗性基因（St^r）等。

5. 复制子　复制子是一段包含复制起始位点和反式因子作用区在内的 DNA 区段。表达载体所使用的复制子一般是受体细胞内的复制子，这样才能被受体细胞内相应的、与起始相关的酶和因子所识别。有些表达载体（如 pMB1、p15A、ColE1、pUB110、pC194 和 pE194）中的复制子能在宿主细胞中以松弛方式复制；有些表达载体（如 pSC101、pHY481 和 pWT481 等）以严谨方式复制。一般情况下，以松弛方式复制的质粒载体在宿主细胞内的拷贝数较高，但稳定性较低；相反地，以严谨方式复制的质粒载体在宿主细胞中的拷贝数较低，但稳定性较好。表 7-2 是原核表达载体上的常用复制子。

表 7-2　原核表达载体上的常用复制子

受体菌	复制子来源
大肠杆菌	pMB1，p15A，ColE1，pSC101
芽孢杆菌	pUB110，Pc194，pE194，pHY481，pWT481
链霉菌	plJ101，SCP2，plJ702，plJ61，plJ699，pKC796
蓝藻	pPbS，pPKE2，pUC104，pSG111，Pfclv77

启动子、核糖体结合位点、终止子、选择标记基因和复制子是原核生物有效表达载体所需要的构件。在构建表达载体时，需根据外源基因和受体细胞的情况，选择最优的构件组合，以保证最高水平的蛋白质合成。

（三）原核表达的受体系统

依据表达系统中受体细胞的不同，原核表达的受体系统可分为大肠杆菌受体系统、芽孢杆菌受体系统、链霉菌受体系统和蓝藻受体系统等。

1. 大肠杆菌受体系统　大肠杆菌是迄今为止研究得最为详尽、应用最为广泛的原核生物种类之一，也是基因工程研究和应用中发展最为完善和成熟的受体系统。与其他系统相比，大肠杆菌受体系统具有以下优点：①遗传背景清楚；②培养周期短；③目的基因表达水平高；④抗污染能力强；⑤代谢途径和基因表达调控机制比较清楚；⑥已有大量可供选择利用的表达载体。但是，大肠杆菌作为外源基因表达的受体系统也存在一些缺点：①缺少真核基因产物的加工系统，目的蛋白无特定空间构象；②内源蛋白酶会降解表达产生的目的蛋白，造成目的蛋白不稳定。

2. 芽孢杆菌受体系统　芽孢杆菌属于革兰氏阳性菌。利用芽孢杆菌作为表达外源基因的受体菌具有以下优点：①芽孢杆菌是非致病微生物，比较安全；②培养条件简单，易于控制；③生长迅速，周期短；④表达产物能分泌到细胞外的培养基中；⑤多数表达产物具有天然构象和生物学活性；⑥某些芽孢杆菌的遗传背景比较清楚，且利用芽孢杆菌进行发酵的技术相当成熟。缺点是野生型芽孢杆菌能分泌大量胞外蛋白酶，影响外源基因表达产物的稳定性。因此，在构建芽孢杆菌受体系统时要将蛋白酶基因进行突变，使其灭活或降低活性。目前应用较多的宿主菌是枯草芽孢杆菌、短小芽孢杆菌、地衣芽孢杆菌、嗜碱芽孢杆菌、淀粉芽孢杆菌和苏云金芽孢杆菌等。

3. 链霉菌受体系统 链霉菌是一类革兰氏阳性菌，广泛分布在土壤中，能产生多种生理活性物质。链霉菌作为外源基因表达的受体细胞具有以下特点：①非致病细菌，比较安全；②不产生内毒素；③表达产物可分泌到细胞外；④可进行高密度培养；⑤具有丰富的次生代谢途径和初级、次生代谢调控系统；⑥发酵技术成熟。链霉菌受体系统中常用的宿主菌有变铅青链霉菌和天蓝色链霉菌。天蓝色链霉菌具有很强的修饰系统，因此在实际应用中均以变铅青链霉菌作为外源基因表达的受体系统。目前，来自原核和真核多个物种的基因在变铅青链霉菌中得以表达，如大肠杆菌的 *kan*^{r}、牛生长激素基因、人乙肝表面抗原（HBSAg）基因、人类干扰素（IFN-α1、IFN-α2）基因、人类肿瘤坏死因子（TNF）基因和人白细胞介质素 2（IL-2）基因等。

4. 蓝藻受体系统 蓝藻能进行光合作用，又具有细菌的特征，如无细胞核、具有双层膜结构的细胞器、染色体 DNA 裸露。因此，蓝藻作为外源基因表达的宿主菌兼有微生物和植物的优点，具体表现在以下几个方面：①遗传背景简单，便于基因操作和外源 DNA 的检测；②细胞壁主要由肽聚糖组成，便于外源 DNA 的转化；③营光合自养生长，培养条件简单，只需光、CO_2、无机盐、水和适宜的温度就能满足生长需要，成本低；④多数蓝藻有内源质粒，为构建蓝藻质粒载体提供了良好的条件；⑤蓝藻在各个生长时期均处于感受态，便于外源基因的转化；⑥多数蓝藻无毒，且富含蛋白质，早已用作食品或保健品，在此基础上采用转基因技术，将一些重要药物的基因转入无毒蓝藻，即可达到锦上添花的效果。目前，作为外源基因受体细胞的蓝藻为数不多，主要是单细胞蓝藻和丝状蓝藻中的某些菌株。

（四）优化外源基因在原核细胞中表达的策略

1. 转录水平的优化

（1）启动子 外源基因必须在启动子的控制下才能起始转录，不同启动子的起始效率不同。理想的启动子具有作用强、可严格调控、易转导入受体细胞，且其诱导具有简便和廉价等特点。因此，在构建原核生物表达载体时，应根据受体菌中 RNA 聚合酶及转录因子的种类，选用强启动子或可调控的诱导型启动子。

（2）终止子 终止子位于编码序列的下游，作为转录终止的信号和组成发夹结构的保护性元件，阻止核酸外切酶对 mRNA 的降解，从而延长 mRNA 的半衰期。在构建表达载体时，一般选用强终止子或将两个终止子 T1 和 T2 串联，以增强终止效果。

（3）mRNA 的稳定性 mRNA 分子的稳定性是影响基因表达效率的重要因素，受体菌中核酸酶对外源克隆基因表达的 mRNA 分子的降解是影响其稳定性的主要因素。在进化过程中，细胞内原有的 mRNA 分子为了维护自身的稳定性，形成了两类保护性结构元件：一类是由 5′-UTR 中的序列组成，另一类是由 3′-UTR 序列及多顺反子间区的“茎-环”结构组成。

因此，提高外源 mRNA 分子稳定性的立足点应是外源 mRNA 分子本身的序列和结构。目前，在一些内源基因的 5′-UTR 中，已鉴定出多个能促进异源 mRNA 稳定性的结构元件，如将大肠杆菌 *ompA* 基因的 5′-UTR 融合到多种异源基因 mRNA 的 5′端，都能提高其稳定性。此外，在一些基因的 3′-UTR 也发现了 mRNA 稳定元件的存在，如苏云金芽孢杆菌杀虫晶体蛋白基因的 3′-UTR，它与地衣杆菌的青霉素酶基因（*penP*）的 3′端和人 *IL-2* cDNA 融合，能够延长 mRNA 的半衰期，且提高了相应多肽在枯草芽孢杆菌和大肠杆菌中的产量。但是，由于每种 3′-UTR 序列只对少数外源基因 mRNA 有效，不可能作为一个通用的 mRNA 稳定元件。另有研究表明，大肠杆菌的基因外重复回文序列（repetitive extragenic palindrome，REP）具有稳定 mRNA 的作用，这段序列能防止 3′→5′核酸外切酶的降解作用，因此在外源基因下游插入 REP 或其他具有反转重复序列的 DNA 片段，可起到稳定 mRNA 并提高表达水平的作用。

2. 翻译水平的优化　从翻译水平来看，影响外源基因表达的因素主要是翻译起始效率、密码子的选择及翻译终止效率等。

（1）优化翻译起始区　翻译起始区的序列和结构是影响翻译起始速率的重要因素。以下措施可优化翻译起始区从而提高翻译起始效率：①起始密码子选用受体细胞使用率最高起始密码子 ATG。②增加 SD 序列中与核糖体 16S rRNA 互补配对的碱基数目；根据外源基因的具体结构调整 SD 序列与起始密码子 AUG 之间的距离及碱基的种类；防止核糖体结合位点附近序列转录后形成明显的“茎-环”二级结构。③翻译增强子（translational enhancer）。在细菌和噬菌体中存在一些能显著增强异源基因表达的元件，即翻译增强子。翻译增强子一般有两类：一类位于起始密码子 AUG 上游，如 T7 噬菌体基因 10 前导序列（*g10-L*）中鉴定的 9bp 序列元件和以大肠杆菌 *atpE* 为代表的一些 mRNA 分子 5′-UTR 中鉴定出的富含 U 的区段，这些序列元件的靶位可能是 30S 核糖体亚单位的 S1 蛋白；另一类位于起始密码子下游，由 8～13 个核苷酸组成，特称为下游框（downstream box，DB），如 T7 噬菌体基因 0.3 编码区+15～+26 或 T7 噬菌体基因 10 编码区+9～+21 的特定区域。DB 区与 16S rRNA 的 1469～1483 核苷酸互补，这一区域叫作反下游框（ADB）。缺失 DB 将失去翻译活性。相反，如果优化 DB 和 ADB 之间的互补，则会使外源基因高水平表达。尽管翻译增强子作用的精确机制还不太清楚，但有可能利用翻译增强子来达到超量表达外源蛋白的目的。

（2）翻译的终止　在设计表达载体时，通常插入三个终止密码子以防止核糖体的跳跃。紧接终止密码子后的核苷酸也会影响大肠杆菌中的翻译终止效率，UAAU 是大肠杆菌中最有效的翻译终止子序列。

（3）密码子的选择　原核生物同真核生物一样，对同义密码子的使用具有偏爱性。研究者对大肠杆菌中密码子的使用频率进行系统分析得到以下结论：①大多数简并密码子中的一个或两个具有偏好；②某些密码子对所有不同的基因都是最常用的，如 CCG 是脯氨酸最常用的密码子；③表达强度高的基因比表达强度低的基因表现更大程度的密码子偏好性；④同义密码子的使用频率与相应的 tRNA 含量呈高度相关。稀有密码子计算器 RACC 是一个很好的在线分析外源基因是否含有大肠杆菌稀有密码子的网站。一般来说，稀有密码子含量较高（或稀有密码子连续出现）的外源基因，在翻译过程中容易发生提前终止或移码突变或翻译速度变慢。要想高效表达外源基因，可采取下列措施：①在受体菌中共表达稀有密码子 tRNA 基因，以提高受体菌中稀有密码子 tRNA 的丰度；②在不改变外源基因编码蛋白一级结构的前提下，可通过突变或基因重新合成方法将外源基因中的稀有密码子改为受体菌中的偏爱密码子。

3. 提高目的产物的稳定性　受体菌中存在各种类型的蛋白酶，这些蛋白酶能选择性降解细胞内的异常蛋白质（包括异源蛋白）或不正确折叠的蛋白质，这是影响外源蛋白稳定性的主要原因。为了将外源蛋白在受体细胞中的降解作用控制在最低水平，可采取以下技术策略：①利用蛋白质转运系统将克隆的外源基因编码的蛋白质分泌到细胞周质或胞外培养基中。这是因为各种蛋白酶在细胞中的分布具有一定的区域性，细胞质是各种蛋白水解酶含量最高的区域，其次是细胞周质、内膜和外膜。因此，外源基因表达产物在细胞质中最易受到酶的降解作用。②利用某种蛋白酶基因缺陷的菌株作为受体菌，如 *lon*⁻、*pin*⁻、*htpR*⁻、*clp*⁻等突变株能增强外源基因表达产物的稳定性。③使目的蛋白与分子伴侣或 T4 *pin* 基因共表达。④在不改变目的蛋白功能的前提下，改造蛋白质序列中的某些氨基酸序列，消除蛋白酶的切割位点。⑤降低转化菌体的培养温度。⑥对目的蛋白做疏水性修饰。⑦构建N端或C端融合蛋白。⑧将目的基因多拷贝串联。⑨优化培养条件。上述对策各有其优缺点，在实际应用中应针对目的蛋白的性质，采用相应的策略以获得稳定性较高的外源蛋白。

4. *质粒的拷贝数*　　蛋白质生物合成的一个主要限制因素是核糖体与mRNA的结合速度。一般来说，在生长旺盛的原核生物细胞中，核糖体的数目远远高于mRNA分子的数目。例如，大肠杆菌每个细胞中大约含有20 000个核糖体，而600种mRNA总共只有1500个分子。因此，强化外源基因在原核宿主菌中高效表达的中心环节是提高mRNA的数量。这可通过两种途径来实现：一是使用强启动子以提高转录效率；二是将外源基因克隆在高拷贝的表达载体上，目前广泛使用的表达载体多为高拷贝质粒。但是，质粒分子的过量增殖也可能影响受体细胞的生长和代谢，进而导致质粒的不稳定及外源基因宏观表达水平的降低。解决这一难题的一种有效策略是在表达载体中采用可调控的诱导型复制子来控制质粒的扩增。例如，pCP3表达质粒的复制子来源于温度敏感型质粒pKN402，可受一定的温度诱导。

5. *宿主菌的选择*　　表达载体必须与宿主相互匹配，因为表达载体上的复制子和启动子只能由宿主细胞中特定的酶和转录因子所识别。例如，pET表达载体系统只有在含有T7 RNA聚合酶基因的大肠杆菌BL21（DE3）、JM109（DE3）和HGMS174（DE3）等菌株中表达。此外，对于需要二硫键正确折叠才具有生物活性的外源蛋白，最好转化为BL21trxB和AD494宿主菌，以提高目的蛋白的活性。

6. *培养条件的优化*　　培养条件对外源基因表达的影响包括培养基的成分、各种环境因素（如温度、pH、溶氧等）对宿主菌生长的影响、外源基因表达的诱导时间、诱导剂的种类及剂量、菌体生长密度等。对于外源基因的大规模生产，还需优化发酵条件。

（1）培养基　　营养成分丰富的培养基有利于宿主菌的生长和外源基因的表达。营养均衡的培养基可实现菌体的高密度培养，并减少代谢副产物的积累和培养基成分的浪费。应用正交设计、旋转设计、均匀设计等数学工具优化培养基成分及配比是提高外源蛋白产量的重要手段。

（2）环境因素　　有些受体菌是需氧的，也有一些受体菌是厌氧的，因此在转化细菌的培养过程中需根据受体菌对氧的需求控制培养基的溶氧量，以促进受体细胞的生长，进而增加外源基因的表达。在培养过程中，由于细菌不断地将代谢物释放到环境中，导致培养基pH的改变。因此，还需不断调节培养液的pH，将其控制在细菌生长代谢的最佳范围内。此外，温度也是影响外源基因表达的一个关键因素，温度过低，受体菌生长缓慢，外源基因表达的速率较低。如果培养温度过高，则细胞内蛋白水解酶的活性提高，加速对表达产物的降解。

（3）诱导时间和诱导剂的剂量　　当受体菌生长到一定阶段后，可根据诱导型启动子的类型，添加特异性诱导剂，以诱导外源基因的表达。高强度的诱导虽然能在初始表达过程中获得较多的目的蛋白，但由此产生的代谢负荷也较重，不利于重组蛋白的持续表达。因此，若要表达那些对宿主细胞毒性不大的重组蛋白，温和的诱导可能是更好的选择，需要设置试验来选择和优化诱导剂及其剂量和添加方式等。

三、目的基因在真核生物中的表达

原核表达系统虽然是最为成熟的表达系统，具有周期短、成本相对低廉等优点，但该系统也存在着无法对表达时间及表达水平进行调控、产物纯化困难、翻译后加工修饰体系不完善和表达产物活性较低等缺点。因此，利用真核表达系统表达目的蛋白越来越受到重视。此外，对于大多数的农业生物遗传改良而言，实际上也是针对真核表达系统。目前，基因工程研究中常用的真核表达系统有酵母表达系统、植物表达系统、昆虫细胞表达系统和哺乳动物细胞表达系统。

（一）真核生物基因表达与调控的特点

由于真核生物基因组的复杂性，细胞中基因的表达与调控同原核生物相比有很大差别，主要体现在以下几个方面。

（1）基因组DNA的存在形式可影响基因表达　大多数真核生物DNA都以与蛋白质结合的染色质形式存在，难以进入转录状态；而原核生物的DNA一般不与蛋白质形成染色质结构，其基因转录的起始和终止可以在瞬间内做出决定和应答。这说明真核生物基因表达的调控比原核生物要复杂得多。

（2）真核基因的转录和翻译不是偶联在一起的　基因转录在细胞核中进行，而翻译在细胞质中进行。

（3）真核基因表达的调控是多层次的　与原核生物相比，真核生物基因表达的调控更复杂，层次更多，包括DNA水平的调控、转录调控、转录后调控、翻译调控、翻译后调控等。DNA水平的调控包括基因扩增、基因重排、基因丢失；转录水平的调控仍然是基因表达最重要的一步，涉及众多顺式作用元件、反式作用因子及它们之间的相互作用；转录后调控包括前体mRNA的加工和mRNA的转运。

（4）基因表达具有组织和细胞类型特异性　真核生物都是多细胞的复杂有机体，不同类型的细胞实行不同的调控程序，不同的分化和发育阶段中产生不同的基因产物。因此，真核生物的发育在时间和空间上是一个精密复杂的调控过程。

（5）不同的真核细胞在基因表达调控中对信号分子的反应不同　真核生物的不同细胞在同样环境条件下，只有一部分或很少一部分细胞的基因表达直接受到某一环境条件变化的影响和控制，其他细胞的基因表达或是间接地受影响，或是基本上不受影响。这一特点保证了真核生物的许多主要器官（或组织）在千变万化的环境下维持正常的功能。

（二）真核生物基因表达载体的组成特征

无论是酵母表达载体、植物表达载体，还是动物表达载体，它们都具有真核生物基因表达载体的共同组成元件，如原核DNA序列、启动子和增强子、终止子、内含子和poly（A）加尾信号等。

1. *原核DNA序列*　真核生物基因表达载体基本上都是在原核细胞和真核细胞之间的穿梭载体（shuttle vector），必须含有原核生物的DNA序列，其中包括能在大肠杆菌中自身复制的复制子，以及便于筛选含重组细菌的抗生素抗性基因和便于目的基因插入的多克隆位点等。

2. *启动子*　根据启动子的功能和作用方式的不同，真核基因表达载体的启动子可分为组成型启动子、组织特异性启动子和诱导型启动子等几类。在构建表达载体时要根据实际需要，选用不同类型的启动子。

（1）组成型启动子　组成型启动子在所有组织中都能持续启动基因的表达，表达产物量相对恒定。真核生物基因表达载体中常用的组成型启动子有多种（表7-3）。由于外源基因在受体内是持续的高效表达，易造成物质和能源的浪费，而且又不能从时间和空间上有效地调控目的基因的表达，在应用中存在一定的缺陷。

表 7-3 真核生物表达系统常用的组成型启动子

受体系统	组成型启动子
酵母	三磷酸甘油醛脱氢酶启动子（*GAP*），*hCMV* 启动子，*CaMV* 启动子，*SV40* 启动子
植物	双子叶植物使用的 *CaMV 35S* 启动子，单子叶植物使用玉米 *Ubiquitin* 启动子，水稻 *Actinl* 启动子
昆虫	苜蓿银纹夜蛾杆状病毒（AcNPV）多角体蛋白基因晚期启动子、*P10* 启动子及少数早期启动子和家蚕肌动蛋白基因启动子
哺乳动物	人巨细胞病毒早期启动子（*CMV-IE*）、人延伸因子 1-亚基启动子、鼠 3-磷酸甘油激酶 I 基因启动子和人遍在蛋白 C 基因启动子

（2）组织特异性启动子　组织特异性启动子调控下的基因转录一般只发生在某些特定器官（或组织）中，并往往表现出发育调节的特性。例如，在植物雄性不育基因工程中普遍使用的花粉绒毡层特异性表达启动子，可启动特定基因在花粉绒毡层表达导致雄性不育。组织特异性启动子除具有一般的启动子结构外，还存在几种控制组织特异性表达的元件，其表达特异性由这些元件的种类、数目及相对位置等共同决定。以植物为例，常用的有根、茎、叶、花、果实和种子等组织特异性启动子。

（3）诱导型启动子　诱导型启动子在某些特定的物理、化学或生物刺激下，可以大幅度提高基因的转录水平。与组织特异性启动子相比，诱导型启动子有着独特的优点：可根据需要在受体特定的发育阶段、组织（或器官）或生长环境下，让其接受诱导信号，诱导目的基因的表达；也可解除诱导，让目的基因表达停止，也就是说可以快速诱导转化基因转录的“开”与“关”。以植物为例，根据诱导信号的不同，诱导型启动子可分为光诱导、热诱导、创伤诱导、激素诱导、真菌和共生菌诱导表达基因启动子等（表 7-4）。

表 7-4 真核生物表达系统常用的诱导型启动子

受体系统	诱导型启动子	诱导物
酵母细胞	醇氧化酶基因-1 启动子 甲醛脱氢酶启动子	甲醇 甲胺、甲醇、葡萄糖或甘油
植物细胞	查耳酮合酶基因启动子 玉米醇脱氢酶基因启动子 玉米热激蛋白基因启动子 果蝇热激蛋白基因启动子	光 厌氧条件 高温 热诱导
哺乳动物细胞	热休克蛋白基因启动子 金属诱导的启动子 糖皮质激素诱导的启动子	温度 金属 糖皮质激素

在动物或昆虫等表达系统中已构建多个诱导表达系统，如 Tet-on 型四环素诱导系统、Tet-on 型四环素阻遏系统、糖（肾上腺）皮质激素诱导系统、雌激素诱导系统、蜕皮激素诱导系统及地塞米松诱导型四环素抑制型基因表达系统等。

一般来说，一个理想的可诱导表达系统需要符合以下要求：①特异性，即系统除了受到主要诱导影响的作用外，不受其他内源因素的影响；②非干扰性，即该系统成分不能对细胞通路有干扰；③可诱导性，即该系统在非活化状态下本底活性最低，而在活化状态下能快速产生高水平的基因表达；④诱导剂的生物利用率高，能快速渗透入各组织；⑤诱导剂能快速被各组织清除使该系统很快恢复非活化状态；⑥剂量依赖性，即系统的反应与诱导剂的浓度成正比，以便进行定性定量分析。

（4）杂合启动子　构建杂合启动子是获得新启动子的一个重要途径，常采用以下两种策略：一是用启动子序列与增强子序列构建杂合启动子，如由 SV40 早期启动子和人 I 型 T 淋巴细胞病毒 LTR 中的增强子序列（*R-U5* 片段）组成的 *SR-α* 启动子、由鸡 β-肌动蛋白启动子和 CMV 增强子序列构成的杂合启动子；二是将启动子与数个转录激活因子结合位点串联成杂合启动子，且这些位点与转录激活因子的结合受细胞外小分子药物的调控，可用作基因的诱导表达。例如，蜕皮激素诱导表达系统中，负责目的基因转录的启动子由热休克蛋白基因启动子核心序列和 5 个 E/GRE 元件组成；Tet-off 四环素阻遏系统的启动子由 CMV 启动子的核心序列和 7 个 Tet 阻遏蛋白结合位点组成。这些启动子在诱导前后活性可相差 4 个数量级。

3. 增强子　增强子对异源启动子控制下的外源基因也具有增强转录的作用。因此，启动子和增强子的联合应用可大大提高外源基因的转录水平。绝大多数增强子受细胞类型的限制，在不同的细胞系中有很大不同，因此需根据宿主细胞的类型选择不同的增强子以促进目的基因的高效表达。

4. 终止子　不同来源的终止子对外源基因的表达有很大影响，它不仅决定外源基因的转录活性，也决定 mRNA 在细胞中的稳定性，从而影响 mRNA 的翻译。真核基因 mRNA 在细胞中的平均寿命通常只有几个小时，因此，保持 mRNA 在细胞中的稳定性非常重要。研究表明，将 *Npt-Ⅱ* 基因和 *35S* 启动子与不同来源的终止子序列组成一组嵌合基因后转移到烟草细胞，不同来源的终止子序列对 *Npt-Ⅱ* 基因表达活性相差数十倍。

5. 内含子　真核生物中存在大量的断裂基因。在过去很长一段时间内，内含子被认为是基因中的无用部分。现在的研究表明，内含子可通过增加活性 mRNA 含量水平来促进基因的表达。内含子增强基因表达的作用最初是由 Callis（1987）在转基因玉米中发现的。Tanaka（1990）将蓖麻过氧化氢酶基因的内含子插入到 *GUS* 后可以使 *GUS* 表达活性在水稻细胞中提高 90 倍。对植物转基因的研究表明，内含子对基因表达的增强作用主要发生在单子叶植物。对转基因动物的研究表明，克隆基因的基因组 DNA 比 cDNA 表达水平高。

6. poly（A）加尾信号　mRNA 3′端的 poly（A）尾巴可防止核酸外切酶对 mRNA 3′端的降解，增加 mRNA 稳定性。此外，在翻译过程中，poly（A）可起到“翻译增强子”作用。研究表明，去除 poly（A）位点，mRNA 表达水平的降低最高可达 10 倍。poly（A）加尾信号需要三部分：①多聚腺苷酸化信号序列 5′-AAUAAA-3′；②剪切位点和加尾位点 CC（T）A；③下游保守序列，如 U-rich 或（G+U）-rich。

7. 选择标记基因和报告基因　选择标记基因是表达载体的重要组成元件，通常编码一种正常细胞中不存在的酶，对转化细胞的生长和分化一般不发生影响。真核生物表达系统中常用的选择标记基因见表 7-5。

表 7-5　真核生物表达系统中常用的选择标记基因

受体系统	选择标记
酵母细胞	营养缺陷型基因，如缺少 *His4*、*Suc2*、*Arg4* 抗性基因，如 Kan^r、Ble^r
植物细胞	新霉素磷酸转移酶基因（*Npt-Ⅱ*）、二氢叶酸还原酶基因（*DHFR*）、潮霉素磷酸转移酶基因（*Hpt*）、庆大霉素抗性基因（*gent*）
昆虫细胞	新霉素抗性基因（Neo^r）、*zeocin* 等
哺乳动物细胞	胸腺激酶基因（*Tk*）、二氢叶酸还原酶基因（*DHFR*）、氯霉素乙酰基转移酶基因（*Cat*）等

在选择压力下，选择标记基因虽然可使少量转化细胞从未转化的细胞中分离出来，但选择标记基因的应用也有其自身无法克服的缺陷。例如，当一个转化细胞中已含有一个抗性基因作为标记基因时，在导入第二个外源基因时，要选用不同的选择标记基因，而实际被应用的选择

标记基因是非常有限的。此外，从健康及安全角度来看，选择标记基因及其产物被使用时可能是有毒的或过敏的。因此，在转基因中，将选择标记基因去掉，有利于提高转基因食物的食用安全性和对环境的安全性，也可对同一个受体细胞进行多次转基因操作。目前已经发展一些去除选择标记基因的转化技术，如位点特异性重组系统、选择标记基因的组织特异性表达、共转化、通过转座子使转入的基因在基因组内重新定位和靶基因替换等。

报告基因主要起报告和识别作用，它的表达产物对受体细胞无毒性，可反映外源基因在受体细胞中的表达水平。植物表达载体中常用的报告基因有冠瘿碱基因、*GUS* 和 *CAT* 等。

（三）真核表达的受体系统

按照宿主细胞的不同，常用外源基因的真核受体系统可大致分为酵母、植物、昆虫和哺乳动物细胞等受体系统。

1. 酵母受体系统　酵母是一类单细胞的真核生物，其生长代谢与原核生物很相似，而在基因的表达与调控方面类似于高等真核生物，是最理想的真核生物外源基因表达系统之一。由于酵母兼有微生物和真核生物的双重特性，这一特性使其具有其他真核表达系统所没有的优势：①遗传背景简单，基因表达调控的机制比较清楚，基因操作相对容易；②不含毒素和特异性病毒，对人体和环境安全；③具有蛋白质翻译后的加工和修饰系统，当使用酵母信号肽时，蛋白质产物能被正确折叠和加工，并分泌到培养基中；④酵母能在简单培养基中迅速生长，成本低廉，可用成熟简单的酵母发酵工艺对临床和工业上有用的重要蛋白质进行工业化生产。

目前，能在酵母中有效表达外源基因的宿主菌主要包括酿酒酵母（*Saccharomyces cerevisiae*）、裂殖酵母（*Schizosaccharomyces*）、克鲁维酸酵母（*Kluyveromyces siamensis*）和甲醇酵母等。其中，甲醇酵母是目前应用最广泛的酵母表达系统，甲醇酵母主要有汉森酵母（*Hansenula polymorpha*）、波氏假丝酵母（*Candida boidinii*）、毕赤酵母（*Pichia pastoris*）3种，以毕赤酵母应用最多。目前利用酵母为宿主系统已表达多种外源基因产物，如乙型肝炎病毒、人胰岛素、人肿瘤坏死因子、人表皮生长因子和人白细胞介素-1 等。

2. 植物受体系统　与其他真核受体系统相比，植物受体系统具有如下特点：①细胞具有全能性，一个转基因受体细胞经过诱导和分化后可再生成一棵转基因植株，再通过自交纯化可形成转基因后代株系。②能进行光合作用，培养条件非常简单，生产成本低廉。③植物细胞具有外源蛋白加工及修饰能力，其表达产物具有与高等动物细胞的表达产物相一致或接近的免疫原性和生物学活性。④植物受体系统有更高的灵活性与实用性。首先，植物可利用组织特异性调控序列将外源蛋白定位到特定的亚细胞结构或植物组织，以简化蛋白质产物的加工程序；其次，可通过诱导性调控元件与发育特异性调控序列使外源蛋白在特定的生长阶段表达，减少外源产物对转化植物的伤害及消耗；另外，还可以通过分泌性信号序列将外源蛋白产物分泌出植物体，如利用植物根系分泌表达外源蛋白，可减少外源蛋白对植物生长的影响；通过转基因植物的杂交技术等可以实现多价转基因植物疫苗的生产。⑤具有稳定的外植体来源。根据外植体的不同，植物中已发展以下几种受体系统——愈伤组织再生系统、直接分化再生系统、原生质体再生系统、胚状体再生系统和生殖细胞受体系统。各种再生系统各有其优缺点，在植物转基因中，应根据实验目的和目的蛋白的特性选择合适的再生系统。

3. 昆虫细胞受体系统　与其他真核表达系统相比，昆虫杆状病毒表达系统具有以下几个方面的优点：①表达水平高。外源蛋白的表达量最高可达到细胞总蛋白的 50%。②在同一细胞内能同时表达多个基因。这可采用不同的重组病毒同时感染同一受体细胞或在同一转移载体上同时克隆两个以上外源基因的策略，表达产物可加工成具有活性的异源二聚体或多聚体。③表达产物的翻译后加工与高等生物相似，可使表达产物在结构及功能上接近天然蛋白。昆虫细胞一方面可为高表达的外源蛋白在细胞内的正确折叠、二硫键的搭配及寡聚物的形成提供良好的环境；另一方面又具有完整的翻译后加工能力，包括糖基化、磷酸化、酰基化、信号肽切除及肽段的切割和分解等。④无内毒素污染，生物安全性高。但是，昆虫细胞受体系统也存在缺点，如无法进行连续性表达、糖基化方式与哺乳动物细胞存在一定差异、表达产物的纯化和多元表达等方面的技术还不够理想等。

目前，用于表达外源基因的杆状病毒载体有苜蓿银纹夜蛾核型多角病毒（AcNPV）、家蚕核型多角体病毒（BmNPV）及由AcNPV和BmNPV发展而来的杂合核型多角体病毒（HyNPV）。大量使用的宿主细胞有秋黏虫细胞（sf-9和sf-21）和Tn细胞系等。

4. 哺乳动物细胞受体系统　与其他真核受体系统相比，哺乳动物受体系统具有明显的优势：①转录产物和翻译产物能被适当加工和修饰形成正确的折叠构型，从而表现出与天然产物相似的生物活性；②表达产物能够转运到细胞膜表面或分泌到胞外。缺点是外源基因在哺乳动物细胞的表达水平低，获得高表达细胞株所需的时间长，细胞大规模培养的成本高。

哺乳动物细胞表达系统常用的宿主细胞有中国仓鼠卵巢细胞系（CHO）、非洲绿猴肾细胞系（COS）、啮齿动物细胞系（BHK和SP2/0）、小鼠胚胎成纤维细胞系（NIH3T3）等，不同的宿主细胞对蛋白质表达水平和蛋白质的糖基化有不同的影响，因此在选择宿主细胞时应根据具体情况而定。

（四）优化外源基因在真核细胞中表达的策略

将特定的外源基因构建在表达载体中并转入真核受体细胞，并不是遗传转化的最终目的。理想的转基因生物往往需要外源基因在特定部位和特定时间内高水平表达，产生人们期望的表型性状。但是，转化基因在受体细胞内往往会出现表达效率低、表达产物不稳定甚至基因失活（或沉默）等不良现象。针对上述问题，构建高效表达的转化载体是首先要考虑的措施之一。

1. 转录水平的优化　转录水平的调控是最经济、最有效的一种基因表达调控方式。要使转基因在受体细胞中高效表达，可通过使用合适的启动子、增强子和内含子来提高细胞中mRNA的含量。

（1）选择合适的启动子或构建复合式启动子　启动子在决定基因表达方面起关键作用，选择合适的启动子或改进其活性是增强外源基因表达首先要考虑的问题。在构建表达载体时应选择合适的启动子类型。例如，在进行植物抗性基因工程时，最好采用各种逆境诱导型启动子；开展植物营养基因工程时，最好采用产品器官特异性表达启动子。也可以对现有启动子适当改造，构建高效的复合式启动子。

（2）正确利用增强子　大多数增强子具有组织特异性，在构建表达载体时，使用宿主细胞相应组织部位的增强子可激活外源基因的转录，提高表达效率。

（3）正确使用内含子　内含子与基因的表达水平有很大关系，可通过增加活性mRNA的含量促进基因的表达，构建表达载体时，可根据外源基因的不同，有选择性地插入内含子序列。此外，将顺式作用元件和反式作用因子在同一载体中表达，也是一种提高外源基因转录水平的方式。

2. 翻译水平的优化　为了增强外源基因的翻译效率，构建载体时一般要对基因进行相应的修饰，主要有以下 3 个方面。

（1）添加 5′-UTR 和 3′-UTR　真核基因的 5′-UTR 和 3′-UTR 对基因的正常表达是必需的，该区段的缺失常常导致 mRNA 稳定性和翻译水平的显著下降。例如，烟草花叶病毒 126 000 蛋白翻译起始位点上游，有一个由 68bp 组成的 Ω 元件，这一元件为核糖体提供了新的结合位点，能使 *GUS* 基因的翻译活性提高数十倍。目前许多表达载体的外源基因的 5′端添加了 Ω 翻译增强序列。

真核基因 3′-UTR 能通过促进前体 mRNA 的加工和增加 mRNA 的稳定性而提高基因的表达。但不同基因的 3′-UTR 增进基因表达的效率有所不同，使用时应注意选择。例如，*rbcS* 3′端序列对基因表达的促进作用比查耳酮合酶基因的 3′端序列高 60 倍。

（2）优化起始密码子周边序列　虽然起始密码子在生物界是通用的，但是不同生物来源的基因有其特殊的起始密码子周边序列。Kozak 详细研究真核基因起始密码子 ATG 周边序列，总结出翻译效率最高的起始密码子周边序列为 ACCAUGG（Kozak 序列），特别是－3 位的 A 和＋4 位的 G 对翻译效率非常重要。例如，将一个细菌几丁质酶基因原来的起始密码子周边序列 5′-UUUAUGG-3′改造为 5′-ACCAUGG-3′，其在烟草中的表达水平提高了 8 倍。因此，在构建表达载体时，应对外源基因起始密码子周边序列加以修饰改造，使之成为 Kozak 序列。

（3）对基因编码区加以改造，使用受体细胞偏爱密码子　不同生物甚至同种生物的不同蛋白质的基因对简并密码子的使用具有一定的选择性。因此，在不改变外源基因编码蛋白质氨基酸序列的前提下，对外源基因进行改造，选用受体细胞偏爱的密码子，可提高基因表达量。例如，苏云金芽孢杆菌的野生型杀虫蛋白质基因在植物中的表达量非常低，美国 Monsanto 公司在不改变毒蛋白质氨基酸序列的前提下，对杀虫蛋白质基因进行了改造，选用植物偏爱的密码子，增加 GC 含量，去除原序列中影响 mRNA 稳定的元件，结果在转基因植株中毒蛋白质的表达量增加了 30～100 倍。

3. 防止外源基因的失活　位置效应是引起基因沉默的一个重要因素，在构建表达载体时，可以通过连接核基质附着区或转移完整功能域来消除。

（1）连接核基质附着区，减少位置效应　MAR 作为真核细胞染色质中的一种边界元件，在转基因中的应用正逐渐凸显其重要性。当将 MAR 置于目的基因的两侧，构建包含 MAR-基因-MAR 结构的表达载体，在转基因生物中由于两侧的 MAR 将外源基因及其调控元件限定在一个独立的染色质环上，使外源基因的表达不受周围染色质的影响，从而提高目的基因的表达水平。

（2）转移完整功能域，提高基因表达　在遗传转化过程中，为了实现转基因的高效表达，有必要构建和转移基因完整的功能域，使被转移的基因表达结构包含一切必要的调控元件，以实现不依赖于不同整合位点的有效表达。由于多数基因的 LCR 和 MAR 调控元件未分离出来，因此一种行之有效的办法是利用大片段 DNA 作为基因表达载体。近几年发展起来的可转移的人工染色体（TAC 和 MAC）就是用于转移基因完整功能域的有效工具。

4. 多基因策略　在转基因研究中，多数情况下是将单一的外源基因转入受体细胞。但有时由于单基因表达强度不够或作用机制单一，尚不能获得理想的转基因个体。如果把两个或两个以上能起协同作用的基因同时转入受体细胞，将会获得比单基因转化更为理想的结果。这一策略在提高基因表达、培育抗病、抗虫等抗逆性转基因植物或代谢途径工程中已得到应用。例如，研究者将外源凝集素基因和蛋白酶抑制剂基因同时转入棉花，得到了含双价抗虫基因的转化植株。将控制类胡萝卜素合成的多个基因转入水稻，转基因水稻胚乳因为合成和积累类胡萝卜素而变成金黄色，即所谓的“黄金稻”。

第二节 降低或关闭目的基因的表达

一、反义基因技术

（一）反义 RNA 的概念及原理

1. 反义 RNA 的概念　在双链 DNA 中，作为模板转录 mRNA 的一条链称为反义链或模板链，与之互补的另一条链称为有义链。反义 RNA 是指与靶 mRNA 具有互补序列的 RNA 分子，它通过与靶 mRNA 进行碱基配对结合的方式来抑制靶基因的表达以实现对基因表达的调节。通常把转录产生反义 RNA 的基因称为反义基因或反义 DNA，它与转录产生靶 RNA 的目的基因是反义的。

2. 反义 RNA 的作用原理　参与基因表达调控的反义 RNA 最初是在原核生物中发现的，在原核生物中普遍存在反义 RNA 的调控系统；在真核生物中一直未发现天然的反义 RNA 调控系统，但却发现了许多具有互补碱基序列的小分子 RNA，可能起着反义 RNA 的作用。事实证明，在真核生物中也成功地利用了反义 RNA 技术对特定基因进行抑制。说明反义 RNA 技术在原核生物和真核生物中均是适用的。在原核生物中，反义 RNA 可以在复制、转录和翻译三个水平上行使作用，以翻译水平为主。在复制水平上，反义 RNA 可与引物前体互补结合，抑制 DNA 复制；在转录水平上，反义 RNA 可与 mRNA 5′端互补而阻止 RNA 转录；在翻译水平上有三种作用方式：一是与 mRNA 5′端编码区包括 DA 序列结合直接抑制转录；二是与 mRNA 5′端编码区主要是起始密码子 AUG 结合抑制翻译；三是与靶 mRNA 的非编码区互补结合，使 mRNA 构象改变，影响其与核糖体结合，从而抑制翻译。

在真核生物中，反义 RNA 起作用主要有三种机制：一是反义 RNA 通过跨越拼接位点与 mRNA 前体局部结合，使真核 mRNA 前体不能正常拼接；二是反义 RNA 可与靶 mRNA 前体 5′端结合，影响 mRNA 前体向细胞质运输；三是影响靶 mRNA 的 5′端和 3′端修饰，使其 5′端加甲基化 G 等加帽反应和 3′端加多聚 A 尾巴等反应不能进行，从而使靶 mRNA 更容易被酶识别而降解。

（二）反义 RNA 操作方法

由于从自然界中获得有价值的目的序列的反义 RNA 可能性很低，反义 RNA 通常是通过人工的方法在体内或体外合成。常见的获得反义 RNA 的方法是：①以 mRNA 为模板合成互补配对的一条 DNA 链；②以合成的互补 DNA 为模板合成互补配对的另一条 DNA；③以此双链 DNA 片段作为目的基因片段，克隆到适当的载体中并导入细胞。重组载体基因表达时，由于是反向插入，启动子驱动的不是目的基因转录，而是与目的基因互补配对的反义基因的转录，从而得到反义 RNA。在实际应用中，构建的反义基因通常只是目的基因的 5′端或 3′端部分碱基配对序列，长度一般大于 50bp。

二、RNA 干扰

（一）RNA 干扰的概念及原理

1. RNA 干扰　RNA 干扰（RNA interference，RNAi）是指一些小的双链 RNA（double-stranded RNA，dsRNA）高效、特异地阻断体内特定基因表达，使 mRNA 降解，从而使表型发

生改变的过程。

RNA 干扰现象最早在线虫中被发现，后来在多种生物中几乎被同时发现。当外源或内源性 dsRNA 导入细胞时，与 dsRNA 同源的 mRNA 会被降解，导致其相应的基因表达受到抑制，这种现象是生物中普遍存在的 RNA 水平上的调节基因表达的方式。dsRNA 诱导的基因沉默具有高效性、特异性、可传导性及可遗传性的优点。

2. *RNA 干扰的原理* RNAi 的第一步是细胞中 dsRNA 的形成。自然状态下，细胞中 dsRNA 可通过多种途径形成。例如，可以由基因组中 DNA 反向重复序列的转录产物合成，或同时转录反义和正义 RNA；病毒 RNA 复制中间体；或以细胞中单链 RNA 为模板由细胞或病毒的 RNA 依赖 RNA 聚合酶催化合成等。RNAi 的第二步是 dsRNA 通过 Dicer 酶的限制内切酶作用，以 ATP 依赖的方式在细胞质中断裂生成的 21～23 个核苷酸的特殊双链小 RNA 分子，它们与靶 mRNA 序列具有同源性，称为干扰小 RNA（small interfering RNA，siRNA）。dsRNA 被切割成 siRNA 过程中 Dicer 酶起关键作用，该酶含有解旋酶（helicase）活性及 dsRNA 结合域和 PAZ（Piwi/Argonaute/Zwille）结构域，1 个或多个 RNA 酶区域和 1 个 RNA 解旋酶域。siRNA 可充当 RNAi 赖以产生的重要中间效应分子，称为 RNAi 的触发物。RNAi 的第三步是由 siRNA 介导识别并靶向切割同源性的靶 mRNA 分子，具体是通过 siRNA 中的反义链指导形成 RNA 诱导沉默复合物（RNA-induced silencing complex，RISC），RISC 在 ATP 参与下被激活，激活的 RISC 介导切割靶 mRNA 分子中与 siRNA 反义链互补的区域，从而达到干扰基因表达的作用。

dsRNA 可在体外经化学合成，经饲喂或显微注射的方式进入细胞，再经 Dicer 酶切割产生 siRNA；也可构建载体，经过遗传转化在体内转录生成 siRNA，由 siRNA 触发 RNAi。

3. *RNAi 的作用特点* RNAi 与其他基因干扰技术相比有以下特点：①RNAi 是 dsRNA 介导的转录后基因沉默（post-transcriptional gene silencing，PTGS）机制；②高稳定性，以 3′端突出的 TT 碱基的 dsRNA 尤为稳定，不需要像反义 RNA 那样进行广泛的化学修饰以提高半衰期；③高度的专一性，即 dsRNA 具有高度的特异性，它只能引起与 dsRNA 同源的基因表达活性大幅度降低；④高效性，RNAi 机制中存在催化或放大的步骤，少量的 dsRNA 分子就能完全抑制相应基因的表达，能在低于反义 RNA 几个数量级的浓度下研究目的基因；⑤高穿透性，RNAi 抑制基因表达的效应可以穿过细胞界限，在不同细胞间长距离传递和维持，甚至可以传递到后代；⑥双干扰系统，即非特异性干扰反应由大于 30bp 序列的 dsRNA 介导，可导致整个细胞非特异性蛋白合成从而抑制 RNA 降解，特异性干扰反应由 21～23nt 的 siRNA 介导，可逃避非特异性干扰系统的监控，特异降解相应基因的 mRNA；⑦RNAi 作用的靶基因位点有选择性，一般认为对内含子和启动子无效，有时即使是外显子的某些位点也不理想。

（二）RNAi 载体构建

构建 RNAi 载体，要求导入的外源基因片段具有正反相连的 RNA 干扰结构，通常是以 mRNA 为模板，通过 RT-PCR 得到目的基因片段，使之正反相连形成正义臂和反义臂，再在两臂之间插入一段中间间隔序列（几百个碱基）以增强基因沉默的效果。最后将表达载体和 RNA 干扰片段相连接，形成可用于遗传转化的 RNA 干扰表达载体。

三、基因敲除

（一）基因敲除的概念

基因敲除（gene knockout）又叫作基因打靶，是20世纪80年代开发的一项重要的分子生物学技术。它是根据DNA同源重组原理，将外源DNA与受体细胞基因当中的同源序列或很相近的基因同源重组，从而将外源DNA整合到受体细胞基因组中，将受体细胞中特定基因去除或用其他序列来替代的一种操作。利用此技术可在分子水平上对目的基因进行定向修饰，包括基因失活、引入点突变、缺失突变和插入外源片段等，并将修饰后的遗传信息在生物体内表达，通过表型效应来揭示基因的功能，基因敲除被广泛用于基因功能的研究。

（二）基因敲除载体的构建

敲除载体由4部分组成，包括与靶序列两端同源的同源臂序列（*HRS1*和*HRS2*）、中间的筛选标记基因序列及载体序列。大多数已报道的对目的基因进行研究的方法都基于传统的克隆策略来构建敲除载体，包括体外转座子突变、酶切连接、融合PCR技术和split-marker重组技术等方法。在利用这些方法构建敲除载体的过程中，由于需要多步克隆或者受酶切位点的限制等因素，相对费时费力。而采用In-Fusion克隆技术和尿嘧啶链特定切割试剂（uracil specific excision reagent，USER）克隆技术可以实现类似同源重组的反应，将PCR产物“置换”到目标载体上，且克隆的位置不受酶切位点的限制，对载体也没有特殊要求（图7-3）。

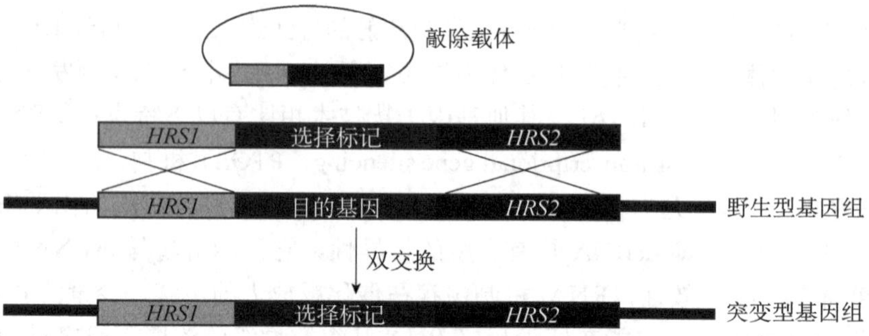

图7-3　同源重组双交换整合外源DNA示意图

*HRS1*和*HRS2*指不同的同源片段

第三节　基 因 编 辑

基因编辑技术是指对生物体目的基因进行定点改造，以实现特定DNA的定点删除、突变、插入和替换等，以获得新表型的一项新型技术。目前基因编辑技术主要包括锌指核酸酶（zinc finger nuclease，ZFN）、转录激活因子样效应物核酸酶（transcription activator-like effector nuclease，TALEN）和CRISPR/Cas9系统等，已被广泛运用于基因功能研究和多种生物的基因工程改造，为动植物新品种的培育及基因治疗等的研究提供新的手段。

一、基因编辑技术

真核生物基因组通常含有数十亿个碱基对。在基因编辑技术出现之前，定点改变生物基因组某个位置的碱基序列主要依赖于同源重组（homologous recombination，HR）途径，通过在外源 DNA 序列两端加上相应长度的同源臂，能够实现外源序列的精确整合。然而在真核生物中，尤其是在高等动植物中，同源重组发生频率极低，为 $1/10^9$～$1/10^6$；并且相对于靶位点而言，外源序列更容易随机整合到基因组上其他位点，造成脱靶效应，从而限制了该技术的应用。

之后的研究表明，在目的位点附近引入双链断裂（double-strand break，DSB）能够激活损伤修复机制参与断裂修复，进而提高基因编辑效率。ZFN、TALEN 和 CRISPR/Cas9 均是基于这一原理，利用不同的方式介导核酸内切酶在目标位置产生 DSB，DSB 可以通过非同源末端连接（non-homologous end joining，NHEJ）和同源重组（HR）两种途径进行修复，通过 NHEJ 的修复容易发生错误，使断裂位置产生小片段的删除或插入，从而导致基因突变；在有供体 DNA 存在的情况下，有可能通过 HR 进行断裂位置的修复，产生精准的基因插入或替换（图 7-4）。

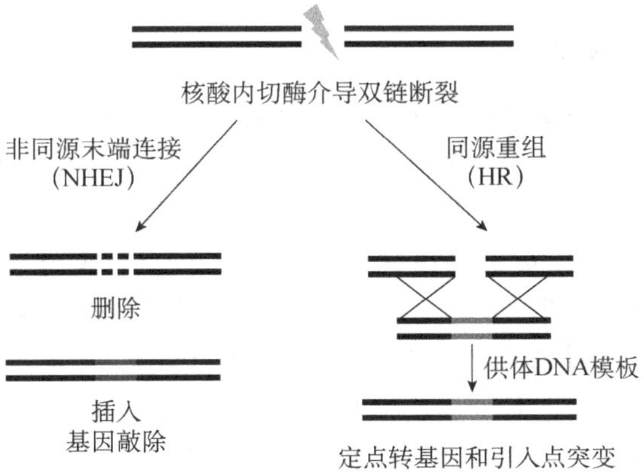

图 7-4 基因编辑技术原理

（一）ZFN 技术

ZFN 是最先用于基因编辑的一种特异性人工核酸酶，由两部分组成：其 N 端是由 3～4 个 Cys_2-His_2 锌指蛋白串联组成的 DNA 结合域，可以识别一段在基因组中特异的 9～12bp 碱基序列（其中每个锌指蛋白识别一个特异的三联体碱基）；其 C 端为一个非特异性核酸内切酶 *Fok* Ⅰ切割结构域，因为其只在二聚体状态时才有酶切活性，因此 ZFN 也只有在二聚体状态下，且相距恰当的距离时（5～7bp，称为 spacer），才能发挥核酸内切酶活性，达到 DNA 定点切割的目的。

ZFN 是第一项广泛应用的基因编辑技术，目前该技术已经成功应用于很多动植物细胞的基因敲除或修饰，而且近年来研究者已成功设计可以用于疾病基因治疗的特异性 ZFN，表明 ZFN 在医学领域有着广阔的应用前景。但是 ZFN 技术存在一些缺点：①ZFN 设计成本高、耗时长、工作量大；②ZFN 的识别结构域中存在上下文依赖效应，使得 ZFN 的筛选效率大大降低；③对特异性结合靶序列也有一定影响，因此不能针对任意目的序列设计相应的 ZFN；④ZFN 脱靶率较低，但其产生的脱靶效应容易对细胞产生毒性。

（二）TALEN 技术

TALEN 是另一种人工设计的序列特异的核酸内切酶系统，也由两部分组成：其 N 端是由转录激活因子样效应物（transcription activator-like effector，TALE）构成的 DNA 结合域和 C 端的 *Fok* Ⅰ 切割结构域构成。与 ZFN 相似，由 TALE 蛋白 DNA 结合域负责目标序列的特异性识别，*Fok* Ⅰ 进行靶位点的切割。TALEN 的 DNA 结合域由若干个保守重复结构组成。每个重复单元包含 33～35 个氨基酸，其中大部分重复氨基酸是高度保守的，但在 12 和 13 位置上存在两个重复可变残基（repeat variable diresidue，RVD），它们参与对 DNA 双链上碱基的特异性识别。每一个 RVD 识别 4 种碱基中的一种或几种，其识别对应的密码为：天冬酰胺-组氨酸（NH）识别 G，天冬酰胺-异亮氨酸（NI）识别 A，天冬酰胺-甘氨酸（NG）识别 T，组氨酸-天冬氨酸（HD）识别 C，天冬酰胺-天冬酰胺（NN）识别 G 或 A。基于该原理，将不同重复单元串联在一起，每个重复单元识别一个碱基。由于 *Fok* Ⅰ 内切酶形成二聚体才能发挥酶切作用，所以 TALEN 系统在发挥作用时也要形成二聚体，且两个 TALEN 识别区中间的 spacer 长度一般为 14～18bp。TALEN 在识别目标位点的特异性方面比 ZFN 更有优势，且构建方式较简便。

（三）CRISPR/Cas9 系统

CRISPR/Cas9 系统是目前研究最为深入且应用最为广泛的基因编辑系统。该系统来自化脓性链球菌，属于 CRISPR/Cas 系统中的Ⅱ型系统，由 CRISPR 序列和 Cas9 蛋白共同组成，相比于其他的 CRISPR/Cas 系统，CRISPR/Cas9 结构简单，仅需要一个 Cas 蛋白即可完成核酸切割。CRISPR 序列是由一定数量的高度保守的重复序列（repetitive sequence）和间隔序列（spacer sequence）交替排列组成，为 tracrRNA/crRNA 双链复合体。Cas9 蛋白可以发挥核酸内切酶的作用，对目标 DNA 序列进行切割。成熟的 tracrRNA 和 crRNA 通过碱基互补配对连接，融合成指导 RNA（guide RNA），继而发挥其引导功能，将 Cas9 蛋白引领到 PAM（protospacer adjacent motif）位点发挥切割功能。为了更好地实现基因组的编辑，研究者将该系统进行优化，仅使用一个 sgRNA（small guide RNA）就可以指导 Cas9 蛋白对靶向 DNA 序列进行切割。sgRNA 通过碱基互补配对特异性地识别 20bp 左右，且其 3′端为 PAM 基序（通常为 NGG）的靶标序列。Cas9 蛋白通过核酸内切酶活性进行定点剪切形成 DSB，随后通过 NHEJ 或 HR 方式进行修复，从而导致基因突变、插入或替换。sgRNA 技术的突破大大提高了 CRISPR/Cas9 的基因编辑效果，并显著降低了实验难度，使 CRISPR/Cas9 获得更广泛的应用。但是，科学家并没有因此就停止对 CRISPR/Cas9 系统的改良。提高编辑效率、实现多位点编辑及降低脱靶率（提高系统的特异性）是目前 CRISPR/Cas9 优化的 3 个重要方向。利用优化密码子，Cas9 的表达效率得到了进一步的提高，从而提高了编辑效率。利用 tRNA 将不同的 sgRNA 串联，或是利用单转录元件系统，可以实现多位点编辑。为了降低脱靶率，科学家对 Cas9 进行了改造，其中包括识别位点更加复杂的 SaCas9 及仅制造单碱基切口的 nCas9。由于 CRISPR/Cas9 技术简单、高效和易操作，目前被广泛应用于各种生物体的基因编辑。随着研究不断深入，科学家又开发出了更多的 CRISPR/Cas 系统的变体，衍生出了适用范围更为广泛的基因编辑系统（图 7-5 和表 7-6）。

二、基因编辑技术的基本流程

CRISPR/Cas9 系统以其低成本、简单、高效等优点成为目前应用最广泛的基因组编辑系统。以 CRISPR/Cas9 系统介导的植物基因编辑技术为例，通常情况下其基本流程包括以下几

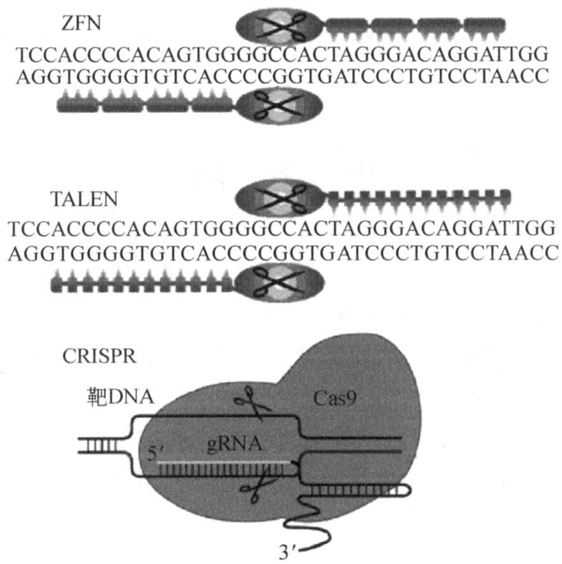

图 7-5　ZFN、TALEN 和 CRISPR/Cas9 结构示意图

彩图

表 7-6　三种基因编辑技术的比较

比较的项目	ZFN	TALEN	CRISPR/Cas9
DNA 识别媒介	Cys_2-His_2 锌指蛋白	TALE	sgRNA
DNA 切割酶	*Fok* I	*Fok* I	Cas9
靶位点长度	（3～6）×3×2bp	（9～20）×2bp	20bp+NGG
靶位点限制	富含 G 的区域	倾向于 T 开头 A 结尾怕序列	NGG 结尾
操作难易程度	难	中等	容易
脱靶程度	取决于靶向位点	低	取决于靶向位点
细胞毒性	相对较高	低	低
同时靶向多位点	难	难	容易

个步骤：①选择合适的靶标序列；②构建基因编辑载体；③利用原生质体验证载体的活性（可选步骤）；④将基因编辑载体导入细胞；⑤通过组织培养将基因编辑后的细胞再生成植株；⑥对获得的基因编辑后的再生植株进行筛选和分型（图 7-6）。

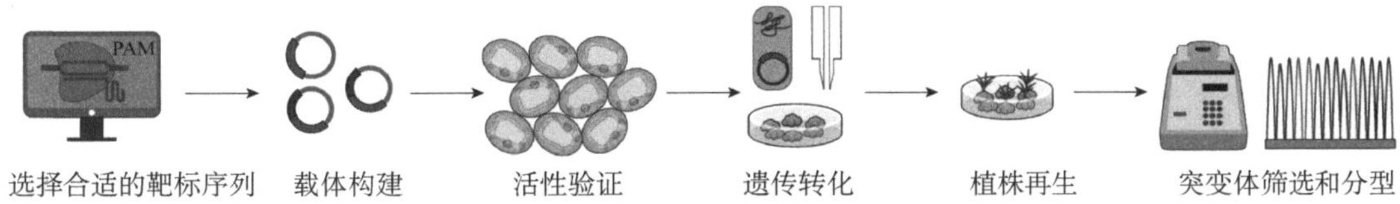

图 7-6　植物基因组编辑的主要步骤

彩图

CRISPR/Cas9 系统介导的植物基因编辑技术可以直接转化为原生质体，但在大多数情况下，是通过粒子轰击（基因枪）或农杆菌侵染愈伤组织、胚或其他外植体等方法转化到植物细胞中，然后在组织培养过程中使用筛选剂来选择抗性愈伤组织和再生出转基因植物。对于许多植物物种或品种来说，高效的遗传转化和再生体系仍然是实现其基因编辑的主要限制因素。一

旦获得基因编辑突变体，就可以通过自交或杂交的方式分离出基因编辑载体，从而获得不携带基因编辑载体的基因编辑植株。

思 考 题

1. 名词解释：启动子；增强子；沉默子；终止子；弱化子；核基质附着区；SD 序列；基因编辑；RNA 干扰；基因敲除；反义 RNA；基因编辑。
2. 影响外源基因在受体细胞中表达的因素主要有哪些？它们如何影响外源基因的表达？
3. 启动子和增强子有哪些异同点？
4. 能影响染色体上 DNA 结构的三种顺式作用元件是什么？
5. 什么是密码子的偏爱性？在外源基因的表达中有什么应用？
6. 原核生物基因表达调控的特点是什么？
7. 真核生物基因表达调控的特点是什么？
8. 大肠杆菌表达载体的必需结构元件有哪些？各个结构元件的作用是什么？
9. 提高外源基因在原核生物细胞中表达的策略有哪些？
10. 按功能和作用方式，启动子可分为哪几种类型？每种类型的启动子各有什么特点？
11. 怎样的诱导表达系统才能称为理想的诱导表达系统？
12. 真核生物表达载体通常需要哪些结构元件？各个结构元件的作用是什么？
13. 提高外源基因在真核细胞中表达的策略有哪些？
14. 反义 RNA 和 RNA 干扰有什么相同和不同之处？
15. 基因编辑与常规的基因敲除相比有什么优点？

第八章　基因工程的应用

基因工程实现了人类可从源头上对生命系统进行控制或修饰，对人类认识自然、改造自然及人类生活的各个方面都将产生了广泛而深刻的影响。本章从植物、动物和微生物的基因工程出发，阐述基因工程在农业生物遗传改良、医药、环保等各个领域的应用。

本章思维导图

第一节　植物基因工程的技术流程和应用

一、植物基因工程的技术流程

植物有其独特的细胞结构、生长发育与产量和品质的形成规律。植物基因工程在载体选择、外源基因表达策略、转化方法、植株再生途径、转化株系纯化与表型检测等各个技术环节均有其独特性。植物基因工程的基本技术流程如图 8-1 所示。

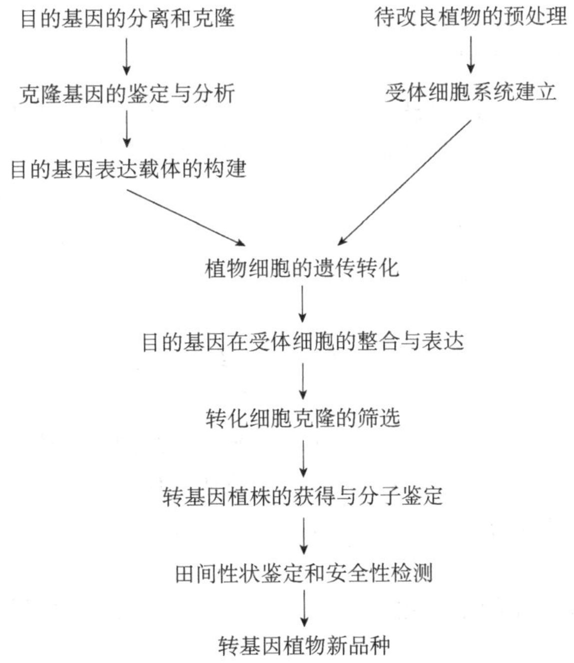

图 8-1　植物基因工程的基本技术流程

（一）植物基因工程策略的制订与目的基因选择与克隆

首先，确定基因工程的目标，再调研、分析目标性状形成的分子机制，制订基因工程策略并选择基因。例如，植物特定次生代谢物的合成既受其合成途径中限速酶的控制，也受整个合成途径调节基因的控制，通常选择调节基因对该次生代谢物合成的途径工程效果较好；植物在逆境胁迫下可启动信号转导途径，激活特定防御基因的表达，引发脯氨酸、甜菜碱合成，超氧化物歧化酶的表达提高等多种防御反应，选择信号传递途径中脱水应答元件结合蛋白（DREB1A）、丝裂原活化蛋白激酶（MAPK）、RNA 解旋酶等重要调节蛋白，通过控制或强化这些蛋白质在植物中的表达，可使植物抗性得到综合改良，其效果比分别控制脯氨酸、甜菜碱合成或保护酶的编码基因好得多。其次，根据具体基因，设计其最优的表达方式。例如，是组成型表达还是诱导型表达或生育期特异性表达，或器官特异性表达？根据不同的策略分别选择合适的启动子。此外，还要选择外源基因在细胞中表达的部位。

一旦确定了基因或启动子，就可采用常规方法分离、克隆该基因或启动子，具体的分离克隆方法在第五章已经有详细介绍，在此不再赘述。

（二）载体选择与表达载体的构建

植物基因工程常用的有 Ti 质粒转化载体，在功能基因组学研究中可选择 TAC 载体实现大片段转化（详见第三章），如果是开展基因敲除研究基因的功能则采用定位整合载体等，根据具体的目标选择相应的载体。

根据所采用载体，结合载体上多克隆位点和目的基因限制性酶切位点的对应分析来制订合适的载体构建技术策略。对于农杆菌介导的 Ti 载体，多采用二元转化载体（详见第三章 Ti 质粒转化载体部分）。具体构建一般采用酶切连接的方法，也可采用 Gateway 技术体系，通过 BP 和 LR 反应，获得表达载体，或采取 In-fusion 的克隆方法（详见第六章）。

（三）受体细胞系统的建立

成功的植物遗传转化取决于良好的植物受体系统和转化方法的选择和应用。

1. *植物遗传转化受体系统必须具备的条件*　植物遗传转化受体系统应具备以下条件：①高效稳定的再生能力；②较高的遗传稳定性，接受外源基因后其细胞分裂和分化应不受影响，并能稳定地将外源基因遗传给后代；③具有稳定的外植体来源；④对选择抗生素敏感，便于转化细胞的后续筛选；⑤对农杆菌介导的遗传转化而言，外植体还须对农杆菌侵染敏感；⑥具有遗传改良价值。

2. *植物遗传转化外植体选择原则*　在受体系统满足上述条件的基础上，遵循以下原则选择外植体：①选择幼嫩的组织或器官，如近根部区、茎尖区、生长点区的组织或器官，或刚发芽的无菌实生苗叶片、子叶、胚轴等；②选择繁殖能力强的外植体，如胚是受精后发育而成的合子，具有很强的分生能力；③选择萌动期的外植体，代谢活跃、休眠萌动的细胞具有更强的生长潜能，更容易培养成功；④选择遗传纯合、稳定性好的外植体，不宜采用 F_1 等遗传杂合体作为外植体。

总体来看，关于外植体的选择主要采用胚、幼穗、顶端分生组织、幼叶、幼茎等为宜（表 8-1）。

表 8-1　农杆菌介导的植物遗传转化体系

植物	外植体	基本培养基	选择抗生素
大白菜	无菌苗子叶或子叶柄、小孢子、小孢子胚状体等	MS	卡那霉素
油菜	下胚轴、子叶、真叶、子叶柄、花药、茎段等	MS 或 MB	卡那霉素
水稻	成熟种子、幼胚、叶片、胚芽鞘、幼穗、苗尖等	MS、N_6、B_5、CC、NB	潮霉素、甘露糖、除草剂
甘蔗	幼嫩叶鞘、胚性愈伤	MS	潮霉素、G418
小麦	幼胚、胚性愈伤、盾片、茎尖组织、幼穗、花粉愈伤、悬浮细胞、成熟胚等	MS	卡那霉素、除草剂
玉米	幼胚、芽尖、幼苗切段、未成熟花序	N_6、MS，含有 LS 盐的 N_6 培养基，MS 加 B_5 微量元素	潮霉素、卡那霉素
大豆	未成熟种子的子叶和茎尖、上胚轴、胚尖、子叶节等	MSB、MS	除草剂、卡那霉素
甘薯	叶片、叶柄、胚性愈伤组织、新鲜块根、茎切段等	MS	卡那霉素
马铃薯	试管苗茎段或叶盘	MS	卡那霉素
番茄	子叶、子叶柄、下胚轴、茎段	MS	潮霉素、除草剂、卡那霉素
胡萝卜	下胚轴	MS、B_5	卡那霉素、潮霉素
辣椒	子叶、下胚轴	MS	卡那霉素
烟草	无菌苗叶盘	MS	卡那霉素
棉花	下胚轴、愈伤、组织、子叶、胚根等	MS	卡那霉素
西瓜	叶盘、子叶	MS	卡那霉素、潮霉素
香蕉	茎尖分生组织、胚性细胞、茎微盘	MS	潮霉素
向日葵	茎尖分生组织、子叶腋芽	MS	潮霉素
葡萄	叶片、叶柄、花药、质体	Nitsch、MS	卡那霉素
苹果	幼叶	MS	卡那霉素
杨树	子叶、茎段	1/2MS	卡那霉素、除草剂

（四）植物的遗传转化

迄今已报道的植物转基因方法多达数十种，其中较为成功的是农杆菌介导法、基因枪法及花粉管导入法。目前大多数植物，特别是双子叶植物已经建立了农杆菌介导的转化方法，对于少数应用农杆菌介导法比较困难的植物，可采用基因枪法；对于花器比较大的植物如棉花、黄麻和红麻等，可采用花粉管直接导入法（详见第六章）。

（五）外植体选择培养

1. 基于组织培养的转化外植体选择培养与抗性植株再生　　无论是农杆菌转化法还是基因枪法，经过转化的外植体都需要经选择组织培养获得抗性转基因植株，所不同的是农杆菌转化法还须同时采用抗生素杀死农杆菌。因此，以下仅以农杆菌介导的遗传转化为例阐述外植体的选择培养。

（1）基本培养基的选择　　转化外植体能否再生成植株在很大程度上取决于培养基。转基因外植体的选择培养和植株再生系统一般是以外植体的组织培养再生系统为基础，经适当调整而形成的。其中，基本培养基的选择是基础。

迄今世界上已研制出的基本培养基可归纳为4种基本类型。

1）第一类是富集元素培养基，MS培养基是该类培养基的典型代表，其特点是：①无机盐浓度高，元素间的比例合适，缓冲性能好；②营养丰富，不需要加入有机成分；③微量元素种类齐全，浓度较高。

2）第二类是硝酸钾含量较高的培养基，有B_5、N_6、SH培养基等，其特点是：①硝酸钾含量高；②铵态氮含量低；③含有较高的盐酸硫胺素。

3）第三类是中等无机盐含量的培养基，如H、Nitsch、Miller和Blaydes培养基等，这类培养基的特点是：①大量元素无机盐浓度约为MS培养基的一半；②微量元素种类减少而含量高；③维生素种类比MS培养基多。

4）第四类是低无机盐培养基，其特点是：①无机盐含量很低，一般为MS培养基的1/4左右；②有机成分含量也很低。这类培养基多用作生根培养。

基本培养基的选择原则如下：①不同植物所适宜的基本培养基有所不同（表8-1），但同一物种的不同组织器官的基本培养基一般相同；②MS培养基是大多数植物的通用培养基；③无机盐浓度是基本培养基类型的重要因素，是培养基类型选择的重要参数；④应根据供试植物的分类地位、生理特性、繁殖、栽培条件和品种类型选择培养基。例如，有的植物易吸收硝态氮，而受铵态氮抑制，则培养基应选择硝态氮的类型，也可以查阅有关的参考文献来确定特定植物一般采用的基本培养基。

（2）诱导培养基、选择培养基、再生培养基和生根培养基等的调整　所采用诱导培养基、选择培养基、再生培养基和生根培养基一般是在基本培养基的基础上，对蔗糖浓度、有机成分的种类特别是激素构成进行适度调整而建立的，以达到诱导脱分化、杀死非转化细胞、诱导外植体再分化成芽和生根等不同的目的，这是转基因组织培养再生系统成功的关键。

培养基成分调整的原则是：①有机成分主要是种类的变化，每种成分含量的变化不大。②蔗糖浓度是培养基的重要影响因素，应该在确定基本培养基的基础上重点考虑。③提高磷酸根的水平可抵消IAA对芽的抑制作用，促进芽的分化。④水解酪蛋白能加强激动素的分化作用。⑤生长素的主要功能是促进细胞分裂、诱导愈伤组织和生根，各种生长调节剂的活性强度依次为2, 4-二氯苯氧基乙酸（2, 4-D）、三氯苯氧乙酸（2, 4, 5-T）、萘乙酸（NAA）、萘氧乙酸（NOA）、吲哚丁酸（IBA）和吲哚乙酸（IAA）。⑥细胞分裂素主要是促进细胞分裂，改变顶端优势，促进芽的分化等，常用的几种细胞分裂素的活性强度依次为玉米素（ZT）、6-苄氨基嘌呤（6-BA）、2-异戊烯酰嘌呤（2-iP）和激动素（KT）。⑦细胞分裂素和生长素的比例是激素使用的关键，当生长素的浓度明显高于细胞分裂素则促进细胞脱分化诱导愈伤组织，反之促进细胞分化。⑧细胞分裂素和生长素的种类对不同植物的敏感性不同，因此激素种类的选择应以植物的种类而异。

（3）选择培养基中抗生素的选用　与常规的组织培养植株再生不同的是，农杆菌介导的转基因过程中需把转化外植体中的农杆菌及非转化细胞杀死，而让带有目的基因的转化细胞培养再生出植株。因此，需在选择、再生和生根培养基中加入特定抗生素。对于基因枪法而言，则不需抑制农杆菌这一环节。

常用于杀死农杆菌的抗生素有羧苄青霉素（carbenicillin，Carb）、头孢菌素（cephalosporin，Cef）及特美汀（timentin）等，一般500mg/L左右的浓度可以抑制农杆菌生长或杀死农杆菌，在实际应用过程中应在抑制或杀死农杆菌的前提下尽量降低浓度。

用于抑制或杀死非转化细胞分化的抗生素取决于转化载体上的标记基因和报告基因，对于双子叶植物而言，多数情况下使用新霉素磷酸转移酶（NPTⅡ）基因，或使用卡那霉素基因；

单子叶植物对潮霉素敏感，其表达载体上一般带有潮霉素抗性基因，相应地使用潮霉素来抑制或杀死非转化细胞（表 8-1）。

2. 不依赖于组织培养的转基因植株再生和选择　包括花粉管通道法、flamingo-bill 外植体法和病毒介导基因转移等。

（1）花粉管通道法　该法是利用植物在开花、受精过程中形成的花粉管通道，将外源 DNA 导入受精卵细胞，并进一步地被整合到受体细胞的基因组中，随着受精卵的发育而成为带转基因的新个体，通过对获得的种子进行抗性筛选，即可筛选出转基因的植株。该方法最典型的例子就是拟南芥遗传转化。

（2）flamingo-bill 外植体法　该法是将无菌苗顶芽及周围分生组织切除，只留一侧子叶的外植体，留下的子叶与胚根能够产生大量营养物质和生长调节激素，而顶端分生组织也会产生大量的调节激素，这样就有利于愈伤组织分化。当把含外源基因表达盒的重组载体的农杆菌渗透或注射到伤口，载体上含外源基因表达盒的 T-DNA 可分离并自动整合到植物细胞的基因组中，在选择压力下非转化细胞被杀死，而转化细胞获得分裂和发育的机会，最终长出新的芽点。该芽点长到一定程度可从母体上分离，转移到具有选择压力的基质中可长出根，最终形成新的转化植株。

上述两种基因转化方法不需要经过组织培养，可直接获得转基因种子，通常多数种子可能是非转基因的，需对所收获的种子进行潮霉素或卡那霉素等抗生素筛选，能耐受潮霉素或卡那霉素的种子才有可能是真正的转基因种子。即便是转基因种子，也存在遗传上的不纯合，还需要通过 1～2 代甚至更多代的自交纯合，才能最终获得遗传上纯合的转基因个体。

（3）病毒介导基因转移　该法是通过转换方式完成基因转移，即以病毒为载体，将外源目的基因通过基因重组技术组装于病毒上，并使该重组病毒感染受体宿主细胞，从而完成对植物遗传转化。对于某些获得稳定遗传转化植株比较困难的植物，病毒介导的基因转移是一个选择。例如，在麻类、辣椒等多种植物中广泛采用的病毒诱导基因沉默，采用的就是病毒介导的基因转移。

（六）转基因植株的分子检测

经选择培养基培养再生出的抗性植株中往往有一部分是发生“逃逸”的假阳性植株，因此，须首先用目的基因特异性引物进行 PCR 来淘汰假阳性植株。对于 PCR 检测阳性植株，可进一步进行 Southern 杂交确定外源基因插入的拷贝数，利用 Northern 杂交分析检测外源基因转录水平，还可利用 Western 杂交检测外源基因表达、合成相应蛋白质的水平。有关 PCR 检测、Southern 杂交、Northern 杂交和 Western 杂交详见第四章。

（七）转基因植株的农艺性状鉴定与安全性检测

在分子检测鉴定转基因植株及外源基因整合方式和表达状况的基础上，对转基因植株进行自交，并从后代转化株系中选择具有目的表型性状的植株或株系，分析外源基因表达对植物农艺性状等表型的影响，并对转化株系进行初步的安全性试验（见第九章）。

二、植物基因工程的应用

基因工程在植物上的研究与应用始于 20 世纪 70 年代，1983 年首次将外源基因成功转入烟草和胡萝卜，此后植物基因工程研究和应用迅速展开并取得了重要进展。

1）建立并完善了农杆菌介导法和基因枪法为主的多种转基因方法。

2）开展基因工程研究的植物种类不断增多，应用面积不断扩大。

已在烟草、玉米、小麦、水稻、大豆、番茄、马铃薯、油菜、棉花等140多种植物上开展基因工程研究与应用，部分转基因植物已在生产上应用推广。目前已经有32种作物实现商业化生产，2019年，全球转基因农作物种植面积达1.904亿公顷，99%为转基因大豆（50.3%）、玉米（30.9%）、棉花（13.0%）和油菜（5.2%）。2018年全球转基因大豆种植面积为9633万公顷，占全球大豆总种植面积的78%；全球转基因玉米种植面积为5916万公顷，占全球玉米总种植面积的30%；全球转基因棉花种植面积为2500.4万公顷，占全球棉花总种植面积的76%；全球转基因油菜种植面积为1006.3万公顷，占全球油菜总种植面积的29%。

美国是转基因作物研究和应用最发达的国家，2022年，美国转基因作物的种植面积为7480万公顷。其中，转基因玉米的种植面积为3326.76万公顷，采用率为93%，81%转基因玉米具有抗虫耐除草剂复合性状；转基因大豆的种植面积为3459.71万公顷，采用率为95%，95%的转基因大豆具有耐除草剂性状；转基因棉花的种植面积为480.10万公顷，采用率为95%，86%的转基因棉花具有抗虫耐除草剂复合性状。

目前中国只批准了转基因棉花、番木瓜商业化生产，没有批准转基因粮食作物商业化种植，但转基因作物上市时间在明显提速。2023年中央一号文件明确提出加快生物育种产业化步伐，农业农村部发布的实施意见也要求进一步扩大转基因玉米、大豆产业化应用试点范围，2023年10月，第五届国家农作物品种审定委员会第四次品种审定会议中，37个转基因玉米品种、14个转基因大豆品种通过初审，若最终通过审定，转基因玉米、大豆品种有望正式迎来商业化。

3）涉及的基因或改良的性状越来越多，包括抗病、抗虫、抗逆、抗除草剂、高产优质、耐贮藏、耐运输、雄性不育等，转基因植物生物反应器的研制也取得重要的进展。

4）基因工程安全性问题得到高度重视并在技术上不断改进，基因工程实用化程度不断提高，部分转基因植物已经商业化。植物基因工程的应用十分广泛，归纳起来主要有以下方面。

（一）在植物遗传改良中的应用

1. 植物对生物性逆境（biotic stress）的抗性基因工程

（1）植物抗病毒病基因工程　　病毒常常造成农作物大幅度减产，大多数抗病毒转基因作物是针对病毒基因，通过RNAi或反义RNA等基因沉默技术开发出来的。基因工程在植物抗病毒育种上已有成功的应用，主要有以下几点。

1）外壳蛋白基因工程，其原理来自植物交叉保护，即预先感染了温和病毒的植物可在一定程度上对温和株系病毒亲缘关系相近的强毒株系病毒的侵染产生抗性。1986年美国Beachy研究组率先将烟草花叶病毒（tobacco mosaic virus，TMV）外壳蛋白基因用于培养抗病毒的烟草和番茄，转基因植株在一定程度上降低了TMV的系统侵染。此后，用同一策略进行了大量的研究，已将TMV、黄瓜花叶病毒（cucumber mosaic virus，CMV）、苜蓿花叶病毒（alfalfa mosaic virus，AIMV）、马铃薯X病毒（potato virus X，PVX）等10组近20种病毒的外壳蛋白转化植物，转基因植株大多数获得了高水平的抗性。但是这一策略还是不能获得完全抗性，大多数转基因植物只是表现为推迟发病。

2）卫星RNA介导的病毒抗性。卫星RNA（satellite RNA）是一种在复制和包装时需要依赖其他病毒的小分子RNA，可干扰或抑制辅助病毒的复制。将卫星RNA转入植物可能是植物获得抗病毒性状的一条途径。研究表明，虽然卫星 RNA 显示出一定的抗病毒能力，但它的应用存在一定的安全隐患。

3）其他如复制酶基因、运动蛋白（movement protein，MP）基因、核酶基因等可能在抗病毒侵染中也有效，如 PVX 的 *ORF1* 基因或其 5′端在烟草中的表达使其抗 PVR（potato virus R）的能力比外壳蛋白在烟草中表达强 10 倍左右。另外，利用 CRISPR/Cas9 敲除技术对植物基因的精确改良，也可以提高对病毒的抗性，如水稻东格鲁病毒、棉花曲叶病病毒、花椰菜花叶病毒等。

番木瓜是深受广大消费者喜爱的南方水果。番木瓜的种植受番木瓜环斑病毒（papaya ring spot virus，PRSV）的危害。PRSV 属于马铃薯 Y 病毒，可通过蚜虫传播。种植抗病品种是防治该病毒病害的有效措施，但番木瓜栽培品种中缺乏抗性资源，野生番木瓜中的抗性资源又很难通过常规的杂交方法转移到番木瓜栽培品种中，因此对该病尚无其他有效的防治方法。转基因番木瓜就是在这一背景下应运而生的。1989 年对 PRSV 毒株 HA5-1 的 *CP* 基因进行克隆和测序，开始番木瓜胚胎的基因枪转化，1991 年获得了抗 PRSV 毒株 HA 的转基因番木瓜品系 55-1。美国是世界上首先批准种植转基因番木瓜的国家。2003 年 3 月，加拿大批准了美国转基因番木瓜品系‘日出’‘彩虹’的进口。2010 年 5 月，日本允许转基因番木瓜进口。我国华南农业大学科研人员在国内率先进行抗 PRSV 转基因番木瓜的基因工程研究，将我国华南地区 PRSV 的优势株系 YS 的复制酶基因转化入了番木瓜植株，获得了高抗的转基因品系——‘华农 1 号’。于 2006 年获得在广东省应用的安全证书，2015 年广东、海南和广西三省（自治区）种植抗病毒番木瓜约 7000 公顷。

（2）植物抗真菌或细菌基因工程　细菌或真菌性病害是导致作物大幅度减产和品质降低的重要病害，抗真菌或细菌基因工程是基因工程在植物上应用的重要领域，从策略上主要包括以下几种。

1）抗病基因（resistance gene，*R* gene）的基因工程，抗病基因编码的蛋白质可以专化性识别来源于病原菌的效应子以启动强烈的抗病反应，如水稻的 *Xa-1*、*Xa-21*、*Pi-b*，番茄的 *Pto*、*Cf-2* 基因等。

2）病程相关蛋白的基因工程，包括几丁质酶、葡聚糖酶、含硫蛋白（thionin）等病程相关蛋白的编码基因，它们的超表达可显著提高转基因植物抗病水平。

3）利用应答病原菌的防御反应信号转导途径中的关键组分编码基因，增强它们的表达也是提高植物抗病水平的有效策略。例如，系统获得抗性信号途径中的 NPR1，在抗病中起重要调节作用的 WRKY 等转录因子基因，它们的超表达可显著提高植物对细菌或真菌病害的抗性。

4）植保素合成途径的关键酶基因，如从葡萄幼果中分离的白藜芦醇合成酶基因在烟草、水稻、大麦等作物中超表达，可显著提高转基因作物的抗病水平。

5）利用 CRISPR/Cas9 技术编辑抗病过程中起负调控作用的基因，如 CRISPR/Cas9 靶向编辑六倍体小麦中 3 个编码 MLO 蛋白的同源等位基因，可产生具有广谱抗白粉病的小麦品系。

（3）植物抗虫基因工程　虫害也是导致农作物减产的主要原因，全世界每年因虫害损失达数千亿美元之巨，而每年用于化学杀虫剂的总金额在 200 亿美元以上，且已导致严重的环境污染和害虫的抗药性。植物抗虫基因工程为解决虫害问题带来了希望，抗虫转基因作物种植面积在转基因作物面积中排名第二，2017 年已经达到 2330 万公顷。所用的基因主要有以下几种。

1）苏云金芽孢杆菌（*Bacillus thuringiensis*，Bt）的毒素（Bt toxin）蛋白基因。苏云金芽

孢杆菌在芽孢形成过程中产生大量的伴孢晶体，由具有特异杀虫活性的结晶蛋白组成，即杀虫晶体蛋白（insecticidal crystal protein，ICP）。当它进入敏感昆虫的消化道后，在中肠的特殊 pH 条件下释放出有活性的毒性蛋白，细胞代谢失衡，从而导致昆虫幼虫死亡。天然的 Bt 毒素蛋白转化植物后在植物中的表达也不高，将天然 Bt 毒素蛋白 N 端的 29～607 个氨基酸残基的编码序列以外的部分切除，并加上强启动子，使它在转基因植株中表达量增加，可提高抗虫效果。为了进一步提高表达量，Perlak 等在保持基因氨基酸序列不变的前提下，采用植物偏爱密码子人工合成全长 *CryIAa*，该基因在转基因棉花中表达量比原来提高了 50～100 倍，能有效地杀死对 Bt 毒素蛋白不敏感的昆虫。迄今全世界共获得了近 80 种转 *Bt* 基因植物，已在玉米、棉花、马铃薯、番茄等作物上经过审定进入了大规模商业化生产。1994 年，我国成功研制出第一代单价抗虫棉（GK），成为继美国之后在世界上第二个研制出转基因抗虫棉的国家。1997 年，我国开始商业化种植转 *Bt* 抗虫棉，首先在河北省推广种植美国孟山都公司的转 *Bt* 抗虫棉 33B。1999 年，GK 系列抗虫棉在我国不同植棉区推广总面积达 18 万公顷以上，同年我国又成功研制出双抗抗虫转基因棉 GK 系列，并在安徽、山东、山西和湖北 4 个省开展商业化种植。2012 年，我国转 *Bt* 抗虫棉的种植面积达 359 万公顷，占棉花种植总面积的 80%。2015 年，我国转基因棉花的种植面积为 370 多万公顷。

2）来源于高等植物的蛋白酶抑制剂（proteinase inhibitor）类抗虫基因。包括豇豆胰蛋白酶抑制剂、马铃薯蛋白酶抑制剂、水稻巯基蛋白酶抑制剂等。蛋白酶抑制剂一般为 60～120 个氨基酸的多肽，能与昆虫消化管内的蛋白消化酶相互作用，形成酶-抑制剂复合物，阻断或减弱消化酶的蛋白水解作用，使昆虫得不到足够的营养而死亡。

3）淀粉酶抑制剂基因，能抑制昆虫对淀粉的水解作用。

4）外源凝集素基因，凝集素可与昆虫肠道上的糖蛋白相结合，影响营养物质的吸收而导致死亡。将麦胚凝集素的 *LecD* 基因转入玉米，对欧洲玉米螟有良好的抗性，但该基因的表达产物是否对人体有副作用还有待研究。

2. 植物抗非生物性逆境（abiotic stress）基因工程　植物基因工程在作物的抗旱、抗寒和耐盐等研究上取得了一定的进展，所用的基因有两种类型。

第一类是结构基因，其表达产物可直接提高植物对逆境的抗性。这类结构基因主要有：①细胞渗透压调节物质如甘露醇（mtlD）、脯氨酸、甘氨酰甜菜碱（betA、codA）、海藻糖（TPS1、otsA、otsB）等合成相关酶的编码基因。例如，用大肠杆菌海藻糖合成酶基因复合体 *OTSBA* 转化烟草、马铃薯、番茄、拟南芥和苜蓿等，可使转基因植物抗旱水平得到提高。②抗坏血酸氧化酶、超氧化物歧化酶（SOD）等保护酶基因。③防止细胞中蛋白质变性的基因，如热激蛋白 HSP110、HSP90、HSP70 等的编码基因。

第二类是植物应答逆境的信号传递途径中的调节基因，如从拟南芥中分离的 *DREB1A* 基因、拟南芥 C 重复脱氢反应结合因子 1（CBFI1）基因，它们的表达产物是转录因子，可控制一大批下游与抗旱、低温胁迫和盐胁迫有关的基因表达，从而引起防御反应，其遗传转化和表达可实现植物抗性的综合遗传改良。另外，基于 CRISPR/Cas9 介导的基因编辑在作物遗传改良中得到成功应用，如 *ZmSRL5* 与玉米角质层蜡结构形成有关，突变 *ZmSRL5* 可以提高玉米的耐旱性；对玉米乙烯反应的负调控因子 *ZmARGOS8* 基因的启动子区域进行基因编辑，也显著提高了玉米的耐旱性。

3. 植物抗除草剂基因工程　除草剂的使用可大大降低劳动强度，是现代农业不可缺少的一部分，但除草剂对作物有一定的危害。通过基因工程提高作物抗除草剂水平，可解决除草剂对作物的危害问题。利用的基因有两类：一类是修饰改造除草剂作用靶蛋白基因，另一类是除草剂解毒基因。例如，5-烯醇丙酮酰莽草酸-3-磷酸合酶（EPSPS）、草甘膦氧化还原酶（GOX）和草甘膦乙酰转移酶（GAT）编码基因的超表达可提高作物对草甘膦的抗性；编码草丁膦乙酰转移酶（PAT）的 *bar* 基因和 *pat* 基因的超表达可提高作物对草丁膦的抗性；将从抗磺酰脲类和咪唑啉酮类除草剂的拟南芥突变体中分离的乙酰乳酸合成酶（ALS）及烟草突变株分离的 *SURB-Hra* 基因导入番茄、甜菜、油菜、苜蓿、玉米、亚麻等植物，都获得了耐除草剂植株。抗除草剂转基因植物是最早进行商业化应用的转基因植物之一，已有玉米、棉花、大豆、油菜和甜菜等作物转抗除草剂基因品种进行商业化生产。

4. *作物高产基因工程* 提高作物产量是农业的永恒主题，产量的高低取决于单位面积上适宜的个体数量及个体源、库、流的协调运转和累积等复杂过程。依据对植物代谢途径及其调控机制的认识，通过对影响代谢产物分配的主要因素及其与作物产量关系的分析，已经确立了一些遗传修饰的分子靶标，主要是参与淀粉合成、植物光合作用、氮素吸收和同化、水分利用等植物生理生化代谢过程的酶及其调节因子。

通过转化植物淀粉合成途径中关键酶或调节蛋白基因，可在一定程度改变淀粉的合成乃至产量。例如，对 1,6-二磷酸腺苷葡萄糖焦磷酸化酶（AGPase）的遗传修饰可提高 ADP-葡萄糖含量，进而使玉米籽粒和马铃薯块茎中淀粉合成和积累增加；马铃薯块茎中质体 ATP/ADP 转运蛋白的过量表达可提高块茎中淀粉的含量；腺苷酸激酶是维持各种腺苷酸平衡的关键酶，它可催化 ATP、AMP 和 ADP 间的转化，通过对质体腺苷酸激酶基因修饰，降低该酶的活性，可提高马铃薯块茎中腺苷酸含量，使块茎中淀粉含量和块茎产量比对照分别增加 60%和 39%。玉米 *shrunken2* 基因编码的葡萄糖焦磷酸化酶的一个大亚基，对负变构效应物正磷酸盐不敏感，该基因在小麦中表达可使小麦产量比对照提高 38%。

提高光合速率是提高作物产量潜力的重要途径，特别是随着水稻、小麦等作物的库器官容量越来越大，源相对不足，提高后期功能叶片的光合能力，延缓衰老对于提高产量而言显得更为重要。长期以来人们一直希望能将 C_4 植物高光合相关基因导入 C_3 植物以提高其光合效率。C_4 光合途径的关键酶有磷酸烯醇丙酮酸羧化酶（PEPC）、NADP-苹果酸酶（NADP-ME）和丙酮酸乙磷酸双激酶（PPDK）等，超表达玉米 PEPC 的转基因水稻植株能显著减弱氧气对光合的抑制作用，产量可提高 35%。超表达玉米 PEPC 的转基因水稻在高光强下，光合速率可提高 20%，羧化效率提高 57%，CO_2 补偿点降低 32%。在高光强下，核酮糖-1,5-二磷酸羧化酶/加氧酶（Rubisco）活性变化不明显，但碳酸酐酶（CA）诱导活性增加 1.8 倍，显示光合特性显著改善。*PPDK* 基因转入水稻，高表达的植株光合速率比对照提高 35%，气孔导度和 CO_2 浓度增加，提高植株产量并增强了其抗逆性。Rubisco 是固定 CO_2 反应的限速酶，改进该酶的活性尤其是对 CO_2 的亲和性，能提高植株的光合速率，Rubisco 的基因工程改良可能是实施作物光合性能遗传改良的重要途径之一。

但是，产量毕竟是光合速率和呼吸速率的平衡、叶面积大小、分布及其动态变化、同化产物向产量器官转运等多个因素、多个环节互作及其长时间积累的结果，改变光合速率对产量潜力的贡献到底有多大还有待针对具体的材料进行评估。

5. *资源利用效率的基因工程改良* 植物吸收氮的多少和氮利用效率高低对产量有重要影响。我国水稻的氮肥利用效率在 25%～35%，较国际平均水平低 5%～10%。因此，提高氮素利用效率成为植物遗传改良的重点攻关方向。参与高等植物氮同化代谢的酶主要有谷氨酰胺合成酶（GS）、谷氨酸合酶（GOGAT）、谷氨酸脱氢酶（GDH）、氨转运蛋白（AMT）、硝酸盐转运蛋白（NRT）等，这些酶是开展基因工程改良植物氮素应用，提高氮素利用效率的重要靶标。研究表明，超表达 *GS1* 基因的小麦叶片，GS1 活性增强，氮在体内尤其在籽粒中积累增多，根部和籽粒干重也提高，展示出小麦氮同化代谢遗传改良的良好前景。超表达*GDH*基因的植物，不仅生长量提高，而且对胁迫的耐性也增强，显示出一定的应用潜力。中国科学院遗传与发育生物学研究所储成才团队在水稻中发现了一个氮素吸收与利用的关键基因*NRT1.1B*，该基因在籼、粳亚种间存在1个碱基变化，导致相应氨基酸的变化，使得籼亚种氮素利用效率高于粳亚种。将籼稻型*NRT1.1B*导入粳稻品种，在北京、上海和长沙三个试验点进行田间实验，结果表明与对照组相比增产30%～33%，氮肥利用效率提高了30%，而正常施氮条件下，增产8%～10%，氮肥利用效率提高约10%。这些结果说明，*NRT1.1B*在籼稻氮肥利用效率改良上具有巨大的应用价值。

在磷素营养研究方面，水稻、大豆等作物中已克隆了编码具有不同磷亲和力和生理功能的磷酸盐转运蛋白基因。磷酸盐转运蛋白基因主要分为负责从外界获取磷的PHT家族基因及负责体内磷运输的PHO家族基因。在水稻中，PHT1家族OsPT1是水稻根中磷吸收和转运的关键蛋白，OsPT2和OsPT8则参与磷从源器官到库器官的再分配。

在钾素营养研究方面，在水稻、玉米等作物中鉴定了一系列钾离子转运蛋白基因，它们编码钾离子通道或钾离子转运体，具有不同钾转运亲和力，在钾吸收、转运、分配等多个生理过程中发挥作用。钾离子通道AKT1和钾转运体HAK5参与植物根部的钾吸收过程，超表达*HAK5*可以显著提高水稻和玉米对钾的吸收能力，并获得增产效果。

上述结果为开展基因工程提高植物对N、P、K等元素高效利用奠定了重要基础。

6. *产品的延熟与保鲜*　利用基因工程技术可延长蔬菜和水果的保存期，它主要根据水果和蔬菜采前的生理变化，以*S*-腺苷基甲硫氨酸（SAM）水解酶、1-氨基环丙烷-1-羧酸（amino-cyclopropane-1-carboxylie acid，ACC）合成酶、ACC氧化酶、ACC脱氨酶和多聚半乳糖醛酸酶、果胶酸盐裂解酶等为靶标进行基因工程修饰，其中以ACC合成酶和ACC氧化酶基因研究较多。研究发现，ACC合成酶在番茄中的反义表达可抑制果实成熟，转基因番茄果实中乙烯释放量比非转基因番茄果实明显减少，从而延长果实的保鲜期。Monsanto公司的Klee等于1991年将土壤假单孢杆菌的ACC脱氨酶基因导入番茄，获得了耐贮转基因番茄，转基因植株能够正常开花结实，其果实在室温下保存期长达4个月。此外，在西瓜和甜瓜等作物中ACC氧化酶基因的反义表达也取得了良好的延熟和保鲜效果。

2002年，Jimenez-Bermudez等研究发现果胶酸盐裂解酶基因反义序列的转基因草莓的大多数株系中果胶酸盐裂解酶基因表达比对照低30%，果实比对照坚硬，有效地延缓了果实变软。

7. *品质的改善*　通过基因工程可以实现农产品碳水化合物的组成和结构、蛋白质氨基酸的构成、脂肪中饱和脂肪酸和不饱和脂肪酸的含量的改变，以改善品质。

（1）碳水化合物品质的改善　改变直链淀粉和支链淀粉组成的基因工程已在水稻等作物中有成功的报道，水稻胚乳中淀粉的合成由蜡质基因（waxy，*Wx*）编码的淀粉粒结合淀粉合酶（granule bound starch synthase，GBSS）所控制，反义*Wx*基因导入不同的粳稻品种中，证明转基因水稻成熟种子中的直链淀粉含量有不同程度的下降；反义*Wx*基因导入籼型杂交稻保持系'龙特甫B'等3个高直链淀粉含量的亲本中，结果表明多数转基因水稻的直链淀粉含量出现不同程度的降低，最低下降至7%左右。

（2）改善食物中氨基酸的组成，增加蛋白质的含量　植物蛋白质的全价性较差，一般都缺乏半胱氨酸、甲硫氨酸、赖氨酸等，影响植物蛋白质的应用价值。通过基因工程的手段，将上述氨基酸含量较高的储藏蛋白或控制上述氨基酸合成的重要基因在植物中超表达可显著提高植物蛋白质中必需氨基酸的含量。例如，水稻10kb富硫醇溶蛋白基因cDNA（*PLG*）在马铃薯中的超表达使转基因植株含硫氨基酸量明显提高。谷蛋白A在水稻中的反义表达可降低谷蛋白含量，相应地提高醇溶蛋白的含量。富含甲硫氨酸的四棱豆 2S 清蛋白基因的超表达，也可提高转基因植物蛋白中甲硫氨酸的含量。

在植物中赖氨酸是通过天冬氨酸途径合成的，并伴随异亮氨酸、甲硫氨酸和苏氨酸的合成。控制这条途径的关键酶是天冬氨酸激酶（AK）和二氢吡啶羧酸合酶（DHPS）。天冬氨酸和二氢吡啶是赖氨酸合成的反馈调节因子。在细菌中赖氨酸的合成途径与植物的非常相似，但是 DHPS 对赖氨酸的反馈抑制调节不敏感。利用此优点，导入连接有质体导肽的细菌 *DHPS* 基因，可使转基因植物中的赖氨酸含量明显提高。

（3）提高和改善食物中油脂含量　植物油脂中不饱和脂肪酸的含量是其品质的重要标志，利用基因工程技术已成功地培育出油酸含量由原来的 25%增加到 85%的转基因大豆新品系和含油量比普通油菜提高 25%的‘超油 1 号’‘超油 2 号’油菜新品种，其中‘超油 2 号’含油量为 52.8%，是目前世界上含油量最高的甘蓝型油菜。美国 DuPond 公司通过反义抑制和/或共同抑制油酸酯脱氢酶，开发出高油酸含量（含 80%以上油酸）的大豆油，大大高于普通大豆的 24%，且具有良好的氧化稳定性。

（4）提高植物中有利于人体保健的成分含量　日本正在开发低糖含量的新水稻，作为糖尿病患者的专用稻。日本研究人员在 1998 年培育出可降血压的转基因番茄，可减少血清胆固醇含量防动脉硬化的转基因水稻。欧洲科学家已培育出米粒中含丰富 VitA 和铁的转基因水稻。Zeneca 公司和伦敦大学的研究小组成功开发出高番茄红素的转基因番茄。此外，富含必需氨基酸的马铃薯，淀粉含量高出 8 倍的烟草和番茄，高蔗糖含量的玉米，硬脂酸高出 20 倍的油菜和芜菁都已被成功开发。

玉米黄质（zeaxanthin）是一种重要的类胡萝卜素，但在食物中含量很少。Romer 等（2002）用编码玉米黄质环氧酶的正义和反义基因转化两种不同的马铃薯，使玉米黄质氧化得到抑制。两种方法（反义和共抑制）均使马铃薯块茎的玉米黄质含量得到了提高，幅度为 4～130 倍。而且大多数转化植株的类胡萝卜素总量也得到了提高，某些植株的叶黄素含量降低。Stobiecki 等（2003）将编码二氢黄酮醇 4-还原酶（DFR）的 DNA 片段导入马铃薯，得到的转基因植株块茎中花青素含量增加，花葵素衍生物含量增加 4 倍，这些物质有抗衰老的功能。

目前人们对食品饮料中低热量甜味剂的要求不断提高。甜蛋白是一种高甜度、低热量，又不易为细菌所利用的特殊蛋白质，并且还是一种味觉增进剂，因此是一种很有发展前途的食品添加剂。1999 年，Sawaeka 等通过农杆菌介导法将甜蛋白 *thaumatin Ⅱ*基因导入黄瓜，在转化黄瓜植株的果实中 *thaurnatin Ⅱ*基因得到表达，使其甜味提高。

8. *雄性不育系的培育*　植物雄性不育性是指生理上或遗传上的原因造成植物花粉败育，而雌蕊正常，仍能接受外来花粉的特性。植物雄性不育系开发和应用是杂种优势利用的重要前提，常规的雄性不育系选育周期长、效率低，应用基因工程可加快雄性不育系选育进程。迄今为止，应用基因工程创造雄性不育材料的策略有：①利用 *Bamase* 等外源细胞毒素基因破坏花药绒毡层；②利用 *HSP70* 等热激分子伴侣基因通过控制线粒体的数量来创造雄性不育材料；③应用反义 RNA 技术创造植物雄性不育；④提早降解胼胝质产生雄性不育；⑤扰乱线粒体与细胞核之间的信息交流创造植物雄性不育。所有这些策略都是通过有关基因在花药绒毡层的定位表达，阻断花粉发育导致雄性不育，一般采用特异性表达启动子如烟草花药绒毡层特异性表达启动子 *TA29*、花粉特异性启动子 *ps1* 等。

基因工程在创建雄性不育材料中存在的问题主要有：①育性不够稳定；②受组织培养和遗传转化技术的限制，难以获得理想的转化株；③需要建立相应的恢复系和保持系。

9. *植物观赏性状遗传改良*　花色是园林植物重要观赏性状，基因工程在植物花色遗传改良上具有十分重要的应用价值。20 世纪 80 年代以来，基因工程技术在改良部分观赏植物株型、花色、花型、花香及延长瓶插寿命等方面取得了重要进展。

花色主要由类黄酮（flavonoid）、类胡萝卜素（carotenoid）和甜菜碱（betaine）三类物质决定，通过控制上述花色有关物质合成的关键酶基因工程，可实现花色的遗传改良。例如，*CHS* 基因在矮牵牛上的反义表达使花色由紫红色变为粉红色并夹有白色；将类黄酮-3′, 5′-羟基化酶基因转入玫瑰和香石竹获得蓝色花。通过基因工程改变同源异型（homebox）基因的表达方式，可有目的地改变花型。目前，用于形态改良所克隆并得到成功转化植株的基因有 *AG* 类基因、天然 MADS-box 基因（如 *gglo1*、*gdef1*、*gaga1*）、*ipt*、*aux*、*tms*、*iaa* 和 *rol* 等。在延长瓶插寿命方面，已发现乙烯合成酶 mRNA 丰度与乙烯增加是一致的，在转化 ACC 氧化酶基因的转基因植株中，无论是以正义还是反义取向引入，均导致花的寿命明显长于非转基因植株，内源乙烯的积累急剧下降。至今，已在香石竹、月季、百合、天竺葵、龙胆等植物上建立了延缓衰老的转化体系。

产生花香的物质通常有萜类和醇类等，但由于它们的结构和合成过程复杂，在花香基因调控方面研究进展缓慢。目前主要集中在单萜类物质的合成过程，*Lis* 基因可编码 *S*-萜烯醇合成酶，该酶可将牻牛儿基焦磷酸（GPP）转化成 *S*-萜烯醇。Pelle-grineshi 等（1994）利用发根农杆菌转化柠檬天竺葵，转化株的芳香物质牻牛儿醇含量是对照的 2～4.4 倍，萜烯醇的含量是对照的 1.5～2.8 倍，而桉树脑的含量是对照的 3.3～13 倍。

（二）作为药物生产的反应器

植物生物反应器具有以下优点：①植物细胞完全具备真核生物蛋白质合成途径，与动物细胞非常相似，仅在蛋白质糖基化修饰上有微小差别；②生产的药物蛋白可在植物中积累到很高水平，且转基因植物分泌单克隆抗体的生物功能与通过杂交瘤技术生产的非常相近；③转基因植物生产药物蛋白可避免人或动物病原体（如艾滋病和肝炎病毒等）的污染；④植物生物反应器高效、生产过程简便，不像传统生物反应器生产药物蛋白需要昂贵的设备。此外，在植物中表达抗体还可增强作物的抗病毒能力、提高产量及改良其他农艺性状等。

利用转基因植物作为生物反应器的产物包括脂类化合物、碳水化合物、工业用酶、药用蛋白、次生代谢物、人和动物的疫苗等。

三、基因工程与常规育种相结合进行作物遗传改良

由于植物转基因技术的基因型依赖性，当前基因工程对于特定的物种而言还仅限于部分基因型，加上外源基因的随机插入和组织培养过程对植物变异的诱发，使转基因再生植株或株系难以达到综合性状的全面优化，转基因株系还需要通过常规育种来加以应用。

植物转基因育种已广泛地应用到回交（back cross，BC）育种。把供体的目标性状通过回交导入受体的育种方法称为回交育种。轮回亲本综合性状优良，但尚缺 1～2 个有利性状，非轮回亲本恰好具备这 1～2 个有利性状。这 1～2 个有利性状称为目标性状（target character）。回交育种方法主要应用于需要将一个或几个优良性状转移到在该性状上需要改良的优良品种，只是在个别性状上有缺陷，需要改良。回交育种的基本程序如图 8-2 所示。

在回交育种过程中，回交后代的单株选择通过两种方法来跟踪筛选目的基因：一是利用载体上与目的基因连锁的标记基因或报告基因来选择；二是利用目的基因及其启动子、终止子特异性序列作为探针或设计 PCR 引物，保证用作回交的材料及回交后代入选的材料中均含有目

的基因。由于标记基因或报告基因的安全性问题，目前人们一般采取标记删除技术将转基因植物中的标记基因或报告基因予以删除。而且，标记基因可能在回交过程中不再与目的基因连锁，而独立于目的基因进行遗传，在这些情况下可采取第二种筛选方法。位点特异重组是最早用来产生无选择标记基因的转基因植物的技术之一，2006 年，孟山都公司利用 Cre-loxP 系统研发的首例应用于商业化的无标记转基因玉米 LY038 获得了美国国家专利局的专利许可。

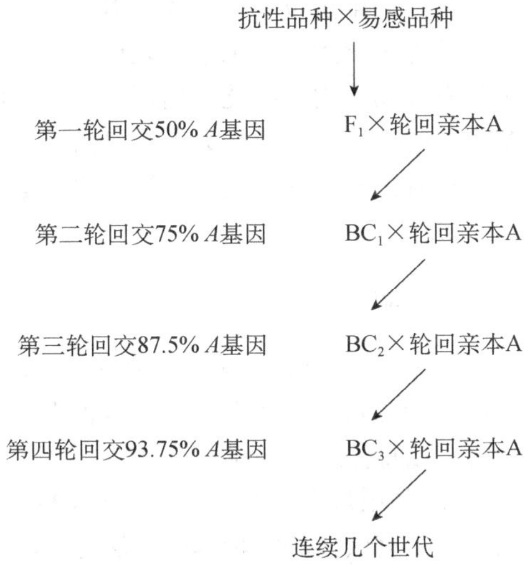

图 8-2　回交育种的基本程序

第二节　动物基因工程的技术流程和应用

动物基因工程是基因工程应用的重要方面，1981 年人类第一次成功地将外源基因导入动物胚胎，创立了转基因动物技术。1982 年获得转基因小鼠，转入大鼠的生长激素基因，使小鼠体重为正常个体的 2 倍，因而被称为“超级小鼠”，实现了种系内和种系间细胞的基因转移。此后，基因工程在动物中的应用得到了长足的进展，相继培育成功转基因兔、绵羊、猪、鱼、昆虫、牛、鸡、山羊和大鼠等。“Dolly”绵羊克隆的成功，意味着不仅可以将任何基因转入包括人体细胞在内的任何动物的体细胞中，而且还能使转基因动物像植物和微生物一样获得转基因个体，揭示了动物转基因广阔的应用前景。

一、动物基因工程的技术流程

动物基因工程在载体选择、外源基因表达策略、转化方法、再生途径、表型检测等技术流程均有其独特性，其基本技术流程包括以下几个环节。

（一）基因工程策略的制订与目的基因的选择与克隆

首先要明确基因工程的目标，针对动物遗传改良、生物反应器的研制或基因治疗等不同目标选择基因工程策略，锁定目的基因。例如，提高动物生长速率的基因工程往往选择人生长激素合成的有关基因，如果要提高畜禽抗病能力，则选择诸如抗流感基因或病毒蛋白突变体基因。根据所选择的目的基因，采取合适的克隆策略和技术获得该基因的全长序列。

（二）载体的选择和表达载体的构建及表达鉴定

可供动物基因工程使用的载体有质粒型表达载体、病毒载体、反转录病毒和定位整合载体等不同类型，载体的选择要综合基因工程的宿主动物、基因工程目标及各类载体的特点来决定。例如，对于基因治疗而言，一般采用定位整合载体；对于牛乳腺生物反应器而言，采用质粒型表达载体，其外源基因可在乳腺中得到较高水平的表达；腺病毒具有较强的感染性和广泛的宿主范围，但对啮齿目动物具有致癌作用，因此腺病毒载体不可用于啮齿目动物基因工程；反转录病毒载体的容量及辅助病毒的干扰，在载体选择时也应该予以重视。

选择了合适的载体后就可根据载体与目的基因的结构采取合适的克隆策略构建并验证重组载体。

（三）动物遗传转化与转基因动物再生

可用于动物基因转移的有电击转移、显微注射、基因枪、超声波等物理转染法，磷酸钙法、脂质体法、原生质体融合等化学转染法和病毒转染等多种方法。在实际应用主要有反转录病毒感染法、DNA 微注射、胚胎干细胞法及体细胞核移植法等几种。

1\. *反转录病毒感染法*　该法利用反转录病毒载体将外源基因转入胚胎早期细胞，然后移植到受体动物细胞中，该法虽然是有效的动物转基因方法之一，但是反转录载体容量有限，只能转移小片段（≤10kb），且该载体系统中复制大量载体 DNA 所需要的辅助病毒基因组也可能与目的基因一起整合到同一个细胞核中，干扰基因工程的结果。因此，该法在实际应用中有一定的局限性。

2\. DNA *微注射*　主要包括以下过程：①受精卵的收集。对年轻、健康的未孕母鼠注射促性腺激素，诱导超量排卵，与种公鼠合笼交配，从输卵管的壶腹部收集原核期受精卵。②显微注射。在倒置相差显微镜下进行，或在带有微分干涉（DIC）的镜头下操作，将含有外源基因的载体 DNA 小心地注射到受精卵细胞核，注射完后送回培养液中培养，观察受精卵的发育情况并判断其死活，或进行冷冻保存，或直接用于移植。③胚胎移植。实施了转基因操作且经过体外培养的胚胎，只要在囊胚期或囊胚期之前均可进行移植，可根据早期胚胎发育的阶段和物种的不同决定移植的部位。注射后的单细胞至桑葚胚的胚胎可以移植到 0.5d 的假孕母鼠的输卵管内，而达到囊胚期的胚胎则应移植到 2.5d 的假孕母鼠的输卵管内。

3\. *胚胎干细胞法*　胚胎干细胞（embryonic stem cell，ES 细胞）是从早期胚胎内细胞团（inner cell mass，ICM）中分离出的未分化、具有正常二倍体染色体和发育全能性的细胞。ES 细胞的最大优点是可以体外进行人工培养、长期扩增、冷冻保存，因此可以在体外进行工程操作，进行定向诱导或建立转基因胚胎干细胞系，借助内细胞团注射和胚胎移植方法制备嵌合体，其主要流程包括：①转基因胚胎干细胞的获得，利用电击、脂质体、反转录病毒载体等多种方法对小鼠等动物干细胞进行转染，这样将有功能的转入基因整合到 ES 细胞基因组内的某一非必需基因位点上，通过药物筛选获得转基因胚胎干细胞系。对转基因细胞进行放大培养和分子鉴定。②囊胚注射。转基因 ES 细胞系经培养后进一步转化胚泡期的胚胎，收集囊胚期的小鼠胚胎，在显微镜下向囊胚腔内注入转基因 ES 细胞系，使其嵌入受体囊胚的内细胞团内，参与各种组织器官的形成，进而发育成嵌合体。③嵌合体的检测与育种。在嵌合体制备时应该选择有同一性状两个明显不同表型的个体进行嵌合，可以根据外观直接判断所获得的再生个体是否为嵌合体。另外，还可以通过特异性表达基因或基因组扫描的方法，在分子水平上予以判定。

利用转基因干细胞方法生产转基因动物明显优于单细胞受精卵的显微注射法，因为利用胚胎干细胞法进行转基因可以实现基因的定点插入、敲除和校正；通过分化诱导测定外源基因的表达水平，提高了人们对转基因操作的控制能力，保证其生物安全性。

4. *体细胞核移植法* 体细胞核移植法是将一个体细胞核移植到另一个体的卵细胞中去，最终产生一个与供体细胞个体遗传性状一致的动物个体的技术。1977 年，Wilmut 等首次克隆了来自一只 6 岁母羊乳腺上皮细胞的克隆绵羊，名为 Dolly，证明了已经分化的动物细胞可进行脱分化形成新的个体，即动物细胞核也具有全能性。

体细胞核移植法生产转基因动物的操作步骤大体分为：①体细胞的采集与培养，即取动物某一组织体细胞在体外培养，经饥饿法或添加其他药品，诱导细胞使基因组重排，使基因的程序性表达重新开始，这样就使已失去全能性的体细胞恢复全能性；②采集卵细胞并去除卵细胞的细胞核；③取出体细胞的细胞核；④用显微注射法把得到的体细胞核注入去核的卵细胞中；⑤将重组胚细胞在体外进行适当培养；⑥将转核胚置入同期发情的母体子宫，发育完成，所产生的动物幼子为克隆动物。

转基因动物的分子检测所用的方法详见第六章第三节。

二、动物基因工程的应用

动物基因工程主要应用于基因功能鉴定、物种（牛、鼠、羊、猪、鸡、鱼）改良、作为生物反应器生产重组蛋白和构建医学动物模型 4 个方面，在人类中，基因工程的主要用途是基因治疗。

1. *利用转基因技术改良动物遗传性状*

（1）提高动物的生产性能　　主要是通过生长激素类合成基因转化畜禽，可以加快这些动物的生长速度，减少饲料消耗，从而提高畜禽的产量。例如，转生长激素基因的猪、牛、羊、鱼等不同的动物均表现出生长速率加快，日增重增加，产乳量或产毛量提高；转植酸酶基因的猪可充分利用植物性饲料中的内源性磷，减少饲料中磷的添加量，使猪粪中磷含量降低，减少环境污染。*MSTN* 基因能够负向调节生长激素家族，抑制骨骼肌生长。利用 CRISPR/Cas9 技术获得敲除 *MSTN* 的基因编辑猪，这种猪的肌间沟、舌、背和臀等部位的肌肉明显增多。将鲑鱼生长激素 cDNA 与鳕抗冻蛋白启动子及 poly（A）信号转化大西洋鲑，使其体重明显增加。2015 年 11 月，美国食品药品监督管理局（FDA）将转生长激素基因三文鱼送上人们的餐桌。

（2）提高转基因动物的抗病或抗逆性能　　转基因动物的另一目的是构建抗菌、抗病毒、抗寄生虫感染的新品种，其原理是转抗体基因或转病毒或细菌蛋白基因，进行体内免疫，或通过编辑宿主基因来提高对病毒的抗性。将抗病毒基因转入动物受精卵后，发育成的动物个体理论上应具有抗病毒或获得优良性状的表型。例如，用胞内免疫法已培养出抗鸡白细胞组织增生病毒的转基因鸡新品种和抗流感病毒的转基因小鼠。利用 CRISPR/Cas9 技术编辑宿主的基因以抑制病毒的转基因猪也是近年来猪抗病毒遗传改良的重要方向。例如，猪繁殖与呼吸综合征病毒（PRRSV）是一种囊膜单链正义 RNA 病毒，增殖复制过程不产生 dsDNA 中间产物，而 CRISPR/Cas9 技术主要是 DNA 基因编辑，故病毒感染和增殖所必需的宿主基因成为 CRISPR/Cas9 基因编辑技术靶向的优先选择。研究发现，PRRSV 受体和门控蛋白 CD163（cluster of differentiation 163）基因敲除猪对 PRRSV 感染具有抗性；进一步应用 CRISPR/Cas9 技术构建

了 *CD163* 基因第 7 外显子 *SRCR5*（scavenger receptor cysteine-rich domain 5）敲除猪，成功阻断了生长猪和妊娠母猪及其胎儿的 PRRSV 感染。此后的研究也证实了对 PRRSV 受体 *CD163* 基因进行 CRISPR/Cas9 基因编辑可以防止 PRRSV 感染和与感染相关的繁殖障碍。此外，动物基因工程在提高动物对非生物逆境抗性方面也有成功的应用。例如，将抗冻蛋白基因转入鲑鱼中，使其在冰窟中也能繁殖。

（3）改善畜禽产品品质　基因工程可以显著改善畜产品的品质，如牛奶中奶酪的含量与 κ-酪蛋白的含量呈正相关。因此，通过 κ-酪蛋白转基因的过量表达可增加牛奶 κ-酪蛋白含量。同样，乳糖酶转基因在乳腺中的表达能导致产生无乳糖牛奶，这种牛奶深受那些对乳糖过敏或消化不良的人欢迎。2020 年，研究人员利用 CRISPR/Cas9 技术敲除了奶牛 *BLG* 基因，培育出可分泌不含致敏性 BLG 牛奶的高营养奶牛品种。早在 1998 年，美国农业部的研究人员成功获得了促生长转基因猪（胰岛素样生长因子）。该基因的导入，显著改变了猪的产肉性能，猪肉脂肪含量减少 10%，瘦肉含量增加 6%～8%，显著提高了猪的经济性能。菠菜根部的 *FADZ* 基因编码一种具有将饱和脂肪酸转化为不饱和脂肪酸的酶，2004 年日本 Kinki 大学的 Saeki 等成功培育出不饱和脂肪酸含量高的 *FADZ* 基因转基因猪，其体内的不饱和脂肪酸要比一般的猪高约 20%，从而提高了猪肉的质量，同时证明植物基因能够在动物体内发挥作用，并提高动物产品质量。2008 年，中国农业科学院北京畜牧兽医研究所等单位，通过克隆和基因重组技术，成功制备了转基因猪，该转基因猪与普通猪相比，在肌肉和脂肪中不饱和脂肪酸的含量显著提高。

2. 利用转基因动物生产生物大分子　转基因动物的重要应用之一就是作为生物反应器生产人类所需的医用蛋白，特别是医用活性肽。转基因动物生物反应器多以乳腺、唾液腺、血液和膀胱为靶位，其中乳腺是最为常用的靶位，因为乳汁可以连续分泌，流体含量丰足，频繁收集不会干扰动物正常的生理状态，且所产生的异源蛋白对人体不易产生免疫反应。另外，动物乳汁中只有为数不多的十几种蛋白质，转基因产物的分离纯化十分方便。在转基因载体构建时选择合适的启动子和调控序列，将基因表达定位于上述特定的器官可生产出比正常水平高得多的重组蛋白。

迄今已有转基因牛、羊、小鼠、家兔、猪等作为生物反应器，生产的大分子有抗凝血酶、人血清蛋白、胶原蛋白、乳铁蛋白、绵羊乳球蛋白、人的 t-PA、人 IL-2、人 a1 抗胰蛋白酶（a1-AT）、血红蛋白、纤维蛋白原和单克隆抗体等。由于转基因动物生物反应器生产医用蛋白的成本大大降低，它将在未来人类医疗卫生事业中发挥越来越重要的作用。美国 GTC 公司生产的用转基因山羊奶研制而成的抗血栓药物重组人抗凝血酶Ⅲ（ATryn），分别在 2006 年和 2009 年被欧盟和 FDA 批准上市，成为国际上首例获准上市的由转基因动物生产的基因工程蛋白药物，为患有先天性抗凝血酶缺失症的患者带来了福音；2010 年 10 月，荷兰 Pharming 公司生产的从转基因兔奶中纯化的一种人重组 C1 酯酶抑制剂（Ruconest）获得欧洲药品管理局（EMA）批准生产。目前，我国用于生产重要的重组蛋白质大分子的转基因牛、奶山羊和转基因兔等已相继诞生，这标志着我国在转基因动物制药方面的研究已达到相当的水平，利用乳腺生物反应器大规模生产人类所急需的外源活性蛋白是当前生物技术领域的研究热点之一。

3. 异种器官移植　器官移植是治疗器官衰竭、挽救和延长生命的有效手段，能够移植的器官来源有限、价格昂贵，是实施器官移植手术的最大限制因素。来源于猪等动物的异源器官移植是解决上述问题的对策之一，遇到的最大技术障碍是移植后发生超急性免疫排斥反应，因为猪细胞膜表面糖蛋白 β-半乳糖形成的抗原移植到人体后与人体天然的抗体发生作用，引起超急性免疫排斥。我国科学家在世界上率先利用体细胞转基因和克隆技术，制备了同源重组敲除β-半乳糖转移酶基因的转基因克隆猪，解决了上述超急性免疫排斥问题。异源器官移植中出现的另一个问题补体激活也可以利用抑制补体激活的人衰变加速因子（hDAF）进行猪转基因，可在一定程度上解决补体激活问题。利用 CRISPR/Cas9 技术将猪内源性反转录病毒（PERV）从猪基因组中去除，避免了异种器官移植后内源性病原体感染宿主的潜在风险，具有里程碑意义。

随着研究的不断深入，特别是各种基因编辑技术的发展，实现对猪产生超急性排斥的基因敲除及猪的多种基因进行人源化改造，再在非人类灵长类动物移植模型中进行安全性及功能性评估，移植器官的存活率显著提高。一位晚期心脏病患者于 2022 年 1 月 7 日在美国马里兰大学医学中心接受了基因修饰猪心脏移植手术，患者术后的几周内情况良好，可检测到正常的心跳、脉搏和血压，且没有明显的排斥反应，这是人类首次成功将基因修饰猪心脏移植到活着的患者体内，标志着异种器官移植新时代的开始。

4. 利用转基因技术构建医学动物模型　转基因动物在人类遗传疾病研究和新药物开发中具有重要的应用价值。医学研究证明，人类大多数疾病都与遗传有关，适当的动物模型对研究基因突变引起的遗传疾病的发病机制十分有用。过去制造这种动物模型只能依靠自然突变或人工诱变，其概率低且难以控制。转基因动物是生产疾病的动物模型的一种有效途径。目前已有很多成功的例子，如 HBV（乙型肝炎病毒）小鼠及阿尔茨海默病、Ⅰ型糖尿病、关节炎、肿瘤发生、动脉硬化、神经衰弱症、内分泌功能障碍和镰状细胞贫血等的转基因动物模型等。同时，利用转基因技术建立敏感动物品系和生产与人类相同疾病的动物模型进行药物筛选，可大大提高药物筛选的准确性，缩短试验时间、减少试验次数、降低筛选成本等。目前转基因动物已用于抗肿瘤、抗艾滋病和抗肝病等药物的筛选。

转基因鼠是构建人类分子病研究和药物筛选试验的重要模型，用转基因鼠模型可在短时间内刺激人体疾病的发生与发展，同时又能为基因治疗提供试验系统。此外，转基因鼠模型还可用于绘制高等哺乳动物尤其是人类基因组功能谱。

5. 基因治疗　基因治疗（gene therapy）是指向目的细胞引入正常功能的可表达的基因，从而修正由于基因缺陷所造成的遗传性疾病。由于癌变或遗传性疾病是因体内某种基因缺乏、缺陷或突变引起的，因此对这种基因进行替代、修复或增补，能控制或治疗这些疾病。广义的基因治疗还包括利用基因药物或核酸药物的治疗。

将正常可表达基因引入目的细胞的载体主要有反转录病毒（retrovirus）载体、腺病毒（adenovirus，AV）载体、单纯疱疹病毒（herpes simplex virus，HSV）载体、染色体外自主复制载体和哺乳动物人工染色体等。从已使用的载体来看，基因治疗中反转录病毒载体占主导地位，但近来腺病毒载体受到越来越多的重视。我国第一个获得国家批准的基因治疗药物就是用腺病毒载体构建的重组人 *p53* 腺病毒基因治疗药物（gendicine），为注射液，由腺病毒载体和目的基因（*p53*）组成，主要用于治疗头颈鳞癌、前列腺癌和非小细胞肺癌等。

在基因治疗中，目的基因导入人体的方法有两种：其一是离体法（*in vitro*）。从机体内取出靶细胞进行体外培养，通过载体细胞导入目的基因，获得基因工程化细胞，经过体外扩增后输回体内。其二是直接体内法（*in vivo*），该方法直接将目的基因克隆到特定的真核表达载体，再导入人体细胞内。基因导入系统是基因治疗的核心技术。

据 2018 年 5 月研究结果显示，已经有 2600 项基因治疗的临床试验在进行中或者已经完成。这些临床试验集中在三大类疾病：第一类是单基因遗传病（如血友病、戈谢病）；第二类是多基因疾病（如癌症）；第三类是传染病（如艾滋病）。

第三节 微生物基因工程的技术流程和应用

微生物在基因工程技术的诞生和发展过程中起着举足轻重的作用，微生物基因工程是基因工程的重要内容，也是其应用的重要领域。1973 年，科恩（S. Cohen）等首次将重组质粒转入大肠杆菌细胞并得到表达，开创了人类按照自己意愿利用重组技术改造生命的先河。1982 年，首个基因工程产品在细菌中生产的人胰岛素投放市场。随后，微生物基因工程及其应用取得了长足的发展，到现在几乎所有具有经济或医疗价值的蛋白质都可以在微生物（主要是大肠杆菌和酵母）中生产，使生物技术这一古老的行业进入了迅猛发展的现代生物技术产业时代。目前用于生产各种重组蛋白的微生物已由大肠杆菌、酿酒酵母等早期少数宿主菌发展到枯草芽孢杆菌、乳酸菌、根瘤菌、毕赤酵母、米曲霉、黑曲霉等多种微生物，其产品已广泛应用于农业、食品加工、医药卫生、环境保护等各业，产生了巨大的经济效益和社会效益。

一、微生物基因工程的技术流程

微生物基因工程的基本技术流程包括：目的基因的获得，载体构建，目的基因与载体的连接（重组子的获得），重组子导入宿主细胞，重组体的筛选鉴定与扩大培养，目标产物的获得。本书的前面各章节以大肠杆菌为材料对基因工程的基本流程进行了详细的介绍，其他微生物基因工程的技术流程与其基本一致，具体过程在此不做赘述。

二、微生物基因工程的应用

随着基因工程的理论基础和实验技术的日臻完善，微生物不仅作为分子生物学和基因工程理论研究的基础材料，从内容而言，微生物基因工程主要从以下两个方面展开：①对微生物遗传性状的改良，获得性状更优的微生物，如抗病、杀虫、固氮等功能更强的微生物；②用微生物生产重组蛋白、多肽或抗生素等次生代谢物。微生物基因工程的应用涉及农业、工业、药物生产、环境保护等多个领域。

（一）微生物基因工程在农业领域的应用

由农业微生物开发的微生物农药、肥料、饲料等在促进农业生产发展和保护生态环境的方面发挥了重要作用。

1. *在生物农药开发上的应用*　生物农药开发是微生物基因工程十分重要和成功的方面。

（1）基因工程微生物杀虫剂　在自然界中，昆虫受到病原微生物的侵染而死亡是很常见的现象，目前发现的病原微生物有 1000 种以上，其中主要有病毒、细菌、真菌。野生型的微生物虽然具有杀虫作用，但存在着杀虫慢、毒力低、杀虫范围窄等缺点，直接应用效果往往不好，通过基因工程对杀虫微生物针对上述缺点的遗传改良，可显著改善应用效果。

1）在病毒方面，应用杆状病毒表达苏云金芽孢杆菌杀虫晶体蛋白和昆虫神经毒素等外源毒蛋白，或调节昆虫正常生活周期的保幼激素、利尿激素等有关基因，杀死昆虫或扰乱昆虫的正常生命周期而致死；当前已知能够作用于昆虫的病毒超过 1600 种，其中研究和使用较多的是核型多角体病毒（nucleopolyhedrosis virus，NPV），NPV 的特点是宿主特异高，杀虫范围窄，但不影响天敌也无污染，主要传播手段为宿主的繁殖行为，杀虫时间较长且适用虫谱较窄。关于 NPV 的研究有很多，如薛贵收等对野生型斜纹夜蛾核型多角体病毒（SpltMNPV）日本株进行了改造，通过缺失 *polh* 或 *egt* 基因并插入由多角体启动子 *pph* 启动外源毒素蝎毒素基因，获得了杀虫效力更高的重组病毒。

2）在细菌方面，基因工程最为成功的生物农药是苏云金芽孢杆菌，基因工程改造的策略有增强毒力、延长持效期、拓宽杀虫谱及克服可能出现的抗性。例如，将苏云金芽孢杆菌杀虫晶体蛋白基因或 *cry1A* 杀虫晶体蛋白基因转入枯草芽孢杆菌，成功获得杀蚊和杀虫并能抗水稻纹枯病的重组菌。华中农业大学、中山大学等独立发现了苏云金芽孢杆菌超过 35 个新基因型，并将超过 10 种的苏云金芽孢杆菌应用于棉花、蔬菜等的病虫害防治，如 WG001 就是我国首个成功商业化的苏云金芽孢杆菌菌剂。将放射农杆菌 K-84 的质粒 pAgK84 上接合转移必需的基因 *tra* 删除，其农杆菌素的抗性基因就不能接合转移到根瘤农杆菌中，从而发挥放射农杆菌 K-84 的农杆菌素杀灭根瘤农杆菌的作用，防治植物根癌病，大大提高该农用抗生素的作用效果。

3）昆虫的病原微生物中种类最多的是真菌，占到昆虫病原微生物的 60%以上，其数量达到 750 种，部分真菌同样具有杀虫效力。例如，虫草菌是杀死昆虫产生冬虫夏草的一种真菌。但冬虫夏草生长周期较长，并不适合作为杀虫菌剂使用。关于杀虫真菌方面，相关研究较多主要为白僵菌和绿僵菌。白僵菌主要以分生孢子作为侵染手段，当分生孢子附着于昆虫体壁上时，在湿润条件下萌发孢子的芽管可以穿透昆虫体壁吸收营养并在昆虫血腔中大量繁殖，最终导致昆虫死亡。白僵菌常用于玉米螟虫和松毛虫的防治。在我国开始大量种植玉米后，关于白僵菌的研究主要方向转为研制对玉米螟虫毒性更高的白僵菌。例如，吉林省农科院研制出 *Mad1* 基因球孢白僵菌工程菌株，通过克隆来源于生防真菌绿僵菌的黏着蛋白基因 *Mad1* 结合 PEG 介导原生质体转化法最终获得了转 *Mad1* 基因球孢白僵菌。转 *Mad1* 基因球孢白僵菌对亚洲玉米螟幼虫致死时间缩短 34.07%，具有较高的实用价值。

（2）基因工程杀菌剂　　植物病害防治微生物主要是通过拮抗作用、寄生作用、竞争作用及与植物共生微生物对植物的保护作用等机制进行。细菌和放线菌中很多可产生抗生素对植物病原菌产生拮抗作用，这些抗生素主要有杀蝶素、尼可霉素、杀螨素和密尔比霉素等。抗霉素对蝇类、蜘蛛等毒性很高，还有抑制真菌生长的作用，但由于其对人体同样有较高伤害因此未被广泛使用。当前广泛使用的杀虫抗生素主要是阿维菌素，其由阿维链霉菌产生，对线虫、节肢动物及螨类都有非常高的杀虫活性。作用机制为抑制无脊椎动物的 γ-氨基丁酸的激活使昆虫神经麻痹并最终死亡。浙江海正药业股份有限公司通过破坏除虫链霉菌 *ave D* 基因，提高阿维菌素 B1a 的发酵单位，使得阿维菌素单位发酵产量提高了 33.6%。另外，多杀菌素也是一种重要的杀虫抗生素，其对小菜蛾、棉铃虫等常见害虫均有效，适用于上百种农作物。关于多杀菌素的基因工程研究以提高多杀菌素产量为主，如黄颖等针对基于组学分析开展了构建多杀菌素高产基因工程菌及其代谢调控的研究。随着现代分子生物学和基因工程的发展，人们已经对很多菌进行了基因工程改造，增强它们的抗病能力或生产抗生素的能力。我国科学家分离得到了一种对小麦全锈病具有明显抑制作用的荧光假单胞菌 CN12，利用转座子 *Tn5* 诱变的方法进一步获得了抑菌效果大幅度提高的重组菌 D93，具有较好的控制小麦全锈病的效果。

（3）生物除草剂　　杂草的病原菌主要包括真菌、线虫和病毒等。其中最常见的是锈菌、镰刀菌、炭疽病等病原真菌，虽然世界上已有生物除草剂的开发应用，但其基因工程方面还未见报道。

2. 在生物肥料上的开发应用　　具有生物固氮能力的大豆根瘤菌（*Bradyrhizobium japonicum*）在农业领域有着相当重要的作用，是世界各国应用最多的微生物肥料。对根瘤菌进行遗传改造

旨在提高其固氮效率。生物固氮过程涉及许多蛋白质的协调作用。其中 *nifA* 基因是绝大多数固氮细菌固氮酶基因的正调控基因，NifA 蛋白不但能够与固氮酶基因 *nifHDK* 启动子结合，提高转录效率，而且可调控根瘤菌的结瘤能力。*nifA* 基因的突变会导致固氮酶失活、结瘤能力降低，在根瘤菌引入多拷贝的 *nifA* 基因，可显著提高其固氮能力，可见此基因在提高固氮能力方面的重要地位。因此在基因改造中，可设法提高根瘤菌固氮相关的固氮酶等基因的表达水平。研究还发现，铵离子可抑制 *nifA* 基因的表达。因此构建不受铵离子阻遏的组成型表达的 *nifA* 质粒，将其引入根瘤菌中，得到了固氮作用不受铵离子影响的基因工程菌，是降低土壤中铵离子影响根瘤菌固氮能力的有效途径。在美国，基因组中整合了外源 *dctABD* 基因的转基因苜蓿根瘤菌（*Sinorhizobium meliloti*）能提高固氮能力和大田苜蓿产量，该工程菌已通过遗传工程菌安全性评价并进入有限商品化生产。我国学者研制的重组大豆根瘤菌 HN2 已通过农业农村部农业转基因生物安全评价审批进行环境释放，转 *ntrC-nifA* 基因固氮斯氏假单胞菌 AC1541 和苏云金芽孢杆菌高产广谱工程菌已通过农业农村部农业转基因生物安全委员会审批，进入安全性评价的商品化生产阶段。

3. 在饲料开发上的应用　植酸酶是近年来开发和应用广泛的一类饲料添加剂，根据结构和催化植酸磷酸盐分解机制的不同，植酸酶可分为组氨酸酸性磷酸酶（HAP）、β-螺旋植酸酶（BPP）、紫色酸性磷酸酶（PAP）和具有植酸酶活性的酪氨酸磷酸酶。其作用机制是通过水解植物性原料中的植酸生成肌醇和无机磷来代替配合饲料中的添加的部分无机磷，提高饲料中磷的利用率，节约无机磷资源，减少磷的排放，降低对环境的污染。另外，植酸酶分解植酸以后，能释放出结合在植酸上面的微量元素、蛋白质、氨基酸等营养物质，提高饲料的营养价值，降低饲料成本。中国农业科学院饲料研究所利用基因工程技术，构建了高效表达植酸酶的重组酵母，并以此作为生物反应器生产植酸酶产品。该植酸酶的生产通过了国家转基因生物的安全性评估，其产品获得了国家重点新产品证书。仅 2004 年和 2005 年生产并销售产品超过 4000t，产值超 1 亿元，并大量出口到东南亚和欧洲国家。

（二）微生物基因工程在工业领域的应用

发酵工业、食品工业均是古老的行业，现代生物技术的发展为其注入了新的活力。通过基因工程构建工程菌，可显著提高其稳定性，改善产品的品质，缩短生产周期，降低成本，提高效益。

1. 乳酸发酵基因工程菌　利用遗传工程技术改造的乳酸菌可提高生产菌在食品发酵过程中的稳定性，通过控制蛋白酶基因的表达，提高发酵乳制品的营养价值；通过导入天然香料、甜味蛋白或多肽的合成基因，改善产品的风味口感，而且还可缩短生产的周期，降低生产成本。

2. 食品添加剂的基因工程

（1）氨基酸生产菌的改造　氨基酸在食品工业上具有广泛用途，可作为抗氧化剂、营养补充剂和增鲜剂等。通过基因工程将氨基酸生物合成途径的限速酶基因导入生产菌，或强化表达氨基酸输出系统的关键基因，或降低某些基因产物的表达速率，尽可能解除氨基酸及其生物合成中间产物对合成途径的反馈抑制，或者将一种完整的氨基酸生物合成操纵子导入另一种氨基酸的生产菌中，建构能同时合成两种甚至多种氨基酸的工程菌。例如，色氨酸生物合成途径中，邻氨基苯甲酸合酶（anthranilate synthase）是限速酶，在野生型谷氨酸棒杆菌中引入编码该酶的基因，色氨酸的产量可提高 130%，如果同时将该基因连同其他两个色氨酸合成的关键酶基因一同转移到谷氨酸棒杆菌中，色氨酸的产量更高。通过应用基因工程进行上述遗传改良，可大大提高氨基酸发酵生产产量和效率，降低成本，缩短周期。

（2）合成L-抗坏血酸的重组菌　在L-抗坏血酸的生产过程中，将棒杆菌的2, 5-二酮基-D-葡萄糖酸（2, 5-DKG）还原酶基因导入并在草生欧文菌中表达，可使L-抗坏血酸的生产简化。

3. 酶制剂工程菌　酶制剂是发酵工业的重要产品，如基因操作中常用的工具酶。由于它们本身就是特定基因表达的产物，特别适合基因工程技术对其进行改良或生产。目前许多工具酶都是利用工程菌进行超量表达而大规模生产。例如，用大肠杆菌工程菌生产*Pst* I限制性内切酶，表达量可达*Pst* I在其天然宿主斯氏普威登斯菌中的10倍。日本科学家将高产α-淀粉酶基因转到枯草芽孢杆菌中，转化菌株酶活力比野生型菌株高500倍。对于酶制剂，除了直接用工程菌进行大量生产外，还可以通过对酶基因的遗传修饰改造酶的性能，甚至设计新的酶基因，创造新酶种，这是蛋白质工程的主要内容。

4. 酿酒酵母工程菌构建　酵母和丝状真菌基因工程同样在工业领域发挥了重要作用。天然酿酒酵母因缺乏分解淀粉的酶类，用作发酵原料的淀粉需经液化、糖化等复杂步骤变成葡萄糖后才能被利用，构建具有较强水解淀粉和产生乙醇能力的酿酒酵母工程菌有利于简化发酵工艺，降低生产成本。α-淀粉酶和糖化酶（葡萄糖淀粉酶）等可分别催化液化和糖化反应，目前工业上最常用的耐高温α-淀粉酶来源于地衣芽孢杆菌，其最适pH在6.0左右，与目前最常用的来源于黑曲霉的糖化酶的最适pH 4.0～5.0差别较大，经淀粉酶水解的液化液在糖化前需要调整pH，因此获得耐酸性的α-淀粉酶对改进淀粉转化工艺有重要意义。将嗜热古菌（*Pyrococcus furiosus*）的胞外α-淀粉酶结构基因克隆到酵母表达型载体中，在酿酒酵母中成功表达出具有较高热稳定性的α-淀粉酶，且最适pH在4.5～5.0（与来源于黑曲霉的糖化酶的最适pH 4.0～5.0一致），淀粉用淀粉酶水解后获得的消化液用于糖化前不需要调整pH，简化了工艺。

构建分解淀粉的酿酒酵母的另一工作集中于将糖化酶基因引入酿酒酵母中。在发酵生产中，淀粉酶或糖化酶不能完全水解淀粉，只有两种酶同时作用，淀粉才可完全糖化。Andries及Janse用糖化酵母的糖化酶基因和降解淀粉的芽孢杆菌α-淀粉酶基因转化酿酒酵母，构建的工程菌可产生双功能淀粉酶，其水解效率比单酶高。罗进贤等将黑曲霉糖化酶cDNA与大麦的α-淀粉酶基因重组，重组表达质粒转化酿酒酵母，获得含α-淀粉酶和糖化酶双基因的酵母工程菌，在酵母*PGK*基因启动子和终止信号的调控下，α-淀粉酶和糖化酶基因获得高效表达，99%的表达产物分泌至胞外。

相比于酿酒酵母，丝状真菌如米曲霉、黑曲霉等宿主表达外源糖基化基因具有更好的糖基化效果。将来源于米黑根毛霉（*Rhizomucor miehei*）的天冬氨酰蛋白酶的cDNA插入到硫曲霉α-淀粉酶基因的启动子和黑曲霉葡萄糖淀粉酶基因的终止子及多聚腺苷酸位点之间，重组子以硫曲霉为受体菌，可获得3g/L的较高表达水平。

（三）微生物基因工程在药物生产上的应用

从1982年第一个基因工程药物重组胰岛素投放市场开始，至今基因药物已经成为国际医药市场上增长最快的一类药品，而微生物是迄今为止基因工程药物的最好生物反应器。

1. 生产蛋白质类药物　大肠杆菌宿主系统高效表达外源基因是微生物基因工程应用中最广泛、最成熟的技术，它在医用蛋白的大规模生产中发挥了重要作用。虽然大肠杆菌的表达系统无法使一些真核生物功能蛋白折叠成天然构象及糖基化，但仍有100多种异源蛋白通过大肠杆菌工程菌实现了产业化，包括富含半胱氨酸的人血清清蛋白（HSA）、尿激酶原（pro-UK）、金属硫蛋白（MT）、二硫键共价交联的二聚体蛋白巨噬细胞集落刺激因子（M-CSF）及四聚体的血红蛋白、人胰岛素、人生长激素、人干扰素和人白细胞介素等。

除大肠杆菌外，酿酒酵母、丝状真菌也是生产蛋白质类药物的良好宿主。例如，利用重组酵母生产人血清白蛋白和乙肝疫苗，利用巢曲霉表达系统及其乙醇脱氢酶 I 基因（*alcA*）、丙糖磷酸异构酶基因（*tpiA*）和乙醇诱导基因（*alcC*）的启动子和终止子，分别表达 α_2 干扰素（INF-α_2）、组织型纤溶酶原激活物（t-pA）、α_1-抗胰蛋白酶、粒细胞-巨噬细胞集落刺激因子（GM-CSF）等一批具有生物活性的人体蛋白药物。

2. *生产抗生素*　微生物基因工程除可用于蛋白质或多肽类药物生产外，还可用于抗生素生产：一是通过基因工程提高抗生素的产量和效率。例如，将好氧菌透明颤菌属用于合成同源二聚体血红蛋白的基因克隆并导入链霉菌质粒载体，在天蓝色链霉菌中表达，使其更加有效的利用氧气，有利于提高发酵时的细胞密度和抗生素产量。二是通过改变现有抗生素的生物合成，获得功能独特的新抗生素。1985 年，Hopwood 等将放线紫红素的生物合成基因转入榴菌素和麦德霉素产生菌获得杂合抗生素，标志着微生物次级代谢产物组合生物合成技术的诞生。研究表明，微生物次级代谢产物（如抗生素）生物合成基因往往成簇排列，即与特定产物合成相关的结构基因、调节基因、耐药性基因和转运蛋白等集中位于染色体的一段连续区域。因此次级代谢产物生物合成基因的克隆与功能鉴定是药物（抗生素等次级代谢产物）创新和产量提高的前提。迄今为止已有超过 150 种生物合成基因簇被克隆，并被用于代谢途径工程（metabolic pathway engineering）。我国学者邓子新研究室已经克隆并测定了氨基糖苷类井冈霉素/有效霉素、多烯类抗生素 FR-008/克念菌素、聚醚类南昌霉素、聚酮类梅岭霉素和杂合聚酮-多肽类噁唑霉素等生物合成基因簇，并用于代谢途径工程，开展了提高抗生素药物产量和创新药物的研究，获得了十余个新抗衍生物，在国内外申请了十多项发明专利。

（四）微生物基因工程在环境保护上的应用

微生物基因工程技术被认为是治理环境污染、遏制生态恶化、促进自然资源的可持续利用最为有效、安全而廉价的途径。其作用主要有以下方面。

1. *农药残留、有毒物质的降解工程菌*　农药残留、重金属污染及其他有毒物质的积累是十分严重的环境污染，利用微生物对这些有毒物质的降解已成为消除环境污染的一个重要方面。人们从自然界中找到了多种能降解农药的细菌、放线菌和真菌，主要通过矿化、共代谢作用等机制来降解。基因工程可强化微生物对农药的降解能力。我国科学家克隆了一系列农药解毒或降解酶基因如黄杆菌的有机磷水解酶基因（*opd*）、邻单胞菌的氯代邻苯二酚 1,2-双加氧酶基因、邻单胞菌 M6 的甲基对硫磷水解酶基因（*mpd*）等，成功构建了一批能降解农药的工程菌株，表现出对农药残留一定的降解效果，如已实现甲基对硫磷水解酶基因在芽孢杆菌中的高效表达，表达量增长了 20 多倍，获得了既能减少农药残留又能杀虫的工程菌株。微生物基因工程在重金属等有毒物质降解方面也取得了一定的进展，如利用细菌表达金属硫蛋白 MT 可提高其固定污染土壤中游离重金属离子的能力。淋病奈瑟球菌（*Neisseria gonorrhoeae*）中 IgA 蛋白 β-domain 编码区与小鼠 *MT* 基因编码区融合，构建的重组 DNA 分子通过转座子载体 TnMTβ-1 导入富养罗尔斯通菌 CH34 中，获得的基因工程菌 MTB 能有效地固定镉离子，降低镉对植物生长的毒性。

2. *石油产品的微生物降解*　石油工业的迅速发展，生产、消费和废弃物的日益增加意味着海上运输的日益频繁，加大了发生重大石油泄漏事故的风险。据统计，2002 年仅在地中海地区，2240 个雷达图像就探测到 1400 个石油泄漏事件。这种含多种烃类的物质不断地对陆地、海洋造成污染，严重破坏泄漏区及周边海域的生态环境。早在 1975 年，美国科学家利用基因工程技术把能分解己烷、辛烷和癸烷，降解二甲苯和甲苯，降解萘和分解樟脑的 4 种假单孢菌的不同质粒转入同一种假单孢杆菌中，获得能够同时降解脂肪烃、芳烃、萜和多环芳烃的“超级细菌”。这是第一个用基因工程技术构建的环境微生物工程菌的专利。该工程菌降解石油的速度快、效率高，在几小时内能降解掉海上溢油中 2/3 的烃类，而自然菌种要用一年多的时间。

3. 造纸去污、生物降解塑料工程菌　　微生物基因工程菌在造纸去污、生物降解塑料中也取得显著成效。例如，构建高效表达多种来源的木聚糖酶，代替造纸业的化学漂白工艺中大量使用的有毒、强致癌、致畸的含氯化合物，降解造成纸浆褐色的木质素-木聚糖复合物。清华大学研究人员利用基因工程的手段，成功构建了一株具有多功能的基因工程大肠杆菌新菌株 VGl（pTUl4），该菌株具有一个含有可降解塑料的聚-β-羟基丁酸酯（PHB）的合成基因（*phb/CAB*）、可诱导裂解细胞的 λ 噬菌体裂解基因（*SRRz*）和卡那霉素抗性基因的质粒。该工程菌可用于一次性塑料制品、包装材料、快餐盒等的生物降解，对消除“白色污染”具有重大意义。

4. 清除放射性环境废物的基因工程菌　　核工业和核试验产生的大量放射性废物，如未经严格处理，将导致严重的环境污染。这类环境既存在放射性核素，又存在有机污染物，是典型的复合污染场所。对于这类污染环境，大多利用物理化学方法进行修复，但其价格非常昂贵。利用功能基因组和基因工程技术，通过对耐辐射球菌（*Deinococcus radiodurans*）进行遗传改造，构建基因工程菌，用于含放射性废物场所中金属的处理和有毒有机污染物的降解。例如，科学家把编码甲苯双加氧酶系统的 4 个基因克隆到一个在耐放射性球菌中组成型表达的启动子之后，通过同源重组把这个操纵子转到耐放射性染色体上，结果重组的耐放射性球菌可以在高剂量放射性环境中保持甲苯双加氧酶活性，分解甲苯、氯苯和 3, 4-二氧-1-丁烯。

5. 微生物基因工程在废弃物资源化及环境保护中的应用　　日益扩大的能源危机使得全社会都在急切地寻找可再生能源原料。与此同时，全球的垃圾场都堆满了现代城市废物。纤维素则是垃圾场中最为丰富的物质之一。将废料转化为燃料似乎是解决这两大问题的最佳方法。纤维素是大分子多糖，而糖中包含有能量。因此如果能将纤维素转化为糖，那它将成为丰富的燃料新来源。糖可为细菌提供能量，也可以发酵成乙醇。这种“纤维素乙醇”是可以代替汽油的新型乙醇。科学家致力于把控制生成系列纤维素酶的基因转入可以降解纤维素（如稻草或秸秆等）的细菌或酵母菌种，使其高效表达，将纤维素转换成可以转化为乙醇或其他所需物质的糖类。这类研究具有广阔的产业前景。

思 考 题

1. 名词解释：花粉管通道法遗传转化；回交育种。
2. 植物基因工程的流程包括哪些环节？有何特点？
3. 植物基因工程的应用主要有哪些方面？
4. 为什么作物遗传改良必须走基因工程与常规育种相结合的技术路线？

5. 动物基因工程有哪些方法？各有什么特点？
6. 动物基因工程的应用有哪些方面？
7. 微生物基因工程的应用有哪些？
8. 植物、动物、微生物作为生物反应器生产基因工程药物各有哪些特点？

第九章　基因工程及其产品安全性管理

本章思维导图

基因工程已在农业、医药、环保、食品等领域显示出巨大的应用价值和发展前景，但其安全性问题也引起了人们的高度关注。基因工程技术可以跨越物种生殖隔离屏障，使不同来源的基因在动物、植物和微生物之间转移，大大改变了生物体遗传性状的物种特异性。

基因工程是在人工控制的条件下按照人们的意愿有目的地改变生物体的遗传物质，属于定向改变。但随着科技发展，更多的不同类型和性质的新基因被克隆，由于应新基因的转化和评价研究的需要而创造的新的转基因生物体不断增多，实验阶段的转基因泄露风险在增加。目前，技术层面也存在外源基因插入位点及拷贝数不确定性等问题。在新的转基因生物品种应用之前，应该通过对目的基因、基因工程技术和产品的安全性进行科学、严格的评价，确保投放市场的转基因产品的安全性，使基因工程技术更好地造福于人类。

由于基因工程技术属于分子生物学范畴，需要具备专业知识的人员借助特定的设备才能操作，技术难度较高，不具备相关知识的人们难以全面理解，具有一定的神秘感，加上对基因工程技术科普宣传力度不够，很多民众对基因工程技术存在误解，给基因工程技术的发展和应用造成了很大压力。基因工程技术要想得以健康发展，在对基因工程及其产品实施安全管理的同时，科普宣传力度必须加大。

基因安全性问题属于生物安全的范畴，随着《中华人民共和国生物安全法》的实施，更多民众知晓了我们国家对于生物安全监管的重视。基因工程属于生物技术，其安全问题也必然置于《中华人民共和国生物安全法》的管理框架之内，我国政府在抗击新冠疫情中表现出来的能力和取得的举世瞩目成就，将提高人们对于政府管控基因工程安全性问题能力的信任度，有利于促进基因工程技术和产品的发展和应用。

第一节　基因工程的安全性问题

历经漫长的生物进化所形成的物种彼此之间存在着时间、空间和生殖上的隔离，从而使自然界生物与生物、生物与环境之间井然有序。基因工程跨物种的基因转移，强化了人类对自然的干预，使自然界生物与生物之间和生物与环境之间井然有序的状况被打破，这到底会给环境和人类自身造成什么后果？目的基因对生态系统有什么影响？抗性基因一旦逃逸到了周围野生近缘种，是否会产生 “超级杂草”“超级害虫”“超级病毒”等灾难？对这些问题有必要开展科学的研究和评价。

一、基因工程产品对人类健康的安全性

基因工程产品对人类健康的影响是基因工程安全性评价十分重要的内容，主要包括以下5个方面。

1. *潜在的致敏性* 转基因食品中引入的新基因产生的蛋白质，可能是致敏原，对其可能致敏性需要进行分析。FAO/WHO已建立转基因食品过敏性分析评价的方案，该方案不主张用有可能过敏的食品作为基因供体，对转基因食品的潜在致敏性要进行严格的上市前检验和上市后食用人群的监测。

2. *非预期效应* 插入基因理论上可导致原已存在的受体基因的失活或表达改变，可能激活其他在正常情况下处于“沉默”状态的基因。因此，基因受体在长期进化或驯化过程中逐渐“沉默”的毒素基因可能会被转基因或基因操作再次激活，进而可能表达有毒性的非预期成分，导致食品成分（包括营养成分、抗营养因子和天然毒素）的变化。

3. *转基因食品基因水平转移对健康的影响* 目前动物实验表明，消化的DNA有转移到肠道细菌或重组DNA转移到人体细胞的可能性。食品中绝大多数DNA在经过肠胃后被分解失活，只有极小部分残留，这极小部分是否有安全性问题，特别是抗生素抗性基因是否水平转移至肠道微生物或上皮细胞，从而降低抗生素在临床中的有效性？FAO/WHO专家组认为，尽管基因水平的转移可能性很小，但应该对其危险性进行分析，并应禁止抗性基因在基因修饰食品中的应用。欧盟从2005年起禁止用耐抗生素基因作为标记基因，以预防产生的耐药菌株在人或动物肠道细胞内产生耐药性。

4. *转基因食品中重组DNA对健康的影响* WHO和国际生命科学学会（ILSI）等国际机构对转基因食品中重组DNA的安全性做了评价，指出重组DNA与传统食品DNA化学成分是一样的，重组DNA与传统食品DNA以同样的方式进行体内降解，食品加工过程与胃肠道对DNA的裂解均降低了编码外源蛋白质的完整基因转移到肠黏膜的可能性。

5. *食品营养成分改变对人群营养的影响* 转基因食品可能发生营养成分的改变，使营养结构失衡，从而对人群尤其是儿童的膳食营养产生影响。

二、基因工程对生态系统的安全性

生物多样性（biodiversity）是指地球上动物、植物、微生物等所有生物，它们所包含的基因，以及由这些生物与环境相互作用所构成的生态系统的多样化程度。生物多样性是地球生命的基础，是人类获得物质与精神资源的源泉，对人类的生存与发展，对维护整个生态平衡具有重要作用。基因工程对生物多样性的影响包括对生物遗传多样性、物种多样性和生态系统多样性的影响三个方面。

（一）转基因生物对生物遗传多样性的可能影响

转基因生物有可能通过以下两个方面影响生物遗传多样性。

1. *转基因生物成为优势品种，导致遗传多样性的丧失* 通过人工对动物、植物和微生物甚至人的基因进行相互转移，将不同物种的一种或多种优良基因赋予一种特定品种，创造出

其他品种不具备的优良品质或抗逆境能力，转基因品种因而具有更高的抗性、产量和更优的品质，经过人类推广可能加速野生资源和常规品种的消亡，加剧植物遗传多样性的流失；转基因生物一旦释放进入开放环境就会改变物种间的竞争关系，迅速成为优势物种，破坏原有自然生态平衡，导致物种灭绝和遗传多样性的丧失。

2. **目的基因向近缘野生种转移，产生新的优势物种** 目的基因随花粉漂移通过天然杂交向目标生物的近缘野生种逃逸，被固定下来形成一定的群体，如果这个群体具有很高的生态适应性，就会引起遗传多样性的降低和野生资源的退化。但也有观点认为这种危险不会比通过传统育种得到的作物更大，世界人口的增加对食物的巨大需求使自然生态系统转换成农业生态系统是生物多样性所面临的最大威胁，转基因植物可以提高单位面积产量，从而缓解生态系统转换的危险。从长远来看，转基因植物更有利于维持植物的遗传多样性。

（二）转基因生物对物种多样性的影响

转基因生物对物种多样性的影响，主要表现在对靶标生物和对非靶标生物物种多样性影响两个方面。

例如，特定除草剂的使用能使田间杂草群落结构发生变化，使得对除草剂敏感的杂草数量减少，耐性杂草数量增加。另外，该除草剂的长期施用也可提高杂草的抗性，使得对除草剂敏感的杂草群体发展出对除草剂的耐性，取代没有耐性的杂草，改变杂草种群结构。

转基因抗虫植物在杀死害虫的同时，也对草蛉、瓢虫及寄生性天敌有毒害作用，对物种多样性产生影响。但是，由于农药使用量的减少，转基因棉花田的瓢虫类、草蛉类和蜘蛛类等的捕食性天敌数量增加，可有效地控制棉铃虫的危害。

（三）转基因植物对生态系统多样性的影响

由于生态系统具有复杂的食物链和食物网结构，因此从理论上来讲，抗虫、抗病或抗除草剂的基因工程作物，不但影响与其发生直接作用的生物，而且影响整个生态系统的多样性及其平衡。

例如，转基因抗虫植物对目标害虫和非目标昆虫的影响，可通过食物链进一步影响这些昆虫的捕食者，从而影响生态系统的多样性。1999 年，Saxena 等在 *Nature* 上报道，转 *Bt* 基因玉米的 Bt 毒素蛋白能通过根部渗出物进入周围土壤，杀死烟草天蛾幼虫。转基因植物外源基因及其表达产物通过根系分泌物或植物残茬进入土壤生态系统，可能影响到植物分解速率和 C、N 水平，进而影响土壤生物、生态过程和肥力，或通过与土壤微生物相互作用，改变土壤微生物对外来底物的利用，影响微生物的活动过程，改变微生物的数量、种类和组成。此外，种植耐除草剂转基因作物，必将大幅度提高除草剂的使用量，从而加重环境污染的程度及农田生物多样性的丧失。

由于研究人员所采用研究方法不同，得出的结果也各不相同，转基因植物对生物多样性的影响仍需做进一步研究。

三、转基因生物与农业生产的安全性

（一）转基因生物的“基因漂移”风险

基因漂移（也称为基因逃逸）是指转基因生物中的目的基因，在生物的个体、种群甚至是物种间自发移动的过程。基因漂移的风险表现在以下两个方面：一是基因工程中所用的抗生素标记基因可能通过漂移而逃逸到杂草或野生近缘种中。但是有研究发现，即使给予最优化的条件，转基因植物中 *nptII* 标记基因转移到微生物的频率只有 10^{-6}～10^{-5}，在自然条件下，这种最优化条件几乎不会出现，因而认为转基因在自然条件下向微生物之间的水平转移是很难的。Heinemann 等（2004）的研究也表明，从转基因植物到微生物的基因水平转移发生的频率极低。二是外源抗性基因漂移到其他近缘植物中形成“超级杂草”。这一个担心源于加拿大“超级杂草”事件。尽管后来发现这种所谓的“超级杂草”仍可被 2, 4-D 杀死，但仍使人们对转基因植物是否会与近缘种杂草发生基因渗入，导致杂草蔓延的潜在风险高度关注。事实上，农业生产中已推广应用大量抗病虫、抗逆或抗杂草品种，它们也可以像转基因植物一样，把抗性基因渗入杂草，但它们的长期推广应用并没有导致超级杂草的出现。

（二）转基因植物“杂草化”问题

转基因植物能否演变成难以控制的杂草，即转基因植物杂草化也是人们关注的问题。

事实上，作物与其野生近缘种天然杂交形成杂种而直接成为恶性杂草的例子已在 7 种重要农作物及其近缘种的杂种中发现，如海甜菜（*Beta vulgaris* subup. *naritima*）和甜菜（*B . vulgaris* subsp. *vulgaris*）杂交形成的恶性杂草曾对欧洲甜菜的生产造成很大影响。如果这种天然杂交发生在导入了抗虫、抗病、抗除草剂或抗逆的转基因植物与其野生近缘种之间，所形成的杂种成为杂草的可能性似乎更大，特别是本身具有较强杂草特性的甘蔗、苜蓿等作物，危险性就更大。

然而，杂草化是多个基因共同作用的结果，仅仅一两个基因的加入就使它们转变成杂草的可能性很小。另外，抗虫、抗病、抗除草剂、抗逆的转基因植物，一旦离开了特定的选择压力，其生存竞争能力就不再增加，甚至会丧失。例如，田间试验结果表明，转基因水稻、玉米、棉花、马铃薯、亚麻等植株在生长势、种子活力及越冬能力等方面与非转基因植株差别不大，演变成为农田杂草的可能性很小。即使转入的基因是抗除草剂基因、抗虫基因，在没有选择压力的条件下，转基因植物的生存竞争能力与普通植物也没有区别，它们演变成杂草的可能性很小。

（三）转基因植物对病虫草害发生的可能影响

抗病虫转基因植物的广泛应用对病虫不断增加的选择压力是否会导致难以控制的超级害虫和超级病菌的产生，也是人们高度关注的一个问题。理论上，由于抗虫基因、抗病毒基因、抗除草剂基因等外源基因在植物体内的持续表达，靶标生物在整个生长周期都受到选择，有可能导致靶标生物抗性增强，从而使农药、化肥、除草剂的再次大量施用，从而加剧环境污染，危害人类健康。然而事实上，抗病虫害转基因植物导致超级病虫害产生的可能性并不比传统育种方法得到的品种更大，而且基因工程可更快获得带有不同抗性基因的等位基因系，其抗性更为持久。

转基因抗病毒植物能否与病毒发生异源重组或异源包装形成新的超级病毒，也是人们关注的一个方面。转病毒外壳蛋白（CP）基因的抗病毒植物，当有其他病毒侵染时，入侵病毒的核酸可能会被转基因植物表达的外壳蛋白所包装，从而改变病毒的宿主范围。在自然界，抗病毒的转基因植株被病毒侵染后所产生的外壳蛋白是否可作为新侵入病毒的外壳而发生异源包装？例如，表达苜蓿花叶病毒 AMV-CP 和表达李痘病毒 PPV-CP 的转基因植株均有转移包装的证据。据推测，即使在转基因植物中发生异源包装，该病毒在再次入侵非转基因植物宿主时，也会因无法形成外壳蛋白而死亡，竞争不过已存在于自然界中的病毒。但在较大时间和空间范围内，病毒异源重组和异源包装的真正危险性有多大，仍是安全性评价中有待解决的重要问题。

四、基因工程与伦理道德

基因工程不仅强化了人类对自然的认识和干预，同时也促进了人类在基因水平上对自身疾病的治疗及对自身的改造，必然由此引发一系列伦理道德问题，这些问题将在很大程度上影响人类对基因工程及其产品的认可和接受程度。研究和建立行之有效的基因伦理准则和道德规范，势在必行。

基因工程的伦理道德问题主要表现在基因科研活动及信息管理的伦理问题、基因治疗的伦理问题、基因增强的伦理问题及克隆人的伦理问题四个方面。

（一）基因科研活动及信息管理的伦理问题

基因工程科研样本的采集是否应让被采集者知情并征得其同意方能进行？基因科研活动是否涉及伦理问题？一种观点认为，基因研究是对人类自身自然之谜的探索活动，功在当代，利在千秋，采取什么方式进行并不影响其对人类的贡献；另一种观点则认为，即便是高尚的目的也要通过合理的方式来实现，任何研究都不能侵犯受试者的人身权益。

至于基因研究成果能否申请专利，一种观点认为，人类基因是全人类的共同财富，它不属于任何一个团体、个人和国家。另一种观点则认为，若基因研究成果不能申请专利，就会违背利益对等原则及经济规律，对耗费巨资的研究者来说不公，也不利于促进发明、发现的公开与合作，阻止其为全人类造福的步伐。还有一种观点认为，基因能否申请专利，首先要搞清研究成果是发明还是发现。对于自然发生的人类基因的描述和揭示，是基因发现，不能申请专利。而对于基因的复制、排序、改变和分析人类基因的方法则是发明，可以申请专利。因此，前期研究投入多少，不能作为是否拥有基因专利的根据。

对人类基因组图谱的揭示，将极有可能使未来每个人获得自己独特的基因身份证，普遍的基因检测活动将使人类面临一系列伦理难题，如谁将有权拥有和控制基因信息，是医院还是其他机构？基因信息持有者在某种疾病的治疗措施出台前，是应向基因主体公布其将可能患的疾病，还是应避免主体紧张而隐瞒疾病基因信息，前者可能对主体的心理造成阴影或损害，后者有可能损害了主体的知情权。保险公司、雇主、学校、法庭等第三者是否有权了解和使用他人的基因信息？目前，尽管伦理学界对此没有来得及深入研究并制定出具体道德规范、条例，但大多数人的看法是，基因序列是一个人的基本隐私，只有当事人最有权决定是否公布、由谁公布及向谁公布自己的基因信息，这是保护隐私权、避免基因歧视的最佳选择。

（二）基因治疗的伦理问题

体细胞基因治疗几乎没有什么争议，而生殖细胞基因治疗则引起人们极大的关注。有学者从技术可靠性角度表明了对生殖细胞基因治疗的否定态度，认为生殖细胞治疗未知的和不确定的因素太多，不能保证对后代不造成伤害，一旦给后代造成伤害，这种伤害将遗传下去且不可逆转，伦理学的无伤害原则要求人们对后代负起道义责任。还有学者对它提出道德诘难：早期胚胎的道德地位如何？是否应该被当作患者对待？生殖细胞基因治疗的后果将影响许多代人，而他们全是未知情、未同意的受试者，这是否违背伦理学的知情同意原则？什么是正常基因？

什么是非正常基因？非正常基因由谁来判定？好基因和坏基因的分类是否会导致对个人和种族的歧视？这一系列问题都需要人们做出思考和回答。

基因治疗引发的最激烈的争论是它产生的个体长寿所带来的社会、伦理问题：第一，只有生命的正极而无生命的负极会造成社会发展的停滞，社会进步乃至生物进化的动力会因无新生命、新思维的注入而丧失；第二，个体过长的寿命将导致人满为患的威胁，使本来不堪重负的地球环境更加雪上加霜，同时将导致上下几代人为本已紧张和稀缺的生活资源和生存空间而展开畸形竞争，从而加深人与自然、人与人的矛盾；第三，冲击人类的价值体系。生命的有限性是人类价值体系尤其是人生价值体系和意义的前提。“人生短暂”会增加对生命的珍视程度，促使人们奋发有为、不断创造。“来日方长”会使人松懈，导致生命创造力的降低。同时，过分渲染和强调生命的量会造成对生命的质、人之精神不朽的忽视。上述观点提醒人们，不能盲目地陶醉于科技的发展和个体的长寿而忽视甚至忘记人本身、人的精神、人的社会的发展，因为只有人和社会的全面发展才是最终目的。

（三）基因增强的伦理问题

基因增强能使人类更高、更美、更强壮、更聪明，有人对此大加赞赏，但学术界则谨慎地表明了反对意见：第一，技术上风险难测。由于同一基因往往有正反多种效应，增强某一性状可能会导致另一性状的增强或减弱。第二，存在人被物化的可能。把人类像动植物一样进行基因重组和拼装，这实质上是把人等同于物。第三，加深社会不公。由于医学和遗传资源有限，为少数人的“完美”而投入巨资并非医学目的的基因增强，必然严重影响现有人类疾病的治疗和预防。什么样的基因需要增强？增强的标准是什么？达到标准的是否就是“好基因”，没达到标准的是否就是“不良基因”？这是否也会导致基因歧视？第四，导致人类多样性的丧失。如果人工选择代替自然选择成了通常的实践，则将导致人类整体的“完美”和“超人”化。个体的差异彻底消失，这极为可怕。上述观点表明，立足于人类的长治久安和生存发展，立足于生物多样性和人类的可持续发展，基因增强是很难获得伦理上的支持的。

（四）克隆人的伦理问题

有人支持克隆人技术，认为它将会给人类带来巨大益处。例如，能为人类器官移植、疾病治疗提供最佳试验体，能帮助不育夫妇、独身者培养后代，能为人类复制天才人物和保护濒危人种等。有人反对克隆人技术，其理由是：第一，它是以牺牲克隆人的尊严和权利为代价的。克隆人会有强烈的被控制、被决定的意识，容易产生悲观情绪和宿命感、工具感，很难形成健康人格，克隆人也可能因此而仇视社会。第二，性爱与生育的分离，使性爱成为单纯满足感官的活动，禁欲主义、纵欲主义都找到了口实和方便，这必将对传统性道德产生冲击；无性繁殖代替有性繁殖，也对当今以血缘人伦关系为基础建立起来的社会价值体系及社会结构产生直接的冲击，将导致人伦关系的模糊、混乱甚至颠倒，动摇传统的家庭观和权利义务观；它还将使人类陷入自我认同的危机中，精神和情感家园失落，产生强烈的孤独感和无家可归感。第三，可能导致基因决定论。特定的人都是基因与环境共同作用的结果。生物属性可以复制，社会属性则无法还原。第四，可能对人类的生存发展、长治久安造成威胁。克隆人技术一旦被滥用，如若有人组装出攻击性极强的“人面兽身”怪物，这不仅将损害人类尊严，还将对人类安全造成巨大威胁，若其被用于政治、军事目的，后果更不堪设想。第五，克隆人是对自然过程的过强干预，它有可能造成人种的单一，导致人类可持续发展面临危机。

也有学者指出，不必为克隆人技术而大惊小怪、杞人忧天，就如同我们曾经为“试管婴儿”“体外授精”而争论不休但最终又习以为常一样。既然我们能够接受“试管婴儿”“体外授精”等非自然的人工受孕方式，为什么不能接受克隆人技术呢？

五、基因工程与动物权益保护

动物基因工程被公众接受的程度取决于基因工程本身是否考虑动物的权益及公众对动物权益保护的观念。

动物能否感觉到痛苦？是否应该享有权益？是否应该有动物福利？人类是否应对动物具有道德义务？这些问题在西方历来是存在争议的，有两种显著不同的观念：一是认为对动物而言，谈不上权益，它们都附属于人类，受人类的主宰，最为典型的观点是古希腊的亚里士多德指出植物为着动物存在，动物又为着人类而存在——家畜类为着人的役用和食用，野兽为着人的食用及其他生活用度，如穿着和用具，由于自然造物不会没有目的或者徒劳，她创造一切动物乃是为了人类绝无可疑。另一种对立的观点则认为，动物与人一样，都是生命，都有其权益，都应该得到尊重和保护。

随着社会的发展和人类文明程度的提高，动物权益问题越来越多地得到了人们的认同，各国纷纷制定了各种制度、法令来保护动物权益。1800年，英国第一个确保动物免受虐待的立法《牛饵法案》被通过。1822年，“反对虐待以及不恰当地对待牛的行为”的法案在英国国会通过。英国现行的《动物保护法》是1911年通过的，之后陆续出台了很多专项法律，如《野生动物保护法》《动物园动物保护法》《实验动物保护法》《家畜运输法案》等，在保证动物不受虐待方面规定得非常细致。1802年，牧师亚瑟·布鲁姆在伦敦召集成立了世界上第一个动物福利组织“防止虐待动物协会”（PSPCA）。此后，美国、德国、日本、俄罗斯等许多国家也制定了相关的法律。目前国际上公认的动物福利标准是：免受饥饿的自由；免受痛苦、伤害和疾病的自由；免受恐惧和不安的自由；免受身体热度不适的自由；表达所有自然行为的自由。此标准已经成为国际上的一个重要标准，发达国家及相关的国际组织往往以此标准作为推动动物权益保护的利器。

我国1988年出台《中华人民共和国野生动物保护法》，对珍奇野生动物立法进行保护。我国2004年修订的《实验动物管理条例》中规定：实验人员要爱护动物、不得虐待、伤害动物；在符合科学原则的情况下，开展动物替代方法研究；在不影响实验结果的情况下，采取有效措施避免给动物造成不必要的不安、痛苦和伤害；实验后采取最少痛苦的方法处置动物。基于科学实验的特殊性，将来应在该条例的基础上制定单行法规对实验动物予以保护。

第二节 基因工程的安全性评价

对农业转基因生物实施安全性评价是安全管理的核心和基础，它包括生态安全性评价和食品安全性评价两个部分。生态安全性是指转基因生物（品种）环境释放后引发生物致病的可能性、生存竞争性改变的可能性、基因漂移至相关物种的可能性、演变成杂草的可能性及对非靶生物和生态环境的影响等；食品、饲料的安全性主要包括营养成分、抗营养因子、毒性和过敏等。

一、基因工程生态安全性评价

（一）基因工程生态安全性评价指标

1）生存竞争性：存活、存留和竞争的能力及在环境或其他界面中的传播与分布等对生物多样性的影响。对转基因植物而言，除抗虫、抗病、抗除草剂、抗逆等目标性状外，基因工程作物与常规作物在生长势、种子活力、越冬活力及非目标的抗病、抗逆能力等方面的差异性。

2）基因漂移：基因漂移是否发生及其可能的途径，基因能否扩散到亲缘关系相近的野生种或其他微生物体内而破坏自然的生态平衡，能否导致超级杂草。

3）对非靶标生物的影响：对近缘野生种、益虫、土壤微生物区系的影响，GMO 植株及残渣对下一季作物的影响。

4）育性和繁殖能力，遗传变异能力，转变成有害生物的可能性。

5）影响生态学范围的功能（能流、物流和信息流）。

6）外源基因产物的特性及其稳定性（如是否会产生病毒异源包装或异源重组等）。

7）所转基因的稳定性，因插入突变、位点效应、基因多效性及次级效应所导致的转基因植物与受体植物在表型（生理特性特别是农艺性状）与基因型（多态性）的不同之处。

（二）基因工程生态安全性评价方法

1. *目的基因在 GMO 体内的表达检测*　GMO 对生态环境的影响，包括对近缘野生种的影响，对非靶标生物的影响，GMO 及残渣对土壤微生物区系和下一季作物的影响。这一系列检测涉及许多有关基因整合表达的检测方法，如 DNA 检测法、RNA 检测法和蛋白质检测法。DNA 检测法只能检测到外源基因是否已经整合到植物、动物或微生物的基因组中，而后两种方法是检测外源基因是否在受体中表达。根据检测所用的具体方法可划分为 PCR 检测法、Southern 杂交、Northern 杂交、Western 杂交、化学组织检测法、生物测定检测法、免疫技术［酶联免疫吸附试验（ELISA）、免疫荧光］等。

2. *转基因植物效果检测*　在选择压力下种植转基因植物，通过田间试验检测外源基因在田间自然状态下是否有表达效果。例如，通过生理分析和遗传分析，可研究转基因植物抗性表达的稳定性，毒蛋白表达的稳定性，害虫对抗虫基因抗性表达的遗传，还可对抗虫基因表达稳定性和害虫抗性进化关系进行计算机模拟。

3. *对非靶标生物的影响*　通过饲喂、接触毒性试验检测或通过种群数量的田间调查分析转基因植物对有益或有害昆虫的影响；在转基因植物周围按同心圆的形状种植野生或近缘的植物，进行人工杂交，分析杂交亲和性（检测是否产生种子，F_1 代是否可育）、基因转移性进而了解对近缘野生种的影响，归纳基因的漂移或逃逸规律；通过检测微生物的种类和数量、土壤呼吸、基因转移（DNA 分子杂交）等检测对土壤微生物区系的影响；通过对氮代谢、光合作用、次生代谢等生理、生化分析和多态性分析检测 GMO 植株及残渣对下一季作物的影响。

二、基因工程食品安全性评价

（一）基因工程食品安全评价原则

目前，基因工程或遗传修饰（genetic modification，GM）生物产品安全性风险评价，普遍使用的是实质等同性原则和个案分析原则。

1. 实质等同性原则　由经济合作与发展组织1993年提出，指转基因生物生产的产品与传统产品如果具有实质等同性，则可以认为是安全的。否则，应进行严格的安全性评价。根据产品的不同情况大致可以分为以下三类：①新产品与传统产品具有实质等同性，对这类产品可不必做进一步的安全性评价；②新产品与传统产品除某一个插入的特定性状外，具有实质等同性，这类产品的安全性评价应集中针对插入基因的表达产物；③新产品与传统产品之间没有实质等同性，这类产品要求做详细的安全性评价。

2. 个案分析原则　个案分析原则主要针对不同基因、不同转化事件、不同环境条件的个案分析。由于基因、转移生物的种类及环境多种多样，应该针对具体的情况进行安全性分析。

实质等同性原则是安全性评价的起点，它以有安全食用历史的传统食品为基础，要求转基因食品和它所替代的传统食品至少要同样安全。但是，由于基因工程中外源目的基因表达插入及其表达对性状影响的复杂性，转基因食品即便经检测与其对照具有实质等同性，但由于非预期效应的出现，还必须进一步对其安全性进行严格的检测。因此，在应用中一般将实质等同性原则和个案处理原则有机地结合起来。

（二）基因工程食品安全性评价内容与步骤

1. 基因工程食品安全性评价内容　其内容包括：①潜在的致敏性，转基因食品中引入的新基因产生的蛋白质可能是致敏原，对其可能致敏性需要进行分析；②非预期效应，可能表达有毒性的非预期成分；③转基因食品基因水平转移对健康的影响；④转基因食品中重组DNA对健康的影响；⑤食品营养成分改变对人群营养的影响。

2. 基因工程食品安全性评价

（1）基因水平评价　其包括目的基因及调控序列的大小、功能、供体生物、受体生物、安全性程度等的评价。以致敏性评价为例，1999年国际食品法典委员会公布了引起过敏反应的8类致敏食物，包括蛋、奶、花生、大豆、小麦、坚果、鱼、甲壳类。90%以上的致敏反应都是这8类常见致敏食物引起的，此外，还有160种食物也可引起过敏反应。因此，首先要判断目的基因是否来自这些致敏性食物。外源基因的插入方式、插入位点的不同可造成不同程度的基因改变，引起非预期效应，如促进耐抗生素病原体的产物，或者成为新致病原。

（2）食品安全性检测与评价　食品安全性检测与评价包括转基因生物的表型特征、营养学检测、过敏性检测、毒理学检测、抗生素标记基因的食品安全性评价、加工过程对食品安全性的影响、转基因食品对有毒物质的富集能力检测等。

1）比较转基因食品与其野生型食品的表型特征。对于植物而言，表型特征的比较主要有形态、生育期、产量、病虫害抗性和其他性状；对于动物而言，表型特征包括动物本身生长发育障碍、繁殖能力下降、病理变化、对营养的吸收能力、性成熟时间、抗病能力等方面的改变情况。

2）营养成分、毒素及致敏原的实质等同性分析。主要比较转基因食品与其野生型在脂肪、蛋白质、碳水化合物、微量元素和维生素等的数量、组成和生物活性、营养成分的吸收及营养价值等，非转基因对照食品中已知毒素和已知致敏原成分分析，如这些成分在转基因食品及其非转基因对照之间没有明显的差异，则认为上述成分是实质等同的。由于上述成分受环境影响比较显著，因此需要开展多点、多季节及多重复的试验设计，以消除可能的环境因素影响。

3）转基因食品中外源基因的表达可能导致新的非期望效应如新的致敏原的产生。因此，对转基因食品除了开展上述实质等同分析以外，还必须针对外源基因开展致敏性检测和评价。一般可分为以下几种情况进行：①如基因来源于已知致敏食物，可对转入基因的编码序列进行相似性比较，以确定其编码的蛋白质是否与已知变应原相似。如相似，则该重组蛋白为可能的致敏原，则不需要进一步试验。如为阴性，要进一步用对基因来源生物过敏患者的血清进行特异性血清筛选，如果特异性 IgE 抗体检测试验结果是阳性的，就可以判断该重组蛋白是致敏原，不需要再进行下一步试验。若试验结果是阴性的，则仍需进行靶向血清筛选、模拟胃肠液消化试验和动物模型试验等。②对于来源于非致敏食物的基因，首先通过致敏数据库进行重组蛋白和已知致敏原序列相似性比较，阳性则为致敏原，不需要进一步试验。若为阴性，仍需要进行靶向血清筛选，若试验结果为阳性，可判断重组蛋白可能是致敏原，若为阴性，则需进一步模拟胃肠液消化试验和动物模型试验。③来源于非食物的基因，同样也可将转入的基因或编码蛋白质序列与已知的致敏原进行序列相似性比较，若存在相似，则认为表达蛋白为可能致敏原；若不存在相似性或同源性，则需进一步进行血清试验，必要时还需进行模拟胃肠液消化试验和动物模型试验。

4）转基因食品中外源基因的表达可能导致新的毒素产生。因此，对转基因食品除了开展上述实质等同性分析以外，还必须针对外源基因开展致毒素检测和评价。一般可分为以下三种情况来进行：①目的基因序列同源性或相似性搜索，以确定目的基因表达蛋白是否有毒性或其他不良效应。②对于已知的毒素，检测受体植物中原有的毒素在转基因植株中是否在正常的含量范围内，供体生物中毒素或产生毒素的酶是否导入转基因植株中。如果存在这些毒素，必须根据这些毒素的活性、水平及临床资料来确定该食品能否被商业化。③对于未知毒素，则需进行动物模型试验，检测最大容忍剂量、中枢神经和消化系统的效应和发炎情况等。在此基础上决定是否进一步开展人类试验及是否商业化生产。

5）标记基因及除草剂抗性基因的食品安全性评价。抗生素标记基因的食品安全性分析包括：①对医药上使用的抗生素疗效的影响分析；②抗性基因水平转移到肠道微生物中的可能性分析。此外，抗除草剂基因食品安全性分析主要是对动物或人体的毒性及致敏性安全分析。

6）加工过程对食品安全性的影响。大家熟知的几种常见植物如加工不当易引起食物中毒，如毒蕈、木薯、（未煮熟的）四季豆（扁豆、豆角）、发芽马铃薯、山大茴及鲜黄花菜等均可引起植物中毒。如上所述，转基因生物会出现非期望效应如新的致敏原等，加工过程对这些致敏原有什么影响也需要进行分析评价。

7）转基因食品对有毒物质的富集能力检测。对有毒物质富集能力最强的是菌类食品，如各种蘑菇等，大量的研究表明，蘑菇对土壤中的有毒成分，如重金属等都有很强的富集作用。外源基因的表达会改变转基因生物的代谢通路，外源基因插入位点的不确定性可能产生非预期效应，代谢通路的改变有可能导致有毒物质富集能力的改变，尤其是一些有转运功能的基因，因此需要对转基因食品对有毒物质的富集能力进行检测评价。

（3）售后安全性评价　　转基因食品进入市场后需要对其销售及消费状况进行跟踪，并对消费人群进行监测，以便了解转基因食品对消费者的长期效应和潜在作用。

（三）转基因食品安全性评价的常用方法

转基因食品安全性评价方法主要是常规的生物表型分析方法和营养成分分析方法，在此简要介绍序列分析及功能基因组学方法、特异性血清筛选试验、靶向血清筛选试验、模拟肠胃消化试验和动物模型试验等。

1. *序列分析及功能基因组学方法*　进行序列分析是判断重组蛋白的毒素和致敏性效应最简单快捷的方法。可登录网站（http://www.ncbi.nlm.nih.gov/blast/Blast.cgi），用 nucleotide Blast 和 protein Blast 分别搜索同源的核苷酸序列和同源的氨基酸序列。通过将动物细胞应答各种毒素或致敏原的基因制成芯片，可为转基因食品中重组蛋白的毒素或致敏性鉴定提供高通量、快捷的手段。

2. *特异性血清筛选试验*　特异性血清筛选试验是判断基因表达产物是否致敏的直接方法，即检验表达蛋白与对转入基因源过敏个体的 IgE 抗血清反应，需要用不同过敏患者的等量血清组合配制而成。可采用 Western blot 杂交、ELISA、放射变应原吸附试验（RAST）等方法来进行。

3. *靶向血清筛选试验*　靶向血清筛选试验在特异性血清筛选试验的基础上进一步扩大了检测的范围，血清来自对转入基因来源相近生物致敏的患者。例如，如果转入基因来自没有致敏史的单子叶植物，靶血清应该选取对其他单子叶植物产生高浓度特异 IgE 抗体的过敏患者的血清。血清的选取是该试验的关键，选取血清时应考虑尽可能多地选择对不同生物过敏个体的血清。在获得了高浓度的 IgE 抗体的血清后，用 RAST 和 ELISA 方法进行重组蛋白与特异 IgE 抗体的结合试验，结果为阳性即可判定该重组蛋白为可能致敏原。

4. *模拟肠胃消化试验*　致敏原蛋白在肠道中有一定的蛋白水解稳定性，胃蛋白酶消化试验可作为判断蛋白致敏性的重要参考。一般通过体外模拟肠胃消化环境，测定蛋白质降解的半衰期和降解后小肽的相对分子量，从而判断转化蛋白的致敏性。

5. *动物模型试验*　动物模型是评价转基因食品安全性的新方法，转基因作物致敏性评价选择直接胃肠给药途径比较合理，一般用犬、幼猪、豚鼠、BALB/c 小鼠、Brown Norway 大鼠等动物，其中 BALB/c 小鼠是普遍认为更有应用前途的动物模型。

第三节　基因工程安全管理

基因工程不但存在安全隐患，而且对社会伦理道德和动物权益保护等也造成了冲击，因此必须对基因工程采取审慎的科学态度，并建立一套切实可行的安全管理制度，以促进基因工程健康发展，最大限度地造福于人类。

一、生物安全管理

生物安全（biosafety）是指转基因技术及遗传修饰生物体（GMO）对动植物、人类健康及遗传资源和环境造成不利影响甚至危害的安全问题。转基因生物及其产品的生物安全问题包括食品安全（food safety）、生态风险（ecological risk）、社会伦理问题（social and ethic concern）、转基因产品的标识和鉴定（labeling and detection）、公众接受程度（public perception）及生物安全的管理与法规等。

（一）生物安全管理的内涵和目标

根据世界各国的经验，建立生物安全管理体系包括以下内容：①建立健全生物安全管理体制的法规体系，将生物技术的实验研究、中间试验、环境释放、商品化生产、销售、使用等方面的管理体制纳入法治轨道；②建立健全生物安全性评价、检测、监控的技术体系；③建立、完善和促进生物技术健康发展的政策体系和管理机制；④建立生物技术产品进出口管理机制，管理国内外生物技术产品的越境转移，有效地防止国外生物技术产品越境转移导致国内人体健康和生态环境的危害；⑤提高生物安全的国家管理能力，建立生物安全管理机制和机构设置。加强生物安全的监测设施建设，构建生物安全管理信息系统，增强生物安全的监督实力，培训生物安全科学技术的人力资源。

生物安全管理的总体目标是：通过制定政策和法律规定，确立相关的技术准则，建立健全管理机构并完善监测和监督机制，积极发展生物技术的研究和开发，切实加强生物安全的科学技术研究，有效地将生物技术可能产生的风险降低到最低限度，以最大限度地保护人类健康和生态环境安全，促进国家经济发展和社会进步。

（二）世界各国转基因生物安全管理模式

目前，转基因生物的研究和开发已经从实验室水平逐步发展到大规模的田间试验和商品化的生产阶段，一些转基因生物产品已进入市场和超市。由于基因工程技术的潜在风险性，许多国家都高度重视基因工程的安全管理，出发点基本上都是在保障人类健康、农业生产和环境安全的同时，促进其发展，使之为人类创造最大的效益。受技术发展水平、经济利益、公众接受程度等多种因素的影响，对转基因生物及其产品风险的理解存在差异，世界各国的管理模式也略有不同，主要分为宽松型、严厉型和中庸型三大类。

1. *宽松型的管理模式* 以美国和加拿大为代表，其管理原则是转基因生物及其产品与非转基因生物及其产品没有本质的区别。1986 年美国政府颁布了《生物技术协调大纲》，食品药品监督管理局（FDA）、农业部（USDA）、环境保护局（EPA）、职业安全卫生管理局（OSHA）和国立卫生研究院（NIH）五个部门分别制定细则，对转基因生物及其产品进行管理。1997 年 USDA 动植物卫生检验局（APHIS）颁布《基因工程生物及其产品管理条例》，负责审查转基因动植物向环境中释放。同年，EPA 颁布了《生物技术微生物产品管理条例》，负责审查转基因微生物向环境中释放。FDA 目前对转基因生物产品与其他产品的管理还没有差别，只要转基因生物产品通过新成分、过敏原、营养成分和毒性等常规检验就可上市。加拿大和美国类似，由食品检验部、环境部、卫生部和渔业与海洋部负责转基因生物及其产品的管理。

2. *严厉型的管理模式* 以欧盟为代表，其管理原则是首先假定转基因生物及其产品有潜在的危险，所有与其有关的活动都要进行严格的管理，并针对基因工程技术制定新的法规。欧盟有关转基因生物及其产品的法律框架包括水平法规和产品法规两个部分，对转基因生物及其产品的试验、商品化与环境释放都做了严格的规定。欧盟各成员国据此制定了一系列的实施条例。欧洲是世界上对转基因生物及其产品管理最严格的地区，奥地利、卢森堡等国甚至明令禁止转基因玉米的出售，也不允许进行田间试验。在欧洲上市的食品中如果转基因生物原料成分超过 1%就必须在标签中予以说明。

3. *中庸型的管理模式* 除上述国家外，世界上多数国家的管理法规和条例处于正在逐步建立的过程中，既不宽松也不严厉。例如，日本对转基因生物及其产品的管理是在参照美国和欧盟管理模式的基础上由日本农林水产省（MAFF）和日本卫生部（MHW）自主制定的。严格控制的实验室和半开放的实验室研究由教育科学文化部技术处管理，限制性田间试验和环境安全评估由日本农林水产省负责，食品安全评价和饲料安全研究由日本卫生部管理。日本所实施的《转基因食品安全管理条例》于 2002 年 4 月已上升为法律条款。关于标签问题，MAFF 已于 1997 年在咨询委员会上开始讨论，并决定在修正日本农业标准法时，采纳委员会建议的标签要求，起草实质性标签标准。新的标签标准已于 2001 年 4 月宣布实施。

各个国家对 GM 产品管理政策的制定，更多的是考虑经济、贸易因素，而不是科学、技术本身。对于美国和加拿大等主要 GM 出口国而言，由于本国公司在基因技术上投下巨资，技术领先，并已在国内进行大规模的商品化应用，为了保护本国利益，他们在 GM 产品的管理上比较宽松；欧盟诸国由于消费者对食品安全的高度关注和环保力量的强大，加上近年来深受牛海绵状脑病（疯牛病）和口蹄疫之苦，政府在 GM 产品的贸易问题上不敢退让，主张对 GM 产品贸易采取“预防原则”。广大发展中国家既希望利用基因工程技术帮助他们解决所面临的粮食问题，推动经济增长，又深恐本国缺乏技术和管理能力，沦为跨国公司 GM 产品的安全实验地，使本国最先面临 GM 产品带来的风险和威胁。处于这一矛盾之中，只有摸着石头过河。因此，他们采用中庸型的生物安全管理模式。

二、中国转基因生物的安全管理

（一）基因工程安全管理法规

中国自开始进行农业生物基因工程研究以来，就十分重视基因工程的安全问题。国家科学技术委员会（现科学技术部）于 1993 年 12 月颁布实施了《基因工程安全管理办法》。据此办法，农业部（现为农业农村部）于 1996 年 7 月制定和颁布了《农业生物基因工程安全管理实施办法》（简称《实施办法》）。按照《实施办法》，设立了农业生物基因工程安全管理办公室，主管《实施办法》的施行，成立了农业转基因生物安全委员会，负责全国农业生物遗传工程及其产品的中间试验、环境释放和商品化生产的安全性评估。

我国十分重视有关农业生物基因安全管理法规与其他相关的管理法规、管理程序的衔接。《实施办法》规定，在申报品种、农药、兽药、肥料、饲料登记、审定前，先申报基因安全性评价，在获准基因安全性评价的商品化生产许可后，按照《中华人民共和国种子法》《农药管理条例》《兽药管理条例》等有关规定，到相关管理部门去申报农药、兽药等生物制品及转基因作物品种和种苗的登记和审定。

2001 年，国务院颁布实施了《农业转基因生物安全管理条例》（以下简称《条例》），依据《条例》，农业部制定实施了《农业转基因生物安全评价管理办法》《农业转基因生物进口安全管理办法》《农业转基因生物标识管理办法》《农业转基因生物加工审批办法》4 个配套规章，国家质量监督检验检疫总局施行了《进出境转基因产品检验检疫管理办法》。根据形势发展，有关部门 2017～2019 年对这些规章制度的部分条款进行了修订，规范了农业转基因生物安全评价、进口安全管理、标识管理、加工审批、产品进出境检验检疫工作。法规确立了转基因生物安全评价制度、生产许可制度、加工许可制度、经营许可制度、进口管理制度、标识制度等。已发布实施了技术检测国家标准 100 余项，建立了一整套适合我国国情并且与国际接轨的法律法规和技术管理规程，涵盖了转基因研究、试验、生产、加工、经营、进口许可及产品强制标识等各环节。制定了转基因植物、动物用转基因微生物安全评价指南和转基因作物田间试验安全检查指南等，形成了一整套适合我国国情并与国际接轨的法律法规、技术规程和管理体系，为我国农业转基因生物安全管理提供了法治保障。

由于转基因涉及农业、科技、环境保护、卫生等多个领域，为确保转基因法律法规贯彻实施，我国在制定转基因法律法规的同时，建立了多部门协调管理制度，即由农业、科技、环境保护、卫生、外经贸、检验检疫等12个有关部门的负责人构成农业转基因生物安全管理部际联席会议制度，负责研究、协调农业转基因生物安全管理工作中的重大问题。贯彻落实国务院关于农业转基因生物安全管理的决策和部署；研究农业转基因生物安全管理工作的重大政策，提出有关政策建议；修订和完善《农业转基因生物安全管理条例》及配套规章；研究协调部门间联合执法与行政监管等重大事项；研究协调农业转基因生物安全管理能力建设事项；研究协调应对农业转基因生物安全重大突发事件；制定、调整农业转基因生物标识目录；完成国务院交办的其他事项。

为使转基因管理科学、高效，我国同时组建了由多学科专家组成的国家农业转基因生物安全委员会（以下简称安委会），这是我国政府主管农业转基因生物安全的政府机构，是转基因生物安全管理的技术支撑。第五届农业转基因生物安全委员会于2016年成立，委员共有76名，其中两院院士14名。按照实验研究、中间试验、环境释放、生产性试验和申报生产应用安全证书五个阶段，安委会负责对转基因生物进行科学、系统、全面的安全评价。

为全面推进农业转基因生物安全管理标准化，科学构建农业转基因生物安全管理标准体系，根据《农业转基因生物安全管理条例》，农业部于2017年又组建了全国农业转基因生物安全管理标准化技术委员会，委员会由37名委员组成，发布了100多项转基因生物安全标准。

农业农村部设立了农业转基因生物安全管理办公室，负责全国农业转基因生物安全的日常协调管理工作。县级以上地方各级人民政府农业行政主管部门负责本行政区域内的农业转基因生物安全的监督管理工作。

由我国转基因安全管理体系可以看出，转基因产品安全不安全，是由多领域的科学家按照严谨的科学标准、严格的法规程序来评价的，不是由哪个工作部门或者哪个人说了算的。转基因无论是研究、试验，还是生产、加工，或者是经营、进口，都要依法依规办理。我国对农业转基因生物实行分级分阶段安全评价管理制度。研发人向本单位生物安全管理部门、相关政府监管部门报告，提交书面申请和相关技术资料。管理部门组织专家依法开展技术审查并提出意见反馈申请人。监管部门定期开展监督检查。拟申请环境释放、生产性试验和申请领取安全证书的单位，以及中外合作、合资或者外方独资从事转基因研究和试验的单位，须按照安全评价指南的要求提交书面资料，经本单位农业转基因生物安全小组审查和试验所在省（自治区、直辖市）农业行政主管部门审核后，向农业农村部行政审批办公室提出行政许可申请。农业农村部组织安委会进行安全评审和审批。发放农业转基因生物安全证书的信息在农业农村部官方网站公布。申报单位在取得农业转基因生物安全证书后，还要办理与生产应用相关的其他手续，如转基因农作物还要在按照《中华人民共和国种子法》相关规定进行品种审定和取得种子生产、经营许可后，才能生产种植。这套程序很严格，能够保证转基因技术应用过程中不会对人体健康和动植物、微生物造成危害，能够保证生态环境安全。虽然转基因的安全性仍然存在争论，但有一条是肯定的，即只要通过安全评价，获得安全证书的转基因产品就是安全的。

经过新冠疫情的洗礼，我国更加重视转基因生物及其产品的安全性，2020年10月17日，第十三届全国人民代表大会常务委员会第二十二次会议通过《中华人民共和国生物安全法》，并于2021年4月15起施行。该法将防控重大新发突发传染病、动植物疫情；生物技术研究、开发与应用；病原微生物实验室生物安全管理；人类遗传资源与生物资源安全管理；防范外来物种入侵与保护生物多样性；应对微生物耐药；防范生物恐怖袭击与防御生物武器威胁等列入生物安全法监管范围。其中，“生物技术研究、开发与应用”是仅次于“防控重大新发突发传染病、动植物疫情”的监管对象，可见，国家对于转基因生物及其产品的安全管理的重视。

（二）《农业转基因生物安全管理条例》及其配套管理办法

2001年5月23日国务院令第304号公布的《农业转基因生物安全管理条例》是我国转基因管理的最高法，于2017年10月7日国务院令第687号《国务院关于修改部分行政法规的决定》对该法进行了修改。

《条例》对在中华人民共和国境内从事农业转基因生物的研究、试验、生产、加工、经营、进口与出口活动的原则进行了规定，对于有关活动的监督检查和处罚也进行了规定。农业部制定的4个配套管理办法和国家质检总局的检疫管理办法则使《条例》更加具体和具有操作性。

1.《条例》及其配套管理办法的适用范围　《农业转基因生物安全评价管理办法》对《条例》中有关农业转基因生物的安全性评价进行了具体规定。

（1）适用的生物种类　《条例》及其配套管理办法适用的生物种类是农业生物，也就是农业农村部管辖范围内与农业有关的植物、动物、微生物和水生生物等，以及转基因农产品的直接加工品；含有转基因动植物、微生物或者其产品成分的种子、种畜禽、水产苗种、农药、兽药、肥料和添加剂等产品。

（2）适用的技术类型　《条例》及其配套管理办法适用的技术类型是基因工程，即仅限于利用载体系统的重组DNA技术，以及利用物理、化学和生物等方法把重组DNA导入有机体的技术。不包含细胞融合、染色体倍性操作和常规杂交技术等其他遗传操作技术。

（3）适用的阶段　《条例》及其配套管理办法对农业生物基因工程工作的全过程实行管理，包括试验研究、中间试验、环境释放和生产性试验各个阶段。

（4）适用的地域　《条例》及其配套管理办法适用的地域涵盖中国境内进行的所有农业生物基因工程转化体，包括外国研制的农业生物遗传工程体及其产品拟在中国境内试验研究、中间试验、环境释放和生产性试验。

（5）行政主管部门　依据《条例》规定，在中国境内从事农业转基因生物的研究、试验、生产、加工、经营、进口与出口活动，包括对相关活动的监督检查和处罚，所有事项的行政主管部门都是农业农村部。

2. 农业生物基因工程安全等级的划分和审批

（1）安全等级的划分　《条例》及其配套管理办法，按照对人类、动植物、微生物和生态环境的危险程度，将农业转基因生物分为以下四个等级：安全等级Ⅰ，尚不存在危险；安全等级Ⅱ，具有低度危险；安全等级Ⅲ，具有中度危险；安全等级Ⅳ，具有高度危险。

农业转基因生物安全评价和安全等级的确定按以下步骤进行：①确定受体生物的安全等级；②确定基因操作对受体生物安全等级影响的类型；③确定转基因生物的安全等级；④确定生产、加工活动对转基因生物安全性的影响；⑤确定转基因产品的安全等级。

在实施安全性评价时，首先确定受体生物的安全等级标准，同时确定基因操作对其安全等级的影响，然后，根据受体生物的安全等级和基因操作对生物安全性的影响程度，来确定遗传工程体的安全等级。《农业转基因生物安全评价管理办法》还配以有关评价安全性的4个附录，针对转基因植物、转基因动物和转基因微生物分别制定了相应的农业转基因生物安全评价内容和申报书式样，对农业转基因生物及其产品安全控制措施也进行了规定，使各类农业生物遗传工程体及其产品进行安全性评价时有所遵循。

（2）申报和审批　凡在中国境内从事农业转基因生物安全等级为Ⅲ和Ⅳ的研究及所有安全等级的试验和进口的单位以及生产和加工的单位和个人，应当根据农业转基因生物的类别和安全等级，分阶段向农业转基因生物安全管理办公室报告或者提出申请。

农业农村部依法受理农业转基因生物安全评价申请。申请被受理的，应当交由国家农业转基因生物安全委员会进行安全评价。国家农业转基因生物安全委员会每年至少开展两次农业转基因生物安全评审。农业农村部收到安全评价结果后按照《中华人民共和国行政许可法》和《条例》的规定做出批复。

（三）中国农业生物工程安全控制措施

从事农业生物基因工程工作的单位应当根据基因工程工作的安全等级、释放地点的生态环境，明确安排控制措施和预防应急措施。安全控制措施主要是指隔离措施、防止转基因植物及其基因扩散的措施、实验过程中出现意外事故的应急措施、收获部分之外的残留物的处理措施及收获后试验地的监控措施等，包括物理控制、化学控制、生物控制、环境控制和规模控制等。

（1）物理控制措施　指利用物理方法限制转基因生物及其产品在实验区外的生存及扩散，如设置栅栏，防止转基因生物及其产品从实验区逃逸或被人或动物携带至实验区外等。

（2）化学控制措施　指利用化学方法限制转基因生物及其产物的生存、扩散或残留，如生物材料、工具和设施的消毒。

（3）生物控制措施　指利用生物措施限制转基因生物及其产物的生存、扩散或残留，以及限制遗传物质由转基因生物向其他生物的转移，如设置有效的隔离区及监控区、清除试验区附近可与转基因生物杂交的物种、阻止转基因生物开花或去除繁殖器官或采用花期不遇等措施，以防止目的基因向相关生物的转移。

（4）环境控制措施　指利用环境条件限制转基因生物及其产物的生存、繁殖、扩散或残留，如控制温度、水分、光周期等。

（5）规模控制措施　指尽可能地减少用于试验的转基因生物及其产物的数量或减小试验区的面积，以降低转基因生物及其产物广泛扩散的可能性，在出现预想不到的后果时，能比较彻底地将转基因生物及其产物消除。

（6）其他措施　同时还应制定与安全等级相适应的治理废弃物、储存设施或场所、转移或运转农业生物遗传工程体及其产品的安全控制措施，实验室、中间试验和环境释放的安全措施，以及发生意外扩散事故的应急措施等。

《条例》及其配套管理办法的施行，使中国的农业生物基因工程安全管理从无到有，逐步走上规范化的轨道，对促进农业生物技术的健康发展，保护农业生态环境和人类健康，起到重要的保障作用。

《条例》及配套规章制度是我国转基因生物安全管理方面最规范和全面的制度体系。其他有关部门目前没有出台更全面的转基因安全管理制度，涉及转基因安全方面的管理措施主要是依据《条例》、借鉴农业农村部制定的转基因安全管理制度。

思考题

1. 名词解释：基因漂移；生物多样性；生物安全；转基因生物安全评价；实质等同性原

则；个案分析原则。

2. 转基因生物潜在的安全隐患有哪些？请举例说明。
3. 基因工程对人类道德伦理的冲击表现在哪些方面？
4. 什么是生物安全管理？目前有哪些管理模式？各有什么特点？
5. 简述中国《农业转基因生物安全评价管理办法》的适用范围。
6. 中国农业生物工程安全控制措施有哪些？
7. 转基因生物的生态安全性指标有哪些？如何进行生态安全性评价？
8. 转基因食品安全性评价的一般原则是什么？
9. 采用实质等同原则和个案分析原则相结合，如何对转基因生物的食品安全性进行评价？

主要参考文献

蔡欣，陈宏，汪虹英. 2004. 基于 PCR 的 cDNA 基因克隆技术研究进展. 生物技术通讯，15（6）：623-625.

曹雪雁，张晓东，樊春海，等. 2007. 聚合酶链式反应（PCR）技术研究新进展. 自然科学进展，17（5）：580-585.

陈宏. 2004. 基因工程原理与应用. 北京：中国农业出版社.

陈君石，闻芝梅. 2003. 转基因食品——基础知识及安全性. 北京：人民卫生出版社.

陈新，王长永，朱成松，等. 2003. 转基因抗草甘膦大豆安全性评价及对环境影响的检测. 江苏农业科学，（6）：36-41.

关海宁，徐桂花. 2006. 转基因食品的安全性评价与展望. 食品研究与开发，27（4）：172-175.

郭沛珂. 2021. 基因工程在兽医学领域的应用. 畜牧兽医科技信息，（5）：40-41.

贺淹才. 2005. 简明基因工程原理. 2 版. 北京：科学出版社.

侯喜林，张增翠. 2000. 植物基因工程食品的安全性及其评价. 南京农业大学学报，23（2）：109-113.

贾玲. 2023. 抗旱转基因小麦的研究进展. 种子科技，41（17）：11-14.

贾贞，安黎哲，徐世健. 2004. 基因工程导论. 兰州：兰州大学出版社.

李红杰，贾亚男，张彦军，等. 2023. 国内外转基因与基因编辑作物监管现状. 中国农业大学学报，28（9）：1-11.

李香菊. 2023. 我国耐除草剂转基因作物研发与产业化应用前景. 植物保护，49（5）：316-324.

李星港. 2022. 基因工程技术在农业生产中的应用.智慧农业导刊，2（17）：82-84.

李志伟. 2021. 浅析生物基因工程在医药方面的具体应用. 科技风，（9）：125-126.

林海霞，常艳，梅其炳. 2007. 转基因作物潜在致敏性的安全评价. 国外医学卫生学分册，34（3）：187-191.

林其谁. 2005. 合成生物学. 生命科学，17（5）：384-386.

刘翠芳，蒋继志，马平，等. 2005. PCR-ELISA 在转基因植物检测中的应用. 西北农林科技大学学报（自然科学版），（33）（增）：185-186.

刘婷婷，张殿宝. 2021. 基因工程技术在基因治疗中的应用进展. 海南医学，32（4）：503-506.

刘祥林，聂刘旺. 2005. 基因工程. 北京：科学出版社.

刘潇波，谯华，高殿森. 2004. 基因工程的优势、特点与伦理. 重庆工业高等专科学校学报，19（4）：4-6.

刘雨芳，尤民生. 2002. 中国农业转基因生物的安全性管理与评价方法. 武夷科学，18（12）：46-50.

楼士林. 2002. 基因工程. 北京：科学出版社.

莽克强. 1996. 转基因植物的生物安全性的商榷. 生物工程进展，16（4）：2-6.

聂呈荣，骆世明，王建武，等. 2003. GMO 生物安全评价研究进展. 生态学杂志，22（2）：43-48.
孙明. 2006. 基因工程原理. 北京：高等教育出版社.
王景雪，孙毅，梁爱华. 2001. 扩增未知序列 DNA 片段的 PCR 技术研究进展. 生物工程进展，21（1）：41，51-57.
王帅. 2006，动物权益保护研究. 当代经理人，8：118-119.
王廷华，董坚，Petrik X L. 2005. 基因克隆理论与技术. 北京：科学出版社.
王瑜，王真. 2023. 基因工程疫苗在兽医领域的应用. 黑龙江畜牧兽医，（17）：44-49.
吴乃虎. 1998. 基因工程原理. 北京：科学出版社.
吴乃虎. 2001. 基因工程原理. 2 版. 北京：科学出版社.
谢伟伟，王凭青，杨青川，等. 2005. 植物差异表达基因克隆技术及研究进展. 重庆大学学报（自然科学版），28（12）：96-100.
杨宝丽，陈世国. 2023. 转基因技术在农作物育种工作中的应用现状. 河北农机，（11）：121-123.
杨清华，袁凤杰. 2021. 浅谈转基因技术的应用. 大豆科技，（2）：21-23.
余春燕，励建荣，顾青，等. 2005. 转基因食品检测技术及其安全性评价. 食品工业科技，26（12）：185-188.
张卉，刘长江. 2002. 转基因作物安全性研究进展. 沈阳农业大学学报，33（2）：151-154.
张惠展. 1999. 基因工程概论. 上海：华东理工大学出版社.
张惠展. 2002. 途径工程——第三代基因工程. 北京：中国轻工业出版社.
张惠展. 2005. 基因工程. 上海：华中理工大学出版社.
张茜，李新，关雅静. 2023. 转基因技术在玉米遗传育种中的应用研究.种子科技，41（3）：133-135.
周雪平，樊龙江，舒庆尧. 2002. 破译生命密码——基因工程. 杭州：浙江大学出版社.
奥斯伯 F M，布伦特 R，金斯顿 R E，等. 1999. 精编分子生物学实验指南. 颜子颖，译. 北京：科学出版社.
萨姆布鲁克 J，拉塞尔 DW. 2016. 分子克隆实验指南. 3 版. 黄培堂，译. 北京：科学出版社.
Brown T A. 2002. Gene Cloning and DNA Analysis：An Introduction. 北京：高等教育出版社.
Dale J W，von Schantz M. 2004. From Genes to Genome：Concepts and Application of DNA Technology. 北京：科学出版社.
Bachem C W B，Hoeven R S V D，Bruijn S M D，et al. 1996. Visualization of differential gene expression using a novel method of RNA fingerprinting based on AFLP：analysis of gene expression during potato tuber development. The Plant Journal：for Cell and Molecular Biology，9：745-753.
Chen L，Liao H. 2017. Engineering crop nutrient efficiency for sustainable agriculture. J Integr Plant Biol，59（10）：710-735.
Diatchenko L，Lau Y F. 1996. Suppression subtractive hybridization：a method for generating differentially regulated or tissue-specific cDNA probes and libraries. PNAS，93：6025-6030.
Doty S L. 2008. Enhancing phytoremediation through the use of transgenics and endophytes. New Phytol，179（2）：318-333.
Endo Y，Sawasaki T. 2003. High-throughput，genome-scale protein production method based on the wheat germ cell-free expression system. Biotechnol Adv，21（8）：695-713.
Ermakova M，Arrivault S，Giuliani R，et al. 2021. Installation of C_4 photosynthetic pathway enzymes in rice using a single construct. Plant Biotechnol J，19（3）：575-588.
Frese K K，Tuveson D A. 2007. Maximizing mouse cancer models. Nat Rev Cancer，7（9）：645-658.
Gaxiola R A，Edwards M，Elser J J. 2011. A transgenic approach to enhance phosphorus use efficiency in crops

as part of a comprehensive strategy for sustainable agriculture. Chemosphere，84（6）：840-845.

Georgiou G，Valax P. 1996. Expression of correctly folded proteins in *Escherichia coli*. Curr Opin Biotechnol，7（2）：190-197.

Gould S B，Waller R F，McFadden G I. 2008. Plastid evolution. Annu Rev Plant Biol，59：491-517.

Guo X，Duan X，Wu Y，et al. 2018. Genetic engineering of maize（*Zea mays* L.）with improved grain nutrients. J Agric Food Chem，66（7）：1670-1677.

Hockney R C. 1994. Recent developments in heterologous production in production in *Escherichia coli*. Trends Biotechnol，12（11）：456-463.

Hu C D，Chinenov Y，Kerppola T K. 2002. Visualization of interactions among bZIP and Rel family proteins in living cells using bimolecular fluorescence complementation. Mol Cell，9：789-798.

Hubank M，Schatz D G. 1994. Identifying differences in mRNA expression by representational difference analysis of cDNA. Nucleic Acids Research，22：5640-5648.

Hussain I，Aleti G，Naidu R，et al. 2018. Microbe and plant assisted-remediation of organic xenobiotics and its enhancement by genetically modified organisms and recombinant technology：a review. Sci Total Environ，1：628-629，1582-1599.

Ivanova N B，Belyavsky A V. 1995. Identification of differentially expressed genes by restriction endonuclease-based gene expression fingerprinting. Nucleic Acids Research，23：2954-2958.

Jouzani G S，Valijanian E，Sharafi R. 2017. Bacillus thuringiensis：a successful insecticide with new environmental features and tidings. Appl Microbiol Biotechnol，101（7）：2691-2711.

Kamthan A，Chaudhuri A，Kamthan M，et al. 2016. Genetically modified（GM）crops：milestones and new advances in crop improvement. Theor Appl Genet，129（9）：1639-1655.

Keeling P J. 2013. The number，speed，and impact of plastid endosymbiosis in eukaryotic evolution. Annu Rev Plant Biol，64：583-607.

Klümper W，Qaim M. 2014. A meta-analysis of the impacts of genetically modified crops. PLoS One，9（11）：e111629.

Kumar K，Gambhir G，Dass A，et al. 2020. Genetically modified crops：current status and future prospects. Planta，251（4）：91.

Kumar R，Singh S，Singh O V. 2007. Bioremediation of radionuclides：emerging technologies. OMICS，11（3）：295-304.

Lanfranco L. 2003. Engineering crops，a deserving venture. Riv Biol，96（1）：31-54.

Lewin B. 2004. Gene Ⅷ. New York：Pearson Education International.

Lian Z，Nguyen C D，Liu L，et al. 2022. Application of developmental regulators to improve in-planta or *in vitro* transformation in plants. Plant Biotechnol J，20（8）：1622-1635.

Liang P，Pardee A B. 1992. Differential display of eukaryotic messenger RNA by means of the polymerase chain reaction. Science，257：967-971.

Lievens S，Goormachtig S，Holsters M. 2001. A critical evaluation of differential display as a tool to identify genes involved in legume nodulation：looking back and looking forward. Nucleic Acids Research，17：3459-3468.

Lisitsyn N. 1993. Cloning the differences between two complex genomes. Science，259：946-951.

Liu Y，Shirano Y，Fukaki H，et al. 1999. Complementation of plant mutants with large genomic DNA fragments by a transformation-competent artificial chromosome vector accelerates positional cloning. Proc Natl Acad Sci

U S A，96（11）：6535-6540.

Lyndsay R. 2003. Genome differences that distinguish *Bacillus anthracis* from *Bacillus cereus* and *Bacillus thuringiensis*. Applied and Environmental Microbiology，69：2755-2764.

Macek T，Kotrba P，Svatos A，et al. 2008. Novel roles for genetically modified plants in environmental protection. Trends Biotechnol，26（3）：146-152.

Miao Y，Laun T，Zimmermann P，et al. 2004. Targets of the WRKY53 transcription factor and its role during leaf senescence in *Arabidopsis*. Plant Mol Biol，55（6）：853-867.

Nave K A，Sereda M W，Ehrenreich H. 2007. Mechanisms of disease：inherited demyelinating neuropathies-from basic to clinical research. Nat Clin Pract Neurol，3（8）：453-464.

Nguyen H N，Lai N，Kisiala A B，et al. 2021. Isopentenyltransferases as master regulators of crop performance：their function，manipulation，and genetic potential for stress adaptation and yield improvement. Plant Biotechnol J，19（7）：1297-1313.

Nguyen H N，Perry L，Kisiala A，et al. 2020. Cytokinin activity during early kernel development corresponds positively with yield potential and later stage ABA accumulation in field-grown wheat（*Triticum aestivum* L.）. Planta，252（5）：76.

Peng H，Huang H M，Yang Y Z，et al. 2005. Functional analysis of GUS expression patterns and T-DNA integration characteristics in rice enhancer trap lines. Plant Science，168（6）：1571-1579.

Planta J，Xiang X，Leustek T，et al. 2017. Engineering sulfur storage in maize seed proteins without apparent yield loss. Proc Natl Acad Sci U S A，114（43）：11386-11391.

Primrose S，Twyman R. 2006. Principles of Gene Manipulation and Genomics. 7th ed. London：Blackwell Publishing Ltd.

Primrose S，Twyman R，Old B. 2002. Principles of Gene Manipulation. 6th ed. Oxford：Blackwell Publishing.

Reece R J. 2004. Analysis of Genes and Genomes. London：John Wily & Sons，Ltd.

Roberts R J，Belfort M，Bestor T，et al. 2003. A nomenclature for restriction enzymes，DNA methyltransferases，homing endonucleases and their genes. Nucleic Acids Research，31（7）：1805-1812.

Roberts R J，Vincze T，Posfai J，et al. 2007. REBASE-enzymes and genes for DNA restriction and modification. Nucleic Acids Research，35（Database issue）：D269-D270.

Sambrook J，Russell D W. 2016. Molecular Cloning：A Laboratory. 3rd ed. New York：Cold Spring Harbor Laboratory Press.

Samia P，Anwar K，Nusrat J，et al. 2023. Expression of chitinase and shRNA gene exhibits resistance to fungi and virus. Genes（Basel），14（5）：1090.

Shao A，Ma W，Zhao X，et al. 2017. The auxin biosynthetic TRYPTOPHAN AMINOTRANSFERASE RELATED TaTAR2.1-3A increases grain yield of wheat. Plant Physiol，174（4）：2274-2288.

Spiker S，Thompson W F. 1996. Nuclear matrix attachment regions and transgene expression in plants. Plant Physiol，110（1）：15-21.

Streips U N，Yasbin R E. 2002. Modern Microbial Genetics. 2nd ed. New York：Wiley-Liss，Inc.

Suprasanna P. 2020. Plant abiotic stress tolerance：insights into resilience build-up. J Biosci，45：120.

Turck F，Zhou A，Somssich I E. 2004. Stimulus-dependent，promoter-specific binding of transcription factor WRKY1 to Its native promoter and the defense-related gene PcPR1-1 in parsley. Plant Cell，16（10）：2573-2585.

Vij S，Tyagi A K. 2007. Emerging trends in the functional genomics of the abiotic stress response in crop plants.

Plant Biotechnol J，5（3）：361-380.

Wang H W，Sun S L，Ge W Y，et al. 2020. Horizontal gene transfer of Fhb7 from fungus underlies fusarium head blight resistance in wheat. Science，368（6493）：eaba5435.

Wang K J. 2021. Yuan Longping（1930—2021）. Nat Plants，7（7）：858-859.

Weaver R F. 2004. Molecular Biology. 2nd ed. New York：McGraw-Hill Companies.

Weickert M J，Doherty D H，Best E A，et al. 1996. Optimization of heterologous protein production in *Escherichia coli*. Curr Opin Biotechnol，7（5）：494-499.

Welsh j，Mcclelland M. 1991. Genomic fingerprinting using arbitrarily primed PCR and a matrix of pairwise combinations of primers. Nucleic Acids Research，19：5275-5279.

Wu J，Lawit S J，Weers B，et al. 2019. Overexpression of zmm28 increases maize grain yield in the field. Proc Natl Acad Sci U S A，116（47）：23850-23858.

Yang C，Yu H L，Jiang H，et al. 2016. An engineered microorganism can simultaneously detoxify cadmium，chlorpyrifos，and gamma-hexachlorocyclohexane. J Basic Microbiol，56（7）：820-826.

Ye X，Al-Babili S，Klöti A，et al. 2000. Engineering the provitamin A（beta-carotene）biosynthetic pathway into（carotenoid-free）rice endosperm. Science，368（6493）：eaba5435.

Yu J，Xuan W，Tian Y，et al. 2021. Enhanced OsNLP4-OsNiR cascade confers nitrogen use efficiency by promoting tiller number in rice. Plant Biotechnol J，19（1）：167-176.

Zhang J，Zhao J，Sun Q，et al. 2003. Cloning and Identification of promoter of *Pseudomonas pseudoaligenes*. High Technology Letters，9（3）：49-53.

Zhou X R，Liu Q，Singh Surinder. 2003. Engineering nutritionally improved edible plant oils. Annu Rev Food Sci Technol，14：247-269.